公路工程检测技术

（修 订 版）

主 编 费月英 任小艳

主 审 张洪亮

西南交通大学出版社

·成 都·

图书在版编目（CIP）数据

公路工程检测技术 / 费月英，任小艳主编. —修订版. —成都：西南交通大学出版社，2022.12（2025.1 重印）
ISBN 978-7-5643-8979-6

Ⅰ. ①公… Ⅱ. ①费… ②任… Ⅲ. ①道路工程－检测－高等职业教育－教材 Ⅳ. ①U415.12

中国版本图书馆 CIP 数据核字（2022）第 197924 号

Gonglu Gongcheng Jiance Jishu
公路工程检测技术（修订版）

主　编 / 费月英　任小艳

责任编辑 / 王同晓
封面设计 / GT 工作室

西南交通大学出版社出版发行
（四川省成都市金牛区二环路北一段 111 号西南交通大学创新大厦 21 楼　610031）
发行部电话：028-87600564　028-87600533
网址：http://www.xnjdcbs.com
印刷：成都中永印务有限责任公司

成品尺寸　185 mm × 260 mm
印张　20.25　　字数　506 千
版次　2022 年 12 月第 1 版
印次　2025 年 1 月第 2 次

书号　ISBN 978-7-5643-8979-6
定价　48.00 元

课件咨询电话：028-81435775

修订版前言

公路工程检测技术是道路与桥梁工程技术、道路工程检测技术、工程造价、建设工程监理及道路养护与管理等道路桥梁专业群的一门技能性较强、理论与实践并重的专业核心课程。《公路工程检测技术》（第1版）是为适应公路工程建设对专业技术人才的需求，并突出职业技术院校办学理念，依据教育部对高职高专人才培养目标、培养规格、培养模式及与之相适应的知识、技能、能力和职业素质的要求编写的教材，并于2019年6月于西南交通大学出版社出版发行。本教材自出版后，受到广大师生的好评，也得到生产一线检测人员和社会考生的认可和肯定。

2022年7月国家发展改革委和交通运输部印发了新的《国家公路网规划》，规划期至2035年，并远景展望至21世纪中叶。随着我国公路建设的不断发展，相关标准、规范体系也在不断完善，《公路路基路面现场测试规程》（JTG 3450—2019）、《公路工程水泥及水泥混凝土试验规程》（JTG 3420—2020）、《公路土工试验规程》（JTG 3430—2020）等一些新标准和新规程也陆续颁布实施。为了使教材内容能更好地提供最新的知识和技术，编者在第1版的基础上结合新规范和新技术，对教材内容做了大量修订。

教材修订过程中，为了更好地适应公路工程检测技术的职业特点，突出教材的科学性和实践性，特邀甘肃省公路工程质量检测中心有限公司总工程师车俊霖参与本教材的体系框架、具体内容等的编写任务。教材编写以实现培育高技术技能人才为目标，实现教材内容与交通运输部公路试验检测人员职业岗位标准无缝对接，引入了新规范和新标准，内容安排以公路工程实测项目为顺序，理论体系适度，组织结构合理，既有基本技能培养，又有工程案例的综合能力提升，突出工匠精神、职业道德、职业技能和就业创业能力教育的全面融合。

本教材不仅适合交通土建系列高职高专、中专类学生作为公路工程试验检测教材，也可以作为公路工程生产一线试验检测技术人员岗位培训或自学的参考资料。

本教材由甘肃交通职业技术学院费月英和任小艳担任主编。具体编写分工如下：项目1、项目3中任务3.1-3.9由费月英编写，项目2和项目3中任务3.10由任小艳编写，项目 4 由甘肃省公路工程质量检测中心有限公司总工车俊霖编写，项目 5 由甘肃信尔达工程试验检测有限公司总经理胡天翔编写。全书由费月英统稿，长安大学张洪亮教授主审。

本教材在编写过程中，参考了国内近年来正式出版的相关规范和教材，特此向相关编者表示衷心的感谢。

限于编者水平有限，书中难免有不妥和疏漏之处，恳请广大读者批评指正。

编　者

2022 年 10 月

第 1 版前言

公路工程检测技术是道路桥梁工程技术专业、工程造价专业、建设监理专业及道路养护与管理等专业的一门技能性较强的专业核心课程，是一门理论与实践并重的课程。《公路工程检测技术》教材是为适应公路工程建设对专业技术人才的需求和突出职业技术院校办学理念，依据教育部对高职高专人才培养目标、培养规格、培养模式及与之相适应的知识、技能、能力和职业素质的要求，根据我国现行有关规范及相关标准进行编写的。本书编审人员不仅具有较高的理论知识，同时具有丰富的实践工作经验。

本书编写过程中，广泛征求了交通行业和企业生产一线的试验检测人员，了解了试验检测岗位对高素质技术技能型人才在知识、能力与素质方面的要求，内容以实用、实际、实效为原则，紧密结合公路工程检测技术要求，全部引入了新标准、新规范和新规程。本书的内容安排以公路工程实测项目为顺序，理论体系适度，组织结构合理，有较强的针对性和实用性。书中每个项目后面均附有和内容紧密相关的复习考核题，方便使用者对知识内容的学习和进一步掌握。

本书不仅适合交通土建系列高职高专、中专类学生作为公路工程试验检测教材，也可以作为公路工程生产一线试验检测技术人员岗位培训或自学的参考资料。

本书由甘肃交通职业技术学院费月英和任小艳担任主编。具体编写分工如下：项目 1、项目 3 中任务 3.1 ~ 3.9 和项目 4 由费月英编写，项目 2 和项目三中任务 3.10 由任小艳编写，项目 5 由甘肃信尔达工程试验检测有限公司总经理胡天翔编写，试验检测用表由天水市职业技术学校张玲玲整理编写。全书由费月英统稿，长安大学张洪亮教授主审。

由于编者水平有限，书中不妥和疏漏之处在所难免，敬请广大读者批评指正。

编　者

2019 年 1 月

目　录

近年来，我国公路交通事业发展迅猛。截至 2021 年年底，全国公路通车里程达 528.07 万千米，其中高速公路 16.91 万千米。根据国家发展改革委交通运输部制定的《国家公路网规划》[①]，普通国道网由 12 条首都放射线、47 条北南纵线、60 条东西横线以及 182 条联络线组成，规划总规模约 29.9 万千米。2035 年国家高速公路网总规模约 16.2 万千米，另规划了 0.8 万千米的远期展望线。最终形成、覆盖广泛、功能完善、集约高效、绿色智能、安全可靠的现代化高质量国家公路网，实现国际省际互联互通、城市群间多路连通、城市群城际便捷畅通、地级城市高速畅达、县级节点全面覆盖、沿边沿海公路连续贯通。到 21 世纪中叶，高水平建成与现代化高质量国家综合立体交通网相匹配、与先进信息网络相融合、与生态文明相协调、与总体国家安全观相统一、与人民美好生活需要相适应的国家公路网，有力支撑全面建成现代化经济体系和社会主义现代化强国。

由此可见，中国公路建设仍将保持高速发展，而质量是公路建设中一项永恒的主题。在公路建设中，为了加强公路工程施工质量管理，工程建设实行“政府监督、社会监理和企业自检”的质量保证体系，而各级质量监督部门、建设监理机构，以及承担建设施工任务的企业控制质量的主要手段则是依据国家和交通运输部颁布的相关法规，技术标准、规范和规程，并确保监督、监理和自检工作的有效实施。

项目 1　试验检测知识

【学习目标】

（1）了解公路工程试验检测的目的及意义。

（2）熟悉试验检测人员的要求及工作细则。

（3）能正确计算质量数据的统计特征值。

（4）能正确运用质量数据的修约规则。

（5）能运用可疑数据的取舍方法对大量检测数据进行取舍。

（6）能正确对公路工程质量进行检验与评定。

任务 1.1　试验检测基础知识

一、试验检测的目的和意义

在公路建设中，质量是工程建设的关键，任何一个环节、任何一个部位出现问题，都会

① 2022 年 7 月发布的《国家公路网规划》，规划期至 2035 年，远景展望到 21 世纪中叶。

给工程的整体质量带来严重后果，直接影响到公路的使用效益和安全性能。因此，在现场施工的质量控制中,配备与质量控制和管理相匹配的常规标准试验仪器和采用适宜的检测方法，进行必要的试验检测，对确保工程质量具有十分重要的作用。

工程试验检测工作是道路和桥隧工程施工技术管理中的一个重要组成部分，也是施工质量控制和竣工验收评定工作中不可缺少的一个环节。试验检测能充分地利用当地原材料，能迅速推广应用新材料、新技术和新工艺，能用定量的方法科学地评定各种材料和构件的质量，能合理地控制并科学地评定工程质量。因此，工程质量检测工作对提高工程质量、加快工程进度、降低工程造价、推动道路和桥隧工程施工技术进步，将起到至关重要的作用。

随着公路技术等级的提高，质量检测、施工质量控制和验收工作引起了各级公路管理部门以及施工单位的高度重视。作为工程试验检测人员或质量控制管理人员，在整个施工期间应吃透并领会设计文件，熟悉现行施工技术规范和试验检测规程，很好地掌握专业基本知识、有关技术规定、试验检测基本理论和试验测试操作技能，严格做好道路和桥隧工程所用材料质量、施工控制参数、现场施工过程质量和分部分项工程验收四个关键环节的把关工作，提供客观准确的试验检测结果和真实可靠的结论。

二、试验检测人员要求

为确保检测工作质量，试验检测人员应认真履行岗位职责，做好本职工作，应根据以下要求，发现自己的不足之处，努力提高自己的能力。

（1）检测人员应熟悉检测任务、内容、项目，合理选择检测仪器，熟悉仪器的性能。使用精密、贵重、大型检测仪器设备的人员，应经过培训，考核合格后，取得操作证书方可上岗操作，并能进行日常养护，进行一般或常规仪器的检验与校正。

（2）检测人员应掌握与所检测项目相关的技术标准，了解本领域国内外测试技术、检测仪器的现状及发展方向，并具有学习与应用国内外最新技术进行检测的能力。

（3）检测人员应能正确如实地填写试验检测原始记录。试验检测原始记录的填写一律采用碳素笔或黑墨水钢笔，不得用铅笔、圆珠笔、红或蓝色墨水的钢笔。试验检测原始记录的内容应完整，必须有试验检测人员和复核人员的签名。试验检测原始记录如确需更改，应在作废数据上画两条水平线，将正确数据填在上方，加盖更改人的印章。原始记录保管期不得少于六年。检测结果必须由在本领域五年以上工作经验者校核，校核者必须在检测记录和报告中签字，以示负责。校核者必须认真核对检测数据，校核量不得少于所检测项目的5%。

（4）试验检测人员应了解计量法常识及国际单位制基本内容，能运用数理统计方面的知识对检测结果进行数据处理。

（5）检测人员要坚持原则、忠于职守、作风正派、秉公办事，不弄虚作假，要以检测数据为依据，以质量标准与评定标准为准绳。

三、试验检测工作细则

每项试验检测方法应根据有关国家或部门颁布的现行最新技术标准、操作规程和有关行业工作规范制定详细的实施细则。

1. 实施细则的内容

（1）技术标准、规定要求、检测方法、操作规程等。

（2）抽样方法及样本大小。

（3）检测项目、被测参数大小及允许变化范围。

（4）检测仪器设备的名称、型号、量程、准确度、分辨率。

（5）检测人员组成和检测系统框图。

（6）对检测仪器的校准检验和校准检验结果。

（7）对检测仪器和样品或试件的基本要求。

（8）对环境条件等的要求，以及从保证计量检测结果可靠角度出发所允许的变化范围的规定。

（9）在检测过程中发生异常现象的处理办法。

（10）在检测过程中发生意外事故的处理办法。

（11）检测结果计算整理分析办法。

2. 实施细则的有关方法

（1）抽样。抽样方法为随机抽样，确定样本大小后，由委托单位提供编号进行随机抽样。原则上抽样人不得与产品直接见面，样本应在生产单位已经检测合格的基础上抽取。特殊情况下，也允许在生产场所已经检测合格的产品中抽取。抽样前，不得事先通知被检产品单位，抽样结束后，样品应立即封存，连同出厂检测合格证一同送往试验检测地点。

（2）样本大小的确定。凡产品技术标准中已规定样本大小的，按规定标准执行；凡产品技术标准中未明确规定样本大小的，按试验检测规程或相应标准中规定的方法确定，也可按百分比抽样，但抽样基数不得小于样本的 5 倍；在生产场所抽样时，当天产量不得小于均衡生产时的基本日均产量；在使用抽样时，抽样基数不得小于样本的 2 倍。

（3）样本的处理。样本确定后，抽样人员应以适当的方式封存，由样本所在部门以适当的方式运往检测部门。运输方式应以不损坏样本的外观及性能为要求。样本箱、样品桶、样品的包装也应满足上述要求。

（4）样本信息填写。抽样结束后由抽样人员填写样品登记表，登记表应包括以下内容：产品生产单位、产品名称、产品型号、样品中单件产品编号及封样的编号、抽样依据、样本大小、抽样基数、抽样地点、运输方式、抽样日期、抽样人员姓名、封样人员姓名等。

3. 注意事项

（1）对于比较重要的检测项目，若采用专门检测设备，应通过试验确定其检测数据的重复性。

（2）对于某些比较简单的试验检测项目，如果标准规定得很细，能满足上述要求时可不必制定实施细则。

任务 1.2　试验检测数据的分析与处理

工程质量的评价是以试验检测数据为依据的，试验检测采集得到的原始数据类多量大，有时杂乱无章，甚至还有错误。因此，必须对原始数据进行分析处理才能得到可靠的试验检测结果。本任务以数理统计与概率论为基础，介绍试验检测数据的分析与处理。

一、抽样检验基础

（一）总体与样本

检验是质量管理工作的重要内容之一，常称质量检验，其主要功能是对产品的合格性进行控制。在工程质量检验中，除重要项目外，大多数采用抽样检验，这就涉及总体与样本的概念。

总体又称母体，是统计分析中所要研究对象的全体，而组成总体的每个单元称为个体。

从总体中抽取一部分个体就是样本（又称子样）。例如，从每一桶沥青中抽取 2 个试样，一批沥青有 100 桶，抽检了 200 个试样做试验，则这 100 桶沥青称为总体，200 个试样就是样本。而组成样本的每一个个体，即为样品。例如上述 200 个试样中的某一个，就是该样本中的一个样品。总体与样本的关系如图 1-1 所示。

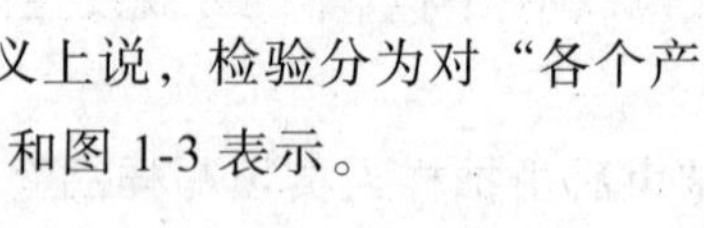

图 1-1　总体与样本的关系

检验的基本意义在于：用某种方法检验物品的结果与质量判定标准相比较，判断出各个物品是“优良品”还是“不良品”，或者与产品“批”的判定标准作比较，判断出批是“合格批”还是“不合格批”。从此意义上说，检验分为对“各个产品”的检验和对“批”的检验。这两种检验过程可分别用图 1-2 和图 1-3 表示。

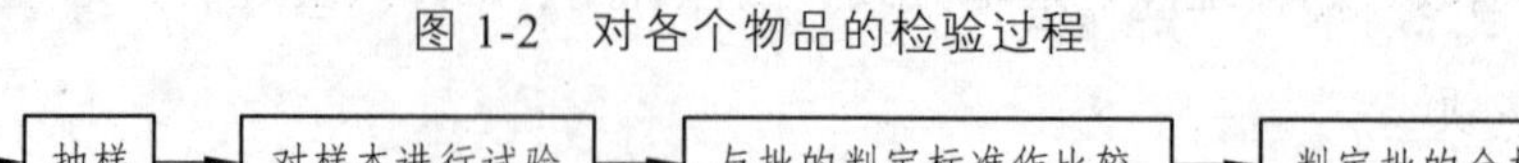

图 1-2　对各个物品的检验过程

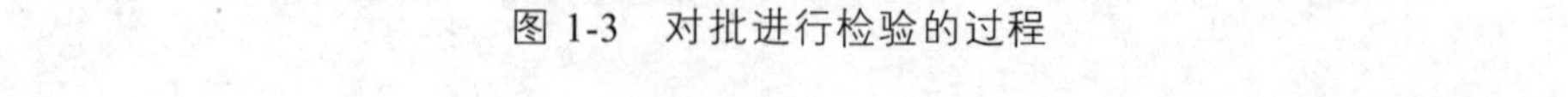

图 1-3　对批进行检验的过程

（二）抽样检验的意义

在产品检验中，全数检验的应用场合很少，大多数情况下是采取抽样检验，原因如下：

（1）由于无破损检验仪具器械的种类少，性能难以稳定，在不采用无破损性检验时，就得采用破坏性检验，而破坏性检验是不可能对全部产品都做检验的。

（2）当检验对象为连续性物体或粉块混合物时（如油、沥青、水泥等），在一般情况不可能对全体物品的质量特性进行检测试验。

（3）由于产品批的质量往往有所波动，尤其是在产品量大、金额高、检验项目多的场合，采用全数检验实际上做不到，用无损检验也有可能导致由于产品不良品率高而带来重大经济损失。此时，抽样检验则十分必要。

（4）抽样检验由于检验的样本较小，因而可以收集质量信息，提高检验的全面程度和促进产品质量的改善。

（三）抽样检验的条件

抽样检验是从某批产品中抽取较少的样本进行检验，根据试验结果来判定全批产品是合格还是不合格。因此，为使抽样检验对判定质量好坏提供准确的信息，必须注意抽样检验应具备的条件。

1. 要明确批的划分

即要注意使同批产品在原材料、工艺条件、生产时间等方面具备基本相同的条件。例如，抽样检验水泥、沥青等物品的质量特性时，应将相同厂家、相同品种或强度等级的产品作为一个批，而不能将不同生产厂家和不同牌号的水泥或沥青划在一个批内。

2. 必须抽取能代表批的样本

由于抽样检验是以样本检验结果来推断批的好坏，故样本的代表性尤为重要。为使所抽取的样本能成为批的可靠代表，常采用如下方法：

（1）单纯随机取样。这是一种完全随机化的取样，它适用于对总体缺乏基本了解的场合。“随机”取样不同于“随便”取样。随机取样是利用随机表或随机数骰子等工具进行的取样，它可以保证总体每个单位出现的概率相同。

（2）分层取样。当批量或工序被分为若干层时，可从所有分层中按一定比例取样。例如有两台拌和机同时拌制原材料相同的同强度等级的混凝土，为了检验生产混凝土的质量特性，采用抽样方法时，应注意对两台拌和机分别取样，这样便于了解不同“层”的产品质量特性，研究各层造成不良品率的原因（见图 1-4），也可将甲、乙样品混合进行试验，以了解混合产品的质量特性。

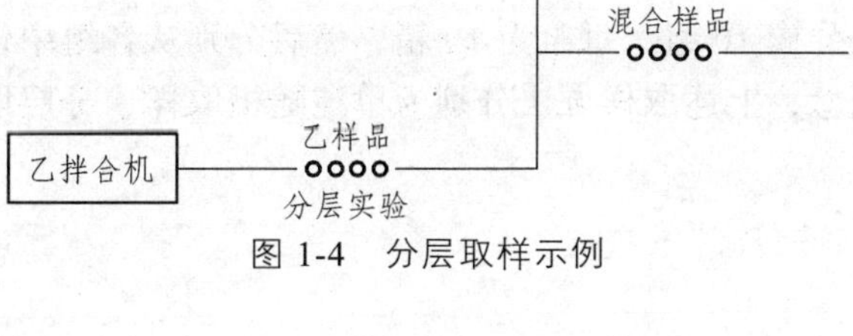

图 1-4　分层取样示例

（3）两级取样。当物品堆积在一起构成批量时，由许多货箱堆积在一起，按单纯随机取样相当麻烦。此时，可先将若干箱中进行第一级随机取样，挑出部分箱物品，然后再从已挑选出的箱中对物品进行随机取样（见图 1-5）。

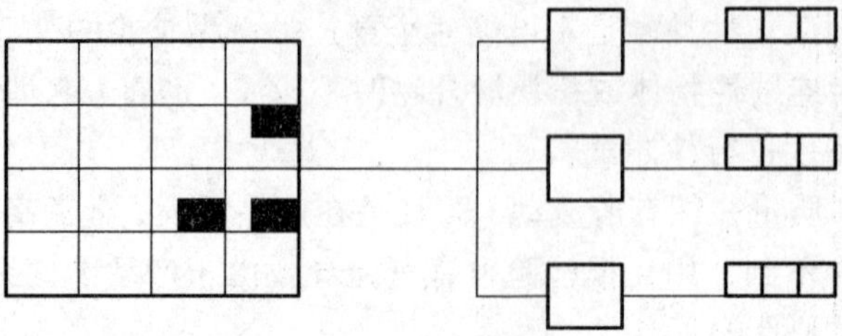

图 1-5　两级取样示意

（4）系统取样。当对总体实行单纯随机抽样有困难时，如连续作业时抽样、产品为连续体时的抽样（如测试公路路基的弯沉值）等，可采用一定间隔进行抽取的抽样方法，称为系统抽样或等距抽样。

例如，现要求测试 1 000 m 路基的弯沉值，由于路基是连续体，可采取每 20 m 或 50 m 测试一点（或两点）的办法做抽样测试。这时可用掷骰子或其他方法确定起点位置，如从 K0+010 开始，然后分别测试 K0+030，K0+050，……或 K0+060，K0+110，……这些位置的弯沉值。

系统抽样还适合流水生产线上的取样，但应注意，当产品质量特性发生变化时，易产生较大偏差。

3. 要明确检验标准

所谓检验标准，是指对于一批产品中不良品的质量判定标准，如路基压实度小于 93%的为不合格，二级公路水泥稳定土基层材料现场抽样的 7 d 龄期抗压强度小于 2.0 MPa 时为强度不合格等。

4. 要有统一的检测试验方法

产品质量判定标准应与统一的检测试验方法所测试结果相对比，如果试验方法不统一，试验结果偏差很大，容易造成各种误判，抽样检验也就失去了其应有的意义。对于公路工程各种产品，大多数情况为现场加工制作，质量检测也大多在现场进行。因此，加强现场检测方法的统一、检测仪器性能的稳定、提高操作人员的技术熟练程度是十分重要的。

【例 1-1】有一批产品，共 100 箱，每箱 200 件，从中选择 200 个样品。试判断下列取样分别属于哪种类型的取样？

（1）从整批中，任意抽取 200 件。

（2）从整批中，分别从每箱中任意抽取 2 件。

（3）从整批中，随机抽取 10 箱，再从 10 箱中随机抽取 200 件。

（4）从整批中，先分成 10 组，每组为 10 箱，然后分别从各组中任意抽取 20 件。

根据随机取样的概念，上述取样方法分别为单纯随机取样、分层取样、两级取样、系统取样。

二、数据的统计特征

工程质量数据的统计特征量分为两类：一类表示统计数据的差异性，即工程质量的波动性，主要有极差、标准偏差、变异系数等；另一类是表示统计数据的规律性，主要有算术平均值、中位数、加权平均值等。

1. 算术平均值

算术平均值是表示一组数据集中位置最有用的统计特征量，经常用样本的算术平均值来代表总体的平均水平。样本的算术平均值则用 $\bar{x}$ 表示。如果 n 个样本数据为 x_1，x_2，…，x_n，那么，样本的算术平均值为：

$$\bar{x}=\frac{1}{n}(x_1+x_2+\cdots+x_n)=\frac{1}{n}\sum_{i=1}^{n}x_i \tag{1-1}$$

【例 1-2】某路段沥青混凝土面层抗滑性能检测，摆值 BPN 的检测值（共 10 个测点）分别为 57、56、59、54、49、53、50、62、57、54。求摆值的算术平均值。

解：由式（1-1）可知，摩擦系数的算术平均值为：

$$\overline{BPN}=(57+56+59+54+49+53+50+62+57+54)/10=55.1$$

2. 中位数

在一组数据 x_1，x_2，…，x_n 中，按其大小次序排序，以排在正中间的一个数表示总体的平均水平，称之为中位数，或称中值，用 $\tilde{x}$ 表示。n 为奇数时，正中间的数只有 1 个；n 为偶数时，正中间的数有两个，取这两个数的平均值作为中位数，即：

$$\tilde{x}=\begin{cases}x_{\frac{n+1}{2}} & n\text{为奇数}\\ \frac{1}{2}\left(x_{\frac{n}{2}}+x_{\frac{n}{2}+1}\right) & n\text{为偶数}\end{cases} \tag{1-2}$$

【例 1-3】检测值 BPN 同例 1-2，求中位数。

解：检测值 BPN 按大小次序排列为 62、59、57、57、56、54、54、53、50、49，则中位数为：

$$\widetilde{BPN}=\frac{BPN_{(5)}+BPN_{(6)}}{2}=55$$

3. 极　差

在一组数据中最大值与最小值之差，称为极差，记为 R：

$$R=x_{\max}-x_{\min} \tag{1-3}$$

【例 1-4】例 1-2 检测数据的极差为：

$$R=BPN_{\max}-BPN_{\min}=62-49=13$$

极差没有充分利用数据的信息，但计算十分简单，仅适用于样本容量较小（$n<10$）的情况。

4. 标准偏差

标准偏差有时也称标准离差、标准差或称均方差，它是衡量样本数据波动性（离散程度）的指标。在质量检验中，总体的标准偏差 σ 一般不易求得。样本的标准偏差 S 按式（1-4）计算：

$$S=\sqrt{\frac{\left(x_1-\overline{x}\right)^2+\left(x_2-\overline{x}\right)^2+\cdots+\left(x_n-\overline{x}\right)^2}{n-1}}=\sqrt{\frac{\sum_{i=1}^{n}\left(x_i-\overline{x}\right)^2}{n-1}} \tag{1-4}$$

【例 1-5】仍用例 1-2 的数据，求样本标准偏差 S。

解：样本标准偏差为：

$$S=\sqrt{\frac{(x_1-\overline{x})^2+(x_2-\overline{x})^2+\cdots+(x_n-\overline{x})^2}{n-1}}=3.96$$

5. 变异系数

标准偏差是反映样本数据的绝对波动状况，当测量较大的量值时，绝对误差一般较大；测量较小的量值时，绝对误差一般较小。因此，用相对波动的大小，即变异系数更能反映样本数据的波动性。

变异系数用 C_V 表示，是标准偏差 S 与算术平均值 $\overline{x}$ 的比值，即

$$C_V=\frac{S}{\overline{x}}\times 100\% \tag{1-5}$$

【例 1-6】若甲路段沥青混凝土面层的摆值算术平均值为 55.2，标准偏差为 4.13；乙路段的摆值算术平均值为 60.8，标准偏差 4.27。则两路段的变异系数为：

甲路段　$C_V=\frac{S}{\overline{x}}\times 100\%=7.48\%$

乙路段　$C_V=\frac{S}{\overline{x}}\times 100\%=7.02\%$

从标准偏差看，$S_{甲}<S_{乙}$。但从变异系数分析，$C_{V甲}>C_{V乙}$，说明甲路段的摆值相对波动比乙路段的大，面层抗滑稳定性较差。

三、数据的修约规则

（一）概　述

工程质量控制、评价是以数据为依据的，质量控制中常说的“一切用数据说话”，就是要用数据来反映工程质量状况及判断质量效果。

质量数据的来源，主要是工程建设过程中的各种检验，即材料检验、工序检验、竣工验收检验，也包括使用过程中的必要检验。只有通过对其收集、处理及分析，才能达到对生产施工过程的了解、掌握及控制。没有质量数据，就不可能有现代化的、科学的质量控制。

质量数据就其本身的特性来说，可以分为计量值数据和计数值数据。

1. 计量值数据

计量值数据是可以连续取值的数据，表现形式是连续型的，如长度、厚度、直径、强度、化学成分等质量特征，一般都是可以用检测工具或仪器等测量（或试验）的，类似这些质量特征的测量数据，一般都带有小数，如长度为 1.15 m、1.18 m 等。

在工程质量检验中得出的原始检验数据大部分是计量值数据。

2. 计数值数据

有些反映质量状况的数据是不能用测量器具来度量的。为了反映或描述属于这种类型内容的质量状况，而又必须用数据来表示时，便采用计数的办法，即用 1、2、3…连续地数出个数或次数，凡属于这样性质的数据即为计数值数据。计数值数据的特点是不连续，并只能出现 0、1、2……非负的整数，不可能有小数，如不合格品数、不合格的构件数、缺陷的点数等。一般来说，以判断方法得出的数据和以感觉性检验方法得出的数据大多属于计数值数据。

计数值数据有两种表示方法。一种是直接用计数出来的次数、点数来表示（称 P_n 数据）；一种是把它们（P_n 数据）与总检查次（点）数相比，用百分数表示（P 数据）。P 数据在工程检验中是经常使用的，如某分项工程的质量合格率为 90%，即是表示经检查为合格的点（次）数与总检查点（次）数的比值为 90%。但也应注意，不是所有的百分数表示的数据都是计数值数据，因为当分子、分母为计量值数据时，则计算出来的百分数也应是计量值数据。一般地，在用百分数表示数据时，当分子、分母为计量值数据时，分数值为计量值数据；当分子、分母为计数值数据时，分数值为计数值数据。

（二）术　语

数据获得后，还涉及数据的定位问题，也就是对规定精确程度范围之外的数字如何取舍的问题。

1. 修约间隔

修约间隔指修约值的最小数值单位。修约间隔的数值一经确定，修约值即应为该数值的整数倍。

例如指定修约间隔为 0.1，修约值即应在 0.1 的整数倍中选取，相当于将数值修约到 1 位小数。

例如指定修约间隔为 100，修约值即应在 100 的整数倍中选取，相当于将数值修约到“百”数位。

2. 0.5 单位修约（半个单位修约）

指修约间隔为指定数位的 0.5 单位，即修约到指定数位的 0.5 单位。

例如，将 60.28 修约到个数位的 0.5 单位，得 60.5［修约方法见本规则（四）1］。

3. 0.2 单位修约

指修约间隔为指定数位的 0.2 单位，即修约到指定数位的 0.2 单位。

例如，将 832 修约到“百”数位的 0.2 单位，得 840［修约方法见本规则（四）2］。

4. 数据修约

通过省略原数值的若干位数字，调整所保留的末位数字，使最后所得到的值最接近原数值的过程。

（三）质量数据的修约规则

（1）拟舍去的数字中，其最左面的第一位数字小于 5 时，则舍去，留下的数字不变。

例如，将 12.149 修约只留 1 位小数时，其拟舍去的数字中最左面的第一位数字是 4，则可舍去，得 12.1。

（2）拟舍去的数字中，其最左面的第一位数字大于 5 时，则进 1，即所留下的末位数字加 1。

例如，将 12.161 修约只留 1 位小数时，其拟舍去的数字中最左面的第一位数字是 6，则进 1，得 12.2。

（3）拟舍去的数字中，其最左面的第一位数字等于 5，而后面的数字并非全是 0 时，则进 1，即所留下的末位数字加 1。

例如，将 10.050 2 修约只留 1 位小数时，其拟舍去的数字中最左面的第一位数字是 5，5 后面的数字还有 02，故应进 1，得 10.1。

（4）拟舍去的数字中，其最左面第一位数字等于 5，而后面无数字或全部为 0 时，若所保留的末位数字为奇数（1、3、5、7、9）则进 1，为偶数（2、4、6、8、0）则舍去。

例如，下列各数字修约间隔为 0.1，则其修约结果为：

拟修约数值	修约值	分析原因
1.250	1.2	5 前面的 2 为偶数
1.350	1.4	5 前面的 3 为奇数

（5）拟修约数字应在确定修约位数后一次修约获得结果，而不得多次连续修约。

例如，修约 15.454 6，修约间隔为 1。

正确的做法：

15.454 6　　15

不正确的做法：

15.454 6　　15.455　　15.46　　15.5　　16

上述数值修约规则（有时称之为“奇升偶舍法”）可归纳为以下几句口诀：四舍六入五考虑，五后非零则进一，五后为零视奇偶，奇升偶舍要注意，修约一次要到位。

该修约法与以往用的“四舍五入”的方法区别在于：用“四舍五入”法对数值进行修约，从很多修约后的数值中得到的均值偏大，用上述修约规则，进舍的状况具有平衡性，进舍误差也具有平衡性，若干数值经过这种修约后，修约值之和变大的可能性与变小的可能性是一样的。

（四）0.5 单位修约与 0.2 单位修约

必要时，可采用 0.5 单位修约和 0.2 单位修约。

1. 0.5 单位修约

将拟修约数值乘以 2，按指定数位依本规则（三）修约，所得数值再除以 2。

例如，将下列数字修约到“个”数位的 0.5 单位（或修约间隔为 0.5）

拟修约数值（A）	乘 2（$2A$）	$2A$ 修约值（修约间隔为 1）	A 修约值（修约间隔为 0.5）
60.25	120.50	120	60.0
60.38	120.76	121	60.5

2. 0.2 单位修约

将拟修约数值乘以 5，按指定数位依本规则（三）修约，所得数值再除以 5。

例如，将下列数字修约到“百”数位的 0.2 单位（或修约间隔为 20）

拟修约数值（A）	乘 5（$5A$）	$5A$ 修约值（修约间隔为 100）	A 修约值（修约间隔为 20）
830	4 150	4 200	840
842	4 210	4 200	840

四、可疑数据的取舍方法

工程质量常会发生波动情况。由于质量的波动，自然会引起质量检测数据的参差不齐，有时还会发现一些明显过大或过小的数据，这些数据为可疑数据。因此，在进行数据分析之前，应用数理统计法判别其真伪，并决定取舍。常用的方法如下所述。

1. 拉依达法

当试验次数较多时，可简单地用 3 倍标准差（$3S$）作为确定可疑数据取舍的标准。当某一测量数据（x_i）与其测量结果的算术平均值（$\bar{x}$）之差大于 3 倍标准偏差时，即

$$|x_i-\bar{x}|>3S \tag{1-6}$$

则该测量数据应舍弃。

由于该方法是以 3 倍标准偏差为判别标准，所以亦称 3 倍标准偏差法，简称 $3S$ 法。

判别标准取 $3S$ 的理由是：根据随机变量的正态分布规律，在多次试验中，测量值落在 $\bar{x}-3S$ 与 $\bar{x}+3S$ 之间的概率为 99.73%，出现在此范围之外的概率为 0.27%，也就是在近 400 次试验中才能遇到 1 次，这种事件为小概率事件，出现的可能性很小，几乎是不可能。因而在实际试验中，一旦出现，就认为该测量数据是不可靠的，应将其舍弃。

另外，当测量值与平均值之差大于 2 倍标准偏差（即 $|x_i-\bar{x}|>2S$）时，则该测量值应保留，但需存疑。如发现生产（施工）、试验过程中，有可疑的变异时，该测量值则应予舍弃。

【例 1-7】试验室进行同配比的混凝土强度试验，其试验结果为（n=10）：25.8、25.4、31.0、

25.5、27.0、24.8、25.0、26.0、24.5、23.0（MPa），试用 3S 法判别其取舍。

解：分析上述 10 个测量数据，x_{min}=23.0 MPa 和 x_{max}=31.0 MPa 最可疑，故应首先判别 x_{min} 和 x_{max}。经计算：

$$\bar{x}=25.8\ \text{MPa},\ S=2.1\ \text{MPa}$$

因

$$|x_{max}-\bar{x}|=|31.0-25.8|=5.2\text{MPa}<3S=6.3\ \text{MPa}$$

$$|x_{min}-\bar{x}|=|23.0-25.8|=2.8\text{MPa}<3S=6.3\ \text{MPa}$$

故上述测量数据均不能舍弃。

拉依达法简单方便，不需查表，但要求范围较宽，当试验检测次数较多或要求不高时可以应用，当试检测次数较少时（如 n<10），在一组测量值中即使混有异常值，也无法舍弃。

2. 肖维纳特法

进行 n 次试验，其测量值服从正态分布，以概率 1/2n 设定一判别范围（$-K_n\cdot S$，$K_n\cdot S$），当偏差（测量值 x_i 与其算术平均值 $\bar{x}$ 之差）超出该范围时，就意味着该测量值 x_i 是可疑的，应予舍弃。因此，肖维纳特法可疑数据舍弃的标准为

$$\frac{|x_i-\bar{x}|}{S}\geqslant K_n \tag{1-7}$$

式中：K_n——肖维纳特系数，与试验次数 n 有关，如表 1-1 所示。

表 1-1　肖维纳特系数 K_n

n	K_n	n	K_n	n	K_n	n	K_n	n	K_n	n	K_n
3	1.38	8	1.86	13	2.07	18	2.20	23	2.30	50	2.58
4	1.53	9	1.92	14	2.12	19	2.22	24	2.31	75	2.71
5	1.65	10	1.96	15	2.13	20	2.24	25	2.33	100	2.81
6	1.73	11	2.00	16	2.15	21	2.26	30	2.39	200	3.02
7	1.80	12	2.03	17	2.17	22	2.28	40	2.49	500	3.20

【例 1-8】结果同例 1-7，试用肖维纳特法进行判别。

解：查表 1-1，当 n=10 时 K_n=1.96。对于测量值 31.0，则有

$$\frac{|x_i-\bar{x}|}{S}=2.48>K_n=1.96$$

说明测量数据值 31.0 是异常的，应予舍弃。这一结果与拉依达法的结果是不一致的。

肖维纳特法改善了拉依达法，但从理论上分析，当 $n\to\infty$，$K_n\to\infty$，此时所有异常值都无法舍弃。此外，肖维纳特系数与置信水平之间无明确联系，已逐渐被格拉布斯法所代替。

3. 格拉布斯法

格拉布斯法假定测量结果服从正态分布，根据顺序统计量来确定可疑数据的取舍。做n次重复试验，测得结果为x_1，x_2，…，x_i，…，x_n，而且 x_i 服从正态分布。

为了检验 x_i（$i=1$，2，…，n）中是否有可疑值，可将 x_i 按其值由小到大顺序重新排序，得

$$x_{(1)} \leqslant x_{(2)} \leqslant \cdots \leqslant x_{(n)}$$

根据顺序统计原则，给出标准化顺序统计量 g：

$$\begin{cases} \text{当最小值 } x_{(1)} \text{ 可疑时，则 } g_{(1)} = \dfrac{\overline{x} - x_{(1)}}{S} \\ \text{当最大值 } x_{(n)} \text{ 可疑时，则 } g_{(n)} = \dfrac{x_{(n)} - \overline{x}}{S} \end{cases} \tag{1-8}$$

式中：$\overline{x}$——测量值的算术平均值；

S——测量值的标准偏差。

根据格拉布斯统计量的分布，在指定的显著性水平 β（一般 β=0.05）下，求得判别可疑值的临界值 $g_0(\beta,n)$，格拉布斯法的判别标准为

$$g \geqslant g_0(\beta,n) \tag{1-9}$$

则可疑值 $x_{(i)}$ 是异常的，应予舍去。其中 $g_0(\beta,n)$ 值列于表1-2。

表 1-2　格拉布斯系数 $g_0(\beta,n)$

n	β		n	β		n	β	
	0.01	0.05		0.01	0.05		0.01	0.05
3	1.15	1.15	12	2.55	2.29	21	2.91	2.58
4	1.49	1.46	13	2.61	2.33	22	2.94	2.60
5	1.75	1.67	14	2.66	2.37	23	2.96	2.62
6	1.94	1.82	15	2.70	2.41	24	2.99	2.64
7	2.10	1.94	16	2.74	2. 44	25	3.01	2.66
8	2.22	2.03	17	2.78	2.47	30	3.10	2.74
9	2.32	2.11	18	2.82	2.50	35	3.18	2.81
10	2.41	2.18	19	2.85	2.53	40	3.24	2.87
11	2.48	2.24	20	2.88	2.56	50	3.34	2.96
						100	3.59	3.17

利用格拉布斯法每次只能舍弃 1 个可疑值，若有 2 个以上的可疑数据，应该一个一个地舍弃，舍弃第一个数据后，检测次数由 n 变为 $n-1$，以此为基础再判别第二个可疑数据是否应舍去。每次均值和均方差要重新计算，再决定取舍。

【**例 1–9**】试用格拉布斯法判别例 1-7 测量数据的真伪。

解：（1）测量数据按从小到大次序排列如下：

23.0，24.5，24.8，25.0，25.4，25.5，25.8，26.0，27.0，31.0

（2）计算数据特征。

$$\bar{x} = 25.8\ \text{MPa},\ S = 2.1\ \text{MPa}$$

（3）计算统计量。

$$g_{(1)} = \frac{\bar{x} - x_{(1)}}{S} = \frac{25.8 - 23.0}{2.1} = 1.33$$

$$g_{(10)} = \frac{x_{(10)} - \bar{x}}{S} = \frac{31.0 - 25.8}{2.1} = 2.48$$

由于 $g_{(10)} > g_{(1)}$，故先判别 $x_{(10)} = 31.0$。

（4）选定显著性水平 $\beta = 0.05$，并根据 $\beta = 0.05$ 和 $n = 10$，查表 1-2 得到

$$g_0(0.05,10) = 2.18$$

（5）判别。

由于 $g_{(10)} = 2.48 > g_0(0.05,10) = 2.18$，所以 $x_{(10)} = 31.0$ 为异常值，应予以舍弃。这一结论与肖维纳特法结论是一致的。

仿照上述方法继续对余下的 9 个数据进行判别，经计算没有异常值。

任务 1.3　公路工程质量检验评定方法

行业标准《公路工程质量检验评定标准　第一册　土建工程》（JTG F80/1—2017）（以下简称《评定标准》）适用于各等级公路新建与改扩建工程施工质量的检验评定。

一、一般规定

（1）公路工程质量检验评定应按分项工程、分部工程、单位工程逐级进行，并应符合下列规定：

① 在合同段中，具有独立施工条件和结构功能的工程为单位工程。

② 在单位工程中，按路段长度、结构部位及施工特点等划分的工程为分部工程。

③ 在分部工程中，根据施工工序、工艺或材料等划分的工程为分项工程。

（2）单位工程、分部工程和分项工程应在施工准备段按本表 1-3 ~ 表 1-4 进行划分。

表 1-3　一般建设项目的工程划分

单位工程	分部工程	分项工程
路基工程（每 10 km 或每标段）	路基土石方工程（1～3 km 路段）①	土方路基，填石路基，软土地基处治，土工合成材料处治层等
	排水工程（1～3 km 路段）①	管节预制，混凝土排水管施工，检查（雨水）井砌筑，土沟，浆砌水沟，盲沟，跌水，急流槽，水簸箕，排水泵站沉井，沉淀池等
	小桥及符合小桥标准的通道，人行天桥，渡槽（每座）	钢筋加工及安装，砌体，混凝土扩大基础，钻孔灌注桩，混凝土、台，墩、台身安装，台背填土，就地浇筑梁、板，预制安装梁、板，就地浇筑拱圈，混凝土桥面板桥面防水层，支座垫石和挡块，支座安装，伸缩装置安装，栏杆安装，混凝土护栏，桥头搭板，砌体坡面护坡，混凝土构件表面防护，桥梁总体等
路基工程（每 10 km 或每标段）	涵洞，通道（1～3 km 路段）①	钢筋加工及安装，涵台、管节预制，管座及涵管安装，波形钢管涵安装，盖板预制，盖板安装，箱涵浇筑，拱涵浇（砌）筑，倒虹吸竖井、集水井砌筑，一字墙和八字墙，涵洞填土，顶进施工的涵洞，砌体坡面防护，涵洞总体等
	防护支挡工程（1～3 km 路段）①	砌体挡土墙，墙背填土，边坡锚固防护，土钉支护，砌体坡面防护，石笼防护，导流工程等
	大型挡土墙、组合式挡土墙（每处）	钢筋加工及安装，砌体挡土墙，悬臂式挡土墙，扶壁式挡土墙，锚杆、锚定板和加筋土挡土墙，墙背填土等
路面工程（每 10 km 或每标段）	路面工程（1～3 km 路段）①	垫层，底基层，基层，面层，路缘石，路肩等
桥梁工程②（每座或每合同段）	基础及下部构造（1～3 墩台）③	钢筋加工及安装，预应力筋加工和张拉，预应力管道压浆，混凝土扩大基础，钻孔灌注桩，挖孔桩，沉入桩，灌注桩桩底压浆，地下连续墙，沉井，沉井、钢围堰的混凝土封底，承台等大体积混凝土结构，砌体，混凝土墩、台，墩台身安装，支座垫石和挡块，拱桥组合桥台，台背填土等
	上部构件预制和安装（1～3 跨）③	钢筋加工及安装，预应力筋加工和张拉，预应力管道压浆，预制安装梁、板，悬臂施工梁，顶推施工梁，转体施工梁，拱圈节段预制，拱的安装，转体施工拱，中下承式拱吊杆和柔性系杆，刚性系杆，钢梁制作，钢梁安装，钢梁防护等
	上部构造现场浇筑（1～3 跨）③	钢筋加工及安装，预应力筋加工和张拉，预应力管道压浆，就地浇筑梁、板，悬臂施工梁，就地浇筑拱圈，劲性骨架混凝土拱，钢管混凝土拱，中下承式拱吊杆和柔性系杆，刚性系杆等
桥梁工程②（每座或每合同段）	桥面系、附属工程及桥梁总体	钢筋加工及安装，混凝土桥面板桥面防水层，钢桥面板上防水黏结层，混凝土桥面板桥面铺装，钢桥面板上沥青混凝土铺装，支座安装，伸缩装置安装，人行道铺设，栏杆安装，混凝土护栏，钢桥上钢护栏安装，桥头搭板，混凝土小型构件预制，砌体坡面护坡，混凝土构件表面防护，桥梁总体等
	防护工程	砌体坡面护坡，护岸④，导流工程等
	引道工程	见路基工程、路面工程的分项工程

续表

单位工程	分部工程	分项工程
隧道工程[5]（每座或每合同段）	总体及装饰装修（每座或每合同段）	隧道总体、装饰装修工程
	洞口工程（每个洞口）	洞口边仰坡防护，洞门和翼墙的浇（砌）筑，截水沟、洞口排水沟、明洞浇筑、明洞防水层、明洞回填
	洞身开挖（100 延米）	洞身开挖
	洞身衬砌（100 延米）	喷射混凝土，锚杆，钢筋网，钢架，仰拱，仰拱回填，衬砌钢筋，混凝土衬砌，超前锚杆，超前小导管，管棚
	防排水（100 延米）	防水层，止水带，排水
	路面（1～3 km 路段）[1]	基层，面层
	辅助通道[6]（100 延米）	洞身开挖，喷射混凝土，锚杆，钢筋网，钢架，仰拱，仰拱回填，衬砌钢筋，混凝土衬砌，超前锚杆，超前小导管，管棚，防水层，止水带，排水
绿化工程（每合同段）	分隔带绿地、边坡绿地、护坡道绿地、碎落台绿地、平台绿地（每 2 km 路段）、互通式立体交叉区与环岛绿地、管理养护设施区绿地、服务设施区绿地、取、弃土场绿地（每处）	绿地整理，树木栽植，草坪、草本地被及花卉种植，喷播绿化
声屏障工程（每合同段）	声屏障工程（每处）	砌块体声屏障，金属结构声屏障，复合结构声屏障
交通安全设施（每 20 km 或每标段）	标志、标线、突起路标、轮廓标（5～10 km 路段）[1]	标志，标线，突起路标，轮廓标
	护栏（5～10 km 路段）[1]	波形梁护栏，缆索护栏，混凝土护栏，中央分隔带开口护栏
交通安全设施（每 20 km 或每标段）	防眩设施、隔离栅、防落物网（5～10 km 路段）[1]	防眩板，防眩网，隔离栅，防落物网等
	里程碑和百米桩（5 km 路段）	里程碑，百米桩
	避险车道（每处）	避险车道
交通机电工程	其分部、分项工程划分见《公路工程质量检验评定标准 第二册 机电工程》（JTG 2182—2020）	
附属设施	管理中心、服务区、房屋建筑、收费站、养护工区等设施	按其专业工程质量检验评定标准评定

注：① 按路段长度划分的分部工程，高速公路、一级公路宜取低值，二级及二级以下公路可取高值。

② 分幅桥梁按照单幅划分，特大斜拉桥和悬索桥按照表 1-4 进行划分，其他斜拉桥和悬索桥可作为一个单位工程参照表 1-4 进行划分。

③ 按单孔跨径确定的特大桥取 1，其余根据规模取 2 或 3。

④ 护岸可参照挡土墙进行划分。

⑤ 双洞隧道每单洞作为一个单位工程。

⑥ 辅助通道包括竖井、斜井、平行导坑、横通道、风道、地下风机房等。

表 1-4　特大斜拉桥、特大悬索桥工程划分

单位工程	分部工程	分项工程
塔及辅助、过渡墩（每个）	塔基础	钢筋加工及安装，混凝土扩大基础，钻孔灌注桩，灌注桩桩底压浆，沉井，沉井、钢围堰的混凝土封底等
	塔承台	钢筋加工及安装，双壁钢围堰，沉井、钢围堰的混凝土封底，承台等大体积混凝土结构等
	索塔	钢筋加工及安装，预应力筋加工和张拉，预应力管道压浆，混凝土索塔，索塔钢锚箱节段安装、支座垫石和挡块等
	辅助墩	钢筋加工及安装，预应力筋加工和张拉，预应力管道压浆，钻孔灌注桩，灌注桩桩底压浆，承台等大体积配凝土结构，沉井、钢围堰的混凝土封底，混凝土墩、台，墩台身安装、支座垫石和挡块等
	过渡墩	
锚碇（每个）	锚碇基础	钢筋加工及安装，混凝土扩大基础，钻孔灌注桩，灌注桩桩底压浆，地下连续墙，沉井，沉井、钢围堰的混凝土封底等
	锚体	钢筋加工及安装，锚碇锚固体系制作，锚碇锚固体系安装，锚碇混凝土块体，预应力锚索的张拉与压浆，隧道锚的洞身开挖，隧道锚的混凝土锚塞体等
上部钢结构制作与防护	主缆	索股和锚头的制作与防护，主缆防护
	索鞍	索鞍制作，索鞍防护
	索夹	索夹制作，索夹防护
	吊索	吊索和锚头制作与防护
	加劲梁	钢梁制作，钢梁防护，自锚式悬索桥主缆索股的锚固系统制作等
上部结构浇筑与安装	加劲梁浇筑	混凝土斜拉桥主墩上梁段的浇筑，混凝土斜拉桥梁的悬臂施工，组合梁斜拉桥的混凝土板等
	安装	索鞍安装，主缆架设，索夹和吊索安装，悬索桥钢加劲梁安装，自锚式悬索桥主缆索股的锚固系统安装，自锚式悬索桥吊索张拉和体系转换，钢斜拉桥钢箱梁段的拼装、组合梁斜拉桥工字梁段的悬臂拼装，混凝土斜拉桥梁的悬臂施工等
桥面系、附属工程及桥梁总体	桥面系	钢筋加工及安装，混凝土桥面板桥面防水层或钢桥面板上防水黏结层，混凝土桥面板桥面铺装或钢桥面板上沥青混凝土铺装
	附属工程及桥梁总体	支座安装，伸缩装置安装，人行道铺设，栏杆安装，混凝土护栏、钢桥上钢护栏安装，混凝土构件表面防护，桥头搭板，桥梁总体等

（3）公路工程质量检验评定应符合下列规定：

① 分项工程完工后，应根据《评定标准》进行检验，对工程质量进行评定。隐蔽工程在隐蔽前应检查合格。

② 分部工程、单位工程完工后，应汇总评定所属分项工程、分部工程质量资料，检查外观质量，对工程质量进行评定。

二、工程质量检验

（1）分项工程应按基本要求、实测项目、外观质量和质量保证资料等检验项目分别检查。

（2）分项工程质量应在所使用的原材料、半成品、成品及施工控制要点等符合基本要求的规定，无外观质量限制缺陷且质量保证资料真实齐全时，方可进行检验评定。

（3）基本要求检查应符合下列规定：

① 分项工程应对所列基本要求逐项检查，经检查不符合规定时，不得进行工程质量的检验评定。

② 分项工程所用的各种原材料的品种、规格、质量及混合料配合比和半成品、成品应符合有关技术标准规定并满足设计要求。

（4）实测项目检验应符合下列规定：

① 对检查项目按规定的检查方法和频率进行随机抽样检验并计算合格率。

② 《评定标准》规定的检查方法为标准方法，采用其他高效检测方法应经比对确认。

③ 《评定标准》中以路段长度规定的检查频率为双车道路段的最低检查频率，对多车道应按车道数与双车道之比相应增加检查数量。

④ 应按式（1-10）计算检查项目合格率。

$$\text{检查项目合格率}=\frac{\text{检查合格点(组)数}}{\text{该检查项目的全部检查点（组）数}}\times 100\% \qquad (1\text{-}10)$$

（5）检查项目合格判定应符合下列规定

① 涉及结构安全和使用功能的重要实测项目为关键项目（表中以“△”标示），其合格率应不低于95%（机电工程为100%），否则该检查项目为不合格。

② 一般项目的合格率应不低于80%，否则该检查项目为不合格。

③ 有规定极值的检查项目，任一单个检测值不应突破规定极值，否则该检查项目为不合格。

④ 采用《评定标准》附录B至附录S所列方法进行检验评定的检查项目，不满足要求时，该检查项目为不合格。

（6）外观质量应进行全面检查，并满足规定要求，否则该检验项目为不合格。

（7）工程应有真实、准确、齐全、完整的施工原始记录、试验检测数据、质量检验结果等质量保证资料。质量保证资料应包括下列内容：

① 所用原材料、半成品和成品质量检验结果；

② 材料配合比、拌和加工控制检验和试验数据；

③ 地基处理、隐蔽工程施工记录和桥梁、隧道施工监控资料；

④ 质量控制指标的试验记录和质量检验汇总图表；

⑤ 施工过程中遇到的非正常情况记录及其对工程质量影响分析评价资料；

⑥ 施工中如发生质量事故，经处理补救后达到设计要求的认可证明文件等。

（8）检验项目评为不合格的，应进行整修或返工处理直至合格。

三、工程质量评定

（1）工程质量等级应分为合格与不合格。

（2）分项工程、分部工程、单位工程质量评定应有符合下述第四条规定的资料。

（3）分项工程质量评定合格应符合下列规定：

① 检验记录应完整。

② 实测项目应合格。

③ 外观质量应满足要求。

（4）分部工程质量评定合格应符合下列规定：

① 评定资料应完整。

② 所含分项工程及实测项目应合格。

③ 外观质量应满足要求。

（5）单位工程质量评定合格应符合下列规定：

① 评定资料应完整。

② 所含分部工程应合格。

③ 外观质量应满足要求

（6）评定为不合格的分项工程、分部工程，经返工、加固、补强或调测，满足设计要求后，可重新进行检验评定。

（7）所含单位工程合格，该合同段评定为合格；所含合同段合格，该建设项目评定为合格。

四、工程质量检验评定用表

分项工程、分部工程、单位工程质量检验评定表见表 1-5 ~ 表 1-7。

表 1-5　分项工程质量检验评定用表

分项工程名称：　　工程部位：（桩号、墩台号、孔号）　　所属建设项目（合同段）：

所属分部工程名称：　　所属单位工程：　　施工单位：　　分项工程编号：

<table>
<tr><td colspan="2">基本要求</td><td colspan="15">1.
2.
…</td></tr>
<tr><td rowspan="6">实测项目</td><td rowspan="2">项次</td><td rowspan="2">检查项目</td><td rowspan="2">规定值或允许偏差</td><td colspan="10">实测值或实测偏差值</td><td colspan="3">质量评定</td></tr>
<tr><td>1</td><td>2</td><td>3</td><td>4</td><td>5</td><td>6</td><td>7</td><td>8</td><td>9</td><td>10</td><td>平均值、代表值</td><td>合格率/%</td><td>合格判定</td></tr>
<tr><td></td><td></td><td></td><td></td><td></td><td></td><td></td><td></td><td></td><td></td><td></td><td></td><td></td><td></td><td></td><td></td></tr>
<tr><td></td><td></td><td></td><td></td><td></td><td></td><td></td><td></td><td></td><td></td><td></td><td></td><td></td><td></td><td></td><td></td></tr>
<tr><td></td><td></td><td></td><td></td><td></td><td></td><td></td><td></td><td></td><td></td><td></td><td></td><td></td><td></td><td></td><td></td></tr>
<tr><td></td><td></td><td></td><td></td><td></td><td></td><td></td><td></td><td></td><td></td><td></td><td></td><td></td><td></td><td></td><td></td></tr>
<tr><td colspan="3">外观质量</td><td colspan="7"></td><td colspan="4">质量保证资料</td><td colspan="3"></td></tr>
<tr><td colspan="3">工程质量等级评定</td><td colspan="14"></td></tr>
</table>

检测负责人：　　检测：　　记录：　　复核：　　年　月　日

表 1-6　分部工程质量检验评定用表

分部工程名称：　　　　　　　　　　　　　　　　工程部位：（桩号、墩台号、孔号）

所属单位工程：

所属建设项目（合同段）：

施工单位：　　　　　　　　　　　　　　　　　　分部工程编号：

分项工程			备注
分项工程编号	分项工程名称	质量等级	
外观质量			
评定资料			
质量等级			
评定意见			

检测负责人：　　　　　　　　记录：　　　　　　　　复核：　　　　　　　　年　　月　　日

表 1-7　单位工程质量检验评定用表

单位工程名称：　　　　　　　　　　　　　　　　工程地点、桩号：

所属建设项目（合同段）：

施工单位：　　　　　　　　　　　　　　　　　　单位工程编号：

分部工程			备注
分部工程编号	分部工程名称	质量等级	
外观质量			
评定资料			
质量等级			
评定意见			

检测负责人：　　　　　　记录：　　　　　　复核：　　　　　　年　月　日

【复习考核题】

1. 加强试验检测工作，对工程质量控制有何意义？

2. 简述对检测人员的基本要求。

3. 常见随机取样的方法有哪些？

4. 何谓总体、个体、样本和样品？

5. 数据取舍方法有哪些？各有什么特点？

6. 请对以下数据根据要求进行修约：

11.435 28（保留 2 位小数）；　24.5（修约间隔为 1）；　15.050 000 1（精确到 0.1）；

16.685 1（保留 2 位小数）；　810（修约间隔为 20）；　15.25（修约间隔为 0.5）。

7. 某路段沥青混凝土面层抗滑性能检测，摩擦系数的检测值（共 10 个测点）分别为 53、55、60、56、53、57、55、51、53，54，求摩擦系数的平均值、中位数、极差、标准偏差及变异系数。

8. 工程质量评定时，主要应填写哪些表格？

9. 简述公路工程质量评定办法。

项目 2　公路工程常用混合料性能检测

【学习目标】

（1）熟悉无机结合料稳定材料性能及影响因素。

（2）能够进行无机结合料稳定材料标准密度检测。

（3）能够正确测绘水泥（石灰）剂量测试标准曲线，并正确运用 EDTA 滴定法对无机结合料稳定材料质量进行控制和评价。

（4）能够进行无侧限抗压强度试验试件的制备、养护和强度检测，并对检测结果进行处理。

（5）能够进行水泥混凝土抗压和抗弯拉强度检测及检测结果处理。

（6）能够进行水泥砂浆抗压强度检测及检测结果处理。

（7）能够对沥青混合料技术性能进行检测。

任务 2.1　无机结合料稳定材料检测

一、无机结合料稳定材料

在各种粉碎或原状松散的土、碎（砾）石中，掺入适当数量的无机结合料（如水泥、石灰或工业废渣等）和水，经拌和得到的混合料在压实与养生后，其抗压强度符合规定要求的材料称为无机结合料稳定混合料，通常用于各级公路的基层、底基层或垫层施工。

粉碎的或原状松散的土按照土中单个颗粒（如碎石、砾石、砂和土颗粒）粒径的大小和组成，将土分成细粒土、中粒土和粗粒土。不同的土与无机结合料拌和得到不同的稳定材料，如水泥稳定碎石、水泥土、水泥稳定砂砾、石灰土、石灰粉煤灰碎石等。

常见的无机结合料稳定材料有：石灰稳定材料、水泥稳定材料、工业废渣稳定材料及综合稳定材料。

（一）石灰稳定材料

在粉碎的土或原状松散的土（包括各种粗、中、细粒土）中掺入适量的石灰和水，按照一定技术要求，经拌和，在最佳含水率下摊铺、压实及养生，其抗压强度符合规定要求的混合料即为石灰稳定材料。

石灰稳定材料适用于各级公路路面的底基层以及二级以下公路的基层，但石灰土不应用做高等级公路的基层。

1. 强度形成原理

在土中掺入适量的石灰，并在最佳含水率下拌匀压实后，发生了一系列的物理化学作用，从而使土的性质发生根本改变。初期主要表现在土的固结、塑性降低、最佳含水率的增大和最大密实度的减小等，后期变化主要表现在结晶结构的形成，从而提高其板体性、强度和稳定性。

2. 影响石灰土强度的因素

（1）土质。

有一定黏性的土对强度有利，土的塑性指数太高时，难以粉碎，太低则难以碾压成型，因此，采用塑性指数为 15 ~ 20 的黏性土为好。用石灰稳定的不含黏性土或无塑性的砂砾、级配碎石和未筛分碎石时，应添加 15% 左右的黏性土，并且该砂砾或碎石应具有较好的级配。

（2）灰质。

石灰应为消石灰粉或生石灰粉。对于高速公路和一级公路，宜采用磨细生石灰粉，石灰质量应符合表 2-1 中Ⅲ级以上的技术标准。石灰稳定土的强度应符合表 2-2 的标准。

表 2-1 石灰的技术标准

项 目	类别与指标											
	钙质生石灰			镁质生石灰			钙质消石灰			镁质消石灰		
	Ⅰ	Ⅱ	Ⅲ	Ⅰ	Ⅱ	Ⅲ	Ⅰ	Ⅱ	Ⅲ	Ⅰ	Ⅱ	Ⅲ
有效钙加氧化镁含量 / %	≥85	≥80	≥70	≥80	≥75	≥65	≥65	≥60	≥55	≥60	≥55	≥50
未消解残渣含量/ %	≤7	≤11	≤17	≤10	≤14	≤20						
含水率 / %							≤4	≤4	≤4	≤4	≤4	≤4
细度 0.60 mm 方孔筛的筛余 / %							0	≤1	≤1	0	≤1	≤1
细度 0.15 mm 方孔筛的筛余 / %							≤13	≤20	—	≤13	≤20	
钙镁石灰的分类界限，氧化镁含量 / %	≤5			>5			≤4			>4		

表 2-2 石灰稳定材料的 7 d 龄期无侧限抗压强度标准 R_d MPa

所用层位	公路等级	
	高速、一级公路	二级和三级以下公路
基 层	—	≥0.8①
底基层	≥0.8	0.5 ~ 0.7②

注：石灰土强度达不到表 2-2 规定的抗压强度标准时，可添加部分水泥，或改用另一种土。塑性指数过小的土，不宜用石灰稳定，宜改用水泥稳定。

① 在低塑性图（塑性指数小于 7）地区，石灰稳定砂砾土和碎石土的 7 d 龄期无侧限抗压强度应大于 0.5 MPa（100g 平衡锥测液限）；

② 低限用于塑性指数小于 7 的黏性土，且低限值宜仅用于二级以下公路。高限用于塑性指数大于 7 的黏性土。

（3）石灰剂量。

石灰剂量是石灰质量占全部土颗粒的干质量的百分率，即石灰剂量＝石灰质量/干土质量×100%。

石灰剂量对石灰土强度影响显著。石灰剂量较低（小于 3%～4%）时，石灰主要起稳定作用，土的塑性、膨胀、吸水量减小，土的密实度、强度得到改善。随着剂量的增加，强度和稳定性均提高，但剂量超过一定范围时，强度反而降低。生产实践中常用的最佳剂量范围，对于黏性土及粉性土为 8%～14%，对砂性土则为 9%～16%。剂量的确定应根据结构层技术要求进行混合料组成设计。

（4）含水率。

水是石灰土的重要组成部分。它促使石灰土发生物理化学变化，形成强度；便于土的粉碎、拌和与压实，并且有利于养生。不同土质的石灰土有不同的最佳含水率，需通过标准击实试验确定，并用以控制施工中的实际加水量。所用水应是干净可供饮用的水。

（5）密实度。

石灰土的强度随密实度的增加而增长。实践证明，石灰土的密实度每增减 1%，强度约增减 4%。而密实的石灰土，其抗冻性、水稳定性也好，缩裂现象也少。

（6）石灰土的龄期。

石灰土强度随龄期缓慢增长，到 28 d 龄期时，只能达到最终强度的 30% 左右。一般石灰土初期强度低，前期（1～2 个月）增长速率较后期为快。石灰土强度增长期可达 8～10 年以上。

（7）养生条件。

养生条件主要指温度与湿度。养生条件不同，其强度也有差异。当温度高时，物理化学反应、硬化、强度增长快，反之强度增长慢，在负温条件下甚至不增长。因此，要求施工期的最低温度应在 5 °C 以上，并在第一次重冰冻（－5～－3 °C）到来之前 1 个月到 1 个半月完成。多年的施工经验证明，热季施工的灰土强度高，质量可以保证，一般在使用中很少损坏。

养生的湿度条件对石灰土的强度也有很大影响。实践证明，在一定潮湿条件下养生强度的形成比在一般空气中养生要好。

（二）水泥稳定材料

在粉碎的土或原状松散的土（包括各种粗、中、细粒土）中，掺入适量的水泥和水，按照技术要求，经拌和摊铺，在最佳含水率下压实及养生成型，其抗压强度符合规定要求的混合料即为水泥稳定材料。

当用水泥稳定细粒土（砂性土、粉性土或黏性土）时，简称水泥土；用水泥稳定砂得到的混合料，简称水泥砂；用水泥稳定粗粒土和中粒土得到的混合料，视所用原材料，可简称水泥碎石（级配碎石和未筛分碎石）、水泥砂砾等。

水泥是水硬性结合料，绝大多数的土类（高塑性黏土和有机质较多的土除外）都可以用水泥来稳定，改善其物理力学性质，适应各种不同的气候条件与水文地质条件。水泥稳定基层具有良好的整体性、足够的力学性能、水稳定性和抗冻性。其初期强度较高，且强度随龄期增长而增长。水泥稳定材料 7 d 无侧限抗压强度标准应满足表 2-3 规定。

表 2-3　水泥稳定材料 7 d 龄期无侧限抗压强度标准 R_d　　MPa

结构层	公路等级	极重、特重交通	重交通	中、轻交通
基层	高速公路和一级公路	5.0 ~ 7.0	4.0 ~ 6.0	3.0 ~ 5.0
	二级及二级以下公路	4.0 ~ 6.0	3.0 ~ 5.0	2.0 ~ 4.0
底基层	高速公路和一级公路	3.0 ~ 5.0	2.5 ~ 4.5	2.0 ~ 4.0
	二级及二级以下公路	2.5 ~ 4.5	2.0 ~ 4.0	1.0 ~ 3.0

注：① 公路等级高或交通荷载等级高或结构安全性要求较高时，推荐取上限强度标准。
② 表中强度标准指的是 7 d 龄期无侧限抗压强度的代表值。

1. 强度形成原理

在利用水泥来稳定土的过程中，水泥、土和水之间发生了水化、离子交换、化学反应及碳酸化等多种复杂的作用，使土的性能发生了明显的变化。但由于水的用量很少，水泥的水化完全是在土中进行的，故作用速度比在水泥混凝土中进行得缓慢。水泥在稳定土中的作用，从工程观点来看，一是改变了土的塑性，二是增加了土的强度和稳定性。

水泥稳定土可用于路面结构的基层和底基层，但水泥土禁止作为高速公路或一级公路路面的基层，只能做底基层。在高等级公路的水泥混凝土路面板下，水泥土也不应做基层。

2. 影响水泥稳定土强度的因素

（1）土质。

土的类别和性质是影响水泥稳定土强度的重要因素，各类砂砾土、砂土、粉土和黏土均可用水泥稳定，但稳定效果不同。试验和生产实践证明，用水泥稳定级配良好的碎（砾）石和砂砾，效果最好，不但强度高，而且水泥用量少；其次是砂性土；再次是粉性土和黏性土。重黏土难以粉碎和拌和，不宜单独用水泥来稳定，因此，一般要求土的塑性指数不大于 17。

（2）水泥的成分和剂量。

各种类型的水泥都可以用于稳定土。但试验研究证明，水泥的矿物成分和分散度对其稳定效果有明显的影响。对于同一种土，通常情况下硅酸盐水泥的稳定效果好，而铝酸盐水泥较差。

在水泥硬化条件相似，矿物成分相同时，随着水泥分散度的增加，其活性程度和硬化能力也有所增大，从而水泥土的强度也大大提高。

水泥剂量是水泥质量占全部土颗粒的干质量的百分率，即

$$水泥剂量 = 水泥质量/干土质量 \times 100\%$$

水泥稳定土的强度随水泥剂量的增加而增长，但过多的水泥用量，虽获得强度的增加，在经济上却不一定合理，在效果上也不一定显著，且容易开裂。试验和研究证明，水泥剂量为4%～8%较为合理。

（3）含水率。

含水率对水泥稳定土强度影响很大，当含水率不足时，水泥不能在混合料中完全水化和水解，发挥不了水泥对土的稳定作用，影响强度形成。同时，含水率小，达不到最佳含水率也影响水泥稳定土的压实度。因此，使含水率达到最佳含水率的同时，也要满足水泥完全水化和水解作用的需要为好。

水泥正常水化所需的水量约为水泥重的20%。对于砂性土，完全水化达到最高强度的含水率较最佳密度的含水率为小；而对于黏性土则相反。

（4）施工工艺过程及养生。

水泥、土和水拌和均匀，且在最佳含水率下充分压实，使之干密度最大，其强度和稳定性就高。水泥稳定土从开始加水拌和到完成压实的延迟时间要尽可能最短，一般宜在6 h以内。若时间过长，则水泥凝结，在碾压时，不但达不到压实度要求，而且也会破坏已结硬水泥的胶凝作用，反而使水泥稳定土强度下降。在水泥终凝时间达不到规定要求时，可以使用一定剂量的缓凝剂，但缓凝剂的品种和具体数量应根据试验确定。

二、无机结合料稳定材料的组成设计

1. 无机结合料稳定混合料设计

无机结合料稳定混合料是由土、无机结合料和水组成的。混合料的组成设计包括：根据强度标准，通过试验选取合适的土，确定必需的或最佳的无机结合料剂量和混合料的最佳含水率。

2. 设计步骤（以水泥稳定混合料为例）

（1）制备同一种土样、不同水泥剂量的混合料，一般按下列水泥剂量配制：

做基层用时：

中粒土和粗粒土：3%，4%，5%，6%，7%；

塑性指数小于12的土：5%，7%，8%，9%，11%；

其他细粒土：8%，10%，12%，14%，16%。

做底基层时：

中粒土和粗粒土：2%，3%，4%，5%，6%；

塑性指数小于12的土：4%，5%，6%，7%，8%；

其他细粒土：6%，8%，9%，10%，12%。

（2）确定最佳含水率和最大干压实密度。

（3）按最佳含水率和计算得到的干压实密度制试件。根据表2-3强度标准选定合适的水泥剂量。此剂量试件室内试验结果的平均抗压强度 $\bar{R}c$ 应符合强度评定的要求。

工地实际采用的水泥剂量应比室内试验确定剂量多0.5%～1.0%。

三、无机结合料稳定材料标准密度检测

（一）适用范围

（1）本方法适用于在规定的试筒内，对水泥稳定材料（在水泥水化前）、石灰稳定材料及石灰（或水泥）粉煤灰稳定材料进行击实试验，以绘制稳定材料的含水率—干密度关系曲线，从而确定其最佳含水率和最大干密度。

（2）试验集料的公称最大粒径宜控制在37.5 mm以内（方孔筛）。

（3）试验方法类别。本试验方法分三类，各类击实方法的主要参数列于表2-4。

表2-4　试验方法类别

类别	锤的质量/kg	锤击面直径/cm	落高/cm	试筒尺寸			锤击层数	每层锤击次数	平均单位击实功/J	容许最大公称粒径/mm
				内径/cm	高/cm	容积/cm^3				
甲	4.5	5.0	45	10.0	12.7	997	5	27	2.687	19.0
乙	4.5	5.0	45	15.2	12.0	2177	5	59	2.687	19.0
丙	4.5	5.0	45	15.2	12.0	2177	3	98	2.677	37.5

（二）检测器具与材料

（1）击实筒：小型，内径100 mm、高127 mm的金属圆筒，套环高50 mm，底座；大型，内径152 mm、高170 mm的金属圆筒，套环高50 mm，直径151 mm和高50 mm的筒内垫块，底座。

（2）多功能自控电动击实仪：击锤的底面直径50 mm，总质量4.5 kg。击锤在导管内的总行程为450 mm。可设置击实次数，并保证击锤自由垂直落下，落高应为450 mm，锤迹均匀分布于试样面。

（3）脱模器。

（4）电子天平：量程4 000 g，感量0.01 g；量程15 kg，感量0.1 g。

（5）方孔筛：孔径53 mm、37.5 mm、26.5 mm、19 mm、4.75 mm、2.36 mm的筛各1个。

（6）量筒：50 mL、100 mL和500 mL的量筒各1个。

（7）直刮刀：长200～250 mm、宽30 mm和厚3 mm，一侧开口的直刮刀，用以刮平和修饰粒料大试件的表面；刮土刀：长150～200 mm、宽约20 mm的刮刀，用以刮平和修饰小试件的表面；工字形刮平尺：30 mm×50 mm×310 mm，上下两面和侧面均刨平。

（8）拌和工具：约400 mm×600 mm×70 mm的长方形金属盘、拌和用平头小铲等。

（9）其他：游标卡尺、测试含水率用的铝盒、烘箱等。

（三）试样准备

（1）将具有代表性的风干试料（必要时，也可以在 50 °C 烘箱内烘干）用木槌捣碎或用木碾碾碎。土团均应破碎到能通过 4.75 mm 的筛孔。但应注意不使粒料的单个颗粒破碎或不使其破碎程度超过施工中拌和机械的破碎率。

（2）如试料是细粒土，将已破碎的具有代表性的土过 4.75 mm 筛备用（用甲法或乙法做试验）。

（3）如试料中含有粒径大于 4.75 mm 的颗粒，则先将试料过 19 mm 筛；如存留在 19 mm 筛上的颗粒的含量不超过 10%，则过 26.5 mm 筛，留作备用（用甲法或乙法做试验）。

（4）如试料中粒径大于 19 mm 的颗粒含量超过 10%，则将试料过 37.5 mm 筛；如果存留在 37.5 mm 筛上的颗粒的含量不超过 10%，则过 53 mm 的筛备用（用丙法试验）。

（5）每次筛分后，均应记录超尺寸颗粒的百分率 P。

（6）在预定做击实试验的前一天，取有代表性的试料测试其风干含水率。对于细粒土，试样应不少于 100 g；对于中粒土，试样应不少于 1 000 g；对于粗粒土的各种集料，试样应不少于 2 000 g。

（7）在试验前用游标卡尺准确测量试模的内径、高和垫块的厚度，以计算试筒的容积。

（四）方法和步骤

1. 准备工作

在试验前应将试验所需要的各种仪器设备准备齐全，测量设备应满足精度要求；调试击实仪器，检查其运转是否正常。

2. 甲　法

（1）将已筛分的试样用四分法逐次分小，至最后取出约 10 ~ 15 kg 试料。再用四分法将已取出的试料分成 5 ~ 6 份，每份试料的干质量为 2.0 kg（对于细粒土）或 2.5 kg（对于各种中粒土）。

（2）预定 5 ~ 6 个不同含水率，依次相差 0.5% ~ 1.5%（对于中、粗粒土，在最佳含水率附近取 0.5%，其余取 1%。对于细粒土，取 1%，但对于黏土，特别是重黏土可能需要取 2%。），且其中至少有两个大于和两个小于最佳含水率。

（3）按预定含水率制备试样。将 1 份试料平铺于金属盘内，将事先计算得的该份试料中应加的水量均匀地喷洒在试料上，用小铲将试料充分拌和到均匀状态（如为石灰稳定材料、石灰粉煤灰综合稳定材料、水泥粉煤灰综合稳定材料和水泥、石灰综合稳定材料，可将石灰、粉煤灰和试料一起拌匀），然后装入密闭容器或塑料口袋内浸润备用。

浸润时间要求：黏质土 12 ~ 24 h，粉质土 6 ~ 8 h，砂类土、砂砾土、红土砂砾、级配砂砾等可以缩短到 4 h 左右，含土很少的未筛分碎石、砂砾和砂可缩短到 2 h。浸润时间一般不超过 24 h。

应加水量可按式（2-1）计算。

$$m_w = \left(\frac{m_n}{1+0.01w_n}+\frac{m_c}{1+0.01w_c}\right)\times 0.01w-\frac{m_n}{1+0.01w_n}\times 0.01w_n-\frac{m_c}{1+0.01w_c}\times 0.01w_c \qquad (2\text{-}1)$$

式中：m_w——混合料中应加的水量（g）；

m_n——混合料中素土（或集料）的质量（g），其原始含水率为 w_n，即风干含水率（%）；

m_c——混合料中水泥或石灰的质量（g），其原始含水率为 w_c（%）；

w——要求达到的混合料的含水率（%）。

（4）将所需要的稳定剂水泥加到浸润后的试样中，并用小铲、泥刀或其他工具充分拌和到均匀状态。水泥应在土样击实前逐个加入。加有水泥的试样拌和后，应在 1 h 内完成下述击实试验。拌和后超过 1 h 的试样，应予作废（石灰稳定材料和石灰粉煤灰稳定材料除外）。

（5）试筒、套环与击实底板应紧密联结。将击实筒放在坚实地面上，用四分法取制备好的试样 400 ~ 500 g（其量应使击实后的试样等于或略高于筒高的 1/5）倒入筒内，整平其表面并稍加压紧，然后将其安装到多功能自控电动击实仪上，设定所需锤击次数，进行第 1 层试样的击实。第 1 层击实完后，检查该层高度是否合适，以便调整以后几层的试样用量。用刮土刀或螺丝刀将已击实层的表面“拉毛”，然后重复上述做法，进行其余 4 层试样的击实。最后一层试样击实后，试样超出筒顶的高度不得大于 6 mm，超出高度过大的试件应该作废。

（6）用刮土刀沿套环内壁削挖（使试样与套环脱离）后，扭动并取下套环。齐筒顶细心刮平试样，并拆除底板。如试样底面略突出筒外或有孔洞，则应细心刮平或修补。最后用工字形刮平尺齐筒顶和筒底将试样刮平。擦净试筒的外壁，称其质量 m_1。

（7）用脱模器推出筒内试样。从试样内部从上至下取两个有代表性的样品（可将脱出试件用锤打碎后，用四分法采取），测试其含水率，计算至 0.1%。两个试样的含水率的差值不得大于 1%。所取样品的数量见表 2-5（如只取一个样品测试含水率，则样品的质量应为表列数值的两倍）。擦净试筒，称其质量 m_2。

表 2-5　测稳定材料含水率的样品质量

公称最大粒径/mm	样品质量/g
2.36	约 50
19	约 300
37.5	约 1 000

烘箱的温度应事先调整到 110 °C 左右，以使放入的试样能立即在 105 ~ 110 °C 的温度下烘干。

（8）按本方法（3）~（7）的步骤进行其余含水率下稳定材料的击实和测试工作。凡已用过的试样，一律不再重复使用。

3. 乙　法

在缺乏内径 10 cm 的试筒时，以及在需要与承载比等试验结合起来进行时，采用乙法进行击实试验。本法更适宜于公称最大粒径达 19 mm 的集料。

（1）将已过筛的试料用四分法逐次分小，至最后取出约 30 kg 试料。再用四分法将所取的试料分成 5 ~ 6 份，每份试料的干质量约为 4.4 kg（细粒土）或 5.5 kg（中粒土）。

（2）以下各步的做法与甲法（2）~（8）相同，但应该先将垫块放入筒内底板上，然后加料并击实。所不同的是，每层需取制备好的试样约 900 g（对于水泥或石灰稳定细粒土）或 1 100 g（对于稳定中粒土），每层的锤击次数为 59 次。

4. 丙　法

（1）将已过筛的试样用四分法逐次分小，至最后取出约 33 kg 试料。再用四分法将已取出的试料分成 6 份（至少要 5 份），每份试料的干质量为 5.5 kg（风干）。

（2）预定 5 ~ 6 个不同含水率，依次相差 0.5% ~ 1.5%。在估计最佳含水率左右可只差 0.5% ~ 1%（对于水泥稳定材料，在最佳含水率附近取 0.5%；对于石灰、二灰稳定材料，根据具体情况在最佳含水率附近取 1%。）。

（3）同 2（3）。

（4）同 2（4）。

（5）试筒、套环与夯击底板紧密地联结在一起，并将垫块放在筒内底板上。击实筒应放在坚实地面上，取制备好的试样 1.8 kg[其量应使击实后的试样略高于（高出 1 ~ 2 mm）筒高的 1/3]倒入筒内，整平其表面，并稍加压紧。然后将其安装到多功能自控电动击实仪上，设定所需锤击次数，进行第 1 层试样的击实。第 1 层击实完后检查该层高度是否合适，以便调整以后两层的试样用量。用刮土刀或螺丝刀将已击实层的表面“拉毛”，然后重复上述做法，进行其余两试样的击实。最后一层试样击实后，试样超出筒顶的高度不得大于 6 mm。超出高度过大的试件应该作废。

（6）用刮土刀沿套环内壁削挖（使试样与套环脱离）后，扭动并取下套环。齐筒顶细心刮平试样，并拆除底板，取走垫块。擦净试筒的外壁，称其质量 m_1。

（7）用脱模器推出筒内试样。从试样内部由上至下取两个有代表性的样品（可将脱出试件用锤打碎后，用四分法采取），测试其含水率，计算至 0.1%。两个试样的含水率的差值不得大于 1%。所取样品的数量应不少于 700 g，如只取一个样品测试含水率，则样品的数量应不少于 1 400g。烘箱的温度应事先调整到 110℃左右，以使放入的试样能立即在 105 ~ 110 °C

的温度下烘干。擦净试筒，称其质量。

（8）按本方法（3）~（7）的步骤进行其余含水率下稳定材料的击实和测试。凡已用过的试样，一律不再重复使用。

（五）计　算

1. 稳定材料湿密度计算

按式（2-2）计算每次击实后稳定材料的湿密度。

$$\rho_{\mathrm{w}}=\frac{m_1-m_2}{V} \tag{2-2}$$

式中：ρ_{w}——稳定材料的湿密度（$\mathrm{g/cm^3}$）；

m_1——试筒与湿试样的总质量（g）；

m_2——试筒的质量（g）；

V——试筒的容积（$\mathrm{cm^3}$）。

2. 稳定材料干密度计算

按式（2-3）计算每次击实后稳定材料的干密度。

$$\rho_{\mathrm{d}}=\frac{\rho_{\mathrm{w}}}{1+0.01w} \tag{2-3}$$

式中：ρ_{d}——试样的干密度（$\mathrm{g/cm^3}$）；

w——试样的含水率（%）。

3. 制　图

（1）以干密度为纵坐标、含水率为横坐标，绘制含水率-干密度曲线。曲线必须为凸形的，如试验点不足以连成完整的凸形曲线，则应该进行补充试验。

（2）将试验各点采用二次曲线方法拟合曲线，曲线的峰值点对应的含水率及干密度即为最佳含水率和最大干密度。

4. 超尺寸颗粒的校正

当试样中大于规定最大粒径的超尺寸颗粒的含量为5%~30%时，按下列各式对试验所得最大干密度和最佳含水率进行校正（超尺寸颗粒的含量小于5%时它对最大干密度的影响位于平行试验的误差范围内，可以不进行校正）。

（1）最大干密度按式（2-4）校正。

$$\rho'_{\mathrm{dm}}=\rho_{\mathrm{dm}}(1-0.01p)+0.9\times0.01pG'_a \tag{2-4}$$

式中：ρ'_{dm}——校正后的最大干密度（$\mathrm{g/cm^3}$）；

ρ_{dm}——试验所得的最大干密度（$\mathrm{g/cm^3}$）；

p——试样中超尺寸颗粒的百分率（%）；

G_a'——超尺寸颗粒的毛体积相对密度。

（2）最佳含水率按式（2-5）校正。

$$w_0' = w_0(1-0.1p)+0.01pw_a \tag{2-5}$$

式中：w_0'——校正后的最佳含水率（%）；

w_0——试验所得的最佳含水率（%）；

P——试样中超尺寸颗粒的百分率（%）；

w_a——超尺寸颗粒的吸水量（%）。

（六）结果整理

（1）应做两次平行试验，取两次试验的平均值作为最大干密度和最佳含水率。两次重复性试验最大干密度的差不应超过 0.05 g/cm^3（稳定细粒土）和 0.08 g/cm^3（稳定中粒土和粗粒土），最佳含水率的差不应超过 0.5%（最佳含水率小于 10%）和 1.0%（最佳含水率大于 10%）。超过上述规定值，应重做试验，直到满足精度要求。

（2）混合料密度计算应保留小数点后 3 位，含水率应保留小数点后 1 位。

（七）报　告

报告应包括以下技术内容：

（1）试样的最大粒径、超尺寸颗粒的百分率；

（2）无机结合料类型及剂量；

（3）所用试验方法类别；

（4）最大干密度（g/cm^3）；

（5）最佳含水率（%），并附击实曲线。

（八）记　录

试验记录见表 2-6 所示。

表 2-6　无机结合料稳定材料最大干密度、最佳含水率试验检测记录

检测单位名称：　　　　　　　　　　　　　　　　　　　　　　　　　　　　记录编号：

工程名称			任务编号		
工程部位/用途			样品编号		
样品信息					
试验检测日期			试验条件		
检测依据			判定依据		
主要仪器设备名称及编号					
土样说明			稳定土粒径		
成型方法		击锤重/kg		每层击数	
试筒体积/cm^3		土样比重		最大粒径	
振动面压力/MPa		振动频率/Hz		激振力/N	

干密度	试验次数	1		2		3		4		5		6	
	筒+土重/g												
	筒重/g												
	筒体积/cm^3												
	湿土重/g												
	湿密度/(g/cm^3)												
	干密度/(g/cm^3)												
含水率	盒号												
	盒+湿土重/g												
	盒+干土重/g												
	盒重/g												
	水重/g												
	干土重/g												
	含水率/%												
	平均含水率/%												

含水率与干密度关系曲线图			
最大干密度/(g/cm^3)		最佳含水率/%	
附加声明：			

检测：　　　　　　　　记录：　　　　　　　　复核：　　　　　　　　日期：　　年　　月　　日

四、无机结合料稳定材料结合料剂量的检测

无机结合料稳定材料的组成设计的一般原则是：必须满足设计强度的要求；抗裂性要达到最优，且便于施工；结合料剂量合理，尽量采用综合稳定；集料应有一定的级配。

无机结合料稳定材料的组成设计步骤是：首先确定原材料（各种土和稳定剂）性质，对于粗粒土和中粒土应做筛分或压碎值试验；对于稳定剂，主要测试石灰的有效氧化钙、氧化镁含量和水泥的胶砂强度及凝结时间；然后，拟定混合料配合比。按规范建议的剂量制备同一种土样的混合料试件若干个（至少做三组不同石灰或水泥剂量，即最小、中间和最大剂量），通过击实试验确定混合料的最佳含水率和最大干密度。按最佳含水率和最大干密度与工地预定达到的压实度制备试件，进行无侧限抗压强度试验，然后根据规范中规定的强度标准选定合适的石灰或水泥的剂量。

（一）目的和使用范围

该试验方法适用于在工地上快速测试水泥和石灰稳定土中水泥和石灰的剂量，并可用以检查拌和的均匀性。

（二）仪器设备

（1）滴定管（酸式）：50 mL，1 支。

（2）滴定台：1 个。

（3）滴定管夹：1 个。

（4）大肚移液管：10 mL、50 mL,10 支。

（5）锥形瓶（即三角瓶）：200 mL，20 个。

（6）烧杯：2 000 mL（或 1 000 mL），1 只；300 mL，10 只。

（7）容量瓶：1 000 mL，1 个。

（8）搪瓷杯：容量大于 1 200 mL，10 只。

（9）不锈钢棒（或粗玻璃棒）：10 根。

（10）量筒：100 mL 和 5 mL，各 1 只；50 mL，2 只。

（11）棕色广口瓶：60 mL，1 只（装钙红指示剂）。

（12）电子天平：量程不小于 1 500 g，感量 0.01 g。

（13）秒表：1 只。

（14）表面皿：ϕ9 cm，10 个。

（15）研钵：ϕ12 ~ 13 cm，1 个。

（16）洗耳球（1 两或 2 两）：1 个。

（17）精密试纸：pH 12 ~ 14。

（18）聚乙烯桶：20 L（装蒸馏水和氯化铵及 EDTA 二钠标准溶液），3 个；5 L（装氢氧化钠），1 个；5 L（大口桶），10 个。

（19）毛刷、去污粉、吸水管、塑料勺、特种铅笔、厘米纸。

（20）洗瓶（塑料）：500 mL，1 只。

（三）试　剂

（1）0.1 mol/m^3 乙二胺四乙酸二钠标准溶液（简称 EDTA 二钠标准溶液）：准确称取 EDTA 二钠（分析纯）37.23 g，用 40 ~ 50 °C 的无二氧化碳蒸馏水溶解，待全部溶解并冷却至室温后，定容至 1 000 mL。

（2）10%氯化铵溶液：将 500 g 氯化铵（NH_4Cl）（分析纯或化学纯）放在 10 L 聚乙烯桶内，加蒸馏水 4 500 mL，充分振荡，使氯化铵完全溶解。也可以分批在 1 000 mL 的烧杯内配制，然后倒入塑料桶内摇匀。

（3）1.8%氢氧化钠（内含三乙醇胺）溶液：用电子天平称 18 g 氢氧化钠（NaOH）（分析纯），放入洁净干燥的 1 000 mL 烧杯中，加入 1 000 mL 蒸馏水使其全部溶解，待溶液冷却至室温后，加入 2 mL 三乙醇胺（分析纯），搅拌均匀后储于塑料桶中。

（4）钙红指示剂：将 0.2 g 钙试剂羧酸钠（分子式为 $C_{21}H_{13}N_2NaO_7S$，分子量为 460.39）与 20 g 预先在 105 °C 烘箱中烘 1 h 的硫酸钾混合，一起放入研钵中，研成极细粉末，储于棕色广口瓶中，以防变潮。

（四）准备标准曲线

（1）取样：取工地用结合料和土，风干后用烘干法测其含水率（如为水泥，可假定其含水率为 0%）。

（2）混合料组成的计算：

① 公式：

干料质量 = 湿料质量/（1+含水率）

② 计算步骤：

干混合料质量 = 湿混合料质量/（1+最佳含水率）

干土质量 = 干混合料质量/（1+结合料剂量）

结合料质量 = 干混合料质量 – 干土质量

湿土质量 = 干土质量 ×（1+土的风干含水率）

湿石灰质量 = 干石灰质量 ×（1+石灰的风干含水率）

混合料中应加入的水 = 湿混合料质量 – 湿土质量 – 湿石灰质量

（3）准备 5 种试样，每种两个样品（以水泥稳定材料为例），如为水泥稳定中、粗粒土，每个样品取 1 000 g 左右（如为细粒土，则可称取 300 g 左右）准备试验。为了减少中、粗粒土的离散，宜按设计级配单份掺配的方式备料。

5 种混合料的水泥剂量应为：水泥剂量为 0%，最佳水泥剂量左右、最佳水泥剂量 ± 2% 和+4%（在此，准备标准曲线的水泥剂量可为 0%、2%、4%、6%、8%。如水泥剂量较高或较低，应保证工地实际所用水泥的剂量位于标准曲线所用剂量的中间），每种剂量取两个（为湿质量）试样，共 10 个试样，并分别放在 10 个大口聚乙烯桶（如为稳定细粒土，可用搪瓷杯或 1 000 mL 具塞三角瓶；如为粗粒土，可用 5 L 的大口聚乙烯桶）内。土的含水率应等于工地预期达到的最佳含水率，土中所加的水应与工地所用的水相同。

（4）取一个盛有试样的盛样器，在盛样器内加入两倍试样质量（湿料质量）体积的 10% 氯化铵溶液（如湿料质量为 300 g，则氯化铵溶液为 600 mL；如湿料质量为 1 000 g，则氯化铵溶液为 2000 mL）。料为 300 g，则搅拌 3 min（每分钟搅 110 ~ 120 次）；料为 1 000 g，则搅拌 5 min。如用 1 000 mL 具塞三角瓶，则手握三角瓶（瓶口向上）用力振荡 3 min（每分钟 120 次 ± 5 次），以代替搅拌棒搅拌。放置沉淀 l0 min（如 l0 min 后得到的是混浊悬浮液，则应增加放置沉淀时间，直到出现无明显悬浮颗粒的悬浮液为止，并记录所需的时间。以后所有该种水泥稳定材料的试验，均应以同一时间为准。），然后将上部清液转移到 300 mL 烧杯内，搅匀，加盖表面皿待测。

（5）用移液管吸取上层（液面上 1 ~ 2 cm）悬浮液 10.0 mL 放入 200 mL 的三角瓶内，用量管量取 1.8%氢氧化钠（内含三乙醇胺）溶液 50 mL 倒入三角瓶中，此时溶液 pH 值为 12.5 ~ 13.0（可用 pH12 ~ 14 精密试纸检验），然后加入钙红指示剂（质量约为 0.2 g），摇匀，溶液呈玫瑰红色。记录滴定管中 EDTA 二钠标准溶液的体积 V_1（以 mL 计，读至 0.1 mL），然后用 EDTA 二钠标准溶液滴定，边滴定边摇匀，并仔细观察溶液的颜色；在溶液颜色变为紫色时，放慢滴定速度，并摇匀；直到纯蓝色为终点，记录滴定管中 EDTA 二钠标准溶液体积 V_2（以 mL 计，读至 0.1 mL）。计算 $V_2 - V_1$，即为 EDTA 二钠标准溶液的消耗量。

（6）对其他几个盛样器中的试样，用同样的方法进行试验，并记录各自的 EDTA 二钠标准溶液的消耗量。

（7）以同一水泥剂量稳定材料 EDTA 二钠标准溶液消耗量（mL）的平均值为纵坐标，以水泥剂量（%）为横坐标制图。两者的关系应是一根顺滑的曲线，如图 2-1 所示。如素土、水泥改变，必须重做标准曲线。

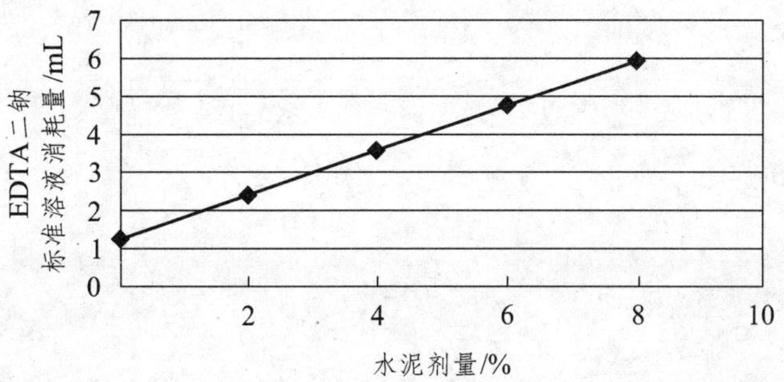

图 2-1　EDTA 标准曲线

（五）试验步骤

（1）选取有代表性的水泥稳定材料，对稳定中、粗粒土取试样约 3 000 g，对稳定细粒土取试样约 1 000 g。

（2）对水泥或石灰稳定细粒土，称 300 g 放在搪瓷杯中，用搅拌棒将结块搅散，加 10%氯化铵溶液 600 mL；对水泥稳定中、粗粒土，可直接称取 1 000 g 左右，放入 10%氯化铵溶液 2 000 mL，然后如前述步骤进行试验。

（3）利用所绘制的标准曲线，根据 EDTA 二钠标准溶液消耗量，确定混合料中的水泥剂量。

（六）结果整理

本试验应进行两次平行测试，取算术平均值，精确至 0.1 mL。允许重复性误差不得大于平均值的 5%，否则，重新进行试验。

试验记录见表 2-7、表 2-8 所示。

（七）注意事项

（1）每个样品搅拌的时间、速度和方式应力求相同，以增加试验的精度。

（2）测标准曲线时，如工地试剂水泥剂量较大，素集料和低剂量水泥的试样可以不做，而直接用较高的剂量做试验，但应有两种剂量大于设计剂量以及两种剂量小于设计剂量。

（3）配制的氯化铵溶液最好当天用完，不要放置过久，以免影响试验的精度。

表 2-7　无机结合料稳定材料水泥或石灰剂量标准曲线试验检测记录

检测单位名称：　　　　　　　　　　　　　　　　　　　　　　　　　　　记录编号：

工程名称		任务编号	
工程部位/用途		样品编号	
样品信息			
试验检测日期		试验条件	
检测依据		判定依据	
主要仪器设备名称及编号			
无机结合料种类规格		设计剂量/%	

序号	配制剂量/g	试样1				试样2				DTA 用量均值/mL
		试样质量/g	初读数/mL	终读数/mL	EDTA 用量/mL	试样质量/g	初读数/mL	终读数/mL	EDTA 用量/mL	
1										
2										
3										
4										
5										
6										
7										
8										
9										
10										
标准曲线公式										
标准曲线图										
附加声明：										

检测：　　　　　　　　　记录：　　　　　　　　　复核：　　　　　　　　　日期：　　年　　月　　日

表 2-8　无机结合料稳定材料水泥或石灰剂量试验检测记录

检测单位名称：　　　　　　　　　　　　　　　　　　记录编号：

工程名称		任务编号	
工程部位/用途		样品编号	
样品信息			
试验检测日期		试验条件	
检测依据		判定依据	
主要仪器设备名称及编号			
无机结合料种类规格		设计剂量/%	
标准曲线公式			

试件编号	试样 1				试样 2				EDTA 用量均值/mL	结合料剂量/%
	试样质量/g	初读数/mL	终读数/mL	EDTA 用量/mL	试样质量/g	初读数/mL	终读数/mL	EDTA 用量/mL		

取样个数	最大值/%	最小值/%	平均值/%	标准差	变异系数/%

标准曲线图粘贴处	
附加声明：	

检测：　　　　　　记录：　　　　　　复核：　　　　　　日期：　　年　　月　　日

五、无侧限抗压强度检测

无机结合料稳定材料结构层的强度是以规定温度下保湿养生 6 d、浸水 1 d 后的 7 d 无侧限抗压强度为准。无机结合料稳定材料的抗压强度应满足表 2-2、表 2-3、表 2-9 及表 2-10 的规定。

表 2-9　石灰粉煤灰稳定材料的 7 d 无侧限抗压强度标准 R_d　　MPa

	公路等级	极重、特种交通	重交通	中、轻交通
基　层	高速公路和一级公路	≥1.1	≥1.0	≥0.9
	二级及二级以下公路	≥0.9	≥0.8	≥0.7
底基层	高速公路和一级公路	≥0.8	≥0.7	≥0.6
	二级及二级以下公路	≥0.7	≥0.6	≥0.5

注：石灰粉煤灰稳定材料不满足表 2-9 要求时，可外加混合料质量 1%～2%的水泥。

表 2-10　水泥粉煤灰稳定材料的 7 d 无侧限抗压强度标准 R_d　　MPa

	公路等级	极重、特种交通	重交通	中、轻交通
基　层	高速公路和一级公路	4.0～5.0	3.5～4.5	3.0～4.0
	二级及二级以下公路	3.5～4.5	3.0～4.0	2.5～3.5
底基层	高速公路和一级公路	2.5～3.5	2.0～3.0	1.5～2.5
	二级及二级以下公路	2.0～3.0	1.5～2.5	1.0～2.0

（一）检测器具与材料

（1）方孔筛：孔径 53 mm、37.5 mm、31.5 mm、26.5 mm、4.75 mm 和 2.36 mm 的筛各 1 个。

（2）试模：适用于下列不同土的试模尺寸。

细粒式材料：试模的直径×高=50 mm×50 mm；

中粒式材料：试模的直径×高=100 mm×100 mm；

粗粒式材料：试模的直径×高=150 mm×150 mm。

（3）电动脱模器。

（4）反力架：规格为 400 kN 以上。

（5）液压千斤顶：200～1 000 kN。

（6）钢板尺：量程 200 mm 或 300 mm，最小刻度 1 mm；游标卡尺：量程 200 mm 或 300 mm。

（7）标准养护室：温度为 20 °C±2 °C，相对湿度在 95%以上。

（8）水槽：深度应大于试件高度 50 mm。

（9）压力机（也可用路面强度试验仪和测力计）：压力机应符合现行《液压式压力试验机》（GB/T 3722）及《试验机通用技术要求》（GB/T 2611）中的要求，其测量精度为 ± 1%，同时应具有加荷速度指示装置或加荷速度控制装置。上下压板平整并有足够刚度，可以均匀地连续加载卸载，可以保持固定荷载。开机停机均灵活自如，能够满足试件吨位要求，且压力机加载速率可以有效控制在 1 mm/min。

（10）球形支座。

（11）电子天平：量程 15 kg，感量 0.1 kg；量程 4 kg，感量 0.01 g。

（12）其他：量筒、拌和工具、漏斗、大小铝盒、烘箱、机油若干等。

（二）试件制备与养生

1. 试料准备

（1）试件的径高比一般为 1 : 1，根据需要也可成型 1 : 1.5 或 1 : 2 的试件。试件的成型应根据需要的压实度水平，按照体积标准，采用静力压实法准备。

（2）将具有代表性的风干试料（必要时，也可以在 50 °C 烘箱内烘干）用木锤捣碎和木碾碾碎，但应避免破坏粒料的原粒径。按照公称最大粒径的大一级筛，将土过筛并进行分类。

（3）在预定做试验的前一天，取有代表性的试料测试其风干含水率。对于细粒土，试样应不少于 100 g；对于中粒土，试样应不少于 1 000 g；对于粗粒土，试样的质量应不少于 2000 g。

2. 混合料最佳含水率和最大干密度的确定

用击实试验法确定无机结合料混合料的最佳含水率和最大干密度。

3. 配制混合料

（1）对于无机结合料稳定细粒土，至少应该制备 6 个试件；对于无机结合料稳定中粒土和粗粒土，至少分别应该制备 9 个和 13 个试件。

（2）根据击实结果，称取一定质量的风干土，其质量随试件大小而变。对于 ϕ50 mm × 50 mm 的试件，1 个试件约需干土 180 ~ 210 g；对于 ϕ100 mm × 100 mm 的试件，1 个试件约需干土 1 700 ~ 1 900 g；对于 ϕ150 mm × 150 mm 的试件，1 个试件约需干土 5 700 ~ 6 000 g。

对于细粒土，可以一次称取 6 个试件的土；对于中粒土，一次宜称取 1 个试件的土；对于粗粒土，一次只称取 1 个试件的土。

将准备好的试料分别装入塑料袋中备用。

（3）将称好的土放在长方盘（约 400 mm × 600 mm × 70 mm）内。向土中加水拌料、闷料。石灰稳定材料、水泥和石灰综合稳定材料、石灰粉煤灰综合稳定材料、水泥粉煤灰综合稳定材料，可将石灰和粉煤灰和土一起拌和，将拌和均匀后的试料放在密闭容器或塑料袋（封口）内浸润备用。

对于细粒土（特别是黏性土），浸润时的含水率应比最佳含水率小 3%；对于中粒土和粗粒土可按式（2-6）计算最佳含水率的加水量；对于水泥稳定材料，加水量应比最佳含水率小 1% ~ 2%。

$$m_w = \left(\frac{m_n}{1+0.01w_n} + \frac{m_c}{1+0.01w_c}\right) \times 0.01w - \frac{m_n}{1+0.01w_n} \times 0.01w_n - \frac{m_c}{1+0.01w_c} \times 0.01w_c \qquad (2\text{-}6)$$

式中：m_w ——混合料中应加的水量（g）；

m_n、w_n ——混合料中素土（或集料）的质量（g）、含水率（风干含水率）（%）；

m_c、w_c ——混合料中水泥或石灰的质量（g）、原始含水率（%）（水泥的 w_c 通常很小，也可以忽略不计）；

w ——要求达到的混合料的含水率（%）。

浸润时间要求为：黏土 12 ~ 24 h，粉质土 6 ~ 8 h，砂类土、砂砾土、红土砂砾、级配砂砾等可以缩短到 4 h 左右；含土很少的未筛分碎石、砂砾及砂可以缩短到 2 h。浸润时间一般不超过 24 h。

（4）在试件成型前 1 h 内，加入预定数量的水泥并拌和均匀。在拌和过程中，应将预留的水（对于细粒土为 3%，对于水泥稳定为 1% ~ 2%）加入土中，使混合料达到最佳含水率。拌和均匀的加有水泥的混合料应在 1 h 内按下述方法制成试件，超过 1 h 的混合料应该作废。其他结合料稳定材料，混合料虽不受此限，但也应尽快制成试件。

4. 按预定的干密度制件

（1）用反力框架和液压千斤顶，或采用压力试验机制件。制备一个达到预定干密度的试件，需要的稳定土混合料数量 m_1（g）可按式（2-7）计算：

$$m_1 = V \times \rho_{max} \times (1 + w_{opt}) \times \gamma \qquad (2\text{-}7)$$

式中：V——试件体积（cm^3）；

W_{opt} ——混合料最佳含水率（%）；

ρ_{max} ——混合料最大干密度（g/cm^3）；

γ——混合料压实度标准（%）。

将试模配套的下垫块放入试模的下部，但外露 2 cm 左右。将称量规定数量的稳定材料混合料分 2 ~ 3 次灌入试模中，每次灌入后用夯棒轻轻均匀插实。如制取的是 ϕ 50 mm × 50 mm 的小试件，则可以将混合料一次倒入试模中，然后将与试模配套的上垫块放入试模内，也应使上垫块外露 2 cm 左右（即上、下垫块露出试模外的部分应该相等）。

（2）将整个试模（连同上、下垫块）放到反力架内的千斤顶上（千斤顶下应放一扁球座）或压力机上，以 1 mm/min 的加载速率加压，直到上、下压柱都压入试模为止。维持压力 2 min。解除压力后，取下试模，并放到脱模器上将试件顶出。用水泥稳定有黏结性的材料（如黏土）时，制件后可以立即脱模；用水泥稳定无黏结性细粒土时，最好过 2 ~ 4 h 再脱模；对于中、粗粒土的无机结合料稳定材料，也最好过 2 ~ 6 h 脱模。

在脱模器上取试件时，应用双手抱住试件侧面的中下部，然后沿水平方向轻轻旋转，待感觉到试件移动后，再将试件轻轻捧起，放置到试验台上。切勿直接将试件向上捧起。

（3）称试件的质量 m_2，小试件精确至 0.0l g，中试件精确至 0.01 g，大试件精确至 0.1 g。检查试件的高度和质量，不满足成型标准的试件为废件。

小试件的高度误差范围为 – 0.1 ~ 0.1 cm，中试件的高度误差范围为 – 0.1 ~ 0.15 cm，大试件的高度误差范围为 – 0.1 ~ 0.2 cm。

质量损失：小试件应不超过标准质量 5 g，中试件应不超过 25 g，大试件应不超过 50 g。

5. 养　生

（1）试件从试模内脱出并量高称质量后，中试件和大试件应装入塑料袋内。试件装入塑料袋后，将袋内的空气排除干净，扎紧袋口，将包好的试件放入养护室。

（2）标准养生的温度为（20 ± 2）°C，标准养生的湿度为≥95%。试件宜放在铁架或木架上，间距至少 10 ~ 20 mm。试件表面应保持一层水膜，并避免用水直接冲淋。

（3）养生时间视需要而定，对无侧限抗压强度试验，标准养生龄期是 7 d，最后一天浸水。在养生期的最后一天，将试件取出，观察试件的边角有无磨损和缺块，并量高称质量 m_3，然后将试件浸泡于（20 ± 2）°C 水中，应使水面在试件顶上约 2.5 cm。

如养生期间有明显的边角缺损，试件应该作废。对养生 7 d 的试件，在养生期间，试件质量的损失应符合下列规定：小试件不超过 1 g；中试件不超过 4 g；大试件不超过 10 g。质量损失超过此规定的试件，应该作废。

（三）方法与步骤

（1）根据试验材料的类型和一般的工程经验，选择合适量程的测力计和压力机，试件破坏荷载应大于测力量程的 20%且小于测力量程的 80%。球形支座和上下顶板涂上机油，使球形支座能够灵活转动。

（2）将已浸水一昼夜的试件从水中取出，用软布吸去试件表面的水分，并称试件的质量 m_4。

（3）用游标卡尺量试件的高度，准确至 0.1 mm。

（4）将试件放在路面材料强度试验仪或压力机上，并在升降台上先放一扁球座，进行抗压试验。试验过程中，应保持加载速率为 1 mm/min。记录试件破坏时的最大压力 P（N）。

（5）从试件内部取有代表性的样品（经过打破）测试其含水率。

（四）计　算

（1）试件的无侧限抗压强度值用（2-8）计算：

$$R_c = \frac{P}{A} \tag{2-8}$$

式中：R_c——试件的无侧限抗压强度（MPa），保留 1 位小数；

P——试件破坏时的最大压力（N）；

A——试件的截面积（mm^2），$A=\pi D^2/4$

D——试件的直径（mm）。

（2）精密度或允许误差。

同一组试件试验中，采用 3 倍均方差方法剔除异常值，小试件可以允许有 1 个异常值，中试件 1～2 个异常值，大试件 2～3 个异常值。异常值数量超过上述规定的试验重做。

同组试验的变异系数 C_V（%）应符合下列规定：

小试件	不大于 6%	制 6 个试件
中试件	不大于 10%	制 9 个试件
大试件	不大于 15%	制 13 个试件

如不能保证试验结果的变异系数小于规定的值，则应按允许误差 10%和 90%概率重新计算所需的试件数量，增加试件数量并另做新试验。新试验结果与老试验结果一并重新进行统计评定，直到变异系数满足上述规定。

（五）检测报告

报告应包括以下技术内容：

（1）材料的颗粒组成；

（2）水泥的种类和强度等级，或石灰等级；

（3）重型击实的最佳含水率（%）和最大干密度（g/cm^3）；

（4）无机结合料类型及剂量；

（5）试件干密度（保留 3 位小数，g/cm^3）或压实度；

（6）吸水量以及测抗压强度时的含水率（%）；

（7）抗压强度，保留 1 位小数；

（8）若干个试验结果的最小值和最大值、平均值 $\bar{R}_c$、标准差 S、偏差系数 C_V 和 95%保证率的值 $R_{c0.95}$（$R_{c0.95}=\bar{R}_c-1.645S$）。

试验记录格式见表 2-11。

表 2-11　无机结合料稳定材料无侧限抗压强度原始观测数据记录

检测单位名称：　　　　　　　　　　　　　　　　　　　　　　　　　记录编号：

工程名称			工程部位/用途						任务编号				
样品信息									样品编号				
试验检测日期									试验条件				
检测依据									判定依据				
主要仪器设备名称及编号													
无机结合料种类规格			设计灰剂量/%			实测灰剂量/%		最佳含水率/%			制件含水率/%		
制件方法			试件尺寸/mm			要求压实度/%		设计抗压强度/MPa			最大干密度/（g/cm^3）		
试件编号	1	2	3	4	5	6	7	8	9	10	11	12	13
养生前试件质量/g													
制件干密度/（g/cm^3）													
制件压实度/%													
浸水前试件质量/g													
浸水后试件质量/g													
养生质量损失/g													
吸水量/g													
养生前试件高度/（mm）													
浸水后试件高度/（mm）													
测力环读数													
试件最大荷载/kN													
无侧限抗压强度/MPa													
测强时含水率/%													
试件个数	保证率/%	Z_a	强度平均值/MPa		强度最大值/MPa		强度最小值/MPa		强度标准差/MPa		强度变异系数		强度代表值/MPa
附加声明：													

检测：　　　　　　　记录：　　　　　　　复核：　　　　　　　日期：　　年　　月　　日

（六）强度评定

如为现场检测，需按下述方法对无侧限抗压强度进行评定：

（1）评定路段试样的平均强度 R_c 应满足下列要求：

$$\bar{R}_c \geqslant R_d/(1-Z_a C_V) \quad (2\text{-}9)$$

式中：R_d——设计抗压强度（MPa）；

C_V——试验结果的偏差系数（以小数计）；

Z_a——标准正态分布表中随保证率而变的系数。高速公路、一级公路：保证率 95%，$Z_a = 1.645$；其他公路：保证率 90%，$Z_a = 1.282$。

（2）评定路段内无机结合料稳定材料强度评为不合格时，相应分项工程为不合格。

（七）注意事项

（1）土的性质应符合设计要求，土块要经粉碎。

（2）石灰质量应符合设计要求，块灰需充分消解才能使用，未消解生石灰块必须剔除。

（3）水泥质量应符合设计要求。

（4）水泥、石灰、粉煤灰和土的用量按设计要求控制准确。

（5）在试验前应将所用的测试仪表（传感器、测力环）和需用的附件（压头）及试件各安其位加以固定或位置平稳，对照两侧立柱上刻画的调平顶盘、顶平面的最低和最高极限位置线，如能满足要求方可。否则应采取加垫或其他措施加以调整。

任务 2.2　水泥混凝土及水泥砂浆性能检测

水泥混凝土是公路工程中主要结构的建筑材料之一。水泥混凝土的质量将直接影响到工程实体的质量。水泥混凝土路面面层的设计强度以抗弯拉强度为设计标准，桥梁结构、路基防护与加固工程使用的混凝土及砂浆设计强度均以抗压强度为设计标准。在浇筑混凝土或砂浆时就需要评定其抗弯拉强度或抗压强度。

一、水泥混凝土试件的制作及养护方法

该方法适用于在常温环境中室内试验时水泥混凝土试件制作，但因其特殊性所引起的对试验设备及方法的特殊要求，均应按对这些水泥混凝土试件制作和取样的有关技术规定进行。

（一）试件的制作器具

（1）强制搅拌机：应符合现行《混凝土试验用搅拌机》（JG 244）的规定。

（2）振动台。应符合现行《混凝土试验用振动台》（JG/T 245）的规定。

（3）试模：抗压 150 mm × 150 mm × 150 mm，抗弯拉 150 mm × 150 mm × 550 mm。

（4）其他：捣棒、压板、橡皮锤、游标卡尺等。

（二）试件的尺寸

常用的几种试件尺寸（试件内部尺寸）和最大粒径规定见表 2-12。所有试件承压面的平面度公差不超过 0.000 5*d*（*d* 为边长）。

表 2-12　试件尺寸

试件名称	标准尺寸（集料最大粒径）/mm	非标准尺寸（集料最大粒径） /mm
立方体抗压强度试件	150×150×150（31.5）	100×100×100（26.5） 200×200×200（53）
抗弯拉强度试件	150×150×550（31.5）	100×100×400（26.5）

（三）非圆柱体试件成型

（1）成型前试模内壁涂抹一层矿物油脂。

（2）取拌合物的总量至少应比所需量高 20%，并取出少量混凝土拌合物代表样，在 5 min 内进行坍落度或维勃试验，认为品质合格后，应在 15 min 内开始制件或做其他试验。

（3）当坍落度小于 25 mm 时，可采用ϕ25 mm 的插入式振捣棒成型。将混凝土拌合物一次装入试模，装料时应用抹刀沿各试模壁插捣，并使混凝土拌合物高出试模口；振捣时振捣棒距底板 10 ~ 20 mm，且不要接触底板。振捣直到表面出浆为止，且应避免过振，以防止混凝土离析，一般振捣时间为 20 s。振捣棒拔出时要缓慢，拔出后不得留有孔洞。用刮刀刮去多余的混凝土，在临近初凝时，用抹刀抹平。试件表面与试模边缘高低差不得超过 0.5 mm。

（4）当坍落度大于 25 mm 且小于 90 mm 时，用标准振动台成型。将试模放在振动台上夹牢，防止试模自由跳动，将拌合物一次装满试模并稍有富余，开动振动台至混凝土表面出现乳状水泥浆时为止，振动过程中随时添加混凝土使试模常满，记录振动时间（约为维勃秒数的 2 ~ 3 倍，一般不超过 90 s）。振动结束后，用金属直尺沿试模边缘刮去多余混凝土，用抹刀将表面初次抹平，待试件收浆后，再次用抹刀将试件仔细抹平，试件表面与试模边缘的高低差不得超过 0.5 mm。

（5）当坍落度大于 90 mm 时，用人工成型。拌合物分厚度大致相等的两层装入试模。捣固时按螺旋方向从边缘到中心均匀地进行。插捣底层混凝土时，捣棒应到达模底；插捣上层时，捣棒应贯穿上层后插入下层 20 ~ 30 mm 处。插捣时应用力将捣棒压下，保持捣棒垂直，不得冲击，捣完一层后，用橡皮锤轻轻击打试模外端面 10 ~ 15 下，以填平插捣过程中留下的孔洞。每层插捣次数 100 cm^2 面积内不得少于 12 次。试件表面与试模边缘高低差不得超过 0.5 mm。

（6）当试样为自密实混凝土时，在新拌混凝土不离析的状态下，将自密实混凝土搅拌均匀后直接倒入试模内，不得使用振动台和插捣方式成型，但可以采用橡皮锤辅助振动。试样一次填满试模后，可用橡皮锤沿着试模中线位置轻轻敲击 6 次侧面。用抹刀将试件仔细抹平，使表面略低于试模边缘 1 ~ 2 mm。

（三）养　生

（1）试件成型后，用湿布覆盖表面（或其他保持湿度办法），在室温（20 ± 5）°C、相对湿度大于 50%的情况下，静放一个到两个昼夜，然后拆模并作第一次外观检查、编号。对有缺陷的试件应除去，或加工补平。

（2）将完好试件放入标准养护室进行养护，标准养护室温度为（20 ± 2）°C，相对湿度在 95%以上，试件宜放在铁架或木架上，间距至少为 10 ~ 20 mm。试件表面应保持一层水膜，并避免用水直接冲淋。当无标准养护室时，将试件放入温度（20 ± 2）°C 的饱和氢氧化钙溶液中养护。

（3）标准养护龄期为 28 d（以搅拌加水开始），非标准的龄期为 1 d、3 d、7 d、60 d、90 d、180 d。

二、水泥混凝土抗压强度检测

混凝土抗压强度是以边长为 150 mm 的标准立方体试件在温度为（20 ± 2）°C 及相对湿度 95%以上的条件下，养护 28 d 后，用标准方法测得的极限抗压强度，以确定水泥混凝土强度等级，作为评定水泥混凝土品质的主要指标。

水泥混凝土“立方体抗压强度标准值”，按照我国现行规范的定义是指按照标准方法制作和标准条件下养护的，用标准试验方法测试的具有 95%保证率的抗压强度值，以 MPa 计。

水泥混凝土“强度等级”是根据“立方体抗压强度标准值”来确定的。用符号“C”和“立方体抗压强度标准值”两项内容表示。例如 C60 即表示混凝土立方体抗压强度标准值为 60 MPa，普通混凝土按立方体抗压强度标准值划分为：C15、C20、C25、C30、C35、C40、C45、C50、C55、C60、C65、C70、C75 和 C80 等 14 个强度等级。

1. 检测器具

（1）压力机或万能试验机：压力机（图 2-2）应符合现行《液压式万能试验机》（GB/T 3159）及《试验机通用技术要求》（GB/T 2611）的规定，其测量精度为 ± 1%，试件破坏荷载应大于压力机全程的 20%且小于压力机全程的 80%。压力机同时应具有加荷速度指示装置或加荷速度控制装置，上下压板平整并有足够刚度，可均匀地连续加荷卸荷，可保持固定荷载，开机停机均灵活自如，能够满足试件破型吨位要求。

（2）球座：钢质坚硬，表面平整度要求在 100 mm 距离内高低差值不超过 0.05 mm，球面及球窝粗糙度 $R_a = 0.32\ \mu m$，研磨、转动灵活。不应在大球座上做小试件破型，球座宜放置在试件顶面（特别是棱柱试件），并凸面朝上，当试件均匀受力后，不宜再敲动球座。

（3）混凝土强度大于或等于 C50 时，试件周围应设置防崩裂网罩。

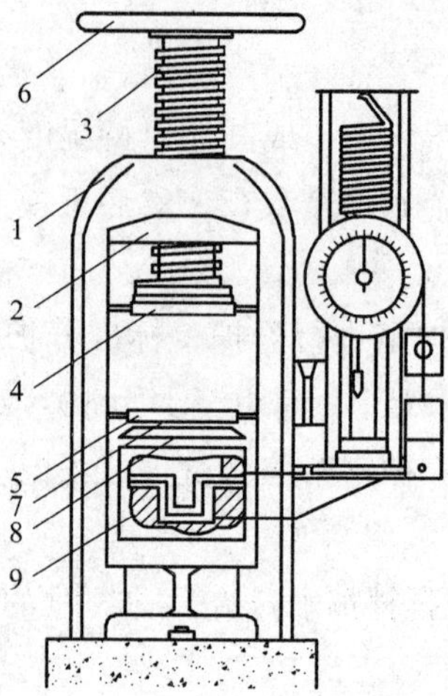

1—机架；2—螺母；3—螺杆；4—上承压板；5—下承压板；
6—转动手轮；7—球座；8—遮屏板；9—油缸。

图 2-2　压力试验机

2. 检测步骤

（1）至试验龄期时，自养护室取出试件，应尽快试验，避免其湿度变化。

（2）取出试件，检查其尺寸及形状，相对两面应平行。量出棱边长度，精确至 1 mm。试件受力截面积按其与压力机上下接触面的平均值计算。在破型前，保持试件原有湿度，在试验时擦干试件。

（3）以成型时侧面为上下受压面，试件中心与压力机几何对中。

（4）以 0.3 ~ 0.5 MPa/s（强度等级 f_{cu} <C30）、0.5 ~ 0.8 MPa/s（强度等级 C30≤ f_{cu} < C60 时）或以 0.8 ~ 1.0 MPa/s（强度等级 f_{cu} ≥C60 时）的速度均匀加荷。当试件接近破坏而开始迅速变形时，应停止调整试验机油阀，直至试件破坏，记录极限破坏荷载 F。

3. 计　算

（1）混凝土试件抗压强度按下式计算：

$$f_{cu} = \frac{F}{A} \tag{2-10}$$

式中：f_{cu} ——混凝土立方体抗压强度（MPa）;

F——极限荷载（N）;

A——受压面积（mm^2）。

结果计算精确至 0.1 MPa。

（2）当混凝土强度等级小于 C60 时，采用非标准试件时其抗压强度应换算成标准试件时的抗压强度（即非标准试件抗压强度 × 尺寸换算系数），并应在报告中注明。尺寸换算系数见表 2-13。

表 2-13 混凝土抗压强度尺寸换算系数

试件尺寸/mm	尺寸换算系数
100×100×100	0.95
150×150×150	1.00
200×200×200	1.05

（3）当混凝土强度等级大于或等于 C60 时，宜采用 150 mm×150 mm×150 mm 标准试件，使用非标准试件时，换算系数由试验确定。

（4）以三个试件测量值的算术平均值为测定值，结果精确至 0.1 MPa。三个试件测量值的最大值或最小值如有一个与中间值之差超过中间值的 15%时，则取中间值为测试值；如最大值和最小值与中间值的差值均超过中间值的 15%，则该组试验结果无效。

4. 注意事项

（1）使用压力机前必须检查储油箱的油是否加满，油管接头有无松动，以防漏油漏气。

（2）做抗压强度试验前，先检查压力机球座是否保持灵敏。

（3）试验前应合理地对所做试验的最大荷载有所估计，选用相应的测量范围；检查压力机度盘的吨数是否与摆锤一致；加荷应均匀，不要发生冲击和振动，否则会影响试验结果。

（4）开送油阀时，回油阀必须关死，不使油漏回；开回油阀时，送油阀不要拧得过紧，以免损伤油针尖梢。

（5）压力机一般每年校正 1 次，校正后不得随便更换摆杆上部压板的位置和角度，以免影响精度。

5. 报　告

报告应包括以下技术内容：

（1）要求检测的项目名称和执行标准。

（2）原材料的品种、规格和产地。

（3）仪器设备的名称、型号及编号。

（4）环境温度和湿度。

（5）水泥混凝土抗压强度值。

（6）要说明的其他内容。

记录格式见表 2-14。

表 2-14　水泥混凝土抗压强度试验检测记录

检测单位名称：　　　　　　　　　　　　　　　　　　　　　　　　　　记录编号：

工程名称				任务编号		
工程部位/用途				样品编号		
样品信息						
试验检测日期				试验条件		
检测依据				判定依据		
主要仪器设备及编号						
混凝土种类				强度等级		
成型日期				龄期/d		
养护条件	□标准养护　□同条件养护　□蒸汽养护			试件尺寸		
样品组号	序号	开始时间	极限荷载/kN	抗压强度/MPa		
				单值	测定值	折合标准强度
	1					
	2					
	3					
	1					
	2					
	3					
	1					
	2					
	3					
	1					
	2					
	3					
试验机原始票据或加荷曲线粘贴处：						
附加声明：						

检测：　　　　　　　　记录：　　　　　　　　复核：　　　　　　　　日期：　　年　　月　　日

6. 水泥混凝土抗压强度评定

当同批试件组数 $n \geqslant 10$ 时，应用数理统计方法评定，并满足下述条件：

$$m_{fcu} \geqslant f_{cu,k} + \lambda_1 S_n \quad (2\text{-}11)$$

$$f_{cu,min} \geqslant \lambda_2 f_{cu,k} \quad (2\text{-}12)$$

式中：n——同批混凝土试件组数。

m_{fcu}——同批 n 组试件强度的平均值（MPa），精确到 0.1 MPa；

S_n——同批 n 组试件强度的标准差（MPa），精确到 0.01 MPa。当 S_n<2.5 MPa 时，取 S_n = 2.5 MPa；

$f_{cu,k}$——混凝土设计强度等级（MPa）；

$f_{cu,min}$——n 组试件中强度最低一组的值（MPa），精确到 0.01 MPa；

λ_1、λ_2——合格判定系数，见表 2-15。

表 2-15　合格率判定系数 λ_1、λ_2 值

n	10～14	15～19	≥20
λ_1	1.15	1.05	0.95
λ_2	0.90	0.85	

当同批试件组数 $n<10$ 时，可用非数理统计方法评定，并满足下述条件。合格率判定系数 λ_3，λ_4 满足表 2-16 要求。

$$m_{fcu} \geqslant \lambda_3 f_{cu,k} \quad (2\text{-}13)$$

$$f_{cu,min} \geqslant \lambda_4 f_{cu,k} \quad (2\text{-}14)$$

表 2-16　合格率判定系数 λ_3、λ_4 值

混凝土强度等级	<C60	≥C60
λ_3	1.15	1.10
λ_4	0.95	

检查项目中，水泥混凝土抗压强度评为不合格时，相应分项工程为不合格。

三、水泥混凝土抗弯拉强度检测

水泥混凝土抗弯拉强度是以 150 mm × 150 mm × 550 mm 的梁形试件在标准养护条件下达到规定龄期后，净跨 450 mm，双支点荷载作用的弯拉破坏，并按规定的计算方法得到的强度值。以提供水泥混凝土路面设计参数，检查水泥混凝土路面施工品质。

1. 检测器具

（1）压力机或万能试验机：应符合本任务第二条 1（1）的规定，如图 2-2 所示。

（2）弯拉试验装置（即三分点处双点加荷和三点自由支承式混凝土弯拉强度与弯拉弹性模量试验装置），如图 2-3 所示。

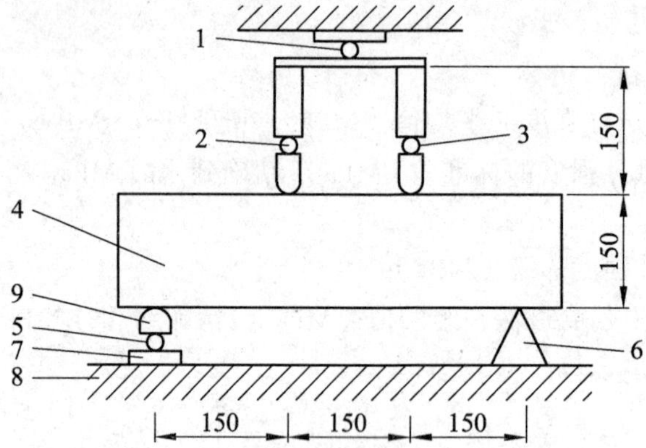

1，2—1 个钢球；3，5—2 个钢球；4—试件；6—固定支座；
7—活动支座；8—机台；9—活动船形垫块。

图 2-3 抗弯拉试验装置（尺寸单位：mm）

2. 试件制备和养护

（1）试件尺寸应符合相关的规定，同时在试件长向中部 1/3 区段内表面不得有直径超过 5 mm、深度超过 2 mm 的孔洞。

（2）混凝土弯拉强度试件应以同龄期者为 1 组，每组为 3 根同条件制作和养护的试件。

3. 试验步骤

（1）试件取出后，用湿毛巾覆盖并及时进行试验，保持试件干湿状态不变。在试件中部量出其宽度和高度，精确至 1 mm。

（2）调整两个可移动支座，将试件安放在支座上，试件成型时的侧面朝上，几何对中后，应使支座及承压面与活动船形垫块的接触面平稳、均匀，否则应垫平。

（3）加荷时，应保持均匀、连续。缓慢以 0.02 ~ 0.05 MPa/s（强度等级 f_{cu} < C30 时）、0.05 ~ 0.08 MPa/s（强度等级 C30≤ f_{cu} < C60 时）或以 0.08 ~ 0.10 MPa/s（强度等级 f_{cu} ≥C60 时）的速度均匀加荷。当试件接近破坏而开始迅速变形时，不得调整试验机油门，直至试件破坏，记下破坏极限荷载和下边缘断裂的位置。

4. 数据处理

（1）当断面发生在两个加荷点之间时，试件的抗弯拉强度 f_f 按式（2-15）计算：

$$f_f = \frac{FL}{bh^2} \tag{2-15}$$

式中：f_f——试件的弯拉强度（MPa）；

F——极限荷载（N）；

L——支座间距离；

b——试件宽度（mm）；

h——试件高度（mm）。

结果计算精确至 0.01 MPa。

（2）采用 100 mm × 100 mm × 400 mm 非标准试件时，在三分点加荷的试验方法同前，但所取得的弯拉强度值应乘以尺寸换算系数 0.85。当混凝土强度等级大于或等于 C60 时，应采用 150 mm × 150 mm × 550 mm 标准试件。

（3）以三个试件测量值的算术平均值为测试值。三个试件测量值的最大值或最小值中如有一个与中间值之差超过中间值的 15%，则把最大值和最小值舍去，以中间值作为试件的弯拉强度。如最大值和最小值与中间值之差值均超过中间值 15%，则该组试验结果无效。

（4）三个试件如有一个断裂面位于加荷点外侧，则混凝土弯拉强度按另外两个试件的试验结果计算。如这两个测量值的差值不大于这两个测量值中最小值的 15%，则以两个测量值的平均值为测试结果，否则试验结果无效。如两试件均出现在断裂面位于加荷点外侧，则该组试验结果无效。

5. 报　告

报告应包括以下技术内容：

（1）要求检测的项目名称和执行标准。

（2）原材料的品种、规格和产地。

（3）试验日期及时间。

（4）仪器设备的名称、型号及编号。

（5）环境温度和湿度。

（6）水泥混凝土抗弯拉强度值。

（7）要说明的其他内容。

记录格式见表 2-17。

表 2-17　水泥混凝土抗弯拉强度试验检测记录

检测单位名称：　　　　　　　　　　　　　　　　　　　　　　　　　　　　记录编号：

<table>
<tr><td>工程名称</td><td colspan="4"></td><td>任务编号</td><td></td></tr>
<tr><td>工程部位/用途</td><td colspan="4"></td><td>样品编号</td><td></td></tr>
<tr><td>样品信息</td><td colspan="6"></td></tr>
<tr><td>试验检测日期</td><td colspan="4"></td><td>试验条件</td><td></td></tr>
<tr><td>检测依据</td><td colspan="4"></td><td>判定依据</td><td></td></tr>
<tr><td>主要仪器设备名称及编号</td><td colspan="6"></td></tr>
<tr><td>混凝土种类</td><td colspan="4"></td><td>强度等级</td><td></td></tr>
<tr><td>成型日期</td><td colspan="2"></td><td>龄期/d</td><td></td><td>试件尺寸</td><td></td></tr>
<tr><td>养护条件</td><td colspan="4">□标准养护　□同条件养护</td><td>支座间距/mm</td><td></td></tr>
<tr><td>样品组号</td><td>试块序号</td><td>极限荷载/kN</td><td>断裂面是否位于加荷点内侧</td><td>抗弯拉强度/MPa</td><td>抗弯拉强度测试值/MPa</td><td>换算成标准试件抗弯拉强度值/MPa</td></tr>
<tr><td rowspan="3"></td><td>1</td><td></td><td>□是 □否</td><td></td><td rowspan="3"></td><td rowspan="3"></td></tr>
<tr><td>2</td><td></td><td>□是 □否</td><td></td></tr>
<tr><td>3</td><td></td><td>□是 □否</td><td></td></tr>
<tr><td rowspan="3"></td><td>1</td><td></td><td>□是 □否</td><td></td><td rowspan="3"></td><td rowspan="3"></td></tr>
<tr><td>2</td><td></td><td>□是 □否</td><td></td></tr>
<tr><td>3</td><td></td><td>□是 □否</td><td></td></tr>
<tr><td rowspan="3"></td><td>1</td><td></td><td>□是 □否</td><td></td><td rowspan="3"></td><td rowspan="3"></td></tr>
<tr><td>2</td><td></td><td>□是 □否</td><td></td></tr>
<tr><td>3</td><td></td><td>□是 □否</td><td></td></tr>
<tr><td colspan="7">试验机原始票据或加荷曲线粘贴处：</td></tr>
<tr><td colspan="7">附加声明：</td></tr>
</table>

检测：　　　　　　　　记录：　　　　　　　　复核：　　　　　　　　日期：　　　年　　月　　日

6. 注意事项

（1）试件从养护水槽取出后尽快擦干试件表面水分进行试验，以免试件内部的湿度发生显著变化。

（2）试验前在试件表面准确划出支点及加荷位置，距端部分别为 50 mm、200 mm、350 mm、500 mm。

（3）试验应按规定加荷速度连续而均匀加荷，直至试件破坏。

（4）按试验规程要求评定试件的抗折强度。

7. 水泥混凝土抗弯拉强度评定

（1）当试件组数 $n>10$ 时，平均弯拉强度合格判断式为：

$$f_{cs} \geqslant f_r + K\sigma \tag{2-16}$$

$$\sigma = C_V \overline{f}_c \tag{2-17}$$

式中：f_{cs}——合格判定平均弯拉强度值（MPa）；

f_r——设计弯拉强度标准值（MPa）；

K——合格判定系数（见表 2-18）；

σ——弯拉强度统计标准差（MPa）；

C_V——实测弯拉强度统计变异系数；

$\overline{f}_c$——实测弯拉强度统计平均值（MPa）。

表 2-18　合格判定系数 K 值

n	11 ~ 14	15 ~ 19	≥20
K	0.75	0.70	0.65

当试件组数为 $11 \leqslant n \leqslant 19$ 组时，允许有一组最小弯拉强度小于 $0.85f_r$，但不得小于 $0.80f_r$。

当试件组数 $n \geqslant 20$ 组时，高速公路、一级公路均不得小于 $0.85f_r$，其他公路允许有一组最小弯拉强度小于 $0.85f_r$，但不得小于 $0.80f_r$。

（2）当试件组数 $n \leqslant 10$ 时，试件平均强度不得小于 $1.15f_r$，任一组强度均不得小于 $0.85f_r$。

（3）实测弯拉强度统计变异系数 C_V 值应符合设计要求。

（4）当标准小梁合格判定平均弯拉强度 f_{cs}、最小弯拉强度 f_{min} 和 C_V 中有一个不符合上述要求时，应在不合格路段每车道每 1 km 钻取 3 个以上 ϕ150 mm 的芯样，实测劈裂强度，通过各自工程的经验统计公式换算弯拉强度，其合格判定平均弯拉强度 f_{cs} 和最小弯拉强度 f_{min} 必须合格；否则，应返工重铺。

（5）检查项目中，水泥混凝土弯拉强度评为不合格时，相应分项工程应评为不合格。

四、水泥砂浆抗压强度检测

水泥砂浆强度以强度等级表示。它是以边长为 70.7 mm 的正立方体标准试件，在标准养护条件下，养护 28 d 的极限抗压强度值来确定的。

1. 检测器具

（1）试模：70.7 mm × 70.7 mm × 70.7 mm 立方体（有底试模），具有足够的刚度并拆装方便；试模的内表面应机械加工，其不平度为每 100 mm 不超过 0.05 mm，组装后各相邻面的不垂直度不超过 ± 0.5°。

（2）钢制捣棒：直径为 10 mm、长为 350 mm，端部为半球形。

（3）压力试验机：应符合现行《液压式万能试验机》（GB/T 3159）的规定。

（4）垫板：试验机上、下压板及试件之间可垫以钢垫板，垫板的尺寸应大于试件的承压面，其不平度为每 100 mm 不超过 0.02 mm

（5）钢尺：量程为 500 mm，分度值为 1 mm。

2. 试件制备及养护

（1）制作砌筑砂浆试件时，试模内壁事先涂刷薄层机油或脱模剂。

（2）向试模内一次注满砂浆，用捣棒均匀由外向里按螺旋方向插捣 25 次，为了防止低稠度砂浆插捣后可能留下孔洞，允许用油灰刀沿模壁插数次，使砂浆高出试模顶面 6 ~ 8 mm。

（3）当砂浆表面开始出现麻斑状态时（约 15 ~ 30 min），将高出部分的砂浆沿试模顶面削去抹平。

（4）试件制作后应在温度为（20 ± 5）°C、湿度大于 50% 的环境下，停置一昼夜（24 ± 2）h；当气温较低时，可适当延长时间，但不应超过两昼夜。应对试件进行编号并拆模。试件拆模后，应在标准养护条件下继续养护至 28 d，然后进行试压。

（5）标准养护的条件

① 水泥混合砂浆：标准养护的条件为温度（20 ± 2）°C、相对湿度 60% ~ 80%。

② 水泥砂浆和微沫砂浆：标准养护的条件为温度（20 ± 2）、相对湿度 90%以上。

③ 养护期间，试件彼此间隔 10 mm 以上。

3. 试验步骤

（1）试件从养护地点取出后，应尽快进行试验，以免试件内部的温度、湿度发生显著变化。先将试件擦拭干净，检查其外观并测量尺寸，精确至 1 mm。如果实测尺寸与公称尺寸之差不超过 1 mm，按公称尺寸进行计算。

（2）将试件安放在试验机的下压板正中间，试件的承压面应与成型时的顶面垂直，试件中心应与试验机下压板（或下垫板）中心对准。

（3）开动试验机，当上压板与试件（或下垫板）接近时，如有明显偏斜，应调整球座，使接触面均衡受压。

（4）承压试验应连续而均匀加荷，加荷速度为 0.3 ~ 0.5 MPa/s（砂浆强度不大于 5 MPa 时，取下限为宜），当试件接近破坏而开始迅速变形时，停止调整试验机油门，直至试件破坏，然后记录破坏荷载。

4. 数据处理

（1）砂浆的极限抗压强度，按式（2-18）计算：

$$f_{\mathrm{m,cu}}=\frac{F_u}{A} \tag{2-18}$$

式中：$f_{\mathrm{m,cu}}$——砂浆立方体抗压强度（MPa）；

F_u——破坏荷载（N）；

A——试件承压面积（mm^2）。

计算结果精确至 0.1 MPa。

（2）以 3 个试件的算术平均值作为该组试件的抗压强度，结果精确至 0.1 MPa。当 3 个试件的最大或最小值与中间值的差超过中间值的 15%时，以中间值为该组试件的抗压强度。当两个测试值与中间值的差值均超过中间值的 15%时，该组试验结果无效。

5. 报 告

报告应包括以下技术内容：

（1）要求检测的项目名称和执行标准。

（2）原材料的品种、规格和产地。

（3）仪器设备的名称、型号及编号。

（4）环境温度和湿度。

（5）立方体抗压强度。

（6）要说明的其他内容。

试验检测记录表见表 2-19。

6. 水泥砂浆强度评定

（1）要求试件的平均强度不低于设计强度等级的 1.1 倍。

（2）任一组试件的强度最低值不低于设计强度等级的 85%。

实测项目中，水泥砂浆强度评为不合格时相应分项工程为不合格。

表 2-19　砂浆立方体抗压强度试验检测记录

检测单位名称：　　　　　　　　　　　　　　　　　　　　　　　　　　　记录编号：

<table>
<tr><td>工程名称</td><td colspan="3"></td><td>任务编号</td><td></td></tr>
<tr><td>工程部位/用途</td><td colspan="3"></td><td>样品编号</td><td></td></tr>
<tr><td>样品信息</td><td colspan="5"></td></tr>
<tr><td>试验检测日期</td><td colspan="3"></td><td>试验条件</td><td></td></tr>
<tr><td>检测依据</td><td colspan="3"></td><td>判断依据</td><td></td></tr>
<tr><td>主要仪器设备名称及编号</td><td colspan="5"></td></tr>
<tr><td>砂浆种类</td><td colspan="3"></td><td>强度等级</td><td></td></tr>
<tr><td>成型日期</td><td colspan="3"></td><td>龄期/d</td><td></td></tr>
<tr><td>养护条件</td><td colspan="3">□标准养护　□同条件养护</td><td>试件尺寸</td><td></td></tr>
<tr><td rowspan="2">样品组号</td><td rowspan="2">序号</td><td rowspan="2">开始时间</td><td rowspan="2">极限荷载/kN</td><td colspan="2">抗压强度/MPa</td></tr>
<tr><td>单值</td><td>平均值</td></tr>
<tr><td rowspan="3"></td><td></td><td></td><td></td><td></td><td rowspan="3"></td></tr>
<tr><td></td><td></td><td></td><td></td></tr>
<tr><td></td><td></td><td></td><td></td></tr>
<tr><td rowspan="3"></td><td></td><td></td><td></td><td></td><td rowspan="3"></td></tr>
<tr><td></td><td></td><td></td><td></td></tr>
<tr><td></td><td></td><td></td><td></td></tr>
<tr><td rowspan="3"></td><td></td><td></td><td></td><td></td><td rowspan="3"></td></tr>
<tr><td></td><td></td><td></td><td></td></tr>
<tr><td></td><td></td><td></td><td></td></tr>
<tr><td colspan="6">试验机原始票据或加荷曲线粘贴处：</td></tr>
<tr><td colspan="6">附加声明：</td></tr>
</table>

检测：　　　　　　　记录：　　　　　　　复核：　　　　　　　日期：　　　年　　　月　　　日

任务 2.3　沥青混合料性能检测

沥青混合料是经合理级配组成的矿质混合料（如碎石、石屑、矿粉等），在一定温度下拌和而成的，将沥青混合料摊铺、碾压成型具有整体性能的路面材料即成为各种类型的沥青路面。

沥青混合料是典型的流变性材料，它的强度和劲度模量随温度升高而降低，所以沥青路面在夏季高温时，在重交通荷载重复作用下，由于交通的渠化，在轮迹带易形成中间下凹、两侧鼓起的变形，称为“车辙”，这是现代高等级沥青路面最常见的病害。在寒冷的冬季时，沥青材料延展性能降低，在重荷载作用下，易产生路面横向开裂病害，路面渗水易降低沥青路面承重结构层基层的承载力。雨季施工或降雨丰富地区沥青路面必须具有较好的水稳定性以保证路面的整体性，避免松散、坑槽等病害。

沥青混合料高温稳定性是指沥青混合料夏季高温（通常为 60 °C）条件下，经车辆荷载长期重复作用后，不产生车辙和波浪等病害的性能。所以沥青混合料必须具有一定的高温稳定性、低温稳定性、水稳定性及抗老化能力以防止沥青路面早期破坏。

一、沥青路面

1. 沥青路面的基本特性

沥青路面是用沥青材料作结合料黏结矿料修筑面层与各类基层所组成的路面结构。

由于沥青路面使用沥青结合料，因而增强了矿料间的黏结力，提高了混合料的强度和稳定性，使路面的使用质量和耐久性都得到提高。与水泥混凝土路面相比，沥青路面具有表面平整、无接缝、行车舒适、耐磨、振动小、噪声低、施工期短、养护维修简便、适宜于分期修建等优点，因而获得越来越广泛的应用。20 世纪 50 年代以来，各国修建沥青路面的数量迅猛增长，所占比重很大。我国近 20 年多来修筑了相当数量的沥青路面，广泛用于公路和城市道路。沥青路面是我国高速公路的主要路面形式。随着国民经济和现代化道路交通运输需求的进一步增长，沥青路面必将会有更大的发展。

世界各国高等级公路大多采用沥青路面，是由于它具有下列良好性能：

（1）足够的力学强度，能承受车辆荷载施加到路面上的各种作用力。

（2）一定的弹性和塑性变形能力，能承受应变而不破坏。

（3）与汽车轮胎的附着力较好，可保证行车安全。

（4）有高度的减振性，可使汽车快速行驶，平稳而低噪声。

（5）不扬尘，且容易清扫和冲洗。

（6）维修工作比较简单，且沥青路面可再生利用。

沥青路面也表现出明显的不足之处，比如温度稳定差，易出现疲劳现象，在低于极限承载能力情况下发生破坏等。

（1）沥青易老化：沥青是多组分有机材料，随着使用期的延长，沥青的胶体结构和组成成分发生变化，使沥青黏性变差、塑形降低、沥青路面易表面松散、整体性降低，从而导致结构破坏。

（2）温度敏感性较差：夏季高温易流淌，高温稳定性差；低温易发脆，抗裂性能差。可采用优质沥青或采取改性措施等。

2. 对沥青路面的基本要求

沥青路面面层直接承受车辆和大气因素的作用，而沥青材料的物理、力学性质受气候和时间因素的影响很大，这是沥青路面使用中的一个重要特点。针对这一特点，沥青路面必须满足下列基本要求：

（1）高温稳定性。

为了保证沥青路面在高温季节在行车荷载的反复作用下不致产生诸如波浪、推移、车辙、泛油、粘轮等病害，沥青路面应具有良好的高温稳定性，确保高温时期仍具有足够的强度与刚度。

（2）低温抗裂性。

裂缝是沥青路面的主要破坏形式。由于沥青路面在高温时变形能力较强，而低温时变形能力差，故不论哪种裂缝，以在低温时发生的居多。从低温抗裂性的要求出发，沥青路面在低温时，应具有较低的劲度和较大的抗变形能力，且在行车荷载和其他因素的反复作用下不致产生疲劳开裂。

（3）耐久性。

沥青路面应具有抵抗温度、阳光、空气、水等各种气候因素作用的能力，即在这些因素的作用下，沥青路面的性质不致很快恶化—失去黏性、弹性，性质变脆，以致在行车荷载和其他因素的作用下发生碎裂，导致沥青与矿料脱离，导致路面松散破坏。

（4）抗滑能力。

现代交通车速不断提高，对路面的抗滑能力也提出更高的要求。沥青路面应具有足够的抗滑能力，以保证在最不利的情况下（如路面潮湿等）车辆能够高速安全行驶，而且在外界因素作用下其抗滑能力不致很快降低。

（5）防渗能力。

当沥青路面防渗能力较差时，不仅影响路面本身的稳定性，而且还会影响到基层的稳定性。因此，沥青路面必须具有较好的抗渗能力，在潮湿多雨地区尤为重要。沥青路面的抗渗能力主要取决于沥青路面的空隙率，空隙率越大，其抗渗能力越差。

3. 沥青路面的分类

（1）按强度构成原理分类。

按强度构成原理不同，可将沥青路面分为密实类和嵌挤类两大类。

（2）按施工工艺分类。

按施工工艺的不同，沥青路面可分为层铺法、路拌法和厂拌法三类。

（3）按沥青路面的技术特性分类。

根据沥青路面的技术特性，沥青面层可分为沥青混凝土、热拌沥青碎石、乳化沥青碎石混合料、沥青贯入式、沥青表面处治等类型。此外，沥青玛蹄脂碎石近年在许多国家也得到广泛应用。

4. 沥青路面类型的选择

采用不同的施工工艺和材料可以修筑成不同类型的沥青路面。因此，必须根据路面的使用要求和施工的具体条件，按照技术经济原则来综合考虑，选定最适当的路面类型。

选择沥青路面面层材料根据交通荷载及层位选择不同的类型，具体可参照表 2-20 选定。

表 2-20　面层材料的交通荷载等级和层位

材料类型	适用交通荷载等级和层位
连续级配沥青混合料	各交通荷载等级的表面层、中面层和下面层
沥青玛蹄脂碎石混合料	极重、特重和重交通荷载等级的表面层、对抗滑有特殊要求的表面层
厂拌热再生沥青混合料	各交通荷载等级的表面层、中面层和下面层
上拌下贯沥青碎石	中等、轻交通荷载等级的面层
沥青表面处治	中等、轻交通荷载等级的表面层

从施工季节来讲，沥青路面一般都要求在温暖干燥的气候条件下施工，所用沥青材料在施工时具有较大的流动性，便于路面摊铺和压实成型。热拌热铺类的沥青碎石或沥青混凝土面层，气候对其影响较小，仅要求在晴朗天气和气温不低于 5 °C 时施工。若施工气温较低，则应选用热拌冷铺法施工较为适宜。

沥青路面一般不宜铺筑在纵坡大于 6%的路段上。纵坡大于 3%的路段，考虑抗滑的要求，宜采用粗粒式的沥青碎石或粗粒式的沥青表面处治。

二、沥青混合料中沥青含量检测

（一）目的与适用范围

（1）本方法采用离心分离法测试黏稠石油沥青拌制的沥青混合料中的沥青含量（或油石比）。

（2）本方法适用于热拌热铺沥青混合料路面施工时的沥青用量检测，以评定拌和产品质量。此法也适用于旧路调查时检测沥青混合料的沥青用量，用此法抽提的沥青溶液可用于回收沥青，以评定沥青的老化性质。

（二）仪具与材料技术要求

（1）离心抽提仪：如图 2-4 所示。

由试样容器及转速不小于 3 000 r/min 的离心分离器组成，分离器备有滤液出口。容器盖与容器之间用耐油的圆环形滤纸密封。滤液通过滤纸排出后从出口流出收入回收瓶中。仪器必须安放稳固并有排风装置。

（2）圆环形滤纸。

（3）回收瓶：容量 1 700 mL 以上。

（4）压力过滤装置。

（5）天平：感量不大于 0.01 g、1 mg 的天平各 1 台。

（6）量筒：分度值 1 mL。

（7）电烘箱：装有温度自动调节器。

（8）三氯乙烯：工业用。

（9）碳酸铵饱和溶液：供燃烧法测试滤纸中的矿粉含量用。

（10）其他：小铲、金属盘、大烧杯等。

图 2-4　离心抽提仪

（三）方法与步骤

1. 准备工作

（1）在拌和厂从运料车采取沥青混合料试样，放在金属盘中适当拌和，待温度稍下降后至 100 °C 以下时，用大烧杯取混合料试样质量 1 000 ~ 1 500 g（粗粒式沥青混合料用高限，细粒式用低限，中粒式用中限），准确至 0.1 g。

（2）当试样在施工现场用钻机法或切割法取得时，应用电风扇吹风使其完全干燥，置烘箱中适当加热后成松散状态取样，不得用锤击，以防集料破碎。

2. 试验步骤

（1）向装有试样的烧杯中注入三氯乙烯溶剂，将其浸没，浸泡 30 min，用玻璃棒适当搅动混合料，使沥青充分溶解。也可直接在离心分离器中浸泡。

（2）将混合料及溶液倒入离心分离器，用少量溶剂将烧杯及玻璃棒上的黏附物全部洗入分离器中。

（3）称取洁净的圆环形滤纸质量，准确至 0.01 g。注意滤纸不宜多次反复使用，有破损者不能使用，有石粉黏附时应用毛刷清除干净。

（4）将滤纸垫在分离器边缘上，加盖紧固，在分离器出口处放上回收瓶，上口应注意密封，防止流出液成雾状散失。

（5）开动离心机，转速逐渐增至 3 000 r/min，沥青溶液通过排出口注入回收瓶中，待流出停止后停机。

（6）从上盖的孔中加入新溶剂，数量大体相同，稍停 3 ~ 5 min 后，重复上述操作，如此数次直至流出的抽提液成清澈的淡黄色为止。

（7）卸下上盖，取下圆环形滤纸，在通风橱或室内空气中蒸发干燥，然后放入（105 ± 5）°C 的烘箱中干燥，称取质量，其增重部分（m_2）为矿粉的部分。

（8）将容器中的集料仔细取出，在通风橱或室内空气中蒸发后放入（105 ± 5）°C 烘箱中烘干（一般需 4 h），然后放入大干燥器中冷却至室温，称取集料质量（m_1）。

（9）用压力过滤器过滤回收瓶中的沥青溶液，由滤纸的增重 m_3 得出泄漏入滤液中矿粉。无压力过滤器时也可用燃烧法测试。

（10）用燃烧法测试抽提液中矿粉质量的步骤如下：

① 将回收瓶中的抽提液倒入量筒中，准确定量至 mL（V_a）。

② 充分搅匀抽提液，取出 10 mL（V_b）放入坩埚中，在热浴上适当加热使溶液试样发成暗黑色后，置高温炉（500 ~ 600 °C）中烧成残渣，取出坩埚冷却。

③ 向坩埚中按每 1 g 残渣 5 mL 的用量比例，注入碳酸铵饱和溶液，静置 1 h，放入（105 ± 5）°C 炉箱中干燥。

④ 取出坩埚放在干燥器中冷却，称取残渣质量（m_4），准确至 1 mg。

（四）计　算

（1）沥青混合料中矿料的总质量按式（2-19）计算

$$m_a = m_1 + m_2 + m_3 \tag{2-19}$$

式中：m_a——沥青混合料中矿料部分的总质量（g）；

m_1——容器中留下的集料干燥质量（g）；

m_2——圆环形滤纸在试验前后的增重（g）；

m_3——泄漏入抽提液中的矿粉质量（g），用燃烧法时可按式（2-20）计算；

$$m_3 = m_4 \times \frac{V_a}{V_b} \tag{2-20}$$

式中：V_a——抽提液的总量（mL）；

V_b——取出的燃烧干燥的抽提液数量（mL）；

m_4——坩埚中燃烧干燥的残渣质量（g）。

（2）沥青混合料中的沥青含量按式（2-21）计算，油石比按式（2-22）计算：

$$P_b = \frac{m - m_a}{m} \tag{2-21}$$

$$P_a = \frac{m - m_a}{m_a} \tag{2-22}$$

式中：m——沥青混合料的总质量（g）；

P_b——沥青混合料的沥青含量（%）；

P_a——沥青混合料的油石比（%）。

（五）报　告

同一沥青混合料试样至少平行试验两次，取平均值作为试验结果。两次试验结果的差值应小于 0.3%，当大于 0.3%但小于 0.5%时，应补充平行试验一次，以 3 次试验的平均值作为试验结果，3 次试验的最大值与最小值之差不得大于 0.5%。试验记录见表 2-21。

表 2-21　沥青混合料沥青用量、矿料级配试验检测记录

检测单位名称：　　　　　　　　　　　　　　　　　　　　　　　　记录编号：

工程名称		工程部位/用途		任务编号	
样品信息				样品编号	
试验检测日期				试验条件	
检测依据				判定依据	
主要仪器设备名称及编号					
沥青混合料类型			设计油石比/%		

沥青含量试验			燃烧法		离心分离法							矿料总质量/g	纤维占矿料百分比/%	沥青用量/%		油石比/%
	试验次数	混合料质量/g	质量损失/g	修正系数/%	试验前滤纸质量/g	容器中干燥矿料质量/g	试验后滤纸质量/%	抽提液总量/mL	进行燃烧的抽提液量/mL	坩埚中残留残渣量/g	泄漏矿粉质量/g		纤维质量/g	单值	均值	
	1															
	2															
	3															

试验次数																		
			筛孔															
			燃烧法修正系数/%															
1	干矿料质量/g		分计筛余质量/g															
	损失矿粉量/g		分计筛余百分数/%															
	水洗后质量/g		累计筛余百分数/%															
	筛后总重/g		通过率/%															
2	干矿料质量/g		分计筛余质量/g															
	损失矿粉量/g		分计筛余百分数/%															
	水洗后质量/g		累计筛余百分数/%															
	筛后总重/g		通过率/%															
—			通过率均值/%															
设计级配范围			级配上限/%															
			级配下限/%															

附加声明：

检测：　　　　　　　　记录：　　　　　　　　复核：　　　　　　　　日期：　　　　年　　月　　日

三、沥青混合料马歇尔稳定度检测

（一）目的与适用范围

（1）本方法适用于马歇尔稳定度试验和浸水马歇尔稳定度试验，以进行沥青混合料的配合比设计或沥青路面施工质量检验。浸水马歇尔稳定度试验（根据需要，也可进行真空饱水马歇尔试验）供检验沥青混合料受水损害时抵抗剥落的能力时使用，通过测试其水稳定性检验配合比设计的可行性。

（2）本方法适用于按行业标准《公路工程沥青及沥青混合料试验规程》（JTG E20—2011）成型的标准马歇尔试件圆柱体和大型马歇尔试件圆柱体。

（二）仪具与材料技术要求

（1）沥青混合料马歇尔试验仪：分为自动式和手动式。自动马歇尔试验仪应具备控制装置、记录荷载-位移曲线、自动测试荷载与试件的垂直变形，能自动显示和存储或打印试验结果等功能。手动式由人工操作，试验数据通过操作者目测后读取数据。对用于高速公路和一级公路的沥青混合料宜采用自动马歇尔试验仪。

① 集料公称最大粒径小于或等于 26.5 mm 时，宜采用ϕ101.6 mm × 63.5 mm 的标准马歇尔试件，试验仪最大荷载不得小于 25 kN，读数准确至 0.1 kN，加载速率应能保持（50 ± 5）mm/min。钢球直径（16 ± 0.05）mm，上下压头曲率半径为（50.8 ± 0.08）mm。

② 当集料公称最大粒径大于 26.5 mm 时，宜采用ϕ152.4 mm × 95.3 mm 大型马歇尔试件，试验仪最大荷载不得小于 50 kN，读数准确至 0.1 kN。上下压头的曲率内径为ϕ（152.4 ± 0.2）mm 上下压头间距（19.05 ± 0.1）mm。大型马歇尔试件的压头尺寸如图 2-5 所示。

（2）恒温水槽：控温准确至 1 °C，深度不小于 150 mm。

（3）真空饱水容器：包括真空泵及真空干燥器。

（4）烘箱。

（5）天平：感量不大于 0.1 g。

（6）温度计：分度值 1 °C。

（7）卡尺。

（8）其他：棉纱、黄油。

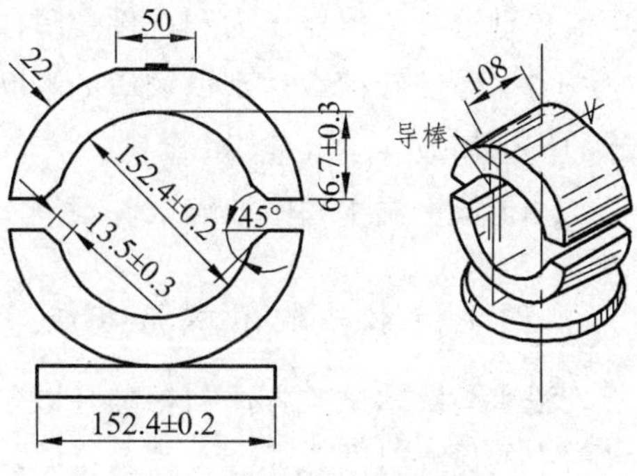

图 2-5　大型马歇尔试件压头

（尺寸单位:mm）

（三）标准马歇尔试验方法

1. 准备工作

（1）按标准击实法成型马歇尔试件，标准马歇尔试件尺寸应符合直径（101.6 ± 0.2）mm、高（63.5 ± 1.3）mm 的要求。对大型马歇尔试件，尺寸应符合直径（152.4 ± 0.2）mm、高（95.3 ± 2.5）mm 的要求。一组试件的数量不得少于 4 个，并符合标准击实法成型马歇尔试件的规定。

（2）量测试件的直径及高度：用卡尺测量试件中部的直径，用马歇尔试件高度测试器或用卡尺在十字对称的 4 个方向量测离试件边缘 10 mm 处的高度，准确至 0.1 mm，并以其平均值作为试件的高度。如试件高度不符合（63.5 ± 1.3）mm 或（95.3 ± 2.5）mm 要求或两侧高度差大于 2 mm，此试件应作废。

（3）按《公路工程沥青及沥青混合料试验规程》（JTG E20—2011）规定的方法测试试件的密度，并计算空隙率、沥青体积百分率、沥青饱和度、矿料间隙率等体积指标。

（4）将恒温水槽调节至要求的试验温度，对黏稠石油沥青或烘箱养生过的乳化沥青混合料为（60 ± 1）°C，对煤沥青混合料为（33.8 ± 1）°C，对空气养生的乳化沥青或液体沥青混合料为（25 ± 1）°C。

2. 试验步骤

（1）将试件置于已达规定温度的恒温水槽中保温，保温时间对标准马歇尔试件需 30 ~ 40 min，对大型马歇尔试件需 45 ~ 60 min。试件之间应有间隔，底下应垫起，距水槽底部不小于 5 cm。

（2）将马歇尔试验仪的上下压头放入水槽或烘箱中达到同样温度。将上下压头从水槽或烘箱中取出擦拭干净内面。为使上下压头滑动自如，可在下压头的导棒上涂少量黄油。再将试件取出置于下压头上，盖上上压头，然后装在加载设备上。

（3）在上压头的球座上放妥钢球，并对准荷载测试装置的压头。

（4）当采用自动马歇尔试验仪时，将自动马歇尔试验仪的压力传感器、位移传感器与计算机或 *X-Y* 记录仪正确连接，调整好适宜的放大比例，压力和位移传感器调零。

（5）当采用压力环和流值计时，将流值计安装在导棒上，使导向套管轻轻地压住上压头，同时将流值计读数调零。调整压力环中百分表，对零。

（6）启动加载设备，使试件承受荷载，加载速度为（50 ± 5）mm/min。计算机或 *X-Y* 记录仪自动记录传感器压力和试件变形曲线并将数据自动存入计算机。

（7）当试验荷载达到最大值的瞬间，取下流值计，同时读取压力环中百分表读数及流值计的流值读数。

（8）从恒温水槽中取出试件至测出最大荷载值的时间，不得超过 30 s。

（四）浸水马歇尔试验方法

浸水马歇尔试验方法与标准马歇尔试验方法的不同之处在于，试件在已达规定温度恒温水槽中的保温时间为 48 h，其余步骤均与标准马歇尔试验方法相同。

（五）真空饱水马歇尔试验方法

试件先放入真空干燥器中，关闭进水胶管，开动真空泵，使干燥器的真空度达到 97.3 kPa（730 mm Hg）以上，维持 15 min；然后打开进水胶管，靠负压进入冷水流使试件全部浸入水中，浸水 15 min 后恢复常压，取出试件再放入已达规定温度的恒温水槽中保温 48 h。其余均与标准马歇尔试验方法相同。

（六）计　算

（1）试件的稳定度及流值。

① 当采用自动马歇尔试验仪时，将计算机采集的数据绘制成压力和试件变形曲线，或由 *X-Y* 记录仪自动记录的荷载-变形曲线，按图 2-6 所示的方法在切线方向延长曲线与横坐标相交于 O_1，将 O_1 作为修正原点，从 O_1 起量取相应于荷载最大值时的变形作为流值（*FL*），以 mm 计，准确至 0.1 mm。最大荷载即为稳定度（*MS*），以 kN 计，准确至 0.01 kN。

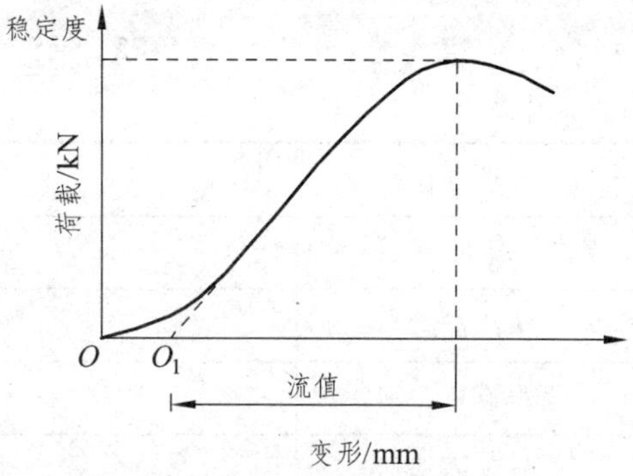

图 2-6　马歇尔试验结果修正方法

② 采用压力环和流值计测试时，根据压力环标定曲线，将压力环中百分表的读数换算为荷载值，或者由荷载测试装置读取的最大值即为试样的稳定度（*MS*），以 kN 计，准确至 0.01 kN。由流值计及位移传感器测试装置读取的试件垂直变形，即为试件的流值（*FL*），以 mm 计，准确至 0.1 mm。

（2）试件的马歇尔模数按式（2-23）计算。

$$T = \frac{MS}{FL} \tag{2-23}$$

式中：T——试件的马歇尔模数（kN/mm）；

MS——试件的稳定度（kN）；

FL——试件的流值（mm）。

（3）试件的浸水残留稳定度按式（2-24）计算。

$$MS_0 = \frac{MS_1}{MS} \times 100\% \tag{2-24}$$

式中：MS_0——试件的浸水残留稳定度（%）；

MS_1——试件浸水 48 h 后的稳定度（kN）。

（4）试件的真空饱水残留稳定度按式（2-25）计算。

$$MS'_0 = \frac{MS_2}{MS} \times 100 \tag{2-25}$$

式中：MS'_0——试件的真空饱水残留稳定度（%）；

MS_2——试件真空饱水后浸水 48 h 后的稳定度（kN）。

（七）报　告

（1）当一组测试值中某个测试值与平均值之差大于标准差的 k 倍时，该测试值应予舍弃，并以其余测试值的平均值作为试验结果。当试件数目 n 为 3、4、5、6 个时，k 值分别为 1.15、1.46、1.67、1.82。

（2）报告中需列出马歇尔稳定度、流值、马歇尔模数，以及试件尺寸、密度、空隙率、沥青用量、沥青体积百分率、沥青饱和度、矿料间隙率等各项物理指标。当采用自动马歇尔试验时，试验结果应附上荷载-变形曲线原件或自动打印结果。

试验记录见表 2-22。

表 2-22　沥青混合料马歇尔试验检测记录

检测单位名称：　　　　　　　　　　　　　　　　　　　　　　　　　　记录编号：

工程名称				任务编号			
工程部位/用途				样品编号			
样品信息							
试验检测日期				试验条件			
检测依据				判定			
主要仪器设备及编号							
沥青混合料类型				制件方法			
沥青种类				油石比/%			
马歇尔稳定度							
试件编号	1	2	3	4	5	6	结果值
稳定度/kN							
流值/mm							
马歇尔模数/（kN/mm）							
浸水 48 h 后马歇尔稳定度							
试件编号	1	2	3	4	5	6	结果值
稳定度/kN							
浸水残留稳定度/%							
真空饱水后浸水 48 h 后马歇尔稳定度							
试件编号	1	2	3	4	5	6	结果值
稳定度/kN							
真空饱水残留稳定度/%							
附加声明：							

检测：　　　　　　记录：　　　　　　　　　复核：　　　　　　　　日期：　　　年　　月　　日

四、沥青混合料高温稳定性检测

（一）车辙试验试件的成型

1. 试　件

（1）车辙试验用的试件通常采用轮碾法制成。轮碾法适用于长 300 mm × 宽 300 mm × 厚 50 ~ 100 mm 板块试件的成型，此试件可用切割机切制成棱柱体试件，或者在试验室用取芯机钻取试样。成型试件的密度应符合马歇尔标准击实试样密度（100 ± 1）%的要求。

（2）沥青混合料试件制作时的试件厚度可根据集料粒径大小及工程需要进行选择。对于集料公称最大粒径小于或等于 19 mm 的沥青混合料，宜采用长 300 mm × 宽 300 mm × 厚 50 mm 板块试模成型；对于集料公称最大粒径小于或等于 26.5 mm 的沥青混合料，宜采用长 300 mm × 宽 300 mm × 厚 80 ~ 100 mm 板块试模成型。

2. 试件制作器具

（1）轮碾成型机：如图 2-7 所示，具有与钢筒式压路机相似的圆弧形碾压轮，轮宽为 300 mm，压实线荷载为 300 N/cm，碾压行程等于试件长度，碾压后试件可达到马歇尔试验标准击实密度的（100 ± 1）%。

（2）试验室用沥青混合料拌和机：能保证拌和温度并充分拌和均匀，可控制拌和时间，宜采用容量大于 30 L 的大型沥青混合料拌和机，也可采用容量大于 10 L 的小型拌和机。

（3）试模：由高碳钢或工具钢制成，试模尺寸应保证成型后符合要求试件尺寸的规定。试验室制作车辙试验板块状试件的标准试模如图 2-8 所示。内部平面尺寸为长 300 mm × 宽 300 mm × 厚 50 ~ 100 mm。

（4）切割机：试验室用金刚石锯片锯石机（单据片或双锯片切割机）或现场用路面切割机，有淋水冷却装置，其切割厚度不小于试件厚度。

（5）钻孔取芯机：用电力或汽油机、柴油机驱动，有淋水冷却装置。金刚石钻头的直径根据试件直径的大小选择（100 mm 或 150 mm）。钻孔深度不小于试件厚度，钻头转速不小于 1 000 r/min。

图 2-7　轮碾成型机

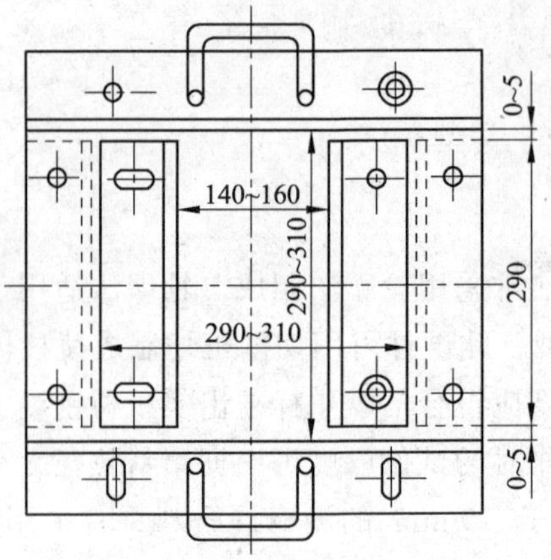

图 2-8　车辙试验试模（尺寸单位：mm）

（6）烘箱：大、中型各一台，装有温度调节器。

（7）台秤、天平或电子秤：称量 5 kg 以上的，感量不大于 1 g；称量 5 kg 以下的，用于称量矿料的感量不大于 0.5 g；用于称量沥青的感量不大于 0.1 g。

（8）沥青黏度测定设备：布洛克菲尔德黏度计、真空减压毛细管。

（9）小型击实锤：钢制端部断面尺寸为 80 mm × 80 mm、厚 10 mm，带手柄，总质量 0.5 kg 左右。

（10）温度计：分度值 1 °C。宜采用有金属插杆的插入式数显温度计，金属插杆的长度不小于 150 mm，量程 0 ~ 300 °C。

（11）其他：电炉或煤气炉、沥青熔化锅、拌和铲、标准筛、滤纸、胶布、卡尺、秒表、粉笔、垫木、棉纱等。

3. 制作方法

（1）按马歇尔稳定度试件成型方法，确定沥青混合料的拌和温度和压实温度。常温沥青混合料的拌和及压实在常温下进行。

（2）按《公路工程沥青及沥青混合料试验规程》（JTG E20—2011）规定取样方法在拌和厂或施工现场采取有代表性的沥青混合料，如混合料温度符合要求，可直接用于成型。在试验室人工配置沥青混合料时，按规程《公路工程沥青及沥青混合料试验规程》（JTG E20—2011）规定的方法准备矿料及沥青。常温沥青混合料的矿料不加热。

（3）将金属试模及小型击实锤等置于约 100 °C 的烘箱中加热 1 h 备用。常温沥青混合料试模不加热。

（4）按马歇尔稳定度试件成型方法拌制沥青混合料。当采用大容量沥青混合料拌和机时，宜一次拌和；当采用小型拌和机时，分两次拌和。混合料质量及各种材料数量由试件的体积（V）乘以马歇尔稳定度击实密度 ρ_0，再乘以系数 1.03，即得材料总用量（$m = V \times \rho_0 \times 1.03$），再按配合比计算出各种材料用量，分别将各种材料放入烘箱中预热备用。

（5）将预热的试模从烘箱中取出，装上试模框架；在试模中铺一张裁好的普通纸（可用报纸），使底面及侧面均被纸隔离；将拌和好的全部沥青混合料（注意不得散失，分两次拌和的应倒在一起)，用小铲稍加拌和后均匀地沿试模由边至中按顺序转圈装入试模，中部要略高于四周。

（6）取下试模框架，用预热的小型击实锤由边至中转圈夯实一遍，整平成凸圆弧形。

（7）插入温度计，待混合料冷却至规定的压实温度（为使冷却均匀，试模底下可用垫木支起）时，在表面铺一张裁好尺寸的普通纸。

（8）成型前将碾压轮预热至 100 °C 左右；然后，将盛有沥青混合料的试模置于轮碾机的平台上，轻轻放下碾压轮，调整总荷载为 9 kN（线荷载 300 N/cm）。

（9）启动轮碾机，先在一个方向碾压 2 个往返（4 次），卸荷；再抬起碾压轮，将试件掉转方向；再加相同荷载碾压至马歇尔标准密实度（100 ± 1）%为止。试件正式压实前，应经试压，测试密度后，确定试件的碾压次数。对普通沥青混合料，一般 12 个往返（24 次）左右可达要求（试件厚度为 50 mm）。

（10）压实成型后，揭去表面的纸，用粉笔在试件表面标明碾压方向。

（11）盛有压料试件的试模，置室温下冷却，至少 12 h 后方可脱模。

（二）沥青混合料车辙试验

沥青混合料车辙试验是用一块碾压成型的板块试件（通常尺寸为 300 mm × 300 mm × 50 mm）在规定温度条件（通常为 60 °C）下，以一个轮压为 0.7 MPa 的实心橡胶轮胎在其上行走，测量试件变形稳定期时，每增加 1 mm 变形需要行走的次数，即称为“动稳定度”（以次/mm 表示）。高速、一级公路动稳定度大于等于 800 次/mm；一级、城市干道动稳定度大于等于 600 次/mm。

动稳定度是评价沥青混凝土路面高温稳定性的一个指标，也是沥青混合料配合比设计时的一个辅助性检验指标。

1. 试验仪具

（1）车辙试验机。如图 2-9 所示。它主要由下列部分组成：

图 2-9　车辙试验机

① 试件台：可牢固地安装两种宽度（300 mm 及 150 mm）规定尺寸试件的试模。

② 试验轮：橡胶制的实心轮胎，外径ϕ200 mm，轮宽 50 mm，橡胶层厚 15 mm。橡胶硬度（国标标准硬度）20 °C 时为 84 ± 4；60 °C 时为 78 ± 2。使用前应注意检验轮胎橡胶硬度，不符合要求应及时更换。试验轮行走距离为（230 ± l0）mm，往返碾压速度为（42 ± 1）次/min（21 次往返/min）。采用曲柄连杆驱动加载轮往返运行方式。

（2）恒温室：恒温室应具有足够的空间。车辙试验机必须整机安放在恒温室内，装有加热器、气流循环装置及装有自动温度控制设备，同时恒温室还应有至少能保温 3 块试件并进行试验的条件。保持恒温室温度（60 ± 1）°C[试件内部温度（60 ± 0.5）°C]，根据需要也可采用其他试验温度。

（3）台秤：称量 15 kg，感量不大于 5 g。

2. 试验方法

（1）测试试验轮压强应符合（0.7+0.05）MPa，将试件装于原试模中。

（2）将试件连同试模一起，置于已达到试验温度（60 ± 1）°C 的恒温室中，保温不少于 5 h，也不得超过 12 h。在试件的试验轮不行走的部位上，粘贴一个热电偶温度计（也可在试件制作时预先将热电偶导线埋入一角），控制试件温度稳定在（60 ± 0.5）°C。

（3）将试件连同试模移置于车辙试验机的试验台上，试验轮在试件的中央部位，其行走方向须与试件碾压或行车方向一致。开动车辙变形自动记录仪，然后启动试验机，使试验轮往返行走，时间约 1 h，或最大变形达到 25 mm 为止。试验时，记录仪自动记录变形曲线（图 2-10）及试件温度。

注：对试验时变形较小的试件，也可对一块试件在两侧 1/3 位置进行两次试验，然后取平均值。

（4）结果计算如下：

① 从图 2-10 上读取 45 min（t_1）及 60 min（t_2）时制的车辙变形 d_1 及 d_2，精确至 0.01 mm。当变形过大，在未到 60 min 变形已达 25 mm 时，则以达到 25 mm（d_2）时的时间为 t_2，将其前 15 min 为 t_1，此时的变形量为 d_1。

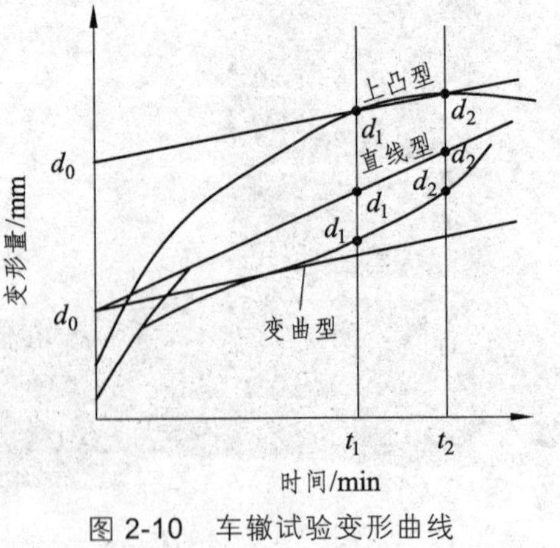

图 2-10　车辙试验变形曲线

② 沥青混合料试件的动稳定度，按式（2-26）计算：

$$DS=\frac{(t_2-t_1)\times N}{d_2-d_1}\times C_1\times C_2 \tag{2-26}$$

式中：DS——沥青混合料的动稳定度（次/mm）；

d_1——对应于时间 t_1（一般为 45 min）的变形量（mm）；

d_2——对应于时间 t_2（一般为 60 min）的变形量（mm）；

N——试验轮往返碾压速度，通常为 42 次/min；

C_1——试验机类型系数，曲柄连杆驱动加载轮往返运行方式为 1.0；

C_2——试件系数，试验室制备的宽 300 mm 的试件为 1.0。

（5）数据处理：

① 同一沥青混合料或同一段的路面，至少平行试验 3 个试件。当 3 个试件动稳定度变异系数不大于 20%时，取其平均值作为试验结果；变异系数大于 20%时应分析原因，并追加试验。如计算动稳定度值大于 6 000 次/mm 时，记作：> 6 000 次/mm。

② 试验报告应注明试验温度、试验轮接地压强、试件密度、空隙率及试件制作方法等。

重复性试验动稳定度变异系数不大于 20%。

试验记录见表 2-23。

表 2-23 沥青混合料动稳定度试验检测记录

检测单位名称： 记录编号：

工程名称				任务编号		
工程部位/用途				样品编号		
样品信息						
试验检测日期				试验条件		
检测依据				判定依据		
主要仪器设备名称及编号						
沥青混合料类型				油石比/%		
试件相对密度				空隙率/%		
试件制作方法				试件尺寸/mm		
试验轮接地压强/MPa		碾压速度/（次/min）		试验温度/°C		
试件编号						
时间 t_1/min						
时间 t_2/min						
时间 t_1 时的位移/mm						
时间 t_2 时的位移/mm						
试验机修正系数						
试件系数						
动稳定度/（次/mm）						
平均值/（次/mm）						
变异系数/%			试验结果			
附加声明：						

检测： 记录： 复核： 日期： 年 月 日

五、沥青混合料水稳定性检测

由水引起的沥青路面损坏通称为水损坏。评价沥青路面水稳性通常采用的方法分为两大类：第一类是沥青与矿料的黏附性试验，这类试验方法主要是用于判断沥青与粗集料（不包含矿粉）的黏附性，属于这类的试验方法有水煮法和静态浸水法；第二类是沥青混合料的水稳性试验，这类试验方法适用于级配矿料与适量沥青拌和成混合料、制成试样后，测试沥青混合料在水的作用下力学性质发生变化的程度，这类方法与沥青在路面中的使用状态较为接近。测试方法有浸水马歇尔试验、真空饱水马歇尔试验以及冻融劈裂试验。

（一）沥青与矿料的黏附性检测

1. 目的和适用范围

（1）沥青与矿料黏附性试验是根据沥青黏附在粗集料表面的薄膜在一定温度下，受水的作用产生剥离的程度，以判断沥青与集料表面的黏附性能。

（2）本方法适用于测试沥青与矿料的黏附性及评定集料的抗水剥离能力。根据沥青混合料的最大集料粒径，对于大于 13.2 mm 及小于（或等于）13.2 mm 的集料分别选用水煮法或水浸法进行试验。对同一种料源既有大于又有小于 13.2 mm 不同粒径的集料时，取大于 13.2 mm 水煮法试验为标准，对细粒式沥青混合料以水浸法试验为标准。

2. 仪具与材料

（1）天平：称量 500 g，感量不大于 0.01g。

（2）恒温水槽：能保持温度（80 ± 1）°C。

（3）拌和用小型容器：500 mL。

（4）烧杯：1 000 mL。

（5）试验架。

（6）细线：尼龙线或棉线、铜丝线。

（7）铁丝网。

（8）标准筛：方孔筛，9.5 mm、13.2 mm、19 mm 各 1 个。

（9）烘箱：装有自动温度调节器。

（10）电炉、燃气炉。

（11）玻璃板：200 mm × 200 mm 左右。

（12）搪瓷盘：300 mm × 400 mm 左右。

（13）其他：拌和铲、石棉网、纱布、手套等。

3. 适用于粒径大于 13.2 mm 粗集料的试验方法（水煮法）

（1）准备工作。

① 将集料过 13.2 mm、19 mm 筛，取粒径 13.2 ~ 19 mm 形状接近立方体的规则集料 5 个，用洁净水洗净，置温度为（105 ± 5）°C 的烘箱中烘干，然后放在干燥器中备用。

② 将大烧杯中盛水，并置于加热炉的石棉网上煮沸。

（2）检测步骤。

① 将集料逐个用细线在中部系牢，再置于（105 ± 5）°C 烘箱内 1 h。按照沥青试样准备方法准备沥青试样。

② 逐个用线提起加热的矿料颗粒，浸入预先加热的沥青（石油沥青 130 ~ 150 °C）试样中 45 s 后，轻轻拿出，使集料颗粒完全为沥青膜所裹覆。

③ 将裹覆沥青的集料颗粒悬挂于试验架上，下面垫一张纸，使多余的沥青流掉，并在室温下冷却 15 min。

④ 待集料颗粒冷却后，逐个用线提起，浸入盛有沸水的大烧杯中央，调整加热炉，使烧杯与水保持微沸状态，如图 2-11（b）（c），但不允许有沸开的泡沫，如图 2-11（a）。

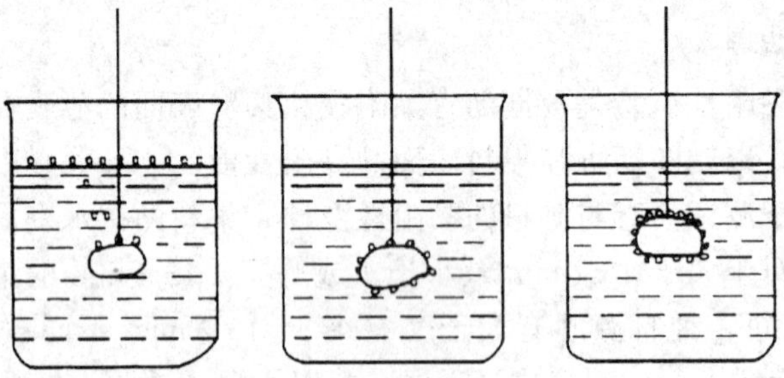

（a）　（b）　（c）

图 2-11　水煮法试验

⑤ 浸煮 3 min 后，将集料从水中取出适当冷却：然后放入一个盛有常温水的纸杯等容器中，在水中观察矿料颗粒上沥青膜的剥落程度，并按表 2-24 评定其黏附性等级。

表 2-24　沥青与集料黏附性的等级

试验后集料表面上沥青膜剥落情况	黏附性等级
沥青膜完全保存，剥离面积百分率接近于 0	5
沥青膜少部分为水所移动，厚度不均匀，剥离面积百分率小于 10%	4
沥青膜局部明显地为水所移动，基本保留在集料表面上，剥离面积百分率小于 30%	3
沥青膜大部分为水所移动，局部保留在集料表面上，剥离面积百分率大于 30%	2
沥青膜完全为水所移动，集料基本裸露，沥青全浮于水面上	1

⑥ 同一试样应平行试验 5 个集料颗粒，并由两名以上经验丰富的试验人员分别评定后，取平均等级作为试验结果。

4. 适用于粒径小于等于 13.2 mm 粗集料的试验方法（水浸法）

（1）准备工作。

① 将集料过 9.5 mm、13.2 mm 过筛，取粒径为 9.5 ~ 13.2 mm 形状规则的集料 200 g 用洁净水洗净，并置于温度为（105 ± 5）°C 的烘箱中烘干，然后放在干燥器中备用。

② 按照沥青试样准备方法准备沥青试样，加热至与沥青混合料试件制作的要求决定的拌和温度。

③ 将煮沸过的热水注入恒温水浴中，维持（80 ± 1）°C 恒温。

（2）检测步骤。

① 按四分法称取集料颗粒（9.5 ~ 13.2 mm）100 g 置搪瓷盘中，连同搪瓷盘一起放入已升至沥青拌和温度以上 5 °C 的烘箱中持续加热 1 h。

② 按每 100 g 集料加入沥青（5.5 ± 0.2）g 的比例称取沥青，准确至 0.1 g，放入小型拌和容器中，一起置入同一烘箱中加热 15 min。

③ 将搪瓷盘中的集料倒入拌和容器的沥青中后，从烘箱中取出拌和容器，立即用金属铲均匀拌和 1 ~ 1.5 min，使集料完全被沥青膜裹覆；然后，立即将裹有沥青的集料取 20 个，用小铲移至玻璃板上摊开，并置室温下冷却 1 h。

④ 将放有集料的玻璃板浸入温度为（80 ± 1）°C 的恒温水槽中，保持 30 min，并将剥离及浮于水面的沥青用纸片捞出。

⑤ 由水中小心取出玻璃板，浸入水槽内的冷水中，仔细观察裹覆集料的沥青薄膜的剥落情况。由两名以上经验丰富的试验人员目测，评定剥离面积的百分率，评定后取平均值表示。

注：为使估计的剥离面积百分率较为正确，宜先制取若干个不同剥离率的样本，用比照法目测评定。不同剥离率的样本，可用加不同比例抗剥离剂的改性沥青与酸性集料拌和后浸水得到，也可由同一种沥青与不同集料品种拌和后浸水得到，样本的剥离面积百分率逐个仔细计算得出。

⑥ 由剥离面积百分率按表 2-24 评定沥青与集料黏附性的等级。

试验结果应报告采用的方法及集料粒径。

（二）冻融劈裂试验方法

冻融劈裂试验方法是将标准件马歇尔试件分为两组，一组试件置于平台上，在室温下保存备用。第二组饱水过程如下：在真空度 97.3 ~ 98.5 kPa 条件下 15 min 后恢复常压，试件在水中放置 0.5 h。（ − 18 ± 2）°C 冰箱中置放（16 ± 1）h，（60 ± 0.5）°C 水浴中恒定 24 h，（25 ± 0.5）°C 水温中浸泡 2 h 后，测定劈裂抗拉强度。测劈裂抗拉强度时可在马歇尔仪上各安装一根压条，压条宽度为 12.7 mm，内侧曲率半径为 50.8 mm，压条两端均应磨平。将两压条对齐进行劈裂试验，然后按下式计算劈裂抗拉强度。

$$R_{T1} = 0.006\ 287 P_{T1} / h_1 \tag{2-27}$$

$$R_{T2} = 0.006\ 287 P_{T2} / h_2 \tag{2-28}$$

式中：P_{T1}——第一组单个试件的试验荷载的最大值（N）；

P_{T2}——第二组单个试件的试验荷载的最大值（N）；

h_1——第一组单个试件的高度（mm）；

h_2——第二组单个试件的高度（mm）；

R_{T1}——未进行冻融循环的第一组单个试件的劈裂抗拉强度（MPa）；

R_{T2}——经受冻融循环的第二组单个试件的劈裂抗拉强度（MPa）。

冻融劈裂抗拉强度比 TSR，按式（2-29）计算：

$$TSR(\%) = \frac{\overline{R}_{T2}}{\overline{R}_{T1}} \times 100 \tag{2-29}$$

式中：TSR——冻融劈裂试验强度比（%）；

$\overline{R_{T2}}$——冻融循环后第二组有效试件劈裂抗拉强度平均值（MPa）；

$\overline{R_{T1}}$——未冻融循环的第一组有效试件劈裂抗拉强度平均值（MPa）。

其值越大，表示抗水害性能越好。试验记录见表 2-25。

表 2-25　沥青混合料冻融劈裂试验检测记录

检测单位名称：　　　　　　　　　　　　　　　　　　　　　　　　　　　　记录编号：

工程名称								任务编号				
工程部位/用途								样品编号				
样品信息												
试验检测日期								试验条件				
检测依据								判定依据				
主要仪器设备名称及编号												
沥青混合料类型							油石比/%					
制件方法							试件尺寸/mm					
试验温度/°C							加载速率/（mm/min）					
试件编号		试件高度/mm					试件直径/mm			最大荷载/N	劈裂强度/MPa	劈裂强度测试值/MPa
		1	2	3	4	平均	1	2	平均			
未进行冻融循环的试件												
进行冻融循环的试件												
冻融劈裂抗拉强度比/%												
附加声明：												

检测：　　　　　　　　记录：　　　　　　　　复核：　　　　　　　　日期：　　　年　　　月　　　日

六、沥青混合料低温稳定性检测

（一）沥青混合料劈裂试验

1. 目的与适用范围

（1）本方法适用于测试沥青混合料在规定温度和加载速率时劈裂破坏或处于弹性阶段时的力学性质，亦可供沥青路面结构设计选择沥青混合料力学设计参数及评价沥青混合料低温抗裂性能时使用。试验温度与加载速率可由当地气候条件根据试验目的或有关规定选用，但试验温度不得高于 30 °C。如无特殊规定，宜采用试验温度（15 ± 0.5）°C，加载速率为 50 mm/min。当用于评价沥青混合料低温抗裂性能时，宜采用试验温度（－10 ± 0.5）°C 及加载速率 1 mm/min。

（2）本方法测试时采用的沥青混合料泊松比 μ 值见表 2-26，其他试验温度的 μ 值由内插法确定。本方法也可由试验实测的垂直变形及水平变形计算实际的 μ 值，但计算的 μ 值必须在 0.2 ~ 0.5 范围内。

表 2-26　劈裂试验使用的泊松比 μ

试验温度/°C	≤10	15	20	25	30
泊松比 μ 值	0.25	0.30	0.35	0.40	0.45

（3）本方法采用的圆柱体试件应符合下列要求：

① 当集料公称最大粒径小于或等于 26.5 mm 时，用马歇尔标准击实法成型的直径为 ϕ（101.6 ± 0.25）mm、高为（63.5 ± 1.3）mm 的试件。

② 从轮碾机成型的板块试件或从道路现场钻取直径 ϕ（100 ± 2）mm 或 ϕ（150 ± 2.5）mm、高为（40 ± 5）mm 的圆柱体试件。

2. 检测器具与材料

（1）试验机：能保持规定的加载速率及试验温度的材料试验机，当采用 50 mm/min 的加载速率时，也可采用具有相当传感器的自动马歇尔试验仪代替，但均必须配置有荷载及试件变形的测试记录装置。荷载由传感器测试，应满足最大测试荷载不超过其量程的 80%且不小于其量程的 20%的要求，宜采用 40 kN 或 60 kN 传感器，分辨率为 10 N。

（2）位移传感器：可采用 LVDT 或电测百分表。水平变形宜用非接触式位移传感器测试，其量程应大于预计最大变形的 1.2 倍，通常不小于 5 mm。测定垂直变形精密度不低于 0.01 mm，测试水平变形的精密度不低于 0.005 mm。

（3）数据采集系统或 *X-Y* 记录仪：能自动采集传感器及位移计的电测信号，在数据采集系统中储存或在 *X-Y* 记录仪上绘制荷载与跨中挠度曲线。

（4）恒温水槽：用于试件保温，温度范围能满足试验要求，控温精度 ± 0.5 °C。当试验温度低于 0 °C 时，恒温水槽可采用 1∶1 的甲醇水溶液或防冻液作冷媒介质。恒温水槽中的液体应能循环回流。

（5）压条：如图 2-12 所示，上下各 1 根。试件直径为（100 ± 2）mm 或（101.6 ± 0.25）mm 时，压条宽度为 12.7 mm，内侧曲率半径 50.8 mm；试件直径为（150 ± 2.5）mm 时，压条宽度为 19 mm，内侧曲率半径 75 mm。压条两端均应磨圆。

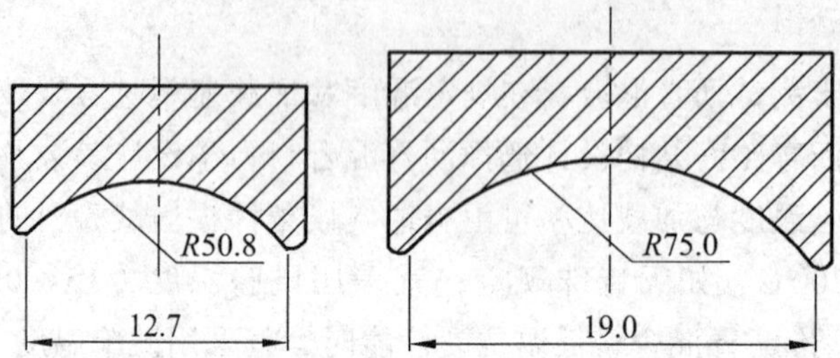

图 2-12　压条形状（尺寸单位：mm）

（6）劈裂试验夹具：下压条固定在夹具上，上压条可上下自由活动。

（7）其他：卡尺、天平、记录纸、胶皮手套等。

3. 方法与步骤

（1）准备工作。

① 按击实法制作圆柱体试件。

② 按击实法的规定测试试件的直径及高度，准确至 0.1 mm。在试件两侧通过圆心画上对称的十字标记。

③ 按表干法测试试件的密度、空隙率等各项物理指标。

④ 使恒温水槽达到要求的试验温度 ± 0.5 °C。将试件浸入恒温水槽保温不少于 1.5 h。当为恒温空气箱时保温不少于 6 h，直至试件内部温度达到试验温度 ± 0.5 °C 为止。保温时试件之间的距离不少于 10 mm。

⑤ 使试验机环境保温箱达到要求的试验温度，当加载速率大于或等于 50 mm/min 时，也可不用环境保温箱。

（2）试验步骤。

① 从恒温水槽中取出试件，迅速置于试验台的夹具中安放稳定，其上下均安放有圆弧形压条，与侧面的十字画线对准，上下压条应居中、平行。

② 迅速安装试件变形测试装置。水平变形测试装置应对准水平轴线并位于中央位置；垂直变形的支座与下支座固定，上端支于上支座上。

③ 将记录仪与荷载及位移传感器连接，选择好适宜的量程开关及记录速度。当以压力机压头的位移作为垂直变形时，宜采用 50 mm/min 速率加载。记录仪走纸速度根据试验温度确定。

④ 开动试验机，使压头与上下压条接触，荷载不超过 30 N，迅速调整好数据采集系统或 *X-Y* 记录仪到零点位置。

⑤ 开动数据采集系统或记录仪，同时启动试验机，以规定的加载速率向试件加载劈裂至破坏，记录仪记录荷载及水平变形（或垂直位移）。当试验机无环境保温箱时，自恒温水槽中取出试件至试验结束的时间应不超过 45 s。记录的荷载-变形曲线如图 2-13 所示。

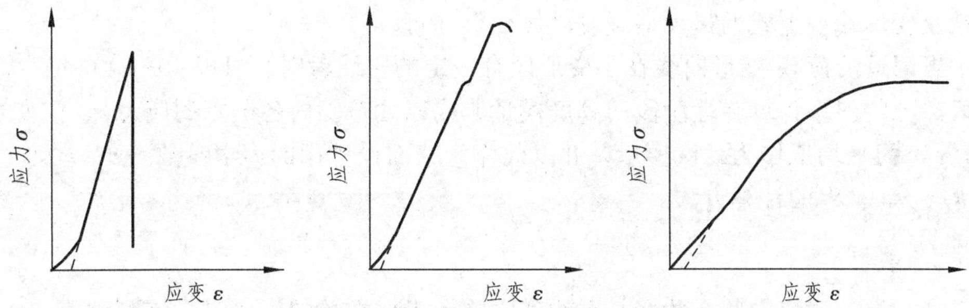

图 2-13　劈裂试验的荷载-变形（水平或垂直变形）曲线

4. 计　算

（1）将图 2-13 中的荷载-变形曲线的直线段按图示方法延长与横坐标相交作为曲线的原点，由图中量取峰值时的最大荷载 P_T 及最大变形（Y_T 或 X_T）。当试件直径为（100 ± 2.0）mm、压条宽度为 12.7 mm 及试件直径为（150.0 ± 2.5）mm、压条宽度为 19.0 mm 时，劈裂抗拉强度 R_T 分别按式（2-30）及式（2-31）计算，泊松比 μ、破坏拉伸应变 ε_T 及破坏劲度模量 S_T 按式（2-32）~（2-34）计算。

$$R_T = 0.006\ 287 P_T / h \tag{2-30}$$

$$R_T = 0.004\ 25 P_T / h \tag{2-31}$$

$$\mu = (0.135\ 0A - 1.794\ 0)/(-0.5A - 0.031\ 4) \tag{2-32}$$

$$\varepsilon_T = X_T \times (0.030\ 7 + 0.093\ 6\mu)/(1.35 + 5\mu) \tag{2-33}$$

$$S_T = P_T \times (0.27 + 1.0\mu)/(h \times X_T) \tag{2-34}$$

式中：R_T——劈裂抗拉强度（MPa）；

ε_T——破坏拉伸应变；

S_T——破坏劲度模量（MPa）；

μ——泊松比；

P_T——试验荷载的最大值（N）；

h——试件高度（mm）；

A——试件垂直变形与水平变形的比值；

$$A = \frac{Y_T}{X_T} \tag{2-35}$$

Y_T——试件相应于最大破坏荷载时的垂直方向总变形（mm）；

X_T——按图 2-13 的方法量取的相应于最大破坏荷载时水平方向的总变形（mm）；当试验仅测试垂直方向变形 Y_T 或由实测的 Y_T、X_T 计算的 μ 值大于 0.5 或小于 0.2 时，水平变形（X_T）可由表 2-26 规定的泊松比（μ）按式（2-36）计算。

$$X_T = Y_T \times (0.135 + 0.5\mu)/(1.794 - 0.031\ 4\mu) \tag{2-36}$$

（2）计算加载过程中任一加载时刻的应力、应变、劲度模量的方法同上，只需读取该时刻的荷载及变形代替上式的最大荷载及破坏变形即可。

（3）当记录的荷载-变形曲线在小变形区有一定的直线段时，可以（0.1 ~ 0.4）P_T 范围内的直线段部分的斜率计算弹性阶段的劲度模量，或以此范围内各测点的应力σ、应变ε数据计算的 $S=\sigma/\varepsilon$ 的平均值作为劲度模量，并以此作为路面设计用的力学参数。σ、ε 及 S 的计算方法同 R_T 、ε_T 、S_T 的计算方法。

5. 报　告

（1）当一组测试值中某个数据与平均值之差大于标准差的 k 倍时，该测试值应予舍弃，并以其余测试值的平均值作为试验结果。当试验数目 n 为 3、4、5、6 时，k 值分别为 1.15、1.46、1.67、1.82。

（2）试验结果均应注明试件尺寸、成型方法、试验温度、加载速率及采用的泊松比 μ 值。

【复习考核题】

1．击实试验的目的是什么？

2．简述 EDTA 滴定法试验步骤。

3．简述无机结合料稳定土的无侧限抗压强度试验步骤。

4．水泥混凝土抗压强度如何评定？

5．水泥路面的强度指标指什么强度？如何评定？

6．简述砂浆强度的检测方法。

7．沥青混合料的稳定度、动稳定度和残留稳定度各指标分别反映了沥青混合料的哪些性质？分别通过什么方法来测定？

8．简述车辙试验的步骤。

9．某桥基础所需混凝强度等级为 C20，施工过程中制取的 3 组混凝土立方体试件 28 天抗压强度如表 2-27 所示，试评定该混凝土强度等级是否合格。

表 2-27　三组混凝土立方体试件 28 天抗压强度

破坏荷载/kN	抗压强度/MPa		破坏荷载/kN	抗压强度/MPa		破坏荷载/kN	抗压强度/MPa	
	单个值	测试值		单个值	测试值		单个值	测试值
654	29.1	28.5	648	28.8	28.6	632	28.1	27.8
604	26.8		644	28.6		600	26.1	
666	29.6		520	23.1		644	28.6	

10. 某一级公路水泥稳定碎石基层，已知 $R_d=3.2$ MPa，现测得某段的无侧限抗压强度数值分别为 3.86、4.06、3.52、3.92、3.52、3.92、3.84、3.56、3.72、3.53、3.68、4.00（MPa），请对该段的强度结果进行评定（保证率为 95%）。

项目 3　路基路面工程技术性能检测

【学习目标】

（1）能够正确进行路基路面现场测试选点。

（2）能够对路基路面压实度进行检测和评定。

（3）能够对路基路面几何尺寸进行检测和评定。

（4）能够对路基路面回弹弯沉进行检测和评定。

（5）熟悉路基路面回弹模量及土基现场 CBR 检测方法。

（6）能够对路基路面平整度进行检测和评定。

（7）能够对路面厚度进行检测和评定。

（8）能够对路面抗滑性能进行检测和评定。

（9）能够对沥青路面渗水性能进行检测和评定。

（10）能够对路面错台与沥青路面车辙进行检测和评定。

任务 3.1　路基路面现场检测选点方法

公路路基路面各个层次进行各种检测时，通常需要通过一定的选点方法选取有代表性的测点位置，常用到的选点方法有随机法、均匀法、定向法、连续法和综合法。

一、选点方法

（一）随机法

1. 适用范围

随机取样选点的方法是按数理统计原理在路基路面现场测试时确定测点位置的方法。本方法适于采用随机法或综合法选点的各类公路路基路面现场测试工作。

2. 仪具及材料技术要求

（1）量尺：钢尺、皮尺或测距仪等。

（2）硬纸片：编号从 1 ~ 28 共 28 块，每块大小 2.5 cm × 2.5 cm，装在一个布袋中。或能够产生随机数的计算机软件（如 WPS 表格、EXCEL 等）。

（3）其他：毛刷、粉笔等。

3. 准备工作

根据路基路面施工或验收、质量评定方法等有关规范要求，确定需要测试的路段。它可以是一个作业段、一天完成的路段或路线全程。如在路基路面工程质量验收时，通常以 1 km 为一个测试路段。

4. 选取测试区间或断面（纵向位置）的步骤

（1）按照有关标准规范规定的测试区间（断面）数量要求，将确定的测试路段划分为若干个区间或断面，将其编号为第 01 ~ n 个区间或第 01 ~ n 个断面，其总的区间数或断面数为 T。公路路基路面测试一般采用等长度（间距）划分区间（断面）。当区间（断面）数量 $T>30$ 时，应分次选取，若采用计算机软件进行随机选取，则不受选取数量限制。

（2）随机抽取一块硬纸片，硬纸片上的编号即对应附表一中的栏号。根据所抽取硬纸片对应的栏号，依次找出该栏号下 A 列 01 ~ n 对应的 B 列中的值，也可通过计算机软件产生对应 A 值的 B 值，即得到 n 组 A、B 值。

（3）将 n 个 B 值与总区间数或断面数 T 相乘，四舍五入成整数，即得到 n 个断面的编号，即可根据该编号确定实际断面位置。

【例 3-1】按照有关规范规定，拟从 K18+000 ~ K19+000 的检测路段中选择 20 个断面测试路面宽度、高程、横坡度等外形尺寸，可采取以下方法确定断面：

（1）按照 20 m 等间距对拟测试路段内的断面进行编号。则 1 km 总长的断面数 T=1 000/20=50 个，其编号为 1，2，…，50。

（2）从布袋中摸出一块硬纸片，其编号为 5，即使用附表一中的第 5 栏。

（3）从第 5 栏 A 列中挑出小于或等于 20 所对应的 B 列数值，将 B 列数值与 T 相乘，四舍五入得到 20 个断面号，断面号乘以选择断面，并得到 20 个断面的桩号。

计算过程列于表 3-1。

表 3-1　路面宽度、高程、横坡度检测断面随机选点计算

断面序号	5 栏 A 列	B 列	$B\times T$	断面编号	桩号
1	17	0. 024	1. 20	1	K18+020
2	07	0.167	8.35	8	K18+160
3	03	0.219	10.95	11	K18+220
4	11	0.282	14.10	14	K18+280
5	14	0.739	18.95	19	K18+380
6	13	0.394	19.70	20	K18+400
7	06	0.410	20.50	21	K18+420
8	15	0.438	21.90	22	K18+440
9	05	0.488	24.40	24	K18+480
10	01	0.525	26.25	26	K18+520
11	12	0.561	28.05	28	K18+560
12	08	0.652	32.60	33	K18+660
13	18	0.668	33.40	33	K18+680
14	02	0.763	38.00	38	K18+760
15	10	0.843	43.15	42	K18+840
16	16	0.858	42.90	43	K18+860
17	04	0.903	45.15	45	K18+900
18	09	0.912	45.60	46	K18+920
19	20	0.970	48.50	49	K18+980
20	19	0.975	48.75	49	K19+000

5. 选取测点（纵向及横向位置）的步骤

（1）按照有关标准规范要求确定测点数量 n。当 $n>30$ 时应分次选取，若采用计算机软件进行随机选取，则不受选取数量限制。

（2）随机抽取一块硬纸片，硬纸片上的编号即对应附表一中的栏号。根据所抽取硬纸片的栏号，依次找出该栏号下 A 列 01 ~ n 对应的 B、C 列中的值，也可通过计算机软件产生对应 A 值的 B 值和 C 值，即得到 n 组 A、B、C 值。

（3）以 A 列中对应的 B 列中数值乘以测试路段的总长度，再加上测试路段起点的桩号，即得出取样纵向位置，即断面桩号。

（4）以 A 列中对应的 C 列中的数值，乘以检测路基或路面的宽度，再减去宽度的一半，即得出取样位置离路中心线的距离。若差值为正（+），表示在中心线的右侧；若差值为负（－），表示在中心线的左侧。

【例 3-2】拟从 K18 + 000 ~ K19 + 000 的检测路段中选择 6 个测点进行钻孔取样检测压实度、结构层厚度等，钻孔位置确定方法如下：

（1）随机抽取一张硬纸片，其编号为 3，即采用附表一中的第 3 栏。

（2）栏号 3 中 A 列从上至下小于或等于 6 个测点的数为：01、06、03、02、04 及 05。

（3）从 B 列中挑出与这 6 个数对应的 6 个小数填于表 3-3 中。

（4）取样路段长度为 1 000 m，计算得出 6 个乘积分别列于表中。

（5）从 C 列中挑出与 A 列对应的 6 个小数分别列于表中。

（6）路面宽度为 10 m，用 10 分别乘 C 列数值，得出 6 个数值，分别再减去宽度的一半即测点的位置。计算结果列于表 3-2。

表 3-2　钻孔位置取样选点计算

测点编号	A 列	B 列	距起点距离/m	桩号	C 列	距边缘距离/m	距中线距离/m
1	01	0.175	175	K18 +175	0.647	6.47	右 1.47
2	06	0.310	310	K18 +310	0.043	0.43	左 4.57
3	03	0.494	494	K18 +494	0.929	9.29	右 4.29
4	02	0.699	699	K18 +699	0.073	0.73	左 4.27
5	04	0.838	838	K18 +838	0.166	1.66	左 3.34
6	05	0.977	977	K18 +977	0.494	4.94	左 0.06

（二）均匀法

将道路沿纵向或横向等间距划分，并在划分点处做好标记，在划分点上布置测点。

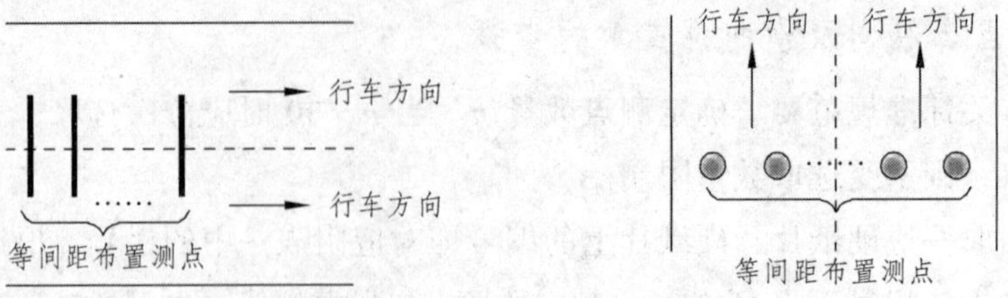

图 3-1　均匀法选点示意

（三）定向法

选取轮迹带或出现裂缝、错台、板角等具有某个特征或指定的位置作为测点。

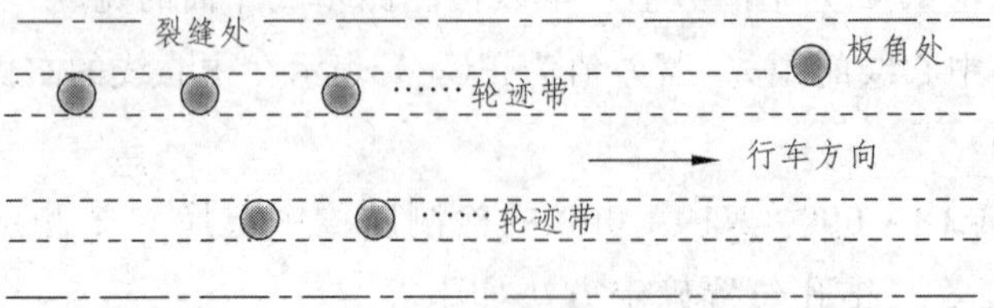

图 3-2　定向法选点示意

（四）连续法

按相应标准的规定，沿道路纵向间距连续、均匀布置测区。

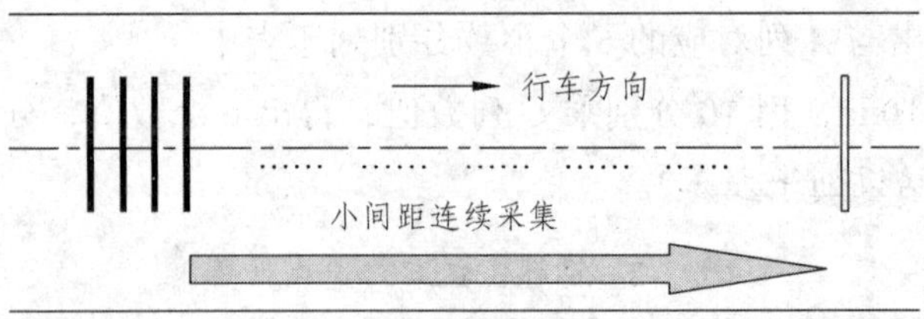

图 3-3　连续法选点示意

（五）综合法

同时按照上述两种以上选点方法的规定，确定测试位置。通常有沿道路纵向连续选择测区，测区内随机选择测点，或者沿道路纵向均匀确定测区，测区内定向选取测点等。

二、实测项目

本教材中实测项目检查方法和频率均按照《评定标准》中的附录中的方法执行。

1. 路基实测项目

土方路基实测项目见表 3-3，填石路基实测项目见表 3-4。

表 3-3　土方路基实测项目

<table>
<tr><th rowspan="3">项次</th><th rowspan="3" colspan="4">工程项目类型</th><th colspan="3">规定值</th><th rowspan="3">检查方法和频率</th></tr>
<tr><th rowspan="2">高速公路
一级公路</th><th colspan="2">其他公路</th></tr>
<tr><th>二级
公路</th><th>三、四
级公路</th></tr>
<tr><td rowspan="7">1△</td><td rowspan="7">压实度
/%</td><td colspan="2">上路床</td><td>0 ~ 0.3 m</td><td>≥96</td><td>≥95</td><td>≥94</td><td rowspan="7">按《评定标准》附录B检查：
密度法：每 200 m 每压实层测 2 处</td></tr>
<tr><td rowspan="2">下路床</td><td>轻、中及重交通荷载等级</td><td>0.3 ~ 0.8 m</td><td>≥96</td><td>≥95</td><td>≥94</td></tr>
<tr><td>特重、极重交通荷载等级</td><td>0.3 ~ 1.2 m</td><td>≥96</td><td>≥95</td><td>—</td></tr>
<tr><td rowspan="2">上路堤</td><td>轻、中及重交通荷载等级</td><td>0.8 ~ 1.5 m</td><td>≥94</td><td>≥94</td><td>≥93</td></tr>
<tr><td>特重、极重交通荷载等级</td><td>1.2 ~ 1.9 m</td><td>≥94</td><td>≥94</td><td>—</td></tr>
<tr><td rowspan="2">下路堤</td><td>轻、中及重交通荷载等级</td><td>> 1.5 m</td><td rowspan="2">≥93</td><td rowspan="2">≥92</td><td rowspan="2">≥90</td></tr>
<tr><td>特重、极重交通荷载等级</td><td>> 1.9 m</td></tr>
<tr><td>2△</td><td colspan="4">弯沉值（0.01 mm）</td><td colspan="3">不大于设计验收弯沉值</td><td>按《评定标准》附录 J 检查</td></tr>
<tr><td>3</td><td colspan="4">纵断高程/mm</td><td>+10，−15</td><td colspan="2">+10，−20</td><td>水准仪：中线位置每 200 m 测 2 点</td></tr>
<tr><td>4</td><td colspan="4">中线偏位/mm</td><td>50</td><td colspan="2">100</td><td>全站仪：每 200 m 测 2 点，弯道加 HY、YH 两点</td></tr>
<tr><td>5</td><td colspan="4">宽度/mm</td><td colspan="3">满足设计要求</td><td>尺量：每 200 m 测 4 点</td></tr>
<tr><td>6</td><td colspan="4">平整度/mm</td><td>≤15</td><td colspan="2">≤20</td><td>3 m 直尺：每 200 m 测 2 处×5 尺</td></tr>
<tr><td>7</td><td colspan="4">横坡/%</td><td>±0.3</td><td colspan="2">±0.5</td><td>水准仪：每 200 m 测 2 个断面</td></tr>
<tr><td>8</td><td colspan="4">边坡</td><td colspan="3">满足设计要求</td><td>尺量：每 200 m 测 4 点</td></tr>
</table>

注：① 表列压实度系按现行《公路土工试验规程》（JTG 3430—2020）重型击实试验所得最大干密度求得的压实度。评定路段内的压实度平均值下置信界限不得小于规定标准，单个测试值不得小于极值（表列规定值减 5 个百分点）。按测试值不小于表列规定值减 2 个百分点的测点占总检查点数的百分率计算合格率。

② 特殊干旱、特殊潮湿地区或过湿土路基等，可按路基设计、施工规范所规定的压实度标准进行评定。

③ 三、四级公路铺筑沥青混凝土或水泥混凝土路面时路基压实度应采用二级公路标准。

表 3-4　填石路基实测项目

项次	检查项目		规定值或允许偏差		检查方法和频率
			高速公路 一级公路	其他公路	
1△	压实①		孔隙率满足设计要求		密度法：每 200 m 每压实层测 1 处
			沉降差≤试验路确定的沉降差		精密水准仪：每 50 m 测 1 个断面，每个断面测 5 点
2△	弯沉值（0.01 mm）		不大于设计值		按《评定标准》附录 J 检查
3	纵断高程/mm		+10，－20	+10，－30	水准仪：中线位置每 200 m 测 2 点
4	中线偏位/mm		≤50	≤100	全站仪：每 200 m 测 2 点，弯道加 *HY*、*YH* 两点
5	宽度/mm		满足设计要求		尺量：每 200 m 测 4 处
6	平整度/mm		≤20	≤30	3 m 直尺：每 200 m 测 2 处×5 尺
7	横坡/%		±0.3	±0.5	水准仪：每 200 m 测 2 个断面
8	边坡	坡度	满足设计要求		尺量：每 200 m 测 4 点
		平顺度	满足设计要求		

注：① 上下路床填土时压实度检验标准同土方路基。

2. 路面面层实测项目

（1）水泥混凝土面层实测项目见表 3-5。

表 3-5 水泥混凝土面层实测项目

<table>
<tr><th rowspan="2">项次</th><th rowspan="2" colspan="2">检查项目</th><th colspan="2">规定值或允许偏差</th><th rowspan="2">检查方法和频率</th></tr>
<tr><th>高速公路
一级公路</th><th>其他公路</th></tr>
<tr><td>1△</td><td colspan="2">弯拉强度/MPa</td><td colspan="2">在合格标准内</td><td>按《评定标准》附录 C 检查</td></tr>
<tr><td rowspan="3">2△</td><td rowspan="3">板厚度/mm</td><td>代表值</td><td colspan="2">−5</td><td rowspan="3">按《评定标准》附录 H 检查每 200 m 测 2 点</td></tr>
<tr><td>合格值</td><td colspan="2">−10</td></tr>
<tr><td>极值</td><td colspan="2">−15</td></tr>
<tr><td rowspan="3">3</td><td rowspan="3">平整度①</td><td>σ/mm</td><td>≤1.32</td><td>≤2.0</td><td rowspan="2">平整度仪：全线每车道连续检测，每 100 m 计算 σ、IRI</td></tr>
<tr><td>IRI/（m/km）</td><td>≤2.2</td><td>≤3.3</td></tr>
<tr><td>最大间隙 δ_m/mm</td><td>3</td><td>5</td><td>3 米直尺：每半幅车道每 200 m 测 2 处×5 尺</td></tr>
<tr><td rowspan="2">4</td><td rowspan="2">抗滑构造深度/mm</td><td>一般路段</td><td>0.7～1.1</td><td>0.5～1.0</td><td rowspan="2">铺砂法：每 200 m 测 1 处</td></tr>
<tr><td>特殊路段②</td><td>0.8～1.2</td><td>0.6～1.1</td></tr>
<tr><td rowspan="2">5</td><td rowspan="2">横向力系数 SFC</td><td>一般路段</td><td>≥50</td><td>—</td><td rowspan="2">按《评定标准》附录 L 检查：每 20 m 测 1 点</td></tr>
<tr><td>特殊路段②</td><td>≥55</td><td>≥50</td></tr>
<tr><td>6</td><td colspan="2">相邻板高差/mm</td><td>≤2</td><td>≤3</td><td>尺量：胀缝每条测 2 点；纵、横缝每 200 m 抽查 2 条、每条测 2 点</td></tr>
<tr><td>7</td><td colspan="2">纵、横缝顺直度/mm</td><td colspan="2">≤10</td><td>纵缝 20 m 拉线尺量：每 200 m 测 4 处：横缝沿板宽拉线尺量：每 200 测 4 条</td></tr>
<tr><td>8</td><td colspan="2">中线平面偏位/mm</td><td colspan="2">20</td><td>全站仪：每 200 m 测 2 点</td></tr>
<tr><td>9</td><td colspan="2">路面宽度/mm</td><td colspan="2">±20</td><td>尺量：每 200 测 4 点</td></tr>
<tr><td>10</td><td colspan="2">纵断高程/mm</td><td>±10</td><td>±15</td><td>水准仪：每 200 m 测 2 个断面</td></tr>
<tr><td>11</td><td colspan="2">横坡/%</td><td>±0.15</td><td>±0.25</td><td>水准仪：每 200 m 测 2 个断面</td></tr>
<tr><td>12</td><td colspan="2">断板率③/%</td><td>≤0.2</td><td>≤0.4</td><td>目测：全部检查，数断板面板块数占总块数比例</td></tr>
</table>

注：① 表中 σ 为平整度仪测试的标准差；*IRI* 为国际平整度指数；δ_m 为 3 米直尺与面层的最大间隙。

② 特殊路段：高速公路、一级公路特殊路段包括立体交叉匝道、平面交叉口、弯道、变速车道、组合坡度不小于 3%坡度段、桥面、隧道路面及收费站广场等处；其他公路特殊路段包括设超高路段、组合坡度大于或等于 4%坡度段、交叉口路段、桥面及其上下坡段、隧道路面及集镇附近路段等处。

③ 断板率中包含断角率，应统计行车道与超车道面板，不计硬路肩板，不计入修复后的面板。

（2）沥青混凝土面层和沥青碎（砾）石面层实测项目见表 3-6。

表 3-6　沥青混凝土面层和沥青碎（砾）石面层实测项目

项次	检查项目		规定值或允许偏差		检查方法和频率
			高速公路 一级公路	其他公路	
1△	压实度[①]/%		≥试验室标准密度的 96%（*98%） ≥最大理论密度的 92%（*94%） ≥试验段密度的 98%（*99%）		按《评定标准》附录 B 检查，每 200 m 测 1 点。核子（无核）密度仪每 200 m 测 1 处，每处 5 点
2	平整度	σ/mm	≤1.2	≤2.5	平整度仪：全线每车道连续检测，按每 100 m 计算 σ 或 *IRI*
		IRI/（m/km）	≤2.0	≤4.2	
		最大间隙 δ_m /mm	—	≤5	3 米直尺：每 200 m 测 2 处×5 尺
3	弯沉值（0.01 mm）		不大于设计验收弯沉值		按《评定标准》附录 J 检查
4	渗水系数 /(mL/min)	SMA 路面	≤120	—	渗水试验仪：每 200 m 测 1 处
		其他沥青混凝土路面	≤200		
5	摩擦系数		满足设计要求	—	摆式仪：每 200 m 测 1 处 横向力系数测定车：全线连续检测，按《评定标准》附录 L 评定
6	构造深度		满足设计要求	—	铺砂法：每 200 m 测 1 处
7△	厚度[②]/mm	代表值	总厚度：−5%H 上面层：−10%h	−8%H	按《评定标准》附录 H 检查，每 200 m 测 1 点
		合格值	总厚度：−10%H 上面层：−20%h	−15%H	
8	中线平面偏位/mm		20	30	全站仪：每 200 m 测 2 点
9	纵断高程/mm		±15	±20	水准仪：每 200 m 测 2 个断面
10	宽度/mm	有侧石	±20	±30	尺量：每 200 m 测 4 个断面
		无侧石	不小于设计值		
11	横坡/%		±0.3	±0.5	水准仪：每 200 m 测 2 个断面
12△	矿料级配		满足生产配合比要求		T0725，每台班 1 次
13△	沥青含量		满足生产配合比要求		T0722、T0721、T0735，每台班 1 次
14	马歇尔稳定度		满足生产配合比要求		T0709，每台班 1 次

注：① 表内压实度，高速公路，一级公路应选用 2 个标准评定，以合格率低的作为评定结果；其他公路选用 1 个标准进行评定。带*号者是指 SMA 路面。

② 表列沥青层厚度仅规定负允许偏差。H 为沥青层总厚度，h 为沥青上面层厚度；其他公路的厚度代表值和合格值允许偏差按总厚度计，当 $H\leqslant60$ mm 时，允许偏差分别为 −5 mm 和 −10 mm；当 $H>60$ m 时，允偏偏差分别为 −8%H 和 −15%H。

（3）沥青贯入式面层（或上拌下贯式面层）实测项目见表 3-7。

表 3-7　沥青贯入式面层（或上拌下贯式面层）实测项目

项次	检查项目		规定值或允许偏差	检查方法和频率
1	平整度	σ/mm	≤3.5	平整度仪：全线每车道连续检测，按每 100 m 计算σ或 *IRI*
		IRI/（m/km）	≤5.8	
		最大间隙 δ_m /mm	≤8	3 m 直尺：每 200 m 测 2 处×5 尺
2	弯沉值（0.01 mm）		不大于设计验收弯沉值	按附录 J 检查
3Δ	厚度①/mm	代表值	− 8%*H* 或 − 5	按附录 H 检查，每 200 m 测 2 点
		合格值	− 15%*H* 或 − 10	
4	沥青总用量		±0.5%	每台班每层洒布检查 1 次
5	中线平面偏位/mm		30	全站仪：每 200 m 测 2 点
6	纵断高程/mm		±20	水准仪：每 200 m 测 2 个断面
7	宽度/mm	有侧石	±30	尺量：每 200 m 测 4 个断面
		无侧石	不小于设计值	
8	横坡		±0.5%	水准仪：每 200 m 测 2 个断面
9△	矿料级配		满足生产配合比要求	T0725，每台班 1 次
10△	沥青含量		满足生产配合比要求	T0722、T0721、T0735，每台班 1 次

注：① *H* 为设计厚度。当 $H \geqslant 60$ mm 时，按厚度百分率计算；当 $H < 60$ mm，直接选用固定值。

（4）沥青表面处置面层实测项目见表 3-8。

表 3-8　沥青表面处置面层实测项目

项次	检查项目		规定值或允许偏差	检查方法和频率
1	平整度	σ/mm	≤4.5	平整度仪：全线每车道连续检测，按每 100 m 计算σ或 *IRI*
		IRI/（m/km）	≤7.5	
		最大间隙 δ_m /mm	≤10	3 m 直尺：每 200 m 测 2 处×5 尺
2	弯沉值（0.0lmm）		不大于设计验收弯沉值	按附录 J 检查
3Δ	厚度/mm	代表值	− 5	按附录 H 检查，每 200 m 测 1 点
		合格值	− 10	
4	沥青总用量		±0.5%	每台班每层洒布检查 1 次
5	中线平面偏位/mm		30	全站仪：每 200 m 测 2 点
6	纵断高程/mm		±20	水准仪：每 200 m 测 2 个断面
7	宽度/mm	有侧石	±30	尺量：每 200 m 测 4 处
		无侧石	不小于设计值	
8	横坡		±0.5%	水准仪：每 200 m 测 2 个断面

3. 路面基层实测项目

（1）稳定土基层和底基层实测项目见表 3-9。

表 3-9　稳定土基层和底基层实测项目

项次	检查项目		规定值或允许偏差				检查方法和频率
			基层		底基层		
			高速公路 一级公路	其他公路	高速公路 一级公路	其他公路	
1△	压实度/%	代表值	—	≥95	≥95	≥93	按《评定标准》附录 B 检查，每 200 m 测 2 点
		极值	—	≥91	≥91	≥89	
2	平整度/mm		—	≤12	≤12	≤15	3 m 直尺：每 200 m 测 2 处×5 尺
3	纵断高程/mm		—	+5，－15	+5，－15	+5，－20	水准仪：每 200 m 测 2 个断面
4	宽度/mm		满足设计要求		满足设计要求		尺量：每 200 m 测 4 个断面
5△	厚度/mm	代表值	—	－10	－10	－12	按《评定标准》附录 H 检查，每 200 m 测 2 点
		合格值	—	－20	－25	－30	
6	横坡/%		—	±0.5	±0.3	±0.5	水准仪：每 200 m 测 2 个断面
7△	强度/MPa		满足设计要求		满足设计要求		按《评定标准》附录 G 检查

（2）稳定粒料基层和底基层实测项目见表 3-10。

表 3-10　稳定粒料基层和底基层实测项目

项次	检查项目		规定值或允许偏差				检查方法和频率
			基层		底基层		
			高速公路 一级公路	其他公路	高速公路 一级公路	其他公路	
1△	压实度/%	代表值	≥98	≥97	≥96	≥95	按《评定标准》附录 B 检查，每 200 m 测 2 点
		极值	≥94	≥93	≥92	≥91	
2	平整度/mm		≤8	≤12	≤12	≤15	3 m 直尺：每 200 m 测 2 处×5 尺
3	纵断高程/mm		+5，－10	+5，－15	+5，－15	+5，－20	水准仪：每 200 m 测 2 个断面
4	宽度/mm		满足设计要求		满足设计要求		尺量：每 200 m 测 4 个断面
5△	厚度/mm	代表值	－8	－10	－10	－12	按《评定标准》附录 H 检查，每 200 m 测 2 点
		合格值	－10	－20	－25	－30	
6	横坡/%		±0.3	±0.5	±0.3	±0.5	水准仪：每 200 m 测 2 个断面
7△	强度/MPa		满足设计要求		满足设计要求		按《评定标准》附录 G 检查

（3）级配碎（砾）石基层和底基层实测项目见表3-11。

表3-11　级配碎（砾）石基层和底基层实测项目

项次	检查项目		规定值或允许偏差				检查方法和频率
			基层		底基层		
			高速公路一级公路	其他公路	高速公路一级公路	其他公路	
1△	压实度/%	代表值	≥98		≥96		按附录B检查，每200 m测2点
		极值	≥94		≥92		
2	弯沉值（0.01 mm）		满足设计要求		满足设计要求		按附录J检查
3	平整度/mm		≤8	≤12	≤12	≤15	3 m直尺：每200 m测2处×5尺
4	纵断高程/mm		+5，−10	+5，−15	+5，−15	+5，−20	水准仪：每200 m测2个断面
5	宽度/mm		满足设计要求		满足设计要求		尺量：每200 m测4个断面
6△	厚度/mm	代表值	−8	−10	−10	−12	按附录H检查，每200 m测2点
		合格值	−10	−20	−25	−30	
7	横坡/%		±0.3	±0.5	±0.3	±0.5	水准仪：每200 m测2个断面

（4）填隙碎石（矿渣）基层和底基层实测项目见表3-12。

表3-12　填隙碎石（矿渣）基层和底基层实测项目

项次	检查项目		规定值或允许偏差				检查方法和频率
			基层		底基层		
			高速公路一级公路	其他公路	高速公路一级公路	其他公路	
1△	固体体积率/%	代表值	—	≥98	≥96	—	密度法：每200 m测2点
		极值	—	≥82	≥80	—	
2	弯沉值（0.01 mm）		满足设计要求		满足设计要求		按附录J检查
3	平整度/mm		—	≤12	≤12	≤15	3 m直尺：每200 m测2处×5尺
4	纵断高程/mm		—	+5，−15	+5，−15	+5，−20	水准仪：每200 m测2个断面
5	宽度/mm		满足设计要求		满足设计要求		尺量：每200 m测4个断面
6△	厚度/mm	代表值	—	−10	−10	−12	按附录H检查，每200 m测2点
		合格值	—	−20	−25	−30	
7	横坡/%		—	±0.5	±0.3	±0.5	水准仪：每200 m测2个断面

任务 3.2　路基路面压实度检测

一、概　述

大量的室内试验和工程实践表明：压实可以使路基土和路面材料的强度大大增加，压实可以减少路基路面在行车荷载作用下产生的形变，也可以增加路基和路面材料的不透水性和强度稳定性，保证其使用质量；若压实不足，则路面容易产生车辙、裂缝、沉陷及整个路面被剪切破坏。

现场压实质量用压实度来表示。路基和路面基层的压实度是指压实层材料压实后的干密度与该材料的标准最大干密度之比，用百分数表示；沥青混凝土面层的压实度是指规定方法采取的混合料试件毛体积密度与标准密度之比，也用百分数表示。

对于土基、基层的标准密度是通过重型击实试验取得；对于无黏聚性且粒径较大的砂砾、碎石材料可用表面振动压实仪法进行量测；沥青混合料（尤指沥青混凝土）则是通过马歇尔试验、试验路段密度或最大理论密度得到。对于特殊干旱、潮湿地区或过湿土以及铺筑中、低级路面的三、四级公路路基，则以路基设计规范规定的击实试验方法和压实度标准进行评定。

工地密实度测试的方法有很多种，归纳起来有两大类。一类是无破损检测法，即用放射性同位素（核子、中子、超声波）在路基和路面材料中的吸收和折射原理制成的各种仪器进行检测，如核子密湿度仪、无核密度仪法。另一类是破损检测法，有环刀法、灌砂法、表干法、蜡封法等。

下面主要介绍几种常用压实度的检测方法。在压实度检测过程中，现场密度主要检测方法及各方法的适用范围见表 3-13。

表 3-13　现场密实度检测方法及适用范围比较

试验方法	适用范围
灌砂法	适用于在现场测试基层（或底基层）、砂石路面及路基土的各种材料压实层的密度和压实度，但不适用于填石路堤等有大孔洞或大孔隙材料的压实度检测
环刀法	适用于细粒土及无机结合料稳定细粒土的密度测试。但对无机结合料稳定细粒土，其龄期不宜超过 2 d，且适用于施工过程中的压实度检测
钻芯法	适用于检验从压实的沥青路面上钻取的芯样试件的密度，以评定沥青面层的施工压实度，同时适用于龄期较长的无机结合料稳定基层和底基层的密度检测
核子密湿度仪法	适用于现场以散射法或直接透射法测试路基或路面材料的密度和含水率，按规定方法标定后，其检测结果可作为工程质量评定与验收的依据
无核密度仪法	适用于现场快速测试沥青路面各层沥青混合料的密度，并计算施工压实度，但测试结果不宜用于评定验收或仲裁

二、灌砂法测试压实度

灌砂法适用于在现场测试基层（或底基层）、砂石路面及路基土的各种材料压实层的密度和压实度检测，但不适用于填石路堤等有大孔洞或大孔隙材料压实度检测。

1. 检测器具与材料

（1）灌砂设备：包括灌砂筒、标定罐和基板。

① 灌砂筒：金属材质，形式和主要尺寸见图 3-4，并符合表 3-14 的规定。灌砂筒上部为储砂筒，筒底中心有一圆孔。下部装一倒置的圆锥形漏斗，漏斗上端开口，直径与储砂筒的圆孔相同，漏斗焊接在一块铁板上，铁板中心有一圆孔与漏斗上开口相接。在储砂筒筒底与漏斗顶端铁板之间设有开关。开关为一薄铁板，一端与筒底及漏斗铁板铰接在一起，另一端伸出筒身外，开关铁板上也有一个相同直径的圆孔。

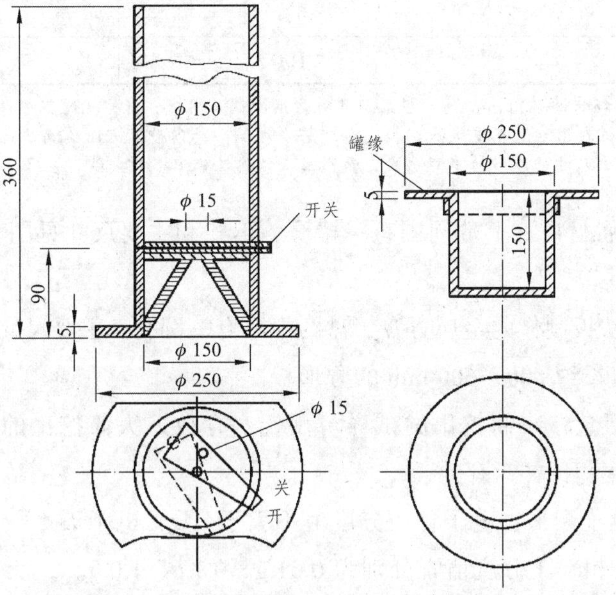

1—开关；2—罐缘

图 3-4　灌砂筒和标定罐（单位：mm）

表 3-14　灌砂仪的主要尺寸

结　构			小型灌砂筒设备	中型灌砂筒设备	大型灌砂筒设备
灌砂筒	储砂筒	直径/mm	100	150	200
		容积/cm³	2 121	4 771	8 482
	流砂孔	直径/mm	10	15	20
标定罐	金属标定罐	内径/mm	100	150	200
		外径/mm	150	200	250
基板	金属方盘基板	边长/mm	350	400	450
		深/mm	40	50	60
	中孔	直径/mm	100	150	200
	板厚	厚/mm	≥1.0（铁）	≥1.0（铁）	≥1.0（铁）
			≥1.2（铝合金）	≥1.2（铝合金）	≥1.2（铝合金）

注：储砂筒的容积可按照检测层厚度不同而适当调整，其他指标不变，以保证灌砂过程连续。

用灌砂法测试密度和压实度时，灌砂筒的选择应根据填料粒径及测试层厚度选择不同尺寸的灌砂筒，并符合表 3-15 规定。

表 3-15　灌砂筒类型　mm

灌砂筒类型	填料最大粒径	适宜的测试层厚度
ϕ100	<13.2	≤150
ϕ150	<31.5	≤200
ϕ200	<63	≤300
ϕ250 及以上	≤100	≤400

注：路基填料最大粒径超过 100 mm 的，应采用其他方法测试压实度；当挖坑过程中存在超过规范规定粒径 10%的填料时应另在附近选点重做。试验过程中若发现储砂筒内砂不足以填满试坑时，说明灌砂筒尺寸过小，应选择较大尺寸的灌砂筒重新试验，而不应在试验过程中添加量砂。

② 标定罐：金属材质，上端周围有一罐缘，形式和主要尺寸见图 3-4，并符合表 3-14 的规定。

③ 基板：用薄铁板制作的金属方盘，盘的中心有一圆孔，主要尺寸符合表 3-14 的规定。

（2）玻璃板：边长约 500 ~ 600 mm 的方形板。

（3）试样盘和铝盒：小筒挖出的试样可用铝盒存放，大筒挖出的试样可用 300 mm × 500 mm × 40 mm 的搪瓷试样盘存放。

（4）电子秤或电子天平：电子秤，分度值不大于 1 g；电子天平，用于含水率测试时，对细粒土、中粒土、粗粒土分度值宜分别为 0.01 g、0.1 g、1.0 g。

（5）含水率测试设备：如铝盒、烘箱、微波炉等。

（6）量砂：粒径 0.30 ~ 0.60 mm 清洁干燥的砂，约 20 ~ 40 kg。使用前须洗净、烘干，筛分至符合要求并放置 24 h 以上，使其与空气的湿度达到平衡。

（7）盛砂的容器：塑料桶等。

（8）温度计：分度值不大于 1 °C。

（9）其他：凿子、螺丝刀、铁锤、长把勺、长把小簸箕、毛刷等。

2. 方法与步骤

（1）按现行试验方法对结构层材料进行击实试验，得到最大干密度及最佳含水率。

（2）按本方法第 1 条选用适宜的灌砂筒。

（3）按下列步骤标定灌砂筒下部圆锥体内砂的质量：

① 在储砂筒筒口高度上，向储砂筒内装砂至距筒顶距离为（15 ± 5）mm。称取装入筒内砂的质量 m_1，准确至 1 g。以后每次标定及试验都应该维持装砂高度与质量不变。

② 将开关打开，让砂自由流出，并使流出砂的体积与工地所挖试坑内的体积相当（或等于标定罐的容积），然后关上开关。

③ 不晃动储砂筒的砂，轻轻地将灌砂筒移至玻璃板上，将开关打开，让砂流出，直到筒内砂不再下流时，将开关关上，并细心地取走灌砂筒。

④ 收集并称量留在玻璃板上的砂或称量筒内的砂，准确至 1 g。玻璃板上的砂的质量就是圆锥体内砂的质量（m_2）。

⑤ 重复上述测量 3 次，取其平均值。

（4）按下列步骤标定量砂的松方密度 ρ_s（g/cm^3）：

① 用 15 ~ 25 °C 水确定标定罐的容积 V，准确至 1 mL。

② 在储砂筒中装入质量为 m_1 的砂，并将灌砂筒放在标定罐上，将开关打开，让砂流出。在整个流砂过程中，不要碰灌砂筒，直到储砂筒内的砂不再下流时，将开关关闭。取下灌砂筒，称取筒内剩余砂的质量（m_3），准确至 1 g。

③ 按式（3-1）计算填满标定灌所需砂的质量（m_a）（g）：

$$m_a = m_1 - m_2 - m_3 \tag{3-1}$$

式中：m_a—— 标定罐中砂的质量（g）；

m_1—— 装入储砂筒内砂的总质量（g）；

m_2—— 灌砂筒下部圆锥体内砂的质量（g）；

m_3—— 灌砂入标定罐后，筒内剩余砂的质量（g）。

④ 重复上述测量三次，取其平均值。

⑤ 按下式计算量砂的密度 ρ_s：

$$\rho_s = \frac{m_a}{V} \tag{3-2}$$

式中：ρ_s—— 量砂的松方密度（g/cm^3）；

V—— 标定罐的体积（cm^3）。

试验记录见表 3-16。

（5）试验步骤

① 在试验地点，选一块平坦表面，并将其清扫干净，其面积不得小于基板面积。

② 将基板放在平坦表面上。当表面的粗糙度较大时，将盛有量砂（m_5）的灌砂筒放在基板中孔上，做好基板位置标识。将灌砂筒的开关打开，让砂流入基板的中孔内，直到储砂筒内的砂不再下流时关闭开关。取下灌砂筒，并称量筒内砂的质量（m_6），准确至 1 g。

③ 取走基板，收回留在试验地点未混入杂质的量砂，重新将表面清扫干净。

④将基板放回原处并固定，沿基板中孔凿洞（洞的直径与灌砂筒直径一致）。在凿洞过程中，不应使凿出的材料丢失，并随时将凿出的材料取出装入塑料袋或大铝盒内密封，防止水分蒸发。试洞的深度应等于测试层厚度，但不得有下层材料混入，最后将洞内的全部凿松材料取出。称取洞内材料质量（m_w），准确至 1 g。当需要检测厚度时，应先测量厚度后再进行

这一步骤。

⑤ 从挖出的全部材料中取出有代表性的试样，放在铝盒或洁净的搪瓷盘中，测试其含水率（w，以%计）。单组取样数量如下：用小型灌砂筒测试时，对细粒土，不少于 100 g；对于各种中粒土，不少于 500 g。用中型灌砂筒测试时，对细粒土，不少于 200 g；对于各种中粒土，不少于 1 000 g；对于粗粒土或水泥、石灰、粉煤灰等无机结合料稳定材料，宜将取出的全部材料烘干，且不少于 2 000 g，称其质量（m_d），准确至 1 g。用大型灌砂筒测试时，宜将取出的全部材料烘干，称其质量（m_d）。

⑥ 储砂筒内放满砂至要求质量 m_1 后，将基板安放在试坑原位上。将灌砂筒安放在基板中间，使灌砂筒的下口对准基板的中孔及试洞，打开灌砂筒的开关，让砂流入试坑内。在此期间，应注意勿碰动灌砂筒。直到储砂筒内的砂不再下流时，关闭开关。仔细取走灌砂筒，并称量筒内剩余砂的质量（m_4），准确至 1 g。

⑦ 如清扫干净的平坦表面粗糙度不大，可省去②和③的操作。在试洞挖好后，将灌砂筒直接对准放在试坑上，中间不需要放基板。打开灌砂筒的开关，让砂流入试坑内。在此期间，应注意勿碰动灌砂筒。直到储砂筒内的砂不再下流时，关闭开关。仔细取走灌砂筒，并称量剩余砂的质量（m_4'），准确至 1 g。

⑧ 取出储砂筒内的量砂，以备下次试验时再用。

⑨ 取走基板，将留在试坑内未混入杂质的量砂收回：将坑内剩余量砂清理干净后，回填与被测结构同材质的填料，并用铁锤分 3 ~ 4 层夯实。

⑩ 回收的量砂烘干、过筛，并放置 24 h 以上，使其与空气的湿度达到平衡后可继续使用。若量砂中混有杂质，则应废弃。

3. 计 算

（1）按下面各式计算填满试坑所用的砂的质量 m_b（g）：

灌砂时，试坑上放有基板：

$$m_b = m_1 - m_4 - (m_5 - m_6) \tag{3-3}$$

灌砂时，试坑上不放基板：

$$m_b = m_1 - m_4' - m_2 \tag{3-4}$$

式中：m_b——填满试坑的砂的质量（g）；

m_1——灌砂前灌砂筒内砂的质量（g）；

m_2——灌砂筒下部圆锥体内砂的质量（g）；

m_4、m_4'——灌砂后，灌砂筒内剩余砂的质量（g）；

$(m_5 - m_6)$——灌砂筒下部圆锥体内及基板和粗糙表面间砂的合计质量（g）。

（2）按下式计算试坑材料的湿密度 ρ_w（g/cm^3）：

$$\rho_w=\frac{m_w}{m_b}\times\rho_s \tag{3-5}$$

式中：ρ_w——试坑材料的湿密度（g/cm^3）；

m_w——试坑中取出的全部材料的质量（g）；

ρ_s——量砂的松方密度（g/cm^3）。

（3）按下式计算试坑材料的干密度 ρ_d（g/cm^3）：

$$\rho_d=\frac{\rho_w}{1+0.01w} \tag{3-6}$$

式中：ρ_d——试坑材料的干密度（g/cm^3）；

w——试坑材料的含水率（%）。

（4）当为水泥、石灰、粉煤灰等无机结合料稳定土时，可按下式计算干密度（g/cm^3）：

$$\rho_d=\frac{m_d}{m_b}\times\rho_s \tag{3-7}$$

式中：ρ_d——当为水泥、石灰、粉煤灰等无机结合料稳定土时的干密度（g/cm^3）；

m_d——试坑中取出的稳定土的烘干质量（g）。

（5）按下式计算施工压实度（%）

$$K=\frac{\rho_d}{\rho_c}\times100 \tag{3-8}$$

式中：K——测试地点的施工压实度（%）；

ρ_d——试样的干密度（g/cm^3）。

ρ_c——由击实试验得到的试样的最大干密度（g/cm^3）。

注：当试坑材料组成与击实试验的材料有较大差异时，可以试坑材料作标准击实，求取实际的最大干密度。

试验记录见表3-17。

4. 报告

报告应包括以下技术内容：

（1）测试路段信息（桩号、层位等）。

（2）干密度、最大干密度。

（3）压实度。

表 3-16　路基路面压实度试验检测记录（灌砂法标定）

检测单位名称：　　　　　　　　　　　　　　　　　　　　　　　　　　　　记录编号：

工程名称		任务编号	
工程部位/用途		样品编号	
样品信息			
试验检测日期		试验条件	
检测依据		判定依据	
主要仪器设备名称及编号			
量砂粒径/mm		灌砂筒尺寸/mm	
次 数	1	2	3
灌砂前灌砂筒＋砂质量/g			
玻璃板＋砂质量/g			
玻璃板质量/g			
锥体砂质量/g			
锥体砂平均质量/g			
容器+玻璃板+水质量/g			
容器+玻璃板/g			
水质量/g			
容器体积/cm^3			
容器平均体积/cm^3			
灌砂前灌砂筒＋砂质量/g			
灌砂后灌砂筒＋砂质量/g			
容器里砂的质量/g			
容器里砂的平均质量/g			
砂密度/（g/cm^3）			
附加声明：			

检测：　　　　　　　　记录：　　　　　　　　复核：　　　　　　　　日期：　　年　　月　　日

表 3-17　路基路面压实度试验检测记录（灌砂法）

检测单位名称：　　　　　　　　　　　　　　　　　　　　　　　　记录编号：

工程名称					任务编号			
工程部位/用途					样品编号			
样品信息								
试验检测日期					试验条件			
检测依据					判定依据			
主要仪器设备名称及编号								
填料种类			要求压实度/%			量砂密度/（g/cm³）		
桩号								
层次								
标定前砂＋容器质量/g								
标定后砂＋容器质量/g								
锥体内和底板下砂质量/g								
试坑深度（厚度）/mm								
灌砂前砂＋容器质量/g								
灌砂后砂＋容器质量/g								
锥体内砂质量/g								
试坑灌入量砂的质量/g								
试坑体积/cm³								
试坑中挖出湿料质量/g								
试样湿密度（g/cm³）								

含水率	盒号																
	盒质量/g																
	盒＋湿料质量/g																
	盒＋干料质量/g																
	水质量/g																
	干料质量/g																
	含水率/%																
	平均含水率/%																

干密度/（g/cm³）								
含石量/%								
最大干密度/（g/cm³）								
压实度/%								
附加声明：								

检测：　　　　　　　　记录：　　　　　　　　复核：　　　　　　　　日期：　　年　　月　　日

5. 注意事项

（1）量砂要规则，如果重复使用时一定要注意晾干，处理一致，否则影响量砂的松方密度。

（2）每换一次量砂，都必须测试松方密度，灌砂筒下部圆锥体内砂的质量也应该每次重新标定。因此量砂宜事先准备较多数量。

（3）地表面处理要平整。

（4）在挖坑时试坑周壁应笔直，避免出现上大下小或上小下大的情形，影响测试结果偏大或偏小。

（5）灌砂时，避免碰撞或敲打灌砂筒筒壁，同时避免施工车辆，尤其重车如振动压路机通过测试地点。

（6）地表面处理要平，测试时一般采用先放上基板测试一次粗糙表面消耗的量砂。只有在非常平整的情况下方可省去此步骤。

（7）灌砂时检测厚度为整个碾压层厚度，不能只取上部或者取到下一碾压层。碾压厚度过大时，分层测试，并准确记录检测厚度等。

三、环刀法测试压实度

环刀法适用于公路工程现场测试细粒土及无机结合料稳定细粒土的密度。但对无机结合料稳定细粒土，其龄期不宜超过 2 d，且宜于施工过程中的压实度检验。

1. 检测器具与材料

（1）人工取土器：如图 3-5 所示，包括环刀、环盖、定向筒和击实锤系统（导杆、落锤、手柄）。环刀内径 6 ~ 8 cm，高为 2 ~ 5.4 cm，壁厚为 1.5 ~ 2 mm。

（2）电动取土器：如图 3-6 所示，由底座、立柱、升降机构、取芯机构、动力和传动机构组成。

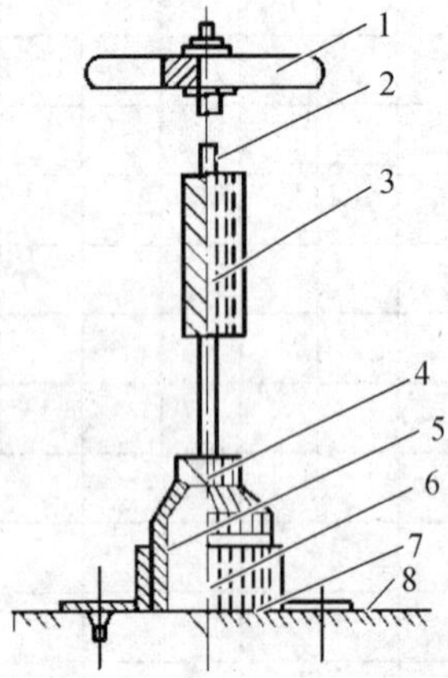

1—手柄；2—导杆；3—落锤；
4—环盖 5—环刀；6—定向筒；
7—定向筒齿钉；8—试验地面。

图 3-5　人工取土器

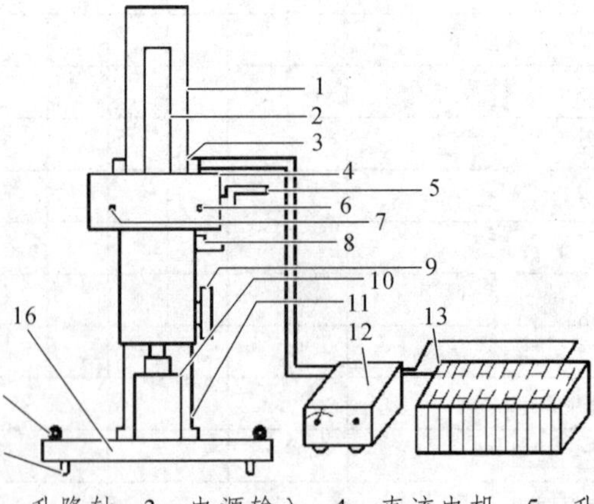

1—立柱；2—升降轴；3—电源输入；4—直流电机；5—升降手柄；
6、7—电源指示；8—锁紧手柄；9—升降手轮；10—取芯头；
11—立柱套；12—调速器；13—电瓶；14—定位销；
15—行走轮；16—底座平台。

图 3-6　电动取土器

① 底座：由底座平台、定位销、行走轮组成。平台是整个仪器支撑基础；定位销供操作时仪器定位用；行走轮供换点取芯时仪器近距离移动用，当定位时四只轮子可扳起离开地表。

② 立柱：由立柱与立柱套组成，装在底座平台上，作为升降机构、取芯机构、动力和传动机构的支架。

③ 升降机构：由升降手轮、锁紧手柄组成，供调整取芯机构高低用。松开锁紧手柄，转动升降手轮，取芯机构即可升降到所需位置，拧紧手柄定位。

④ 取芯机构：由取芯头、升降轴组成。取芯头为金属圆筒，下口对称焊接两个合金钢切削刀头，上口端面焊有平盖，其上焊螺母，靠螺旋接于升降轴上。取芯头有三种规格，即 50 mm × 50 mm、70 mm × 70 mm、100 mm × 100 mm，取芯头可更换。配件应包括：取芯套筒、扳手、铝盒等。

⑤ 动力和传动机构：主要由直流电机、调速器、齿轮箱组成，配件应包括电瓶和充电器。

（3）天平：分度值不大于 0.01 g。

（4）其他：镐、小铁锹、修土刀、毛刷、直尺、钢丝锯、凡士林、木板及测试含水率设备等。

2. 试验步骤

（1）对检测试样用同种材料进行击实试验，得到最大干密度及最佳含水率。

（2）在现场选取位置相邻的两处作为平行试验的测点。

（3）用人工取土器测试黏性土及无机结合料稳定细粒土密度的步骤：

① 擦净环刀，称取环刀质量 m_2，准确至 0.1 g。

② 在试验地点将面积约 30 cm × 30 cm 的地面清扫干净，并铲去压实层表面浮动及不平整的部分。

③ 将定向筒齿钉固定于铲平的地面上。顺次将环刀、环盖放入定向筒内与地面垂直。

④ 将导杆保持垂直状态，用取土器落锤将环刀打入压实层中。在施工过程控制或质量评定时，环刀中部处于压实层厚的 1/2 深度；用于其他需要的测试，可按其要求深度取样。

⑤ 去掉击实锤和定向筒，用镐将环刀及试样挖出。

⑥ 轻轻取下环盖，用修土刀自边至中削去环刀两端余土，用直尺检测直至修平为止。

⑦ 擦净环刀外壁，用天平称取出环刀及试样合计质量 m_1，准确至 0.1 g。

⑧ 自环刀中取出试样，取具有代表性的试样（不少于 100 g），测试其含水率 w。含水率测试应参照《公路土工试验规程》（JTG 3430—2020）的有关规定。

（4）用人工取土器测试砂性土或砂层密度的步骤：

① 如为湿润的砂土，试验时不宜使用击实锤和定向筒，在铲平的地面上，细心挖出一个直径较环刀外径略大的砂土柱，将环刀刃口向下，平置于砂土柱上，用两手平稳地将环刀垂直压下，环刀中部处于压实层厚的 1/2 深度。

② 削掉环刀口上多余砂土，并用直尺刮平。

③ 在环刀上口盖一块平滑的木板，一手按住木板，另一手用小铁锹将试样从环刀底部切断，然后将装满试样的环刀反转过来，削去环刀刃口上部的多余砂土，并用直尺刮平。

④ 擦净环刀外壁，称环刀与试样合计质量 m_1，准确至 0.1 g。

⑤ 从环刀中取具有代表性的试样（不少于 100 g）测试其含水率 w。含水率测试应参照《公路土工试验规程》（JTG 3430—2020）的有关规定。

⑥ 干燥的砂土不能挖成砂土柱时，可直接将环刀压入或打入土中至（3）④中要求的深度。

（5）用电动取土器测定无机结合料稳定细粒土和硬塑土密度的步骤：

① 装上所需规格的取芯头。在施工现场取芯前，选择一块平整的路段，将四只行走轮打起，四根定位销钉采用人工加压的方法，压入路基土层中，松开锁紧手柄，旋动升降手轮，使取芯头刚好与土层接触，锁紧手柄。

② 将电瓶与调速器接通，调速器的输出端接入取芯机电源插口。指示灯亮，显示电路已通；启动开关，电动机工作，带动取芯机构转动。根据土层含水率调节转速，操作升降手柄至（3）条规定的深度，上提取芯机构，停机，移开电动取土器。将取芯套筒在切削好的土芯立柱上，摇动即可取出样品。

③ 取出样品，立即按取芯套筒长度用修土刀或钢丝锯修平两端，制成所需规格土芯，如拟进行其他试验项目，装入密封盒中，送试验室备用。

④ 称量土芯加套筒质量 m_1，从土芯中心部分取试样测试含水率 w。

3. 检测结果计算

（1）按下列各式分别计算试样的湿密度 ρ_w 及干密度 ρ_d：

$$\rho_w = \frac{4(m_1 - m_2)}{\pi \cdot d^2 \cdot h} \tag{3-9}$$

$$\rho_d = \frac{\rho_w}{1 + 0.01w} \tag{3-10}$$

式中：ρ_w——试样的湿密度（g/cm^3）；

ρ_d——试样的干密度（g/cm^3）；

m_1——环刀或取芯套筒与试样合计质量（g）；

m_2——环刀或取芯套筒质量（g）；

d——环刀或取芯套筒直径（cm）；

h——环刀或取芯套筒高度（cm）；

w——试样的含水率（%）。

（2）按下式计算施工压实度 K：

$$K = \frac{\rho_d}{\rho_c} \times 100 \tag{3-11}$$

式中：K—— 测试地点的施工压实度（%）；

ρ_d—— 试样的干密度（g/cm^3）；

ρ_c—— 由击实试验得到的试样的最大干密度（g/cm^3）。

（3）计算两次平行试验结果的差值，若不大于 0.03 g/cm^3，取其算术平均值作为测试结果；若大于 0.03 g/cm^3，则重新测试。

4. 检测报告

报告应包括以下技术内容：

（1）测点位置信息（桩号、层位等）。

（2）试样干密度、最大干密度、压实度等。

试验记录见表 3-18 所示。

表 3-18 路基路面压实度试验检测记录（环刀法）

检测单位名称：　　　　　　　　　　　　　　　　　　　　　　　　　　　　　　记录编号：

工程名称					工程部位/用途					任务编号			
样品信息										样品编号			
试验检测日期										试验条件			
检测依据										判定依据			
主要仪器设备名称及编号													
填料种类									要求压实度/%				
桩号层次													
环刀号													
环刀容积/cm³													
环刀质量/g													
土+环刀的重量/g													
土样质量/g													
试样湿密度/（g/cm³）													
含水率	盒号												
	盒质量/g												
	盒＋湿料质量/g												
	盒＋干料质量/g												
	含水率/%												
	平均含水率/%												
干密度/（g/cm³）													
干密度均值/（g/cm³）													
最大干密度/（g/cm³）													
压实度/%													
附加声明：													

检测：　　　　　　记录：　　　　　　复核：　　　　　　日期：　　年　　月　　日

四、钻芯法测试沥青路面面层压实度

钻芯法适用于检验从压实的沥青路面上钻取的沥青混合料芯样试件的密度，以评定沥青面层的施工压实度。

1. 检测器具与材料

（1）路面取芯钻机。

（2）天平：分度值不大于 0.1 g。

（3）水槽：温度控制在 ± 0.5 °C 以内。

（4）吊篮。

（5）石蜡。

（6）其他：卡尺、毛刷、小勺、取样袋（容器）、电风扇。

2. 方法与步骤

（1）钻取芯样。

按现行《公路路基路面现场测试规程》（JTG 3450—2019）中规定的“路面钻孔及切割取样方法”钻取路面芯样，芯样直径不宜小于 ϕ100 mm。当一次钻孔取得的芯样包含有不同层位的沥青混合料时，应根据结构组合情况用切割机将芯样沿各层结合面锯开分层进行测试。

钻孔取样应在路面完全冷却后进行，对普通沥青路面通常在第二天取样，对改性沥青及 SMA 路面宜在第三天以后取样。

（2）测试试件密度。

① 将钻取的试件在水中用毛刷轻轻刷净黏附的粉尘。如试件边角有浮松颗粒，应仔细清除。

② 将试件晾干或用电风扇吹干不少于 24 h，直至恒重。

③ 测试试件的视密度或毛体积。

a. 水中重法，适用于当试件的吸水率小于 0.5%时密度的测试：

$$V = \frac{m_a - m_w}{\rho_w} \tag{3-12}$$

b. 表干法，适用于当试件的吸水率小于 2%时密度的测试：

$$V = \frac{m_f - m_w}{\rho_w} \tag{3-13}$$

c. 当吸水率大于 2%时，用蜡封法测试。

d. 对空隙率很大的透水性混合料及开级配混合料用体积法测试。

圆柱体试件的毛体积：

$$V = \frac{\pi d^2}{4} h \tag{3-14}$$

棱柱体试件的毛体积：

$$V = L \cdot b \cdot h \tag{3-15}$$

④ 试件的视密度或毛体积密度：

$$\rho_s = \frac{m_a}{V} \tag{3-16}$$

式中：ρ_s—— 试件的视密度或毛体积密度（g/cm^3）；

m_a—— 试件在空气中的质量（g）；

m_f—— 试件的表干质量，指试件从水中取出，用洁净柔软的拧干湿毛巾轻轻擦去试件表面水后称取的质量（g）；

m_w—— 试件的水中质量，指试件于网篮中浸水 3 ~ 5 min 后称取的水中质量（g）；

ρ_w—— 常温水的密度，约为 1（g/cm^3）；

d—— 表示圆柱体试件的直径（cm）；

h—— 试件的高度（cm）；

L—— 试件的长度（cm）；

b—— 试件的宽度（cm）。

（3）沥青混合料标准密度确定。

根据现行的《公路沥青路面施工技术规范》（JTG F40—2017）的规定，确定计算压实度下的沥青混合料标准密度。

3. 检测结果计算

（1）当计算压实度的标准密度采用试验室的马歇尔击实试件密度或试验路段钻孔取样密度时，沥青面层的压实度按式（3-17）计算：

$$K = \frac{\rho_s}{\rho_0} \times 100 \tag{3-17}$$

式中：K—— 沥青面层某一测试部位的压实度（%）；

ρ_s—— 沥青混合料芯样试件的实测密度（g/cm^3）；

ρ_0—— 沥青混合料的标准密度（g/cm^3）。

（2）当计算压实度的标准密度采用最大理论密度时，沥青面层的压实度按式（3-18）计算：

$$K = \frac{\rho_s}{\rho_t} \times 100 \tag{3-18}$$

式中：ρ_s—— 沥青混合料芯样试件的实测密度（g/cm^3）；

ρ_t—— 沥青混合料最大理论密度（g/cm^3）。

（3）计算一个测试路段检测的压实度的平均值、标准差、变异系数，并计算压实度代表值。

4. 报　告

报告应包括以下技术内容：

（1）测点位置（桩号、层位等）。

（2）实测密度，标准密度（或最大理论密度）、压实度。

（3）测试路段压实度的平均值、标准差、变异系数以及代表值。

试验记录见表 3-19。

表 3-19　路基路面压实度试验检测记录（钻芯法）

检测单位名称：　　　　　　　　　　　　　　　　　　　　　　　　记录编号：

工程名称				任务编号	
工程部位/用途				样品编号	
样品信息					
试验检测日期				试验条件	
检测依据				判定依据	
主要仪器设备名称及编号					
填料种类		要求压实度/%		标准密度/（g/cm^3）	
水的密度/（g/cm^3）		最佳沥青含量/%			

测点桩号	取样位置	路面层次	试样编号	试样质量 m_a/g	试样表干质量 m_f/g	试样水中质量 m_w/g	试样体积 V/cm^3	毛体积密度或视密度 ρ_s /（g/cm^3）	压实度 K/%
附加声明：									

检测：　　　　　　　　记录：　　　　　　　　复核：　　　　　　　　日期：　　　年　　月　　日

注：以上为用水中重法测试压实度的参考原始记录表格。

五、核子密湿度仪测试压实度

核子密湿度仪（简称核子仪）是现场检测压实度较常用的一种方法，属非破坏性检测，可检测土壤、碎石、土石混合物、沥青混合料和非硬化水泥混凝土等材料。按规定方法标定后，其检测结果可作为工程质量评定与验收的依据。允许对同一个测试位置进行重复测试，并监测密度和压实度的变化，以确定合适的碾压方法，达到所要求的压实度。用于测试沥青混合料面层的压实密度或硬化水泥混凝土等难以打孔材料的密度时宜使用散射法；在用于测试土基、基层材料或非硬化水泥混凝土等可以打孔材料的密度及含水率时，应使用直接透射法。表面用散射法测试时，所测试沥青面层的层厚应根据仪器的性能决定最大厚度；用于测试土基或基层材料的压实密度及含水率时，打洞后用直接透射法所测试的层厚不宜大于30cm。

（一）检测器具与材料

（1）核子密湿度仪（简称核子仪）：应符合行业标准《核子密湿度仪》[JJG （交通）068—2006]的要求，满足国家规定的关于健康保护和安全使用要求，核子仪应每 12 个月进行一次校验。密度的测试范围为 1.12 ~ 2.73 g/cm^3，测试允许误差不超过 ± 0.03 g/cm^3；含水率测量范围为 0 ~ 0.64 g/cm^3，测试允许误差为 ± 0.015 g/cm^3。核子仪主要包括下列部件：

① 放射源：γ射线源（双层密封的同位素放射源，如铯-137、钴-60 或镭-226 等）或中子源［如镅(241)-铍等］。

② 探测器：γ射线探测器（如 G-M 计数管）或热中子探测器（如氦-3 管）。

③ 读数显示设备：如液晶显示器、脉冲计数器、数率表或直接读数表等。

④ 标准计数块：密度和含氢量都均匀不变的材料块，用于检验仪器运行状况和提供射线计数的参考标准。

⑤ 钻杆：用于打测试孔以便插入探测杆。

⑥ 安全防护设备：符合国家规定要求的设备。

⑦ 刮平板、钻杆、接线等。

（2）细砂：0.15 ~ 0.30 mm。

（3）其他：毛刷等。

（二）检测步骤

1. 准备工作

（1）核子仪经维修或使用过程中不能满足规定的限值时，应重新校验后使用。校验后仪器在所有标定块上的每一测试深度上的标定响应达到 ± 16 kg/m^3。

（2）每天使用前或者对测试结果有怀疑的时候，按下列步骤测试标准值：

① 将核子仪置于表面经压实且平整的地点，距其他放射源至少 8 m 以上。

② 接通电源，按照要求预热。

③ 将核子仪置于标准块上，按照要求评定标准计数。如标准计数超过规定限值时，进行二次标准计数，若仍超出规定限值时，需视作故障进行返修处理。

2. 测试步骤

（1）按照任务 3.1 的方法确定测试位置，距路面边缘或其他物体的最小距离不得小于 30 cm。

（2）检查核子仪周围 8 m 之内是否存在其他放射源（含另外的核子仪），如果有应移开或重新选点。

（3）当用散射法测试沥青路面密度时，应先用细砂填平测点表面孔隙（如图 3-7 所示），再按如图 3-9 所示的方法将仪器置于测点上。

（4）当使用直接透射法测试时，用导板和钻杆等在测点表面打孔，孔深应大于测试深度，且插进探杆后仪器不倾斜（如图 3-8 所示）。按图 3-10 所示的方法将探杆插入测试孔内，前后或左右移动仪器，使之稳固。

（5）开机并选定测试时间后进行测量，测试人员退出核子仪 2 m 以外。到达测试时间后，测试人员读取并记录示值，迅速关机，将手柄置于安全位置，结束本次测试。对于不同型号的仪器在具体操作步骤上略有不同，可按照其设备相应要求进行操作。

（6）测试结束后，核子仪应装入专用的仪器箱内，放置在符合核辐射安全规定的地方。

（7）根据相关性试验结果确定材料的湿密度和含水率，并计算干密度及压实度；对于沥青混合料面层，用所确定的材料湿密度直接计算压实度。

用散射法时，一组测值不应少于 13 点，取平均值作为该段落的压实结果。

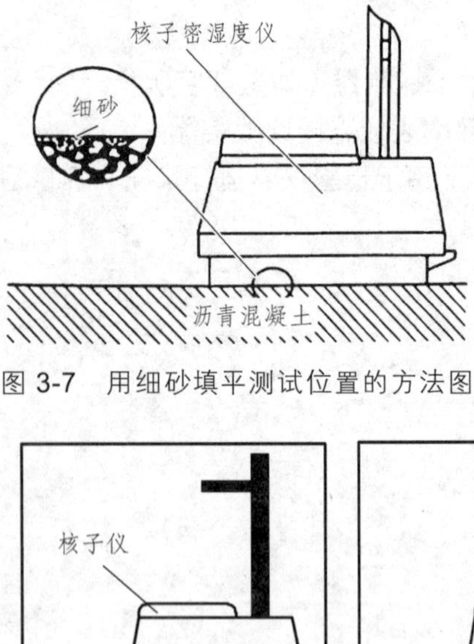

图 3-7　用细砂填平测试位置的方法图

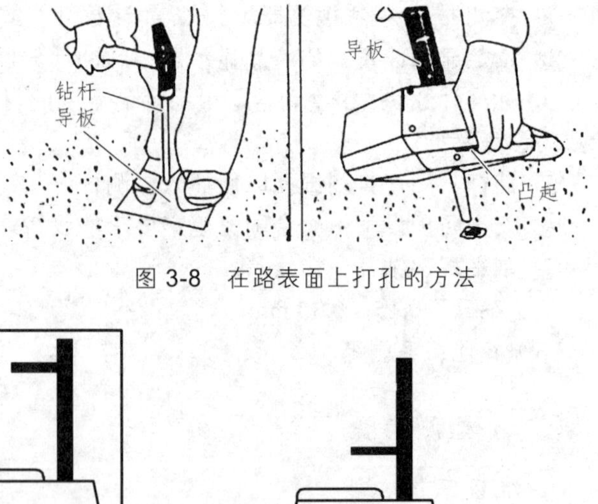

图 3-8　在路表面上打孔的方法

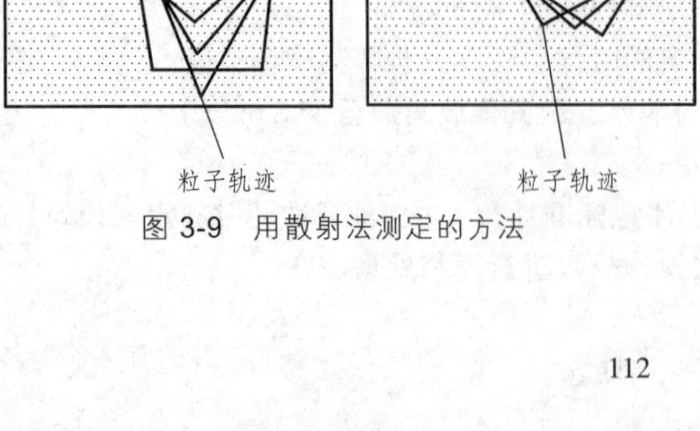

图 3-9　用散射法测定的方法

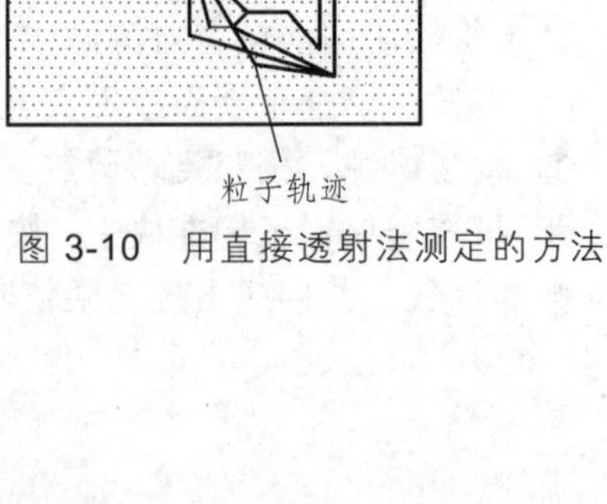

图 3-10　用直接透射法测定的方法

（三）计　算

（1）按式（3-19）、（3-20）计算施工干密度及压实度：

$$\rho_{\mathrm{d}}=\frac{\rho_{\mathrm{w}}}{1+0.01w} \tag{3-19}$$

$$K=\frac{\rho_d}{\rho_c}\times 100 \tag{3-20}$$

式中：K—— 测试地点的施工压实度（%）;

w—— 含水率，以小数表示；

ρ_{w}—— 试样的湿密度（g/cm^3）;

ρ_{d}—— 沥青混合料的实测密度（或路基、基层填料的干密度）（g/cm^3）;

ρ_c—— 沥青混合料的标准密度（或路基、基层填料的最大干密度）（g/cm^3）。

（2）按相关方法，计算一个测试路段压实度的平均值、标准差、变异系数，并计算压实度代表值。

（四）相关性试验

核子仪在使用前应在试验段上确定与标准方法的相关性。在沥青混合料大规模施工前，应确定核子仪法与钻芯取样法的相关性。在基层或路基大规模施工前，应确定核子仪法与挖坑灌砂法的相关性。步骤如下：

（1）选定 200 m 以上段落作为试验段。

（2）按照本任务（二）的步骤进行测试。

（3）对于沥青路面，按照钻芯取样法的规定在测点位置测试压实度；对于基层或路基，在测点处避开测孔，按照挖坑灌砂法的规定测试压实度。

（4）对相同的路面厚度、配合比设计、碾压遍数、松铺厚度、机械组合及压实度标准的路面结构层，使用前应在试验段至少测试 15 处，求取两种不同方法在每处的偏差值$\Delta_{\rho i}$，计算平均值作为修正值Δ，将修正值Δ输入到核子仪中，计算并保存。

（5）对相同的路面厚度、配合比设计、松铺厚度及机械组合，多种不同的压实度标准的路面结构层，使用前可选取多个试验段进行相关性试验，每个试验段至少测试 10 处，按照相关方法的规定，求取两种不同方法测试密度的相关性公式，用于测试结果的修正，其相关系数 R 应不小于 0.95。

（五）报　告

报告应包括以下技术内容：

（1）测试路段信息（桩号、结构层类型及厚度等）。

（2）实测密度、标准密度、压实度。

（3）测试路段压实度的平均值、标准差、变异系数以及代表值。

（4）若进行相关性试验，还应报告修正值或相关性关系式及相关系数。

（六）使用安全注意事项

（1）仪器工作时，所有人员均应退至距离仪器 2 m 以外的地方，等工作完成后再读数。。

（2）仪器不使用时，应将手柄置于安全位置，仪器应装入专用的仪器箱内，放置在符合核辐射安全规定的地方。

（3）仪器应由经有关部门审查合格的专人保管，专人使用，对从事仪器保管和使用的人员，应遵照有关核辐射检测的规定，不符合核防护规定的人员，不宜从事此项工作。

六、无核密度仪法测试压实度

无核密度仪利用电磁法原理测量沥青路面的均匀性和相对密度，该仪器采用先进的专利技术，能可靠、快速地测试沥青路面各层沥青混合料的密度，并计算施工压实度。但由于测试结果受影响因素较多，因而应用无核密度仪时，必须严格标定，通过相关性试验检验，确认其可靠性，且其测试结果不宜用于评定验收或仲裁。每 12 个月要将无核密度仪送到授权服务中心进行标定和检查。

（一）检测器具与材料

无核密度仪：内含电子模块和可充电电池。

（1）探头：无核，无电容，用于野外测量。

（2）最大探测深度：≥10 cm；最小探测深度：≤2.5 cm。

（3）单次测量时间：不大于 5 s。

（4）精度：0.003 g/cm^3。

（5）配有标准密度块供无核密度仪自校时使用。

（二）方法与步骤

1. 准备工作

（1）无核密度仪在第一次使用前应对软件进行设置并储存，使操作者无需每次开机后都进行软件的设置。

（2）使用无核密度仪前，应严格用标准密度块标定，通过相关性试验检验，确认其可靠性。

2. 测试步骤

（1）按照规定的方法确定测试位置，与距路面边缘或其他物体的最小距离不得小于 30 cm，且其表面干燥。

（2）把无核密度仪平稳地置于测试位置上，保证仪器不晃动。当路表结构凸凹不平时，可用细砂填平测试位置的空隙，使路表面平整，能与仪器紧密接触。

（3）开机后应检查无核密度仪的工作状态，如电池电压，内部温度，设置测试日期、时间、测值编号等。

（4）进入测试界面，设置沥青面层厚度、测量单位、最大公称粒径等参数设置，选择单点测量模式，进入待测状态。

（5）按动测试键，3 s 后读取数据，并记录。同时，无核密度仪上显示被测试材料表面的湿度值在 0 ~ 10 之间，当测值超过 10 时，数据作废，应重新选点测试。

（6）当采用修正值方法时，显示原始数据为 ρ_d；当采用相关性公式时，将显示原始数据带入相关性公式，计算实测密度 ρ_d，准确至 0.01 g/cm^3。

（三）计 算

（1）按式（3-21）计算压实度。

$$K = \frac{\rho_d}{\rho_0} \times 100 \tag{3-21}$$

式中：K—— 测试地点的施工压实度（%）；

ρ_d—— 沥青混合料的实测密度（g/cm^3）；

ρ_0—— 沥青混合料的标准密度（g/cm^3），按照《公路沥青路面施工技术规范》（JTG F40—2017）附录 E 的规定选用。

（2）按相关方法，计算一个测试路段压实度的平均值、标准差以及变异系数，并计算压实度代表值。

（四）相关性试验

1. 路段选择

（1）选择不短于 200 m 长度的试验路段。

（2）按照本书任务 3.1 的规定确定测试位置。

（3）对同样的路面厚度、配合比设计、碾压遍数、松铺厚度、机械组合及压实度标准的路面结构，应确定不少于 15 处。对同样的路面厚度、配合比设计、松铺厚度及机械组合，不同的压实度标准的路面结构，应确定不少于 10 处。

2. 测试步骤

（1）每处测试位置按照图 3-11 所示确定 5 个点位，使用无核密度仪，按照本任务（二）中的方法对各点进行测试，选择平均读取模式依次读取并记录显示的密度、湿度和温度等数值，取密度平均值作为该处密度测试结果。

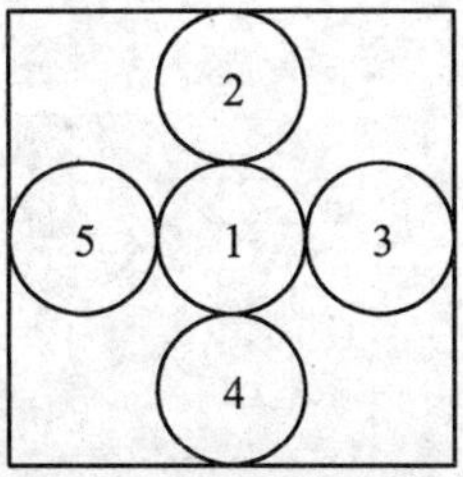

图 3-11　五点法示意

（2）在每一处测试位置钻取芯样，按照本任务四的方法进行压实度测试。

3. 数据处理

（1）对同样的路面厚度、配合比设计、碾压遍数、松铺厚度、机械组合及压实度标准的路面结构，计算每处测试位置的密度偏差值 $\Delta_{\rho i}$，即无核密度仪测值与钻芯法测值的差值，并计算所有位置的平均偏差值作为修正值 Δ。

（2）对同样的路面厚度、配合比设计、松铺厚度及机械组合，不同的压实度标准的路面结构，按照《公路路基路面现场测试规程》（JTG 3450—2019）的附录 C 的规定进行数据处理，得到相关性公式，其相关系数 R 应不小于 0.9。

（3）当采用修正值时，一般可将修正值输入无核密度仪，其示值即为修正后测值。当采用相关性公式时，需对无核密度仪示值进行计算处理。

试验记录见表 3-20。

（五）报　告

报告应包括以下技术内容：

（1）测点位置（桩号、层位等）。

（2）实测密度、标准密度、压实度。

（3）测试路段压实度的平均值、标准差、变异系数以及代表值。

（4）若进行相关性试验，还应报告修正值或相关性关系式及相关系数。

表 3-20　路基路面压实度试验检测记录（无核密度仪法）

检测单位名称：　　　　　　　　　　　　　　　　　　　　　　记录编号：

工程名称		任务编号	
工程部位/用途		样品编号	
样品信息			
试验检测日期		试验条件	
检测依据		判定依据	
主要仪器设备名称及编号			
沥青混合料类型		结构深度	
面层结构		测定厚度	
试验室相对密度		最大理论相对密度	

测点位置（桩号）	由无核密度仪测定的压实沥青混合料的实际密度								密度均值	压实度/%	
										试验室密度控制	最大理论相对密度控制

附加声明：

检测：　　　　　　　记录：　　　　　　　复核：　　　　　　　日期：　　年　　月　　日

七、压实度评定

路基、路面压实度评定应以 1 ~ 3 km 长的路段为检测评定单元，按规范要求的检测频率（表 3-21）及方法进行现场压实度抽样检查，计算出每一测点的压实度 K_i。

表 3-21　压实度（%）检验评定要求

<table>
<tr><th colspan="4" rowspan="3">工程项目类型</th><th colspan="3">规定值</th><th rowspan="3">检查方法和频率</th></tr>
<tr><th rowspan="2">高速公路
一级公路</th><th colspan="2">其他公路</th></tr>
<tr><th>二级公路</th><th>三、四级公路</th></tr>
<tr><td rowspan="7">土方路基①</td><td colspan="2">上路床</td><td>0 ~ 0.3 m</td><td>≥96</td><td>≥95</td><td>94</td><td rowspan="7">按有关方法检查：密度法：每 200 m 每压实层测 2 处</td></tr>
<tr><td rowspan="2">下路床</td><td>轻、中及重交通荷载等级</td><td>0.3 ~ 0.8 m</td><td>≥96</td><td>≥95</td><td>94</td></tr>
<tr><td>特重、极重交通荷载等级</td><td>0.3 ~ 1.2 m</td><td>≥96</td><td>≥95</td><td>—</td></tr>
<tr><td rowspan="2">上路堤</td><td>轻、中及重交通荷载等级</td><td>0.8 ~ 1.5 m</td><td>≥94</td><td>≥94</td><td>≥93</td></tr>
<tr><td>特重、极重交通荷载等级</td><td>1.2 ~ 1.9 m</td><td>≥94</td><td>≥94</td><td>—</td></tr>
<tr><td rowspan="2">下路堤</td><td>轻、中及重交通荷载等级</td><td>> 1.5 m</td><td rowspan="2">≥93</td><td rowspan="2">≥92</td><td rowspan="2">≥90</td></tr>
<tr><td>特重、极重交通荷载等级</td><td>> 1.9 m</td></tr>
<tr><td colspan="4">沥青混凝土面层和沥青碎（砾）石面层②</td><td colspan="3">≥试验室标准密度的 96%（*98%）
≥最大理论密度的 92%（*94%）
≥试验段密度的 98%（*99%）</td><td>按有关方法检查密度，每 200 m 测 1 点。核子（无核）密度仪每 200 m 测 1 处，每处 5 点</td></tr>
</table>

注：① 表列压实度系按现行《公路土工试验规程》（JTG 3430—2020）重型击实试验所得最大干密度求得的压实度。评定路段内的压实度平均值下置信界限不得小于规定标准，单个测试值不得小于极值（表列规定值减 5 个百分点）。按测试值不小于表列规定值减 2 个百分点的测点占总检查点数的百分率计算合格率。特殊干旱、特殊潮湿地区或过湿土路基等，可按路基设计、施工规范所规定的压实度标准进行评定。三、四级公路铺筑沥青混凝土或水泥混凝土路面时路基压实度应采用二级公路标准。

② 表内压实度，高速公路、一级公路应选用 2 个标准评定，以合格率低的作为评定标准；其他公路选用 1 个标准进行评定，带*号者是指 SMA 路面。

1. 压实度评定的要点

（1）控制平均压实度的置信下限，以保证总体水平。

（2）规定单点极限值不得超出给定值，防止局部隐患。

（3）规定扣分界限以区分质量优劣。

检验评定段的压实度代表值 K_l（算术平均值的下置信界限）为：

$$K_l = \bar{K} - S \cdot \frac{t_\alpha}{\sqrt{n}} \geqslant K_0 \tag{3-22}$$

式中：$\bar{K}$ —— 检验评定段内各测点压实度的平均值；

t_α —— t 分布表中随测点数和保证率（或置信度 α）而变的系数（见附表二）。采用的保证率，高速公路、一级公路：基层、底基层为 99%，路基、路面面层为 95%；其他公路，基层、底基层为 95%，路基、路面面层为 90%；

S—— 检测值的标准差；

n—— 检测点数；

K_0—— 压实度标准值。

2. 路基、基层和底基层

（1）$K_l \geqslant K_0$，且单点压实度 K_i 全部大于或等于规定值减 2 个百分点时，评定路段的压实度合格率为 100%；

（2）当 $K_l \geqslant K_0$，且单点压实度 K_i 全部大于或等于规定极值时，按测试值不低于规定值减 2 个百分点的测点数计算合格率。

（3）当 $K_l < K_0$ 或某一单点压实度 K_i 小于规定极值时，该评定路段压实度为不合格，相应分项工程评为不合格。

（4）路基施工段落短时，分层压实度应全部符合要求，且样本数不少于 6 个。

3. 沥青面层

（1）当 $K_l \geqslant K_0$ 且全部测点大于或等于规定值减 1 个百分点时，评定路段的压实度合格率为 100%；当 $K_l \geqslant K_0$ 时，按测试值不低于规定值减 1 个百分点的测点数计算合格率。

（2）当 $K_l < K_0$ 时，评定路段的压实度为不合格，相应分项工程评为不合格。

八、检测实例

【例 3-3】 某新建公路路基施工中，对其中的一段压实质量进行检查，压实度检测结果如表 3-22，压实度标准 $K_0 = 95\%$，请按保证率 95%计算该路段的代表性压实度并进行质量评定。

表 3-22　压实度检测结果

序号	1	2	3	4	5	6	7	8	9	10
压实度/%	96.4	95.4	93.5	97.3	96.3	95.8	95.9	96.7	95.3	95.6
序号	11	12	13	14	15	16	17	18	19	20
压实度/%	97.6	95.8	96.8	95.7	96.1	96.3	95.1	95.5	97.0	95.3

解：经计算：$\bar{K} = 96.0\%$，$S = 0.91$

查表附表二得：$t_a / \sqrt{n} = 0.387$

压实度代表值 K_l 为算术平均值的下置信界限，即：

$$K_l = \bar{K} - S \cdot \frac{t_a}{\sqrt{n}} = 96.0 - 0.387 \times 0.91 = 95.6 > K_0 = 95$$

又因为 $K_{\min} = 93.5 > K_0 - 5 = 90$，$K_{\min} = 93.5 > K_0 - 2 = 93$

所以压实度单点检验都符合要求，故该路段的压实质量评定为合格。

任务 3.3　路基路面几何尺寸检测

一、概　述

1. 检测项目与要求

在路基路面施工过程中、交工验收期间及既有道路调查中，都需要检测路基路面各部分的几何尺寸，以保证其符合规定的要求。路基路面结构层的几何尺寸检测项目的要求见表3-23。其他结构层检测项目的要求参见《评定标准》。

表 3-23　几何尺寸检测要求

结构名称	检查项目	规定值或允许偏差		检查方法和频率
		高速公路、一级公路	其他公路	
土方路基	纵断高程/mm	+10，－15	+10，－20	水准仪：中线位置每200 m测2点
	中线偏位/mm	50	100	全站仪：每200 m测2点，弯道加 *HY*、*YH* 两点
	宽度/mm	满足设计要求		尺量：每200 m测4个断面
	横坡/%	±0.3	±0.5	水准仪：每200 m测2个断面
	边坡	满足设计要求		尺量：每200 m测4点
填石路基	纵断高程/mm	+10，－20	+10，－30	水准仪：中线位置每200 m测2点
	中线偏位/mm	≤50	≤100	全站仪：每200 m测2点，弯道加HY、YH两点
	宽度/mm	满足设计要求		尺量：每200 m测4个断面
	横坡/%	±0.3	±0.5	水准仪：每200 m测2个断面
	边坡　坡度	满足设计要求		尺量：每200 m测4点
	边坡　平顺度	满足设计要求		
稳定土基层	纵断高程/mm	—	+5，－15	水准仪：每200 m测2点
	宽度/mm	满足设计要求		尺量：每200 m测4个断面
	横坡/%	—	±0.5	水准仪：每200 m测2个断面
稳定粒料基层	纵断高程/mm	+5，－10	+5，－15	水准仪：每200 m测2点
	宽度/mm	满足设计要求		尺量：每200 m测4个断面
	横坡/%	±0.3	±0.5	水准仪：每200 m测2个断面
稳定土底基层 稳定粒料底基层	纵断高程/mm	+5，－15	+5，－20	水准仪：每200 m测2点
	宽度/mm	满足设计要求		尺量：每200 m测4个断面
	横坡/%	±0.3	±0.5	水准仪：每200 m测2个断面

续表

结构名称	检查项目	规定值或允许偏差		检查方法和频率
		高速公路、一级公路	其他公路	
级配碎石基层	纵断高程/mm	+5，－10	+5，－15	水准仪：每 200 m 测 2 点
	宽度/mm	满足设计要求		尺量：每 200 m 测 4 个断面
	横坡/%	±0.3	±0.5	水准仪：每 200 m 测 2 个断面
填隙碎石（矿渣）	纵断高程/mm		+5，－15	水准仪：每 200 m 测 2 点
	宽度/mm	满足设计要求		尺量：每 200 m 测 4 个断面
	横坡/%	—	±0.5	水准仪：每 200 m 测 2 个断面
级配碎石底基层 填隙碎石（矿渣）底基层	纵断高程/mm	+5，－15	+5，－20	水准仪：每 200 m 测 2 点
	宽度/mm	满足设计要求		尺量：每 200 m 测 4 个断面
	横坡/%	±0.3	±0.5	水准仪：每 200 m 测 2 个断面
沥青混凝土面层和沥青碎（砾）石面层	纵断高程/mm	±15	±20	水准仪：每 200 m 测 2 个断面
	中线平面偏位/mm	20	30	全站仪：每 200 m 测 2 点
	宽度/mm 有侧石	±20	±30	尺量：每 200 m 测 4 个断面
	宽度/mm 无侧石	不小于设计值		
	横坡/%	±0.3	±0.5	水准仪：每 200 m 测 2 个断面
水泥混凝土面层	纵断高程/mm	±10	±15	水准仪：每 200 m 测 2 个断面
	中线平面偏位/mm	20		全站仪：每 200 m 测 2 点
	宽度/mm	±20		尺量：每 200 m 测 4 个断面
	横坡/%	±0.15	±0.25	水准仪：每 200 m 测 2 个断面
	相邻板高差/mm	≤2	≤3	尺量：胀缝每条测 2 点；纵、横缝每 200 m 抽查 2 条、每条测 2 点
	纵、横缝顺直度/mm	≤10		纵缝 20 m 拉线尺量：每 200 m 测 4 处；横缝沿板宽拉线尺量：每 200 m 测 4 条

2. 目的与适用范围

本方法适用于测试路基路面各部分的宽度、纵断面高程、横坡、中线偏位、边坡坡度、水泥混凝土路面相邻高差和纵、横缝顺直度，以评价道路线形和几何尺寸，以供道路施工过程、路面交竣工验收及既有道路调查使用。

3. 仪具与材料

（1）钢卷尺、钢直尺：分度值不大于 1 mm。

（2）塞尺：分度值不大于 0.5 mm。

（3）经纬仪、水准仪或全站仪。

经纬仪：精度 DJ_2；水准仪：精度 DS_3；全站仪：测量精度 2″，测距精度[2 mm+2×10^{-6}S（S 为测距）]。

（4）水平尺：金属材料制成，基准面应平直，长度不小于 600 mm 且不大于 2000 mm。

（5）坡度测量仪：分度值 1°。

（6）尼龙线：直径不大于 0.5 mm。

4. 准备工作

（1）确认路基或路面上已恢复的桩号。

（2）根据相关规范的要求，在一个测试路段内选取测试的断面（接缝）位置并作上标记。宜将路基路面宽度、横坡、高程及中线偏位选在同一断面位置，且宜在整米桩号上测试。

（3）根据道路设计的要求，确定路基路面横断面各部分的边界位置并作好标记。

（4）根据道路设计的要求，确定设计高程的纵断面位置并作好标记。

（5）根据道路设计的要求，在与中线垂直的横断面上确定成型后的路面的实际中线位置并作好标记。

（6）当采用全站仪测量边坡坡度时，根据道路设计的要求，确定路基边坡的坡顶、坡脚位置并作好标记。

二、路基路面各部分宽度及总宽度测试

用钢卷尺沿中心线垂直方向上水平量取路基路面各部分的宽度，以 m 计，准确至 0.001 m。测量时钢卷尺应保持水平，不得将尺紧贴路基路面量取，也不得使用皮尺。

按（3-23）计算各个断面的实测宽度 B_{1i} 与设计宽度 B_{0i} 之差 ΔB_i。总宽度为路基路面各部分宽度之和。

$$\Delta B_i = B_{1i} - B_{0i} \tag{3-23}$$

式中：B_{1i}——第 i 个断面的实测宽度（m）；

B_{0i}——第 i 个断面的设计宽度（m）；

ΔB_i——第 i 个断面的宽度偏差（m）。

三、纵断面高程测试步骤

（1）将水准仪架设在路面平顺处调平，将水准尺竖立在设计高程的纵断面位置上，以路线附近的水准点高程为基准。测量高程并记录读数，以 m 表示，准确至 0.001 m。

（2）连续测试全部测点，并与水准点闭合。闭合差应达到三等水准测量要求。

按式（3-24）计算各个断面的实测高程 H_{1i} 与设计高程 H_{0i} 之差为：

$$\Delta H_i = H_{1i} - H_{0i} \tag{3-24}$$

式中：H_{1i}——第 i 个断面的纵断面实测高程（m）；

H_{0i}——第 i 个断面的纵断面设计高程（m）；

ΔH_i——第 i 个断面的纵断面高程偏差（m）。

四、路基路面横坡测试步骤

对于无中央分隔带的公路路面横坡是指路拱两侧直线部分的坡度；对于有中央分隔带的公路路面横坡是指路面与中央分隔带交界处及路面边缘与路肩交界处两点的高程差与水平距离的比值，以%表示。其测试方法如下：

（1）设有中央分隔带的路面：将水准仪（全站仪）架设在路基路面平顺处调平，将水准尺分别竖立在路面与中央分隔带分界的路缘带边缘 d_1 处（或路基路面顶面相应位置）及路面与路肩交界位置或外侧路缘石边缘 d_2 处（或路基路面顶面相应位置），d_1 和 d_2 两测点应在同一横断面上，测量 d_1 和 d_2 处的高程并记录读数，以 m 计，准确至 0.001 m。

（2）无中央分隔带的路面：将水准仪（全站仪）架设在路基路面平顺处调平，将水准尺分别竖立在道路中心 d_1 处（或路基顶面相应位置）及路面与路肩交界位置或外侧路缘石边缘 d_2 处（或路基顶面相应位置），d_1 和 d_2 两测点应在同一横断面上，测量 d_1 和 d_2 处的高程，记录高程读数，以 m 计，准确至 0.001 m。

（3）用钢卷尺测量两测点的水平距离，以 m 表示，准确至 0.005 m。

各测点断面的横坡度按式（3-25）计算，结果准确至 0.01%。按式（3-26）计算实测横坡 i_{1i} 与设计横坡 i_{0i} 之差。

$$i_{1i} = \frac{d_{1i} - d_{2i}}{B_{1i}} \times 100 \tag{3-25}$$

$$\Delta i_i = i_{1i} - i_{0i} \tag{3-26}$$

式中：i_{1i}—— 第 i 个测试断面的横坡（%）。

d_{1i} 及 d_{2i} ——第 i 个断面测点 d_1 及 d_2 处的高程读数（m）；

B_{1i}——第 i 个断面测点 d_1 及 d_2 之间的水平距离（m）；

i_{0i}——第 i 个断面的设计横坡（%）；

Δi_i——第 i 个测试断面的横坡偏差（%）。

五、中线偏位测试

（1）有中线坐标的道路：根据待测点 P 的施工桩号，在道路上标记 P 点，从设计资料查出该点的设计坐标，用经纬仪（全站仪）对该设计坐标进行放样，并在放样点 P' 作好标记，量取 PP' 的长度，即为中线平面偏位 Δ_{CL}，以 mm 表示，准确至 1 mm。

（2）无中线坐标的道路：根据待测点 P 的施工桩号，在道路上标记 P 点，由设计资料计算出该点的坐标，用经纬仪（全站仪）对该坐标进行放样，并在放样点 P' 作好标记，量取 PP' 的长度，即为中线平面偏位 Δ_{CL}，以 mm 表示，准确至 1 mm。

六、路基边坡坡度测试

（1）全站仪法。

将全站仪架设在路基路面平顺处调平，在同一横断面上选择坡顶 a、坡脚 b 两测点，分别测量其相对高程并记录读数 H_a、H_b，同时测量并记录两点间的水平距离 L，测量结果以 m 计，准确至 0.001 m。

（2）坡度测量仪法。

将坡度测量仪的测试面垂直于路中线放在待测边坡上，旋转刻度盘，将水平气泡调到水平位置，读取并记录刻度盘上的刻度值即为路基边坡坡度，保留两位小数。

七、相邻板高差测试

将水平尺垂直跨越接缝并水平放置于高出的一侧，用塞尺量测接缝处水平尺下基准面与位置较低板块的高差，以高差最大值为该接缝处的相邻板高差 H，以 mm 计，准确至 0.5 mm。

八、纵、横缝顺直度测试

（1）在待测试路段的直线段上，将尼龙线对齐 20 m 长的纵缝两端并拉直，用钢直尺量测纵缝与尼龙线的最大间距，以 mm 计，准确至 1 mm，即为该处纵缝顺直度。

（2）将尼龙线沿板宽对齐面板横缝两端并拉直，用钢直尺量测横缝与尼龙线的最大间距，以 mm 计，准确至 1 mm，即为该板的横缝顺直度。

九、检测路段数据处理

将几何尺寸检测结果汇总于表 3-24、表 3-25 中，然后计算一个评定路段各测试断面测试值的平均值、标准差、变异系数，但加宽及超高部分的测试值不参与计算。

（1）以评定路段为单位列出桩号、宽度、高程、横坡、中线偏位、相邻板高差以及纵横顺直度测试的记录表，记录平均值、标准差、变异系数。注明不符合规范要求的断面。

（2）纵断面高程测试报告中应报告实测高程与设计高程的差值，低于设计高程为负，高于设计高程为正。

（3）路基横坡测试报告中应报告实测横坡的差值。实测横坡小于设计横坡差值为负；实测横坡大于设计横坡为正。

表 3-24　路基路面几何尺寸（宽度）试验检测记录

检测单位名称：　　　　　　　　　　　　　　　　　　　　　　　　　　　　记录编号：

工程名称		任务编号	
工程部位/用途		样品编号	
样品信息			
试验检测日期		试验条件	
检测依据		判定依据	
主要仪器设备名称及编号			
结构层类型		允许偏差/mm	
桩号	设计宽度/m	实测宽度/m	与设计宽度差值/mm
宽度均值/m	标准差/m	变异系数/%	不合格断面数
附加声明：			

检测：　　　　　　　　记录：　　　　　　　　复核：　　　　　　　　日期：　　年　　月　　日

表 3-25　路基路面几何尺寸（纵断高程，中线偏位，横坡）试验检测记录

检测单位名称：　　　　　　　　　　　　　　　　　　　　　　　　　记录编号：

<table>
<tr><td>工程名称</td><td colspan="7"></td><td colspan="2">任务编号</td><td></td></tr>
<tr><td>工程部位/用途</td><td colspan="7"></td><td colspan="2">样品编号</td><td></td></tr>
<tr><td>样品信息</td><td colspan="10"></td></tr>
<tr><td>试验检测日期</td><td colspan="7"></td><td colspan="2">试验条件</td><td></td></tr>
<tr><td>检测依据</td><td colspan="7"></td><td colspan="2">判定依据</td><td></td></tr>
<tr><td>主要仪器设备名称及编号</td><td colspan="10"></td></tr>
<tr><td>结构层类型</td><td colspan="7"></td><td colspan="2">幅别</td><td></td></tr>
<tr><td rowspan="3">桩号</td><td colspan="3">高程</td><td colspan="6">横坡</td><td>中线平面偏位</td></tr>
<tr><td colspan="2">允许偏差/mm</td><td></td><td colspan="3">允许偏差/%</td><td colspan="3"></td><td>允许偏差</td></tr>
<tr><td>设计高程/m</td><td>实测高程/m</td><td>偏差/m</td><td>设计横坡/%</td><td>d_1/m</td><td>d_2/m</td><td>b_1/m</td><td>实测横坡/%</td><td>偏差值/%</td><td></td></tr>
<tr><td></td><td></td><td></td><td></td><td></td><td></td><td></td><td></td><td></td><td></td><td></td></tr>
<tr><td></td><td></td><td></td><td></td><td></td><td></td><td></td><td></td><td></td><td></td><td></td></tr>
<tr><td></td><td></td><td></td><td></td><td></td><td></td><td></td><td></td><td></td><td></td><td></td></tr>
<tr><td></td><td></td><td></td><td></td><td></td><td></td><td></td><td></td><td></td><td></td><td></td></tr>
<tr><td></td><td></td><td></td><td></td><td></td><td></td><td></td><td></td><td></td><td></td><td></td></tr>
<tr><td></td><td></td><td></td><td></td><td></td><td></td><td></td><td></td><td></td><td></td><td></td></tr>
<tr><td></td><td></td><td></td><td></td><td></td><td></td><td></td><td></td><td></td><td></td><td></td></tr>
<tr><td></td><td></td><td></td><td></td><td></td><td></td><td></td><td></td><td></td><td></td><td></td></tr>
<tr><td></td><td></td><td></td><td></td><td></td><td></td><td></td><td></td><td></td><td></td><td></td></tr>
<tr><td></td><td></td><td></td><td></td><td></td><td></td><td></td><td></td><td></td><td></td><td></td></tr>
<tr><td></td><td></td><td></td><td></td><td></td><td></td><td></td><td></td><td></td><td></td><td></td></tr>
<tr><td></td><td></td><td></td><td></td><td></td><td></td><td></td><td></td><td></td><td></td><td></td></tr>
<tr><td></td><td></td><td></td><td></td><td></td><td></td><td></td><td></td><td></td><td></td><td></td></tr>
<tr><td></td><td></td><td></td><td></td><td></td><td></td><td></td><td></td><td></td><td></td><td></td></tr>
<tr><td></td><td></td><td></td><td></td><td></td><td></td><td></td><td></td><td></td><td></td><td></td></tr>
<tr><td></td><td></td><td></td><td></td><td></td><td></td><td></td><td></td><td></td><td></td><td></td></tr>
<tr><td rowspan="3">结果</td><td colspan="2">总点数</td><td></td><td colspan="3">总点数</td><td colspan="2"></td><td>平均值</td><td></td></tr>
<tr><td colspan="2">合格点数</td><td></td><td colspan="3">合格点数</td><td colspan="2"></td><td>标准差</td><td></td></tr>
<tr><td colspan="2">合格率/%</td><td></td><td colspan="3">合格率/%</td><td colspan="2"></td><td>变异系数</td><td></td></tr>
<tr><td colspan="11">附加声明：</td></tr>
</table>

检测：　　　　　　　　记录：　　　　　　　　复核：　　　　　　　　日期：　　年　　月　　日

任务 3.4　路基路面承载力检测

一、概　述

路基路面承载力直接影响着公路工程的使用性能。表征路基路面承载力常见指标有回弹弯沉值、回弹模量及加州承载比（CBR）等。

二、路基路面回弹弯沉检测

国内外普遍采用回弹弯沉值来表示路基路面的承载能力，回弹弯沉值越大，承载能力越小，反之则越大。

弯沉是指在规定的标准轴载作用下，路基或路面表面轮隙中心处产生的总垂直变形（总弯沉），或垂直回弹变形值（回弹弯沉），以 0.01 mm 为单位。通常所说的回弹弯沉是指后轴载轮隙中心处的最大回弹弯沉值。

设计弯沉是指根据设计年限内一个车道上预测通过的累计当量轴次、公路等级、面层和基层类型而确定的路面弯沉设计值。

竣工验收弯沉值是指根据路面结构，保持路面结构参数与路面结构验算时相同，按照一定的公式计算得到的，是检验路面是否达到设计要求的指标之一。

弯沉值的测试方法较多，目前用得最多的是贝克曼梁法，在我国已有成熟的经验。但由于受测试速度等因素的限制，各国都对快速、连续或动态测试进行了研究，现在我国逐渐引进的有法国洛克鲁瓦式自动弯沉仪，丹麦等国家发明并几经改进形成的落锤式弯沉仪，美国的振动弯沉仪等。现将常用的几种方法各自的特点作简单的比较，见表 3-26。

表 3-26　几种弯沉测试方式比较

方　法	特　点
贝克曼梁法	传统方法，速度慢，静态测试回弹弯沉，比较成熟，目前属于标准方法
自动弯沉仪	利用贝克曼梁原理快速连续，属于静态测试范畴，但测试的是总弯沉，因此使用时应用贝克曼梁进行标定换算
落锤式弯沉仪	利用重锤自由落下的瞬间产生的冲击荷载测试弯沉，属于动态弯沉，并能反算路面的回弹模量，快速连续，使用时应用贝克曼梁法进行标定换算
激光式高速路面弯沉测定仪	高速行驶过程中精确、高效测试路面的弯沉，属于动态总弯沉

弯沉值每一双车道评定路段（不超过 1 km）测量检查点数，用落锤式弯沉仪（FWD）检测时为 40 个点，采用自动弯沉仪或贝克曼梁检测时为 80 个点，多车道公路应按车道数与双车道之比，相应增加测点。

（一）贝克曼梁测试路基路面回弹弯沉

该方法用于测试各类路基及沥青路面的回弹弯沉，以便评价其整体承载能力，不适用于路基冻结后的回弹弯沉检测。沥青路面的弯沉检测以沥青面层平均温度 20 °C 时为准，当路面平均温度在 20 ± 2 °C 以内可不修正，在其他温度测试时，对沥青层厚度大于 5 cm 的沥青路面，弯沉值应予温度修正。

1. 检测器具与材料

（1）加载车：双轴、后轴双侧 4 轮的载重车，其标准轴荷载、轮胎尺寸、轮胎间隙及轮胎气压等主要参数应符合表 3-27 的要求。测试车采用后轴 100 kN 的 BZZ-100 的汽车。

表 3-27　加载车的参数要求

标准轴载等级	BZZ-100
后轴标准轴载 P/kN	100 ± 1
单侧双轮荷载/kN	50 ± 0.5
轮胎充气压力/MPa	0.70 ± 0.05
单轮传压面当量圆面积/mm^2	（3.56 ± 0.20）× 10^4
轮隙宽度	应能满足自由插入弯沉仪测头的测试要求

（2）贝克曼梁：由合金铝制成，上有水准泡，其前臂（接触路面）与后臂（装百分表）长度比 2∶1，其结构如图 3-12 所示。贝克曼梁按长度分为 5.4 m（3.6 m + 1.8 m）梁和 3.6 m（2.4 m + 1.2 m）梁两种。长度为 5.4 m 的贝克曼梁适用于各种类型的路面结构回弹弯沉的测试；长度为 3.6 m 的贝克曼梁适用于柔性基层沥青路面回弹弯沉的测试。

（3）百分表及表架。

（4）路表温度计：分辨力不大于 1 °C。

（5）其他：钢直尺等。

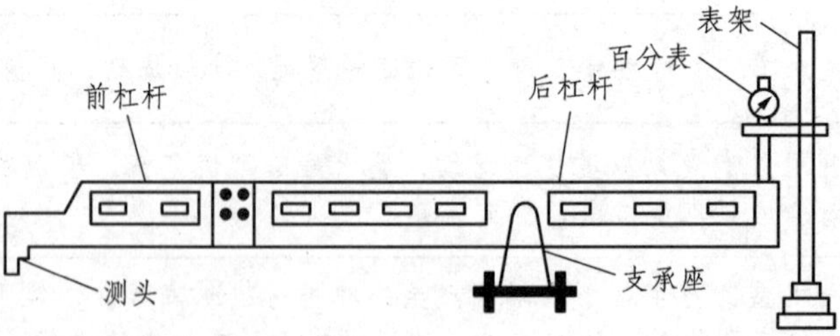

图 3-12　贝克曼梁结构

2. 检测方法

（1）准备工作

① 检查并保持测试用加载车的车况及制动性能良好，轮胎气压符合表 3-26 的要求。

② 向加载车配重，并用地中衡称量后轴总质量及单侧双轮荷载等，均应符合表 3-26 的

要求，加载车行驶及测试过程中，轴重不应变化。

③ 若启用新的加载车或加载车轮胎发生较大磨损时应测试轮胎传压面面积。轮胎传压面面积测试如下：在确保加载车双侧轮载及其轮胎气压满足表 3-22 的要求，在平整光滑的硬质路面上用千斤顶将加载车后轴顶起，在轮胎下方铺一张新的复写纸和一张方格纸，轻轻落下千斤顶，即在方格纸上印上轮胎印痕，用求积仪或数方格的方法测算单个轮胎印迹范围内的面积，均应符合表 3-27 中单轮传压面当量圆面积的要求。

④ 当在沥青路面上测试时，通过气象台了解前 5 d 的平均气温（日最高气温与最低气温的平均值）。

⑤ 记录沥青路面结构层材料类型、设计厚度等情况。

（2）测试步骤

① 将加载车停放在测试路段的测试位置，后轮一般应置于道路行车轮迹带上。将贝克曼梁插入加载车后轮轮隙处，与加载车行车方向一致，梁臂不得接触轮胎。贝克曼梁测头置于轮隙中心前方 30 ~ 50 mm 处测点上。用路表温度计测量并记录测点附近的路表温度。

② 将百分表安装在表架上，并将百分表的测头安放在贝克曼梁的测试杆顶面。轻轻叩击贝克曼梁，确保百分表正常归位。

弯沉仪可以是单侧测试，也可以是双侧同时测试。

③ 指挥加载车缓缓前进，速度一般为 5 km/h 左右，百分表示值随路面变形持续增加。当示值最大时，迅速读取初读数 L_1。加载车仍继续前进，示值开始反向变化，待加载车驶出弯沉影响范围（约 3 m 以上），百分表示值稳定后，读取终读数 L_2。

④ 指挥加载车沿轮迹带前行，驶向下一测试位置，重复② ~ ③的步骤，完成测试路段的回弹弯沉测试。

3. 弯沉仪支点变形修正

当采用 5.4 m 的贝克曼梁测试弯沉时，一般可不进行支点变形修正。当有可能引起贝克曼梁支座处变形，在测试时应检验支点有无变形。如果有变形时，此时应用另一台测试用贝克曼梁安装在测试用贝克曼梁的后方，其测点架于测试用贝克曼梁的支座旁。当加载车开出时，同时测试两台贝克曼梁的弯沉读数，如检验贝克曼梁百分表有读数，即应该记录并进行支点变形修正。当在同一结构层上测试时，可在不同位置测试 5 次，求取平均值，以后每次测试时以此作为修正值。支点变形修正的原理如图 3-13 所示。

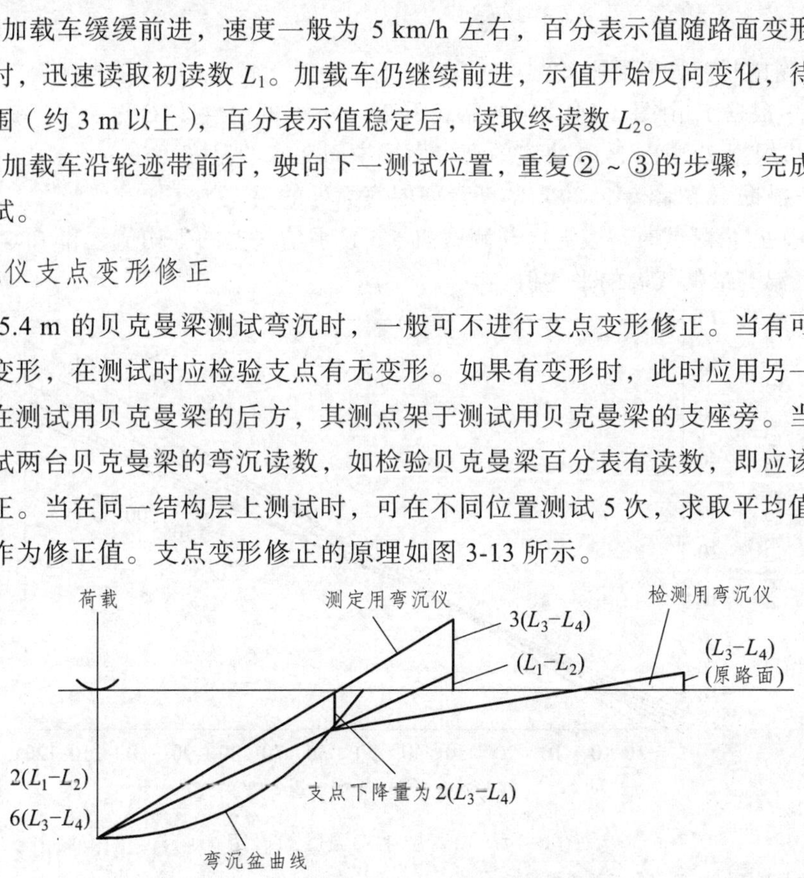

图 3-13　贝克曼梁支点变形修正原理

4. 结果计算及温度修正

（1）路面测点的回弹弯沉值按（3-27）计算：

$$l_T = (L_1 - L_2) \times 2 \tag{3-27}$$

式中：l_T —— 在路面温度 T 时的回弹弯沉值（0.01 mm）；

L_1 —— 车轮中心临近贝克曼梁测头时百分表的最大读数（0.01 mm）；

L_2 —— 加载车驶出弯沉影响半径后待百分表稳定后的终读数（0.01 mm）。

（2）当需进行贝克曼梁支点变形修正时，路面测点的回弹弯沉值按式（3-28）计算：

$$l_T = (L_1 - L_2) \times 2 + (L_3 - L_4) \times 6 \tag{3-28}$$

式中：L_3 —— 加载车中心临近贝克曼梁测头时检验用贝克曼梁的最大读数（0.01 mm）；

L_4 —— 加载车驶出弯沉影响半径后检验用贝克曼梁的终读数（0.01 mm）。

注：此式适用于测试用弯贝克曼梁支座处有变形，但百分表架处路面已无变形的情况。

（3）当沥青面层厚度大于 50 mm 时，回弹弯沉值应根据沥青面层平均温度进行温度修正。温度修正及回弹弯沉的计算宜按下列步骤进行：

① 测试时的沥青层平均温度按式（3-29）计算：

$$T = (T_{25} + T_m + T_e)/3 \tag{3-29}$$

式中：T —— 测试时沥青面层平均温度（°C）；

T_{25} —— 根据 T_0 由图 3-14 决定的路表下 25 mm 处的温度（°C）；

T_m —— 根据 T_0 由图 3-14 决定的沥青面层中间深度的温度（°C）；

T_e —— 根据 T_0 由图 3-14 决定的沥青面层底面处的温度（°C）。

图 3-13 中 T_0 为测试时路表温度与测试前 5 d 日平均气温的平均值之和（°C），日平均气温为日最高气温与最低气温的平均值。

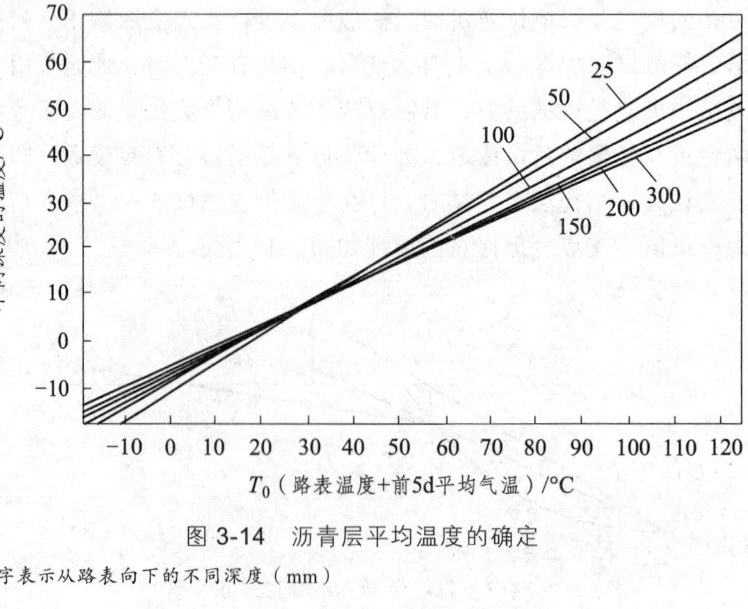

图 3-14　沥青层平均温度的确定

注：线上的数字表示从路表向下的不同深度（mm）

② 当沥青面层平均温度为（20 ± 2）°C 时，温度修正系数 K=1。当沥青面层平均温度为其他温度时，根据沥青层平均温度 T 及沥青层厚度，分别由图 3-15 和图 3-16 求取不同基层的沥青路面弯沉值的温度修正系数 K。

③ 按式（3-30）计算修正后的沥青路面回弹弯沉值：

$$l_{20} = l_T \times K \tag{3-30}$$

式中：K—— 温度修正系数；

l_{20} ——修正后的沥青路面回弹弯沉值（0.01 mm）。

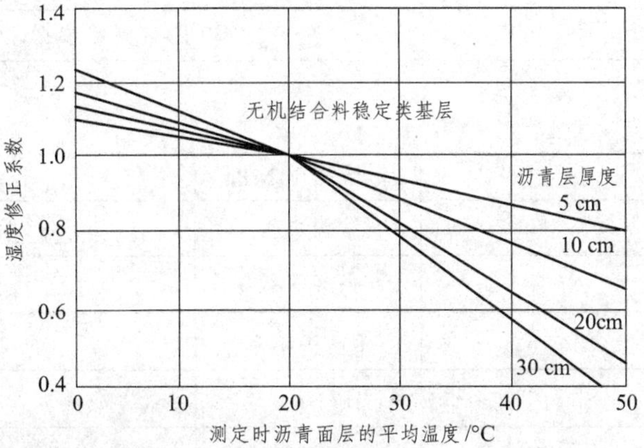

图 3-15　路面弯沉温度修正系数曲线（适用于无机结合料稳定的半刚性基层）

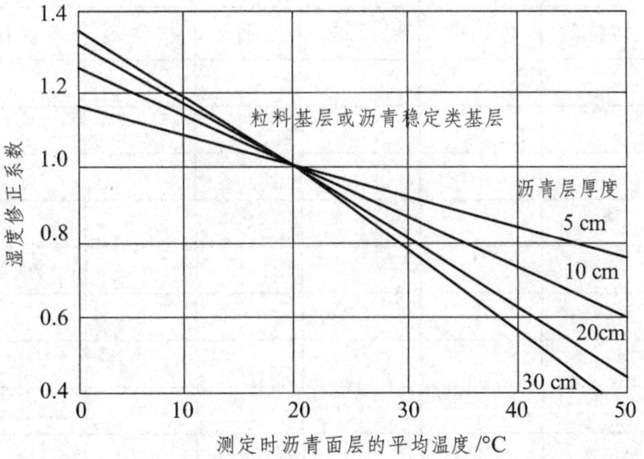

图 3-16　路面弯沉温度修正系数曲线（适用于粒料基层及沥青稳定基层）

（4）按相关方法计算一个路段的回弹弯沉平均值、标准差及代表值。

5. 检测报告

报告应包括以下技术内容：

（1）测点路段信息（桩号、路面结构层材料类型及设计厚度等）。

（2）沥青面层平均温度、温度修正系数、回弹弯沉值。

（3）测试路段的回弹弯沉平均值、标准差及代表值。

试验记录见表 3-28 所示。

表 3-28　路基路面弯沉试验检测记录（贝克曼梁法）

检测单位名称：　　　　　　　　　　　　　　　　　　　　　　　　　　　　记录编号：

工程名称					任务编号				
工程部位/用途					样品编号				
样品信息									
试验检测日期					试验条件				
检测依据					判定依据				
主要仪器设备名称及编号									
测试车类型			轮胎气压/MPa				后轴重/kN		
前 5 天平均气温/°C			结构类型				厚度/mm		
弯沉仪类型			公路等级				季节		
设计弯沉值（0.01 mm）			保证率系数				剔除系数		
季节影响系数		路面温度/°C			支点变形修正初读数：			终读数：	
桩号	路表温度/°C	左车轮读数（0.01 mm）		左车轮弯沉（0.01 mm）		右车轮读数（0.01 mm）		右车轮弯沉（0.01 mm）	
		初读数	终读数	修正前	修正后	初读数	终读数	修正前	修正后
弯沉平均值（0.01 mm）		标准差（0.01 mm）		变异系数/%			弯沉代表值（0.01 mm）		
附加声明：									

检测：　　　　　　记录：　　　　　　复核：　　　　　　日期：　　年　　月　　日

（二）自动弯沉仪测试路面弯沉试验方法

本方法适用于各类 Lacroix 型自动弯沉仪在新建、改建路面工程的质量验收中，在无严重坑槽、车辙等病害的正常通车条件下连续采集沥青路面弯沉数据。数据采集、传输、记录和处理分别由专用软件自动控制进行。

1. 检测器具与材料

（1）Lacroix 型自动弯沉仪：由承载车、测量机架及控制系统、位移、温度和距离传感器、数据采集与处理系统等基本部分组成，如图 3-17 所示。

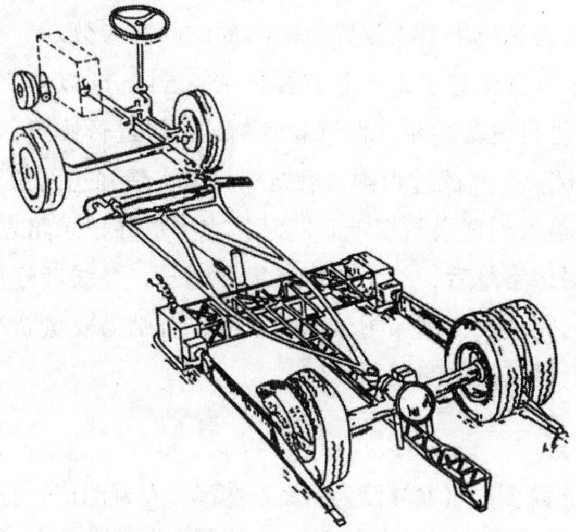

图 3-17　自动弯沉仪的测量机架示意

（2）设备承载车技术要求和参数。

自动弯沉仪的承载车辆应为单后轴、单侧双轮组的载重车，其轴载、轮胎气压等参数应符合表 3-27 的要求。

（3）测试系统基本技术要求和参数：

① 位移传感器分辨率：≤0.01 mm。

② 位移传感器量程：≥3 mm。

③ 距离传感器的示值误差：≤1%。

2. 试验步骤

（1）准备工作。

① 检查并保持承载车的车况及制动性能良好，轮胎气压应符合表 3-27 的要求。

②如果承载车因改装等原因改变了后轴载，应按照表 3-27 的规定检查设备承载车轮载，确保满足表 3-27 的要求。

③ 检查测量机架的易损部件情况，及时更换损坏部件。

④ 打开设备电源进行检查，控制面板功能键、指示灯、显示器等应正常。

⑤ 每次测试之前应进行位移传感器的标定，记录标定数据并存档。

⑥ 开动承载车试测 2 ~ 3 个步距，确保测量系统正常运行。

⑦ 当在沥青路面上测试时，通过气象台了解前 5 d 的平均气温（日最高气温与最低气温的平均值）。

⑧ 记录沥青路面结构层材料类型、设计厚度、横坡等情况。

（2）测试步骤

① 通电预热测试系统。

② 开启工程警灯和导向标等警告标志，在测试路段前 20 m 处将测量架放落在路面上。

③ 按照测试路段的现场技术要求设置所需的测试状态参数。

④ 缓慢加速承载车到测试速度，一般应控制在 3.5 km/h 以内。当实际采用的现场测试速度超出此范围时，应进行设备的相关性试验对测试结果进行修正。承载车沿正常行车轨迹驶入测试路段，开始测试。在测试过程中，根据承载车实际到达的位置，将测试路段起终点、桥涵等特征位置的桩号输入到记录数据中。同时，应测量并记录路表温度。

⑤ 当承载车驶出测试路段后，停止数据采集和记录，并缓慢停止承载车，提起测量架。

⑥ 检查数据文件的完整性，确保测试内容正常，否则需要重新测试。

⑦ 关闭测试系统电源，结束测试。

3. 计　算

（1）自动弯沉仪采集路面弯沉盆峰值为路面总弯沉。左臂测值、右臂测值按单独弯沉处理。

（2）按照本任务（一）的规定，对弯沉值进行温度修正。

（3）弯沉值的横坡修正。

当路面横坡不超过 4%时，不进行横坡修正；当横坡超过 4%时，横坡修正参照表 3-29 的规定进行。

表 3-29　弯沉值横坡修正

横坡范围	高位修正系数	低位修正系数
> 4%	$\frac{1}{1-i}$	$\frac{1}{1+i}$

注：i 是路面横坡（%）。

（4）当测试速度大于 3.5km/h 时，应根据本方法第 4 条进行相关性试验，并对弯沉值予以换算。

（5）按照相关方法，计算一个测试路段的弯沉平均值、标准差及代表值。

4. 自动弯沉仪与贝克曼梁弯沉测值相关性试验

（1）试验条件

① 按弯沉值不同水平范围选择不少于 4 段路面结构相似的测试路段，长度一般为 300 ~ 500 m。标记好起终点位置。

② 测试路段的路面应清洁干燥，附近不应有重型交通和振动。

③试验宜选择晴天无风的天气条件，测试温度宜在 10 ~ 35 °C，且应选择温度变化不大的时段进行。

（2）试验步骤

① 按照上述测试步骤，令自动弯沉仪按照正常测试车速测试选定路段，每隔三个测试步距或约 20 m 标记测点位置。

②自动弯沉仪测试完毕后，等待 30 min；然后，在每一个标记位置用贝克曼梁按照贝克曼梁测试路基路面回弹弯沉试验方法测试各点回弹弯沉值。

（3）试验数据处理

按照贝克曼梁弯沉测点对应的桩号，从自动弯沉仪的记录数据中提取各测点的弯沉值，并与贝克曼梁测值一一对应，用数理统计的回归分析方法得到贝克曼梁测值和自动弯沉仪测值之间的相关性关系方程，相关系数 R 应不小于 0.95。

5. 报　告

报告应包括以下技术内容：

（1）测试路段信息（桩号、路面结构层材料类型及设计厚度、横坡等）。

（2）沥青面层平均温度、温度修正系数、横坡修正系数、弯沉。

（3）若进行相关性试验，还应报告相关性关系式及相关系数。

（三）落锤式弯沉仪测定弯沉试验方法

本方法适用于测试在落锤式弯沉仪（FWD）标准质量的重锤落下一定高度发生的冲击荷载作用下，路基或路面表面所产生的瞬时变形，即测试在动态荷载作用下产生的动态弯沉及弯沉盆，并可由此反算路基路面各层材料的动态弹性模量，作为设计参数使用。

1. 检测器具与材料

落锤式弯沉仪：简称 FWD，由荷载发生装置、弯沉检测装置、控制系统与牵引车等组成。

（1）荷载发生装置：重锤的质量及落高根据使用目的与道路等级选择，荷载由传感器测试。如无特殊需要，重锤的质量为（200 ± 10）kg，可采用产生（50 ± 2.5）kN 的冲击荷载。承载板呈十字对称分开成 4 部分且底部固定有橡胶片的承载板。承载板的直径一般为 300 mm，也可为 450 mm。

（2）弯沉检测装置：由一个或多个位移传感器组成，位移分辨力不大于 0.001 mm，如图 3-18 所示。承载板中心应设有一个位移传感器，其他位移传感器与中心处传感器呈线性布置，一般分布在距离承载板中心 2 500 mm 的范围内。用于反算路面结构层模量时，位移传感器总数不少于 7 个，且应包括 0 mm、300 mm、600 mm、900 mm 四个位置。

（3）控制系统：在冲击荷载作用的期间内，测量并记录冲击荷载及各个位移传感器所在位置的动态变形。

（4）牵引车：牵引 FWD 并安装控制装置的车辆。

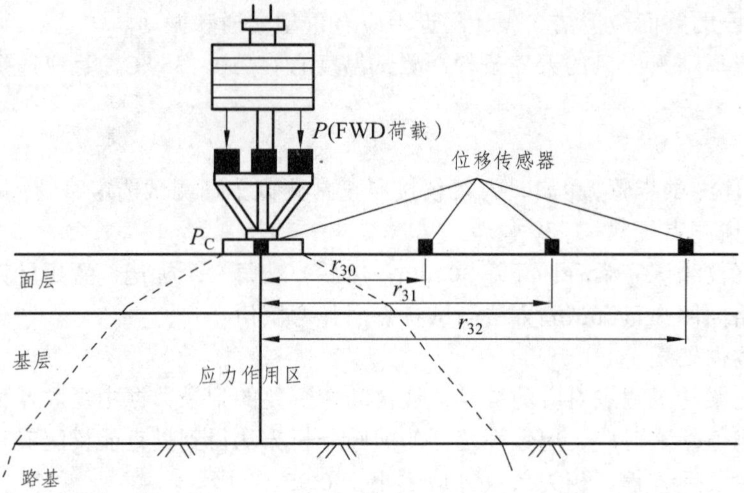

图 3-18　落锤式弯沉仪传感器布置及应力作用状态示意

2. 检测步骤

（1）准备工作

① 调整重锤的质量及落高，使重锤的质量及产生的冲击荷载符合本任务第 1 条的要求。

② 检查 FWD 的车况及使用性能，确保功能正常。

③ 将 FWD 牵引至测试地点，牵引 FWD 行驶的速度不宜超过 50 km/h。

④ 开启 FWD，对位移传感器进行标定。

（2）测试步骤

① 将 FWD 牵引至测试路段起始位置，输入测试位置信息，设定好状态参数。

② 将承载板中心位置对准测点，测点一般应布置在车道轮迹带处。落下承载板，放下弯沉检测装置的各传感器。

③ 启动荷载发生装置，落锤瞬间自由落下，冲击力作用于承载板上，又立即自动提升至原来位置固定。同时，记录荷载数据，各个位移传感器测量并记录路表变形数据，变形峰值即为弯沉值。每个测点重复测试应不少于 3 次。

④ 提起传感器及承载板，牵引车向前移动至下一个测点，重复上述步骤完成测试路段的测试。

3. 计　算

（1）舍去承载板中心位移传感器的首次测值，计算其后几次测值的平均值作为该点的弯沉值。

（2）按照《公路沥青路面设计规范》（JTG D50—2017）的规定，对弯沉值进行温度修正。

（3）按照《公路路基路面现场测试规程》（JTG 3450—2019）附录 B 的方法，计算一个测试路段的弯沉平均值、标准差及代表值。

4. 报　告

报告应包括下列技术内容

（1）测试路段信息（桩号、路面结构层材料类型及设计厚度等）。

（2）路表弯沉温度影响系数、弯沉。

（3）测试路段的弯沉平均值、标准差及代表值。

（4）如有需要可报告弯沉盆数据。

（四）激光式高速路面弯沉测定仪测试路面弯沉方法

激光式高速路面弯沉测定仪测试路面弯沉方法适用于应用多普勒测速原理的激光式高速路面湾沉测定仪测试路面弯沉，以评价路基路面承载能力。

1.检测仪具与材料

激光式高速路面弯沉测定仪由承载车、检测控制系统、多普勒激光传感器、距离测量系统、温度控制系统等基本部分组成，如图 3-19 所示。

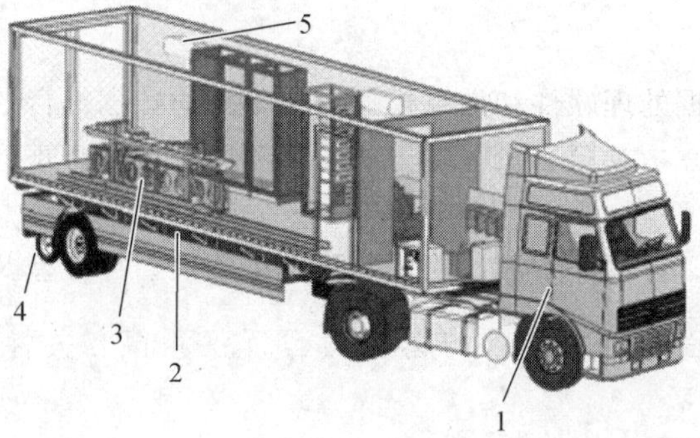

1—承载车；2—检测控制系统；3—多普勒激光传感器；4—距离测量系统；5—温度控制系统

图 3-19 激光式高速路面弯沉测定仪结构示意

基本技术参数的要求：

（1）测试速度的范围：（30 ~ 90）km/h。

（2）激光传感器分辨率：0.01 mm/s。

（3）测试激光器数量：不少于 4 个。

（4）距离标定误差：≤0.1%。

（5）承载车应不少于两轴，中后轴双侧四轮的载重车，其技术参数后轴标准轴载、单侧双轮荷载、轮胎气压应符合表 3-27 的要求。

2.检测步骤

（1）准备工作

① 检查承载车后轴标准轴载、单侧双轮荷载、轮胎气压等参数，应符合表 3-27 的要求。

② 检查承载车和传感器的性能。

③ 开启并检查设备的全部系统，计算机、软件采集与计算、警示灯均应正常。

④ 开动激光式高速路面弯沉测定仪，进行试测，确保系统正常运行，

⑤ 当在沥青路面上测试时，通过气象台了解前 5 d 的平均气温（日最高气温与最低气温的平均值）。

⑥ 记录沥青路面结构层类型、设计厚度等情况。

（2）测试步骤

① 通电预热，保证设备舱内达到要求的温度，并开启警示灯及导向灯等警告标志。

② 放下距离测试轮，按照测试路段的现场技术要求设置所需的测试状态。

③ 加速承载车到正常车速，沿正常行车轨迹驶入测试路段，保持正常行驶。

④ 在承载车到达测试路段起点前开始测量，确保至少有 200 m 的有效路段，并在承载车到达测试路段起点时进行标记。在测试路段中如遇桥面、路面条件差或偏离当前测试路段等特殊位置，应做相应的标记来记录桩号等信息。

⑤ 当承载车到达试路段终点时，应做终点标记，在车辆驶离终点至少 200 m 后停止数据采集，并将系统各部分恢复至准备状态。

⑥ 检查测试数据，文件应完整，数据结果应正常，否则需要重新测试。

⑦ 关闭测试系统电源，结束测试。

3. 计　算

（1）通过专用的数据处理软件和计算模型对采集到的数据进行处理。

（2）按本任务第（一）及第（二）的方法进行温度、坡度修正，根据实际需要，得到要求段长的路面弯沉值。

（3）按照相关方法，计算一个测试路段的弯沉平均值、标准差及代表值。

4. 激光式高速路面弯沉测定仪与落锤式弯沉仪测值相关性试验

（1）试验条件

① 按弯沉值不同水平范围选择不少于4段路面结构相似的测试路段，长度不少于500 m，标记好起终点位置。

② 测试路段应平直、无严重破损、无积水、无污染、无交叉口。

③ 测试路段的路面应清洁干燥，附近不应有重型交通和震动。

④ 试验宜选择晴天无风的天气条件，测试温度宜在 10 ~ 35 °C，且应选择温度变化不大的时段进行。

（2）试验步骤

① 落锤式弯沉仪按照本任务第（三）的方法以正常车速对测试路段进行弯沉测试，每隔约 10 m 标记测点位置。

② 落锤式弯沉仪测试完毕后，等待 10 min。然后用激光式高速路面弯沉测定夜测试各点弯沉值。

（3）数据处理

按照落锤式弯沉仪测点对应的桩号，从激光式高速路面弯沉测定仪记录数据中提取各测点的弯沉值，并与落锤式弯沉仪测值一一对应，按照《路基路面现场测试规程》（JTG 3450—2017）附录 C 的规定得到落锤式弯沉仪测值和激光式高速路面弯沉测定仪测值之间的相关性关系式，相关系数 R 应不小于 0.90。

5. 报　告

报告应包括下列技术内容：

（1）测试路段信息（桩号、路面结构层材料类型及设计厚度等）。

（2）沥青面层平均温度、温度修正系数、横坡修正系数、弯沉。
（3）若进行相关性试验，还应报告相关性关系式及相关系数

（五）弯沉的评定

（1）路基、沥青路面弯沉代表值为弯沉测量值的上波动界限，用式（3-31）计算：

$$l_{\mathrm{r}}=(\overline{l}+\beta\cdot S)K_1K_3 \tag{3-31}$$

式中：l_{r}——弯沉代表值（0.01 mm）；

$\overline{l}$——实测弯沉的平均值（0.01 mm）；

S——标准差；

β——目标可靠指标，见表 3-30；

K_1——湿度影响系数。路基顶面弯沉测试时据当地经验确定，路表弯沉测试时，根据实测弯沉值通过反算得到路基模量值，修正后得到结构模量值，然后得出测试状态下的弯沉湿度修正系数，或根据当地经验确定；

K_3——温度影响系数。路基顶面弯沉测试时取 1，路表弯沉测试时根据式（3-32）确定；

$$K_3=e^{[9\times10^{-6}(\mathrm{In}E_0-1)H_a+4\times10^{-3}](20-T)} \tag{3-32}$$

T——弯沉测试时沥青结合料类材料层中点实测或预估温度（°C）；

H_a——沥青结合料类材料层厚度（mm）；

E_0——平衡湿度状态下路基顶面回弹模量（MPa）。

表 3-30　目标可靠指标值 β 值

公路等级	高速公路	一级公路	二级公路	三级公路	四级公路
目标可靠度/%	95	90	85	80	70
目标可靠指标 β	1.65	1.28	1.04	0.84	0.52

（2）粒料类基层和底基层顶面弯沉代表值应按式（3-33）计算：

$$l_{\mathrm{r}}=\overline{l}+Z_aS \tag{3-33}$$

式中：l_{r}——弯沉代表值（0.01 mm）；

$\overline{l}$——实测弯沉的平均值（0.01 mm）；

S——标准差；

Z_a——与要求保证率有关的系数。高速公路和一级公路取 $Z_a=2.0$，二级公路 $Z_a=1.645$，二级以下公路取取 $Z_a=1.5$。

（3）二级及二级以下公路，当路基和粒料类基层、底基层的弯沉代表值不符合要求时，可将超出 $\overline{l}+(2\sim3)S$ 的弯沉特异值舍弃，对舍弃的弯沉值大于 $\overline{l}+(2\sim3)S$ 的点，应找出其周

围界限，进行局部处理，并对弯沉进行复测后重新计算平均值和标准差。高速公路、一级公路不得舍弃特异值。

（4）弯沉代表值大于设计弯沉值时，相应分项工程应为不合格。

三、路基路面回弹模量检测

（一）贝克曼梁测试路基路面回弹模量方法

贝克曼梁测试路基路面回弹模量方法适用于在土基和厚度不小于1 m的粒料基层表面，用贝克曼梁测试各测点的回弹弯沉值，通过计算求得该材料的回弹模量值，也适用于在既有道路表面测试路基路面的综合回弹模量。

1. 检测器具与材料

（1）加载车、贝克曼梁、百分表及表架、路表温度计：按贝克曼梁测试路基路面回弹弯沉方法的规定选用。

（2）其他：卷尺等。

2. 方法与步骤

（1）准备工作。

选择洁净的路基表面作为测点，要在测点处作好标记并编号。

（2）测试步骤。

按本任务第二（一）条的方法测试各测点处的路面回弹弯沉值 L_i。

3. 计　算

（1）按下列式子计算全部测定值的算术平均值 $\overline{L}$、单次测量的标准差 S 和自然误差 r_0：

$$\overline{L}=\frac{\sum L_i}{n} \tag{3-34}$$

$$S=\sqrt{\frac{\sum\left(L_i-\overline{L}\right)^2}{n-1}} \tag{3-35}$$

$$r_0=0.675\times S \tag{3-36}$$

式中：$\overline{L}$ —— 回弹弯沉的平均值（0.01 mm）；

S—— 回弹弯沉测试值的标准差（0.01 mm）；

r_0 —— 回弹弯沉测试值的自然误差（0.01 mm）；

L_i —— 各测点的回弹弯沉值（0.01 mm）；

n—— 测点总数。

（2）计算各测点的测试值与算术平均值的偏差值 $d_i=L_i-\overline{L}$，并计算较大的偏差与自然误差之比 d_i/r_0。当某个测点观测值的 d_i/r_0 值大于表 3-31 中 d/r 极限值时，则应舍弃该测点；然后重复式（3-34）~式（3-35）的步骤计算所余各测点算术平均值 $\overline{L}$ 及标准差 S。

表 3-31　相应于不同测点总数 n 的 d/r 极限值

n	5	10	15	20	50
d/r	2.5	2.9	3.2	3.3	3.8

（3）按式（3-37）计算代表弯沉值：

$$L_1 = \overline{L} + S \tag{3-37}$$

式中：L_1—— 计算代表弯沉（0.01 mm）；

$\overline{L}$ —— 舍弃不合要求的测点后所余各测点弯沉的算术平均值（0.01 mm）；

S—— 舍弃不符合要求的测点后所余各测点弯沉的标准差（0.01 mm）。

（4）按式（3-38）计算土基、整层材料的回弹模量 E_1 或既有道路的综合回弹模量:

$$E_1 = \frac{200 p\delta}{L_1}(1-\mu^2)\alpha \tag{3-38}$$

式中：E_1—— 计算的土基、整层材料路基路面的回弹模量或既有道路的综合回弹模量（MPa）；

p—— 测试车轮的平均垂直荷载（MPa）；

δ —— 测试用加载车双圆荷载单轮传压面当量圆的半径（mm）；

μ—— 测试层材料的泊松比，根据部颁路面设计规范的规定取用；

α —— 弯沉系数，为 0.712。

4. 检测报告

报告应包括以下技术内容：

（1）测试位置信息（桩号等）。

（2）回弹弯沉及代表弯沉。

（3）泊松比、回弹模量。

（二）承载板测试土基回弹模量

在现场土基表面，通过用承载板对土基逐级加载、卸载的方法，测出每级荷载下相应的土基回弹变形值，经过计算求得土基回弹模量。

路基土和含土路面材料的回弹模量与其含水率和密实度有关。因此，测试最好在不利季节进行（不利季节：南方为雨季，北方为春融季节）。如在非不利季节进行测试，则应人工创造不利条件，即使土或路面材料的含水率接近不利季节的含水率。

不含土的级配碎石和填隙碎石可在施工完成后或开放交通后 3 个月进行测试；水泥稳定土应在龄期 1 个月时，以及重冰冻地区的第二年不利季节进行测试；石灰稳定土以及石灰稳定工业废渣应在龄期 1 个月、3 个月以及冰冻地区的第一个不利季节进行。

1. 检测器具与材料

（1）反力装置：载重汽车，后轴重不小于 60 kN，在汽车大梁的后轴之后设有一加劲横梁作反力架。

（2）荷载装置：如图 3-20 所示，由千斤顶、测力计（测力环或压力表）及球座组成。

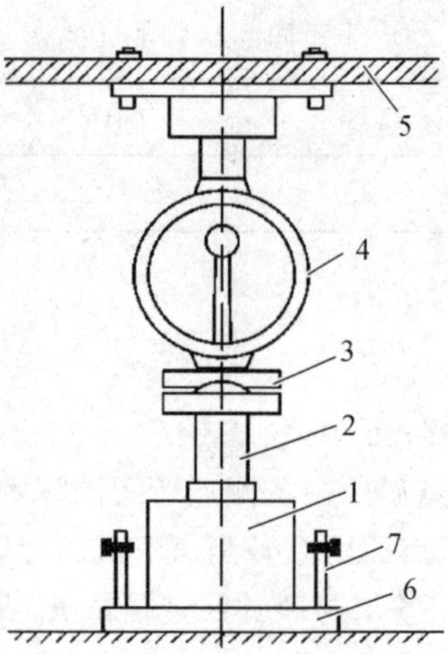

图 3-20　承载板试验现场测试装置示意

1—千斤顶；2—钢圆筒；3—钢板及球座；4—测力计；
5—加劲横梁；6—承载板；7—立柱及支座

（3）刚性承载板一块，板厚 20 mm，直径为 ϕ300 mm，直径两端设有立柱和可以调整高度的支座，供安放贝克曼梁测头用。承载板安放在土基表面上。

（4）贝克曼梁、百分表及其支架两套。

（5）液压千斤顶一台，（80 ~ 100）kN，装有压力表或测力环，其量程不小于土基强度，测试精度不小于测力计量程的 1%。

（6）秒表。

（7）水平尺。

（8）其他：细砂、毛刷、垂球、镐、铁锹、铲等。

2. 方法与步骤

（1）准备工作。

① 根据需要选择有代表性的测点，测点应位于水平的路基上，土质均匀，不含杂物。

② 平整土基表面，撒干燥洁净的细砂填平土基凹处。砂子不可覆盖全部土基表面，避免形成夹层。

③ 安置承载板，并用水平尺进行校正，使承载板处于水平状态。

④ 将试验车置于测点上，在加劲横梁中部悬挂垂球测试，使之恰好对准承载板中心，然后收起垂球。

⑤ 在承载板上安装千斤顶，上面衬垫钢圆筒、钢板，并将球座置于顶部与加劲横梁接触。如用测力环时，应将测力环置于千斤顶与横梁中间，千斤顶及衬垫物必须保持垂直，以免加压时千斤顶倾倒发生事故并影响测试数据的准确性。

⑥ 将两台贝克曼梁的测头分别置于承载板立柱的支座上。

（2）测试步骤。

① 用千斤顶开始加载，注视测力环或压力表，至预压 0.05 MPa，稳压 1 min，使承载板

与土基紧密接触，同时检查百分表，其工作情况应正常，然后放松千斤顶油门卸载，稳压 1 min 后，将百分表调零或其他合适的初始位置上记录初始读数。

② 测试土基的压力-变形曲线。用千斤顶加载，采用逐级加载卸载法，用压力表或测力环控制加载量，荷载小于 0.1 MPa 时，每级增加 0.02 MPa，以后每级增加 0.04 MPa 左右。为了使加载和计算方便，加载数值可适当调整为整数。每次加载至预定荷载（P）后，稳定 1 min，立即读记两个百分表数值，然后轻轻放开千斤顶油门卸载至 0，待卸载稳定 1 min 后，再次读数，每次卸载后百分表不再调零。当两个百分表读数之差不超过平均值的 30%时，取平均值；如超过 30%，则应重测。当回弹变形值超过 1 mm 时，即可停止加载。

③ 各级荷载的回弹变形和总变形，按以下方法计算：

回弹变形=（加载后读数平均值－卸载后读数平均值）× 贝克曼梁仪杠杆比 （3-39）

总变形=（加载后读数平均值－加载初始前读数平均值）× 贝克曼梁杠杆比 （3-40）

④ 测试总影响量 α。最后一次加载卸载循环结束后，取走千斤顶，重新读取百分表初读数，然后将汽车开出 10 m 以外，读取终读数，按以下方法计算总影响量：

总影响量（α）=（百分表初读数平均值－百分表终读数平均值）× 贝克曼梁杠杆比

⑤ 在试验点下取样，测试材料含水率。取样数量如下：

最大粒径不大于 4.75 mm，试样数量约 120 g；

最大粒径不大于 19.0 mm，试样数量约 250 g；

最大粒径不大于 31.5 mm，试样数量约 500 g。

⑥ 在紧靠试验点旁边的适当位置，用灌砂法或环刀法等测试土基的密度。

3. 计 算

（1）各级压力下的影响量 α_i 按式（3-41）计算：

$$\alpha_i = \frac{(T_1 + T_2)\pi D^2 p_i}{4T_1 Q} \times \alpha \qquad (3\text{-}41)$$

式中：T_1—— 载重汽车前后轴距（m）；

T_2—— 加劲小梁距后轴距离（m）；

D—— 承载板直径（m），记为 0.3 m；

Q—— 载重汽车后轴重（N）；

p_i—— 第 i 级承载板压力（Pa）；

α—— 总影响量（0.01 mm）；

α_i—— 第 i 级压力的影响量（0.01 mm）。

（2）回弹变形计算值（L_i）为各级压力的回弹弯形值加上该级的影响量。排除显著偏离的异常点，绘出顺滑的 p-L 曲线，如曲线起始部分出现反弯，应按图 3-21 所示修正原点 O，O'则是修正后的原点。

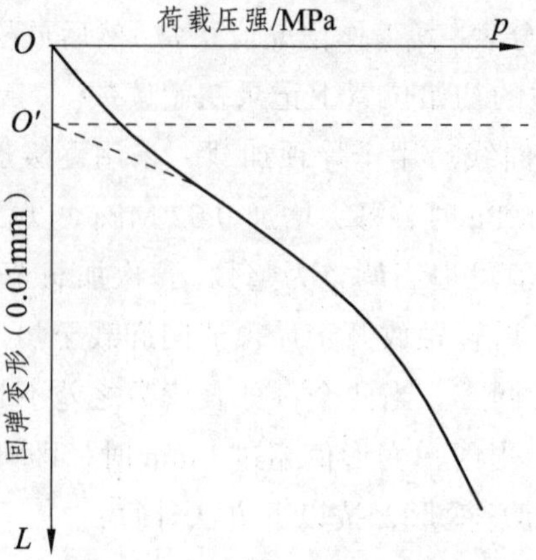

图 3-21　修正原点示意

（3）按式（3-42）计算相应于各级荷载下的土基回弹模量 E_i 值：

$$E_i = \frac{\pi D}{4} \cdot \frac{p_i}{L_i}(1-\mu_0^2) \tag{3-42}$$

式中：E_i—— 相应于第 i 级荷载下土基回弹模量（MPa）；

μ_0—— 土的泊松比，根据相关路面设计规范规定选用。当无规定时，非黏性土可取 0.30，高黏性土取 0.50，一般可取 0.35 或 0.40；

L_i—— 相对于荷载 p_i 时的第 i 级回弹变形计算值（cm）。

（4）取结束试验前的各回弹变形计算值按线性回归方法由式（3-43）计算土基回弹模量 E_0 值。

$$E_0 = \frac{\pi D}{4} \cdot \frac{\sum p_i}{\sum L_i}(1-\mu_0^2) \tag{3-43}$$

4. 检测报告

试验报告应记录下列技术内容：

（1）测试位置信息（桩号等）。

（2）试验时土基的含水率、土基密度。

（3）回弹变形，影响量及土基回弹模量。

试验记录格式见表 3-32。

表 3-32　土回弹模量试验检测记录（承载板法）

检测单位名称：　　　　　　　　　　　　　　　　　　　　　　　　　　记录编号：

工程名称		任务编号	
工程部位/用途		样品编号	
样品信息			
试验检测日期		试验条件	
检测依据		判定依据	
主要仪器设备名称及编号			
土样说明			

加载级数	单位压力/kPa	压力计读数（0.01 mm）	量表读数（0.1 mm）						回弹变形（0.1 mm）		回弹模量/kPa
			加载			卸载					
			左	右	平均	左	右	平均	读数	修正后	
1											
2											
3											
4											
5											
6											
7											
8											

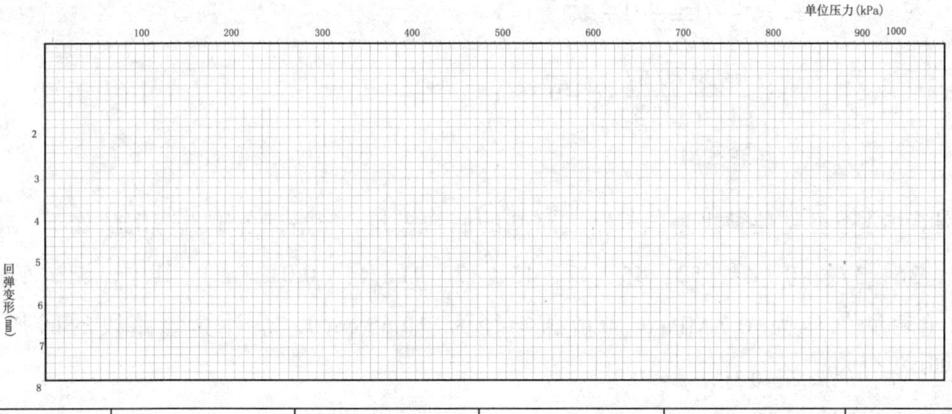

设计回弹模量/kPa		原点修正值（0.1 mm）		试件回弹模量/kPa	

附加声明：

检测：　　　　　　　　记录：　　　　　　　　复核：　　　　　　　　日期：　　年　　月　　日

四、实例分析

【例 3-4】用承载板测试土基回弹模量，检测结果表 3-33 所示，请计算该测点的土基回弹模量（D=30 cm，$\mu_0=0.35$，$a=10.4\times10^{-2}$ mm，$\alpha_i=\dfrac{(T_1+T_2)\pi D^2 p_i}{4T_1 Q}\alpha=0.97p_i\alpha$）。

表 3-33 检测结构汇总

p_i/MPa	0.02	0.04	0.06	0.08	0.10	0.14	0.18
加载读数（0.01 mm）	12.3	21.1	39.4	50.6	58.7	77.5	97.3
卸载读数（0.01 mm）	10.2	12.0	23.1	28.3	32.4	41.2	51.5

计算各级荷载下的计算回弹变形（如表 3-34）:

表 3-34 各级荷载下的回弹变形

P_i/MPa	0.02	0.04	0.06	0.08	0.10	0.14	0.18
回弹变形（0.01 mm）	4.2	18.2	32.6	44.6	52.6	72.6	91.6
影响量（0.01 mm）	0.2	0.4	0.6	0.8	1.0	1.4	1.8
计算回弹变形（0.01 mm）	4.4	18.6	33.2	45.4	53.6	74.0	93.4

解：$\sum p_i=0.62\text{ MPa}$，$\sum L_i=322.4(0.01\text{ mm})=0.322\,4\text{ cm}$

$$\begin{aligned}E_0&=\frac{\pi D}{4}\cdot\frac{\sum p_i}{\sum l_i}(1-\mu_0^2)\\&=\frac{\pi\times30\times0.62}{4\times0.322\,4}\times(1-0.35^2)\\&=39.8\text{ MPa}\end{aligned}$$

【例 3-5】用贝克曼梁法测试某路段路基的回弹模量，经整理各测点弯沉值如下：38、45、32、42、36、37、40、44、52、46、42、45、37、41、44（0.01 mm）。其中，测试车后轴重 100 kN（轮胎气压为 0.7 MPa，当量圆半径为 10.65 cm），请计算该路段的回弹模量。（$E_1=\dfrac{200p\delta}{L_1}(1-\mu^2)\alpha,\mu=0.3)$，$\mu=0.3$）。

解：平均值 $\bar{L}=41.4$（0.01 mm），标准偏差 $S=4.95$（0.01 mm）

代表值 $L_1=\bar{L}+S=41.4+4.95=46.35(0.01\text{ mm})$

回弹模量 $E_1=\dfrac{200p\delta}{L_1}(1-\mu^2)\alpha=\dfrac{200\times0.7\times106.5}{46.35}\times(1-0.3^2)\times0.712=208.4$（MPa）

五、土基现场 *CBR* 值检测

适用于在现场测试各种土基材料的现场 *CBR* 值，同时也适用于基层、底基层砂性土、天然砂砾、级配碎石等材料现场 *CBR* 值试验，用于评价材料的承载能力。不适用于填料粒径超过 31.5 mm 的土基现场 CBR 值测试。

1. 检测器具与材料

（1）反力装置：载重汽车，后轴重不小于 60 kN，在汽车大梁的后轴之后设有一加劲横梁作反力架用。

（2）荷载装置：如图 3-22 所示，由千斤顶、测力计（测力环或压力表）及球座组成。千斤顶可使贯入杆的贯入速度调节成 1 mm/min。测力计的量程不小于土基强度，测试精度不小于测力计量程的 1 %。

（3）贯入杆：直径 ϕ50 mm，长约 200 mm 的金属圆柱体。

（4）承载板：直径 ϕ150 mm，中心孔眼直径 ϕ52 mm，每块 1.25 kg，共 4 块，并沿直径分为两个半圆块。

（5）贯入量测试装置：由图 3-22 中所示的刚性平台及百分表组成。百分表量程 20 mm，精度 0.01 mm，数量 2 个，对称固定于贯入杆上，端部与平台接触，平台跨度不小于 500 mm。此设备也可用 2 台贝克曼梁弯沉仪代替。

（6）细砂：洁净干燥的细砂，粒径（0.3 ~ 0.6）mm。

（7）其他：铁铲、盘、直尺、毛刷、天平等。

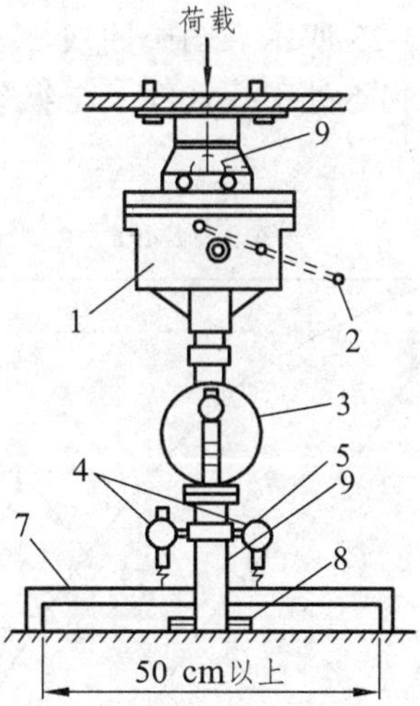

1—千斤顶；2—手柄；3—测力计；4—百分表；5—百分表夹持具；
6—贯入杆；7—刚性平台；8—承载板；9—球座。

图 3-22　CBR 现场测试装置

2. 方法与步骤

（1）准备工作。

① 将试验地点约直径 ϕ300 mm 范围的表面找平，用毛刷刷净浮土。如表面为粗粒土时，

应撒布少许洁净的细砂填平，但不能覆盖全部土基表面避免形成夹层。

② 按图 3-22 设置贯入杆及千斤顶。千斤顶顶在加劲横梁上且调节至高度适中，贯入杆应与土基表面紧密接触。

③ 将支架平台、百分表（或两台贝克曼梁弯沉仪）按图 3-22 安装好。

（2）测试步骤。

① 在贯入杆位置安放 4 块 1.25 kg 的分开成半圆的承载板，共 5 kg。

② 试验贯入前，先在贯入杆上施加 45 N 荷载后，将测力计及百分表调零，记录初始读数。

③ 千斤顶连续加载，使贯入杆以 1 mm/min 速度压入土基，当相应贯入量为 0.5 mm、1.0 mm、1.5 mm、2.0 mm、2.5 mm、3.0 mm、4.0 mm、5.0 mm、7.5 mm、10.0 mm 及 12.5 mm 时，分别读取测力计读数。两个贯入量百分表及测力计的读数应保持同步。贯入量以两个百分表读数的平均值计，当两个百分表读数差值超过其平均值的 30 %时，应停止试验，并检查原因。根据情况，也可在贯入量达 7.5 mm 时结束测试。

④ 卸除荷载，移去测试装置。

⑤ 在试验点下取样，测试材料含水率。取样数量如下：

最大粒径不大于 4.75 mm，试样数量约 120 g；

最大粒径不大于 19.0 mm，试样数量约 250 g；

最大粒径不大于 31.5 mm，试样数量约 500 g。

⑥ 在紧靠试验点旁边的适当位置，用灌砂法或环刀法等测试土基的密度。

3. 计　算

（1）用贯入试验得到的等级荷重数除以贯入断面积（1 963.5 mm^2），得各级压强（MPa），绘制荷载压强-贯入量曲线，如图 3-23 所示。图中曲线 1 不需要修正，曲线 2 在起点处有明显凹凸，需要进行修正。修正时在拐点处引一切线，与纵坐标相交于 O'点，O'即为修正后的原点。

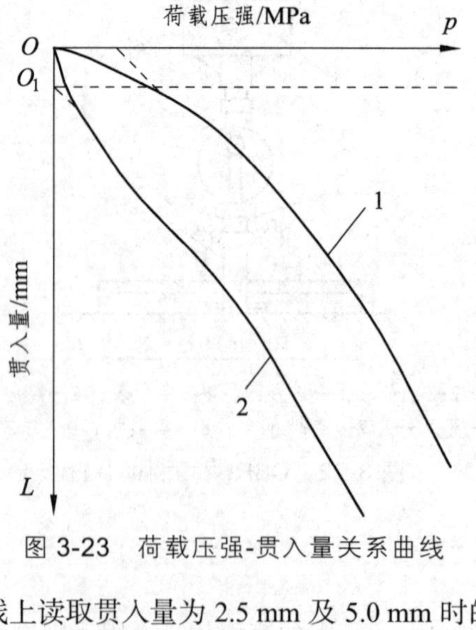

图 3-23　荷载压强-贯入量关系曲线

（2）从压强—贯入量曲线上读取贯入量为 2.5 mm 及 5.0 mm 时的荷载压强 P_1，按式（3-44）

计算现场 *CBR* 值。*CBR* 一般以贯入量为 2.5 mm 时的测试值为准，当贯入量为 5.0 mm 时的 *CBR* 大于 2.5 mm 时的 *CBR* 时，应重新试验；如重新试验仍然如此时，则以贯入量为 5.0 mm 时的 CBR 为准。

$$CBR_{现场} = \frac{P_1}{P_0} \times 100 \tag{3-44}$$

式中：$CBR_{现场}$——承载比（%），准确至 0.1%；

P_1—— 荷载压强（MPa）；

P_0—— 标准压强，当贯入量为 2.5 mm 时为 7 MPa，当贯入量为 5.0 mm 时为 10.5 MPa。

4. 报　告

报告应包括以下技术内容：

（1）测试位置信息（桩号、现场材料类型、材料粒径等）。

（2）含水率、干密度。

（3）荷载压强、标准压强、*CBR* 及相应的贯入量。

试验记录格式见表 3-35。

表 3-35　土承载比（CBR）试验检测记录（贯入）

检测单位名称：　　　　　　　　　　　　　　　　　　　　　　　　记录编号：

工程名称		任务编号	
工程部位/用途		样品编号	
样品信息			
试验检测日期		试验条件	
检测依据		判定依据	
主要仪器设备名称及编号			
土样说明			

每层击数		最大干密度/（g/cm^3）		最佳含水率/%	
测力装置	数显测力计			贯入杆面积/cm^2	
试件编号		试件编号		试件编号	
贯入量/mm	荷载/kN	贯入量/mm	荷载/kN	贯入量/mm	荷载/kN

l/mm	p/kPa	CBR/%	l/mm	p/kPa	CBR/%	l/mm	p/kPa	CBR/%
2.5			2.5			2.5		
5.0			5.0			5.0		

附加声明：

检测：　　　　　　　　记录：　　　　　　　　复核：　　　　　　　　日期：　　年　　月　　日

任务 3.5　路基路面平整度检测

一、概　述

平整度是评定路基路面使用质量、施工质量及现有路面破坏程度的重要指标之一。它直接关系到行车安全性、舒适性以及营运经济性，并影响着路面使用年限。

平整度的检测设备分为断面类及反应类两大类。断面类是实际测试路面表面凹凸情况的，如最常用的 3 米直尺及连续式平整度仪。国际平整度指数便是以此为基准建立的，这是平整度最基本的指标。反应类是利用路面凹凸引起的车辆的振动颠簸，测得驾驶员和乘客直接感受到的平整度指标，因此它实际上得到的是舒适性能的指标，最常用的是车载式颠簸累积仪。现已有更新的自动测试设备，如纵断面分析仪、路面平整度数据采集系统测试车等。常见平整度测试方法比较见表 3-36。

表 3-36　平整度测试方法比较

方　法	特　点	技术指标
三米直尺法	设备简单，结果直观，间断测试，工作效率低，反应凸凹情况	最大间隙 δ_m/mm
连续式平整度仪	设备较复杂，连续测试，工作效率高，反应凹凸情况	标准差 σ/mm
颠簸累积仪	设备复杂，工作效率高，反应舒适性	单向累计值 *VBI*/（cm/km）
车载式激光道路平整度仪	设备复杂，工作效率高，连续测试，反应舒适性	国际平整度指数 *IRI*/（m/km）
手推式断面仪	精度高，操作简单，携带方便，工作效率高，连续测试，反应凸凹情况	国际平整度指数 *IRI*/（m/km）

《评定标准》对路基路面平整度的要求见表 3-37。

表 3-37　路基路面平整度要求

<table>
<tr><th colspan="2" rowspan="3">结构类型</th><th colspan="6">规定值或允许偏差</th><th rowspan="3">检查方法与频率</th></tr>
<tr><th colspan="2">最大间隙 δ_m/mm</th><th colspan="2">标准偏差 σ/mm</th><th colspan="2">国际平整度 IRI/（m/km）</th></tr>
<tr><th>高速公路一级公路</th><th>其他公路</th><th>高速公路一级公路</th><th>其他公路</th><th>高速公路一级公路</th><th>其他公路</th></tr>
<tr><td colspan="2">土方路基</td><td>≤15</td><td>≤20</td><td>—</td><td>—</td><td>—</td><td>—</td><td rowspan="2">3 m 直尺：每 200 m 测 2 处×5 尺</td></tr>
<tr><td colspan="2">填石路基</td><td>≤20</td><td>≤30</td><td>—</td><td>—</td><td>—</td><td>—</td></tr>
<tr><td rowspan="4">基层</td><td>稳定土</td><td>—</td><td>≤12</td><td>—</td><td>—</td><td>—</td><td>—</td><td rowspan="4">3 m 直尺：每 200 m 测 2 处×5 尺</td></tr>
<tr><td>稳定粒料</td><td>≤8</td><td>≤12</td><td>—</td><td>—</td><td>—</td><td>—</td></tr>
<tr><td>级配碎（砾）石</td><td>≤8</td><td>≤12</td><td>—</td><td>—</td><td>—</td><td>—</td></tr>
<tr><td>填隙碎石（矿渣）</td><td>—</td><td>≤12</td><td>—</td><td>—</td><td>—</td><td>—</td></tr>
</table>

续表

结构类型		规定值或允许偏差						检查方法与频率
		最大间隙 δ_m /mm		标准偏差 σ/mm		国际平整度 *IRI*/（m/km）		
		高速公路一级公路	其他公路	高速公路一级公路	其他公路	高速公路一级公路	其他公路	
底基层	稳定土	≤12	≤15	—	—	—	—	3 m 直尺：每 200 m 测 2 处×5 尺
	稳定粒料	≤12	≤15	—	—	—	—	
	级配碎（砾）石	≤12	≤15	—	—	—	—	
	填隙碎石（矿渣）	≤12	≤15	—	—	—	—	
面层	水泥混凝土	≤3	≤5	≤1.32	≤2.0	≤2.2	≤3.3	3 m 直尺：每 200 m 测 2 处×5 尺 平整度仪：全线每车道连续检测，按每 100 m 计算 *IRI* 或 σ
	沥青混凝土和沥青碎（砾）石	—	≤5	≤1.2	≤2.5	≤2.0	≤4.2	
	沥青贯入式	≤8		≤3.5		≤5.8		
	沥青表面处置	≤10		≤4.5		≤7.5		

二、3 米直尺测试平整度

3 米直尺法适用于测试碾压成型的路基路面各层表面的平整度，是用尺底距离路表面的最大间隙来表示路面的平整度，以 mm 计。

1. 检测器具与材料

（1）3 米直尺：测量基准面长度为 3 m，基准面应平直，用硬木或铝合金钢等材料制成。如图 3-24 所示。

（2）最大间隙测量器具：

① 楔形塞尺：硬木或金属制的三角形塞尺，有手柄。塞尺的长度与高度之比不小于 10，宽度不大于 15 mm，边部有高度标记，分度值不大于 0.5 mm，如图 3-25 所示。

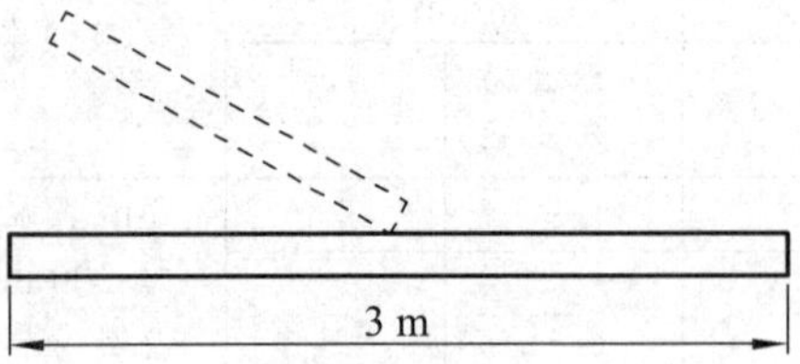

图 3-24　3 米直尺

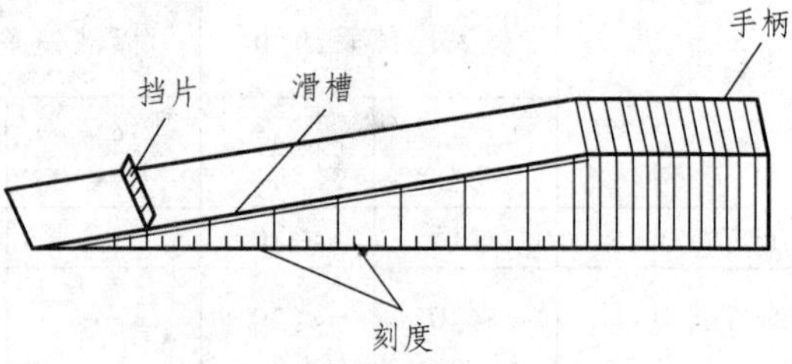

图 3-25　塞尺

② 深度尺：金属制的深度测量尺，有手柄。深度尺测量杆端头直径不小于 10 mm，分度值不大于 0.5 mm。

（3）其他：皮尺或钢尺等。

2. 方法和步骤

（1）准备工作

① 按有关规范规定选择测试路段。

② 确定测试方式：当测试沥青路面施工过程中的质量时，应以单尺方式测试，且测试位置应选在接缝处；其他情况一般以连续 10 尺方式测试。

③ 选择测试位置。除特殊需要者外，应以行车道一侧车轮轮迹（距车道标线 0.8 ~ 1.0 m）作为连续测试的位置，如图 3-26 所示。对既有道路已形成车辙的路面，应取车辙中间位置为测试位置。

④ 清扫路基路面测试位置处的碎石、污物等。

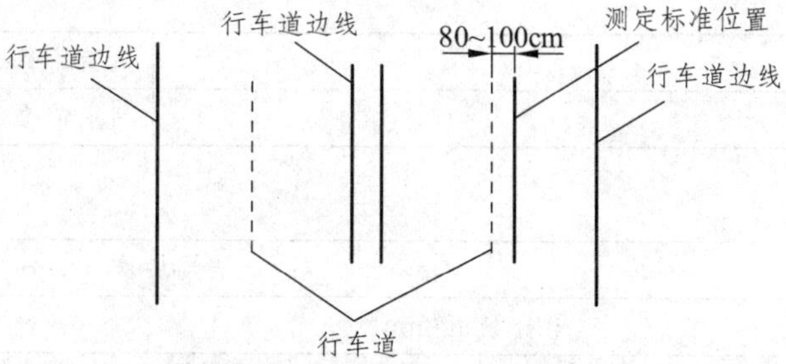

图 3-26　测点位置示意

（2）测试步骤

① 按根据需要确定的方向，将 3 米直尺摆在测试地点的路基或路面上。

② 目测 3 米直尺底面与路基或路面之间的间隙情况，确定最大间隙的位置，如图 3-27 所示。

③ 将具有高度标线的塞尺塞进间隙处，测试其最大间隙的高度；或者用深度尺在最大间隙位置量测直尺上顶面距地面的深度，该深度减去尺高即为测试点的最大间隙的高度。以 mm 计，准确至 0.5 mm。

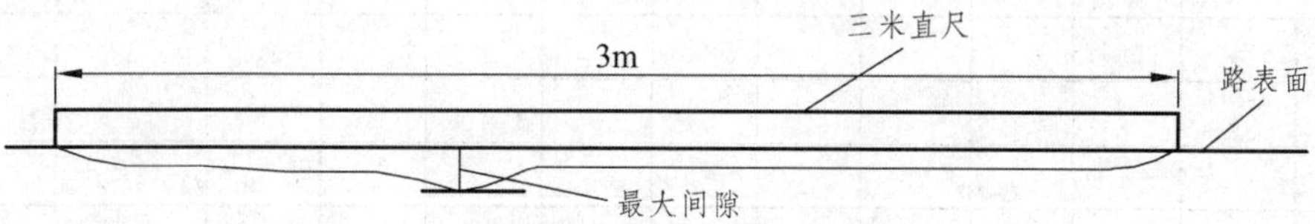

图 3-27　3 米直尺测平整度

3. 数据处理与评定

单尺测试路面的平整度计算，以 3 米直尺与路面的最大间隙（δ_m）为测试结果，连续测试 10 尺时，判断每尺最大间隙（δ_m）是否合格，并计算合格率，以及 10 个最大间隙的平均值。

$$合格率=合格尺数/总测尺数\times 100\% \tag{3-45}$$

4. 报　告

报告应包括以下技术内容：

（1）测试位置信息（桩号、测试方式等）。

（2）最大间隙 δ_m。

（3）连续测试 10 尺时，还应报告平均值、不合格尺数及合格率。

试验记录格式见表 3-38。

表 3-38　路基路面平整度试验检测记录（3 米直尺法）

检测单位名称：　　　　　　　　　　　　　　　　　　　　　　记录编号：

<table>
<tr><td colspan="2">工程名称</td><td colspan="8"></td><td colspan="2">任务编号</td><td colspan="2"></td></tr>
<tr><td colspan="2">工程部位/用途</td><td colspan="8"></td><td colspan="2">样品编号</td><td colspan="2"></td></tr>
<tr><td colspan="2">样品信息</td><td colspan="12"></td></tr>
<tr><td colspan="2">试验检测日期</td><td colspan="8"></td><td colspan="2">试验条件</td><td colspan="2"></td></tr>
<tr><td colspan="2">检测依据</td><td colspan="8"></td><td colspan="2">判定依据</td><td colspan="2"></td></tr>
<tr><td colspan="2">主要仪器设备名称及编号</td><td colspan="12"></td></tr>
<tr><td colspan="3">允许最大间隙/mm</td><td colspan="5"></td><td colspan="3">结构层次</td><td colspan="3"></td></tr>
<tr><td rowspan="2">桩号</td><td colspan="10">单杆测值/mm</td><td rowspan="2">平均值/mm</td><td rowspan="2">不合格尺数</td><td rowspan="2">合格率/%</td></tr>
<tr><td>1</td><td>2</td><td>3</td><td>4</td><td>5</td><td>6</td><td>7</td><td>8</td><td>9</td><td>10</td></tr>
<tr><td></td><td></td><td></td><td></td><td></td><td></td><td></td><td></td><td></td><td></td><td></td><td></td><td></td><td></td></tr>
<tr><td></td><td></td><td></td><td></td><td></td><td></td><td></td><td></td><td></td><td></td><td></td><td></td><td></td><td></td></tr>
<tr><td></td><td></td><td></td><td></td><td></td><td></td><td></td><td></td><td></td><td></td><td></td><td></td><td></td><td></td></tr>
<tr><td></td><td></td><td></td><td></td><td></td><td></td><td></td><td></td><td></td><td></td><td></td><td></td><td></td><td></td></tr>
<tr><td></td><td></td><td></td><td></td><td></td><td></td><td></td><td></td><td></td><td></td><td></td><td></td><td></td><td></td></tr>
<tr><td></td><td></td><td></td><td></td><td></td><td></td><td></td><td></td><td></td><td></td><td></td><td></td><td></td><td></td></tr>
<tr><td></td><td></td><td></td><td></td><td></td><td></td><td></td><td></td><td></td><td></td><td></td><td></td><td></td><td></td></tr>
<tr><td></td><td></td><td></td><td></td><td></td><td></td><td></td><td></td><td></td><td></td><td></td><td></td><td></td><td></td></tr>
<tr><td></td><td></td><td></td><td></td><td></td><td></td><td></td><td></td><td></td><td></td><td></td><td></td><td></td><td></td></tr>
<tr><td></td><td></td><td></td><td></td><td></td><td></td><td></td><td></td><td></td><td></td><td></td><td></td><td></td><td></td></tr>
<tr><td></td><td></td><td></td><td></td><td></td><td></td><td></td><td></td><td></td><td></td><td></td><td></td><td></td><td></td></tr>
<tr><td></td><td></td><td></td><td></td><td></td><td></td><td></td><td></td><td></td><td></td><td></td><td></td><td></td><td></td></tr>
<tr><td></td><td></td><td></td><td></td><td></td><td></td><td></td><td></td><td></td><td></td><td></td><td></td><td></td><td></td></tr>
<tr><td></td><td></td><td></td><td></td><td></td><td></td><td></td><td></td><td></td><td></td><td></td><td></td><td></td><td></td></tr>
<tr><td></td><td></td><td></td><td></td><td></td><td></td><td></td><td></td><td></td><td></td><td></td><td></td><td></td><td></td></tr>
<tr><td></td><td></td><td></td><td></td><td></td><td></td><td></td><td></td><td></td><td></td><td></td><td></td><td></td><td></td></tr>
<tr><td colspan="14">附加声明：</td></tr>
</table>

检测：　　　　　　　　记录：　　　　　　　　复核：　　　　　　　　日期：　　年　　月　　日

三、连续式平整度仪测试平整度

连续式平整度仪是近年来我国测试路面平整度的新型仪器，它通过测试路面的纵向相对高程的标准差σ来表示路面的平整度，以 mm 计，其主要优点是可沿路面连续测量。它一般采用先进的微机处理技术，可自动计算、自动打印，自动显示路面平整度的标准差、正负超差等各项技术指标，并绘出路面平整度偏差曲线。

连续式平整度仪法适用于测试路表面的平整度，评定路面的施工质量和使用质量，但不适用于在已有较多坑槽、破损严重的路面上测试。

1. 检测器具与材料

（1）连续式平整度仪

① 整体结构：连续式平整度仪构造如图 3-28 所示，除特殊情况外，其标准长度为 3 m；中间为一个 3 m 长的机架，机架可缩短或折叠，前后各有 4 个行走轮，前后两组轮的轴间距离为 3 m。

② 地面高差测量传感器：安装在机架中间，可以是能起落的测试轮，或激光测距仪。

③ 其他辅助机构：连续式平整度仪的辅助机构有蓄电池电源，距离传感器，与数据采集、处理、存储、输出部分配套的采集控制箱及计算机打印机等。

④ 测试间距为 100 mm，每一计算区间的长度为 100 m，并输出一次结果。

⑤ 可记录测试长度（m），曲线振幅大于某一定值（如 3 mm、5 mm、8 mm、10 mm 等）的次数、曲线振幅的单向（凸起或凹下）累计值及以 3 m 机架为基准的中点路面偏差曲线图，计算打印。

⑥ 机架装有一牵引钩及手拉柄，可用人力或汽车牵引。

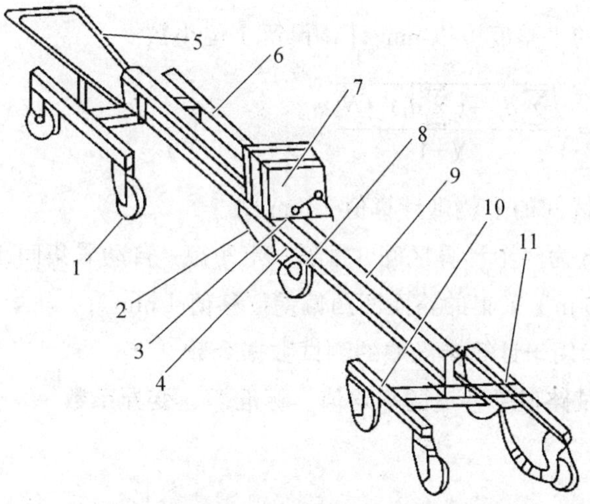

1—脚轮；2—拉簧；3—离合器；4—测量架；5—牵引架；6—前架；7—记录计；8—测试轮；9—纵梁；10—后架；11—软轴

图 3-28　连续式平整度示意

（2）牵引车：小面包车或其他小型牵引车。

（3）皮尺或测绳。

2. 方法与步骤

（1）准备工作。

① 当为施工过程中质量控制需要时，测试地点根据需要决定；当进行路面工程质量检查验收或路况评定需要时，通常以行车道一侧车轮轮迹带作为连续测试的标准位置。对既有道路已形成车辙的路面，取一侧车辙中间位置为测试位置。

② 清扫路面测试位置处的碎石、杂物等。

③ 检查仪器检测箱各部分是否完好、灵敏，测定轮胎压正常，并将各连接线接妥，安装记录设备。

（2）测试步骤

① 将连续式平整度仪置于测试路段路面起点上，保证测试轮位置在轮迹带范围内。

② 在牵引汽车的后部，将连续式平整度仪与牵引汽车连接好，按照要求依次完成各项操作。

③ 启动牵引汽车，沿道路纵向行驶，横向位置保持稳定。

④ 确认连续式平整度仪工作正常。牵引连续式平整度仪的速度应保持匀速且沿车道方向行驶速度宜为 5 km/h，最大不得超过 12 km/h。

在测试路段较短时，亦可用人力拖拉连续式平整度仪测试路面的平整度，但拖拉时应保持匀速前进。

3. 计　算

（1）以 100 m 长度为一个计算区间，按式（3-46）计算该区间内采集的位移值（d_i）的标准差 σ_i，即该区间的平整度，以 mm 计，保留 1 位小数。

$$\sigma_i = \sqrt{\frac{\sum d_i^2 - (\sum d_i)^2 / N}{N-1}} \tag{3-46}$$

式中：σ_i—— 各计算区间的平整度计算值（mm）；

d_i—— 以 100 m 为一个计算区间，每隔一定距离（自动采集间距为 10 cm，人工采集间距为 1.5 m）采集的路面凹凸偏差位移值（mm）；

N—— 计算区间用于计算标准差的测试数据个数。

（2）计算一个测试路段平整度的平均值、标准差、变异系数。

4. 报　告

本方法应报告以下技术内容：

（1）测试路段信息（桩号、长度等）。

（2）计算区间长度、测试间距及平整度。

（3）测试路段平整度的平均值、标准差及变异系数。

试验记录格式见表 3-39。

表 3-39　路面平整度试验检测记录（连续式平整度仪法）

检测单位名称：　　　　　　　　　　　　　　　　　　　　　　　　记录编号：

工程名称		任务编号	
工程部位/用途		样品编号	
样品信息			
试验检测日期		试验条件	
检测依据		判定依据	
主要仪器设备名称及编号			
附加声明：			

检测：　　　　　　记录：　　　　　　复核：　　　　　　日期：　　年　　月　　日

四、车载式颠簸累积仪测试平整度

用车载式颠簸累积仪测试车辆在路面上通行时后轴与车厢之间的单向位移累积值 *VBI*，以此表示路面的平整度，以 cm/km 表示。本方法适用于各类颠簸累积仪在新建、改建路面工程质量验收和无严重坑槽、车辙等病害的正常行车条件下连续采集路段平整度数据。

车载式颠簸累积仪的工作原理是测试车以一定的速度在路面上行驶，由于路面上凹凸不平，引起汽车的激振，通过机械传感器可测量后轴同车厢之间的单向位移累积值 *VBI*。*VBI* 越大，说明路面平整度越差，舒适性也越差。

1. 检测器具与材料

测试系统由承载车、距离测量装置、颠簸累积值测试装置和主控制系统组成，如图 3-29 所示。主控制系统对测试装置的操作实施控制，完成数据采集、传输、存储与计算过程。

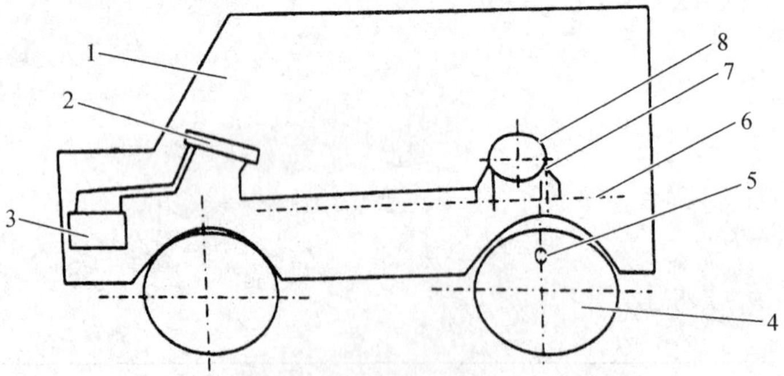

1—测试车；2—数据处理器；3—电瓶；4—后桥；5—挂钩；
6—底板；7—钢丝绳；8—颠簸累积仪传感器。

图 3-29　车载试验颠簸累积仪安装示意

基本技术参数要求如下：

① 测试速度：（30 ~ 80）km/h。

② 测试幅值：（－0.2 ~ 0.2）m。

③ 垂直位移分辨率：1 mm。

④ 距离标定误差：< 0.5%。

2. 方法与步骤

（1）准备工作

① 承载车出现下列情况之一时，均应进行仪器测值与国际平整度指数 IRI 的相关性试验：在正常状态下行驶超过 2 000 km；相关性试验的时间间隔超过 1 年；减震器、轮胎等发生更换、维修。

② 检查测试车轮胎气压，应达到车辆轮胎规定的标准气压，车胎应清洁，不得黏附杂物，承载车载重及分布应与仪器相关性标定试验时一致。

③ 现场安装距离测量系统，应确保紧固装置安装牢固，螺丝无松动。

④ 检查测试系统各部分应符合测试要求，不应有明显的可视性破损。

⑤ 打开系统电源，启动控制程序，检查系统各部分的工作状态。

（2）测试步骤

① 测试开始之前应让测试车以测试速度行驶（5 ~ 10）km，按照规定的预热时间对测试系统进行预热。

② 测试车停在测试起点前（300 ~ 500）m 处，启动平整度测试系统程序，按照测试路段的现场技术要求设置完毕所需的测试状态。

③ 驾驶员在进入测试路段前应保持标定时的车速，沿正常行车轨迹驶入测试路段。

④ 进入测试路段后，测试人员启动系统的采集和记录程序，在测试过程中必须及时准确地将测试路段的起终点和其他需要特殊标记点的位置输入测试数据记录中。

⑤ 当测试车辆驶出测试路段后，仪器操作人员停止数据采集和记录，并恢复仪器各部分至初始状态。

⑥ 测试人员检查数据文件应完整，内容应正常，否则需要重新测试。

⑦ 关闭测试系统电源，结束测试。

3. 计　算

根据颠簸累积仪测试的颠簸累积值 *VBI*，按照本方法第 4 条规定进行相关性试验，得到换算公式，并以 100 m 为计算区间换算成平整度指标（*IRI*），以 m/km 计，保留 2 位小数。

4. 颠簸累积仪测值与国际平整度指数 *IRI* 的相关性试验

（1）基本要求

由于颠簸累积仪测值受测试速度等因素影响，因此测试系统的每一种实际采用的测试速度均应单独进行试验，建立相关性关系式。试验过程及分析结果应详细记录并存档。

（2）试验条件

① 按照 IRI 值每段间距大于 1.0 的范围选择不少于 4 段不同平整度水平的路段，且有足够加速或减速长度的路段。根据实际测试道路 *IRI* 的分布情况，可以增加某些范围内的标定路段。

② 每路段长度不小于 300 m。

③ 每一段内的平整度应均匀，包括路段前 50 m 的引道。

④ 选择坡度变化较小的直线路段，路段交通量小，便于疏导。

⑤ 标定宜选择在车道的正常行驶轮迹上进行，明确标出标定路段的轮迹、起终点。

（3）试验步骤

① 距离标定

a. 选择坡度变化较小的平坦直线路段，长度不小于 500 m，标出起终点和行驶轨迹。

b. 标定开始之前应让测试车以测试速度行驶（5 ~ 10）km，按照规定的预热时间对测试系统进行预热。

c. 将测试车的前轮对准起点线，启动距离校准程序，然后令车辆沿着路段轨迹直线行驶，避免突然加速或减速，接近终点时，减速停车，确保测试车的前轮对准终点线，结束距离校准程序。重复此过程，确保距离传感器脉冲当量的准确性，应在允许误差范围之内。

② 参照第 2（2），令颠簸累积仪按选定的测试速度测试每个标定路段的反应值，重复测试至少 5 次，取其平均值作为该路段的反应值。

③ *IRI* 值的确定

a. 以精密水准仪作为标准仪具，分别测量标定路段两个轮迹的纵断高程，要求采样间隔为 250 mm，高程测试精度为 0.5 mm；然后用 *IRI* 标准计算程序对每个轮迹的纵断面测量值进行模型计算，得到该轮迹的 *IRI* 值。两个轮迹 *IRI* 值的平均值即为该路段的 *IRI* 值。

b. 其他符合世界银行一类平整度测试标准的纵断面测试仪具也可以作为确定标定路段标准 *IRI* 值的仪具。

（4）试验数据处理

用数理统计的方法将各标定路段的 *IRI* 值和相应的颠簸累积仪测值进行回归分析，建立相关性关系式，相关系数 R 不得小于 0.99。

5. 报　告

报告应包括以下技术内容：

（1）测试路段信息（桩号、长度等）。

（2）颠簸累积值（*VBI*）、国际平整度指数（*IRI*）和测试速度。

（3）若进行相关性试验，还应报告相关性关系式及相关系数。

五、车载式激光平整度仪测试平整度

车载式激光平整度仪是一种与路面无接触的测量仪器，测试速度快，精度高。它适用于在无严重坑槽、车辙等病害及无积水、积雪、泥浆的正常通车条件下连续采集路段平整度数据，评定验收新建、改建路面工程质量。

1. 检测器具与材料

车载式激光平整度仪（以下简称激光平整度仪）由承载车、距离传感器、纵断面高程传感器和主控制系统组成。基本技术参数的要求如下：

（1）测试速度：（30 ~ 100）km/h。

（2）采样间隔：≤500 mm。

（3）传感器测试精度：1.0 mm。

（4）距离标定误差：≤0.05%。

2. 方法与步骤

（1）准备工作

① 检查激光平整度仪的各传感器。

② 检查承载车轮胎气压，应达到车辆轮胎规定的标准气压，车胎应清洁，不得黏附杂物。

③ 现场安装距离测量装置，应确保机械紧固装置安装牢固，螺丝无松动。

④ 检查激光平整度仪的各部分应符合测试要求，不应有破损。

⑤ 打开系统电源，启动控制程序，检查各部分的工作状态。

（2）测试步骤

① 测试开始之前应让承载车以测试速度行驶（5 ~ 10）km，按照规定的预热时间对激光平整度仪进行预热。

② 承载车停在测试起点前（50 ~ 100）m 处，启动平整度测试系统程序，按照测试路段的现场技术要求设置完毕所需的测试状态。

③ 驾驶员应按照要求的测试速度范围驾驶承载车，宜在（50 ~ 80）km/h 之间，避免急加速和急减速，急弯路段应放慢车速，沿正常行车轨迹驶入测试路段。

④ 进入测试路段后，测试人员启动系统的采集和记录程序，在测试过程中必须及时准确地将测试路段的起终点和其他需要特殊标记的位置输入测试数据记录中。

⑤ 当承载车辆驶出测试路段后，测试人员停止数据采集和记录，并恢复仪器各部分至初始状态。

⑥ 检查测试数据文件应完整，内容应正常，否则需要重新测试。

⑦ 关闭测试系统电源，结束测试。

3. 计　算

激光平整度仪采集的数据是路面相对高程值，应以 100 m 为计算区间长度用 IRI 的标准计算程序计算国际平整度指数（*IRI*）值，以 m/km 计，保留 2 位小数。

4. 激光平整度仪测值与国际平整度指数 *IRI* 相关性关系试验

（1）试验条件

① 选择不少于 4 段不同平整度水平的路段，每段路 *IRI* 值的间距应大于 1.0，且有足够加速或减速长度的路段。根据实际测试道路 *IRI* 的分布情况，可以适当增加某些范围内的标定路段。

② 每路段长度不小于 300 m。

③ 每一段内的平整度应均匀，包括路段前 50 m 的引道。

④ 选择坡度变化较小的直线路段，路段交通量小，便于疏导。

⑤ 一台承载车安装的多套平整度测试设备，需要分别试验。

⑥ 宜选择在车道的正常行驶轮迹上进行，明确标记试验路段起终点位置。

（2）试验步骤

① 距离标定

a. 选择坡度变化较小的平坦直线路段，长度不小于 500 m，标记起终点。

b. 标定开始之前应让承载车以测试速度行驶（5 ~ 10）km，按照规定的预热时间对测试系统进行预热。

c. 将承载车的前轮对准起点线，启动测试系统，然后令承载车沿着路段轨迹直线行驶，避免突然加速或减速，接近终点时，减速停车，确保承载车的前轮对准终点线，输出距离测值。重复此过程，确保距离传感器测试结果和路段标称长度的差值应在允许误差范围之内。

② 根据本试验第 2（2）的规定，对试验路段进行 5 次重复平整度测试，取其 *IRI* 计算值的平均值作为该路段的测试值。

③ *IRI* 值的确定

a. 以精密水准仪作为标准仪具，测量标定路段上测线的纵断高程，要求采样间隔为 250 mm，高程测试精度为 0.5 mm。然后用 *IRI* 标准计算程序对纵断面测量值进行模型计算，得到标定线路的 *IRI* 值。

b. 其他符合世界银行一类平整度测试标准的纵断面测试仪具也可以作为确定标定路段标准 IRI 值的仪具。

（3）试验数据处理

用数理统计的方法将各试验路段的 *IRI* 值和相应的平整度仪测值进行回归分析，建立相关性关系式，相关系数 R 不得小于 0.99。

5. 报　告

本方法应报告以下技术内容：

（1）测试路段信息（桩号、长度等）。

（2）国际平整度指数（*IRI*）值及其换算值。

（3）若进行相关性试验，还应报告相关性关系式及相关系数。

任务 3.6　路面厚度检测

一、概　述

在路面工程中，各个层次的结构厚度是和道路整体强度密切相关的。在路面设计中，路面的厚度是按设计荷载及荷载的作用次数计算出来的。如果路面厚度不够，就不能抵抗荷载作用下的应力，也不能保证路面的使用寿命。无论是刚性路面还是柔性路面，各个结构层的厚度是至关重要的。只有在保证厚度的情况下，路面的各个层次及整体的强度才能得到保证。除了保证强度外，严格控制各结构层的厚度，还能对路面的标高起到一定的控制作用，因此，厚度是一个非常重要的指标。

路面各结构层厚度的检测方法与结构层的层位和种类有关，挖坑法适用于基层和砂石路面的厚度测试，钻芯法适用于沥青面层、水泥混凝土路面板和能够取出完整芯样的基层的厚度测试。对于路面各层施工完成后及工程交工验收检查使用时，必须进行厚度的检测。路面各结构层厚度的检测一般与压实度同时进行，当用灌砂法进行压实度检查时，可量取挖坑灌砂深度即结构层的厚度；当用钻芯取样法检查压实度时，可用直接量取芯样高度的方法确定路面厚度。但无论是钻芯法还是挖坑法，都会对路面结构层有一定程度的破坏作用且测试效率低。随着科学技术的发展，国内外已经普遍采用短脉冲雷达检测路面面层厚度。这种方法无需破坏路面，其沥青面层的测试误差一般可控制在 3 mm 以内，尤其是在长距离、快速路面厚度的测量中，其测试效率是传统方法不可比拟的。该项检测技术是一种先进高效、不损坏路面且连续的检测路面面层厚度的方法。几种常用的路面结构层厚度的代表值、合格值与极值的允许偏差见表 3-40。

表 3-40　几种常用的路面结构层厚度的代表值与极值的允许偏差

类型与层位		厚度/mm						检查方法和频率
		代表值		合格值		极值		
		高速公路一级公路	其他公路	高速公路一级公路	其他公路	高速公路一级公路	其他公路	
水泥混凝土面层		−5		−10		−15		按附录H检查。每 200 m 测 2 点
沥青混凝土、沥青碎石面层①		总厚度：−5 %*H* 上面层：−10 %*h*	−8 %*H*	总厚度：−10%*H* 上面层：−20%*h*	−15 %*H*	—	—	按附录H检查。每 200 m 测 1 点
沥青贯入式面层②		—	−8%*H* 或 −5	—	−15 %*H* 或 −10	—	—	按附录 H 检查。每 200 m 测 2 点
沥青表面处置面层		—	−5	—	−10	—	—	按附录 H 检查。每 200 m 每车道测 1 点
基层	稳定土	—	−10	—	−20	—	—	按附录H检查。每 200 m 测 2 点
	稳定粒料	−8	−10	−10	−20			
	级配碎（砾石）	−8	−10	−10	−20			
	填隙碎石	—	−10	—	−20			
底基层	稳定土	−10	−12	−25	−30	—	—	
	稳定粒料	−10	−12	−25	−30			
	级配碎（砾石）	−10	−12	−25	−30			
	填隙碎石	−10	−12	−25	−30			

注：① 表列沥青层厚度仅规定负允许偏差。*H* 为沥青层总厚度，*h* 为沥青上面层厚度；其他公路的厚度代表值和合格值允许偏差按总厚度计，当 $H \leqslant 60$ mm 时，允许偏差分别为 −5 mm 和 −10 mm；当 $H > 60$ m 时，允许偏差分别为 −8%*H* 和 −15%*H*。

② *H* 为设计厚度。当 $H \geqslant 60$ mm 时，按厚度百分率计算；当 $H<60$ mm 时，直接选用固定值。

③ 表中所指附录为《公路工程质量检验评定标准》（JTG F80/1—2017）中的附录。

二、挖坑及钻芯法测试路面厚度

1. 检测器具与材料

（1）挖坑用的镐、铲、凿子、锤子、小铲、毛刷。

（2）路面取芯机：手推式或车载式，配有淋水冷却装置。钻头的标准直径为 ϕ100 mm，如芯样仅供测量厚度，不做其他试验时，对沥青面层与水泥混凝土板也可用直径 ϕ50 mm 的钻头，对基层材料有可能损坏试件时，也可用直径 ϕ150 mm 的钻头，但钻孔深度均必须达到层厚。

（3）量尺：钢直尺、游标卡尺，分度值不大于 1 mm。

（4）补坑材料：与检查层位的材料相同。

（5）补坑用具：夯、热夯、水等。

（6）其他：直尺、搪瓷盘、棉纱等。

2. 方法与步骤

（1）准备工作

① 根据现行相关规范的要求，确定挖坑测试或钻芯取样的位置，如为既有道路，应避开坑洞等显著缺陷或接缝位置。

② 在选择的试验地点，选一块约 400 mm × 400 mm 的平坦表面，用毛刷将其清扫干净。

（2）挖坑法厚度测试步骤

① 根据材料坚硬程度，选择镐、铲、凿子等适当的工具，开挖这一层材料，直至层位底面。在便于开挖的前提下，开挖面积应尽量缩小，坑洞大体呈圆形，边开挖边将材料铲出，置于搪瓷盘内。

② 用毛刷清扫坑底，确认已开挖至下一层的顶面。

③ 将直尺平放横跨于坑的两边，用钢直尺在坑的中部位置垂直伸至坑底，测量坑底至直尺下缘的距离，即为测试层的厚度 T_1，以 mm 计，精确至 1 mm。

（3）钻芯法厚度测试步骤

① 按钻取芯样的方法用路面取芯机钻孔并取出芯样，钻孔深度应超过测试层的底面。

② 取出完整芯样，找出与下层的分界面。

③ 用钢直尺或游标卡尺沿圆周对称的十字方向量取表面至分界面的高度，共四处，计算其平均值，即为该层的厚度 T_1，准确至 1 mm。

3. 填补挖坑或钻孔步骤

（1）清理干净坑中的残留物，钻孔时留下的积水用棉纱吸干。

（2）对无机结合料稳定层及水泥混凝土路面板，应按相同配合比用新拌的材料分层填补并用小锤压实。水泥混凝土中宜掺加快凝早强剂。

（3）对无机结合料粒料基层，可用挖坑时取出的材料，适当加水拌和后分层填补，并用小锤压实。

（4）对正在施工的沥青路面，用相同级配的热拌沥青混合料分层填补并用加热的铁锤或热夯压实，既有道路钻孔也可用乳化沥青混合料修补。

（5）所有补坑结束时，宜比原面层略鼓出少许，用重锤或压路机压实平整。

注：补坑工序如有疏忽、遗留或补得不好，易成为隐患而导致开裂，所有挖坑、钻孔均应仔细做好。

4. 计　算

（1）按式（3-47）计算路面实测厚度 T_{1i} 与设计厚度 T_{0i} 之差。

$$\Delta T_i = T_{1i} - T_{0i} \tag{3-47}$$

式中：T_{1i}——路面第 i 层的实测厚度（mm）；

T_{0i}——路面第 i 层的设计厚度（mm）；

ΔT_i——路面第 i 层厚度的偏差（mm）。

（2）当为检查路面总厚度时，则将各层平均厚度相加即为路面总厚度。按《公路路基路面现场测试规程》（JTG3450—2019）附录 B 的方法，计算一个评定路段检测厚度的平均值、标准差、变异系数，并计算代表厚度。

5. 报　告

报告应包括以下技术内容：

（1）测试路段信息（桩号、路面结构层类型等）。

（2）各测试位置的路面厚度实测值和设计值，路面厚度偏差。

（3）测试路段的平均值、标准差、代表值。

试验记录见表 3-41。

表 3-41 路面厚度试验检测记录（挖坑及钻芯法）

检测单位名称： 记录编号：

工程名称						任务编号			
工程部位/用途						样品编号			
样品信息									
试验检测日期						试验条件			
检测依据						判定依据			
主要仪器设备名称及编号									
结构层类型					允许偏差				
取样层位					铺筑日期				
测点位置（桩号）	设计厚度/mm	芯样外观描述	级配情况	实测厚度/mm					与设计厚度差值/mm
				1	2	3	4	平均值	
评定结果	厚度均值/mm			标准差/mm		变异系数/%		厚度代表值/mm	
附加声明：									

检测： 记录： 复核： 日期： 年 月 日

三、短脉冲雷达测试路面厚度

适用于新建、改建沥青路面工程质量验收和既有道路加铺路面设计的厚度检查。

雷达检测设备有两种：一种是便携式，宜于野外与局部检测：另一种是车载式，适合于高速大面积检测。雷达发射的电磁波在路面层传播过程中会逐渐削弱、消散、层面反射。雷达最大探测深度是由雷达系统的参数以及路面材料的电磁属性决定的。对于潮湿路面或富含铁矿渣集料等介电常数较高的材料铺筑的路面不适合用本方法测试。

1. 检测器具与材料

短脉冲雷达测试系统由承载车、发射天线、接收天线和控制单元等组成，设备部分如图 3-30 所示。

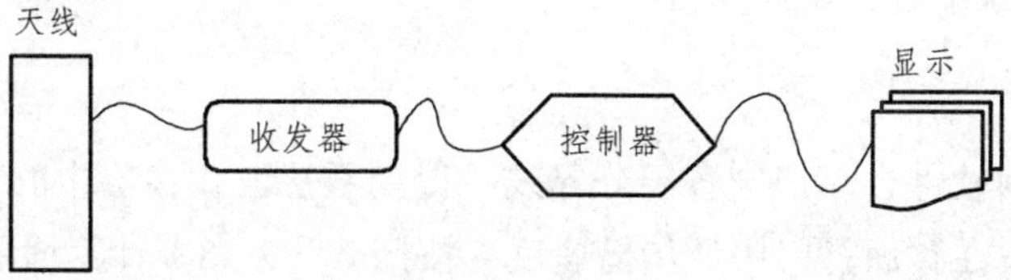

图 3-30　雷达系统组成

其主要技术要求如下：

（1）距离标定误差：≤0.1%。

（2）最小分辨层厚：≤40 mm。

（3）系统测量精度要求：见表 3-42。

表 3-42　系统测量精度技术要求

测量深度/mm	测量误差/mm
H<100	±3
H≥100	±（3%H）

（4）天线：采用空气耦合方式，带宽能适应所选择的发射脉冲频率。

2. 方法与步骤

（1）准备工作

① 测试前应收集设计图纸、施工配合比等资料，以合理确定标定路段。

② 按要求进行距离标定。

③ 将天线安装牢固，用连接线连接主机，并按要求开机预热。

④ 将金属板放置在天线正下方，启动控制软件，完成测试系统标定。

⑤ 根据不同的测试目的，设置控制软件的采样间隔、时间窗、增益等参数。

（2）测试步骤

① 开启安全警示灯，将天线正下方对准起点，启动软件测试程序，缓慢加速承载车到正常测试速度。

② 测试过程中，操作人员应标记测试路段内的桥梁、隧道等构造物的起终点。

③ 测试过程中，承载车每隔一定距离应完全停下，在采集软件上作标记，雷达图像应界面清晰，容易辨识且没有突变，同时在地面上找出雷达天线中心所对应的位置，做好标记；按钻芯测试路面厚度方法在标记处钻取芯样并量测芯样高度；将现场钻取的芯样高度与雷达采集软件的结果进行对比，得出芯样的波速；将该标定路段的芯样波速平均值输入测试程序；每个波速标定路段钻芯取样位置应均匀分布，取样间距不宜超过 5 km，芯样数量应足以保证波速标定结果的代表性和准确性。

④ 当承载车到达测试终点后，停止采集程序。

⑤ 操作人员检查数据文件，文件应完整，内容应正常，否则应重新测试。

⑥ 关闭测试系统电源，结束测试。

3. 计　算

（1）由雷达识别软件自动识别各层分界线，得到雷达波在各层中的双程走时Δt。根据该双程走时以及电磁波在路面材料中的传播速度，按照式（3-48）计算面层厚度。

$$T = v \times \frac{\Delta t}{2} \tag{3-48}$$

式中：T——面层厚度（mm）；

v——电磁波在路面材料中的传播速度（mm/ns）；

Δt——雷达波在路面面层中的双程走时时间（ns）。

（2）按数理统计方法，计算一个测试路段的厚度平均值、标准差，并计算厚度代表值。

4. 报　告

报告应包括以下技术内容：

（1）测试路段信息（起止桩号、路面结构层材料类型等）。

（2）电磁波在路面材料中的传播速度、面层厚度。

（3）测试路段的厚度平均值、标准差、代表值。

四、路面结构层厚度评定

对路段内路面结构层厚度按代表值的允许偏差和单个合格值的允许偏差进行评定。厚度代表值为厚度的算术平均值的下置信界限值，即

$$h_1 = \bar{h} - S \cdot \frac{t_\alpha}{\sqrt{n}} \tag{3-49}$$

式中：h_1—— 厚度代表值；

$\overline{h}$ —— 厚度平均值；

S—— 标准差；

n—— 检查数量；

t_α —— t分布中随测点数和保证率（或置信度α）而变的系数。可查附表二。

采用的保证率：

高速公路、一级公路基层、底基层为 99%，面层为 95%。

其他公路基层、底基层为 95%，面层为 90%。

当厚度代表值大于或等于设计厚度减去代表值允许偏差时，则按单个检查值的偏差不超过单点合格值来计算合格率；当厚度代表值小于设计厚度减去代表值允许偏差时，该评定路段厚度不合格，则相应分项工程评为不合格。

沥青面层宜按沥青铺筑层总厚度进行评定，高速公路和一级公路分 2 ~ 3 层铺筑时，还应进行上面层厚度检查和评定。

五、例题分析

【例 3-6】某高速公路的某一路段水泥混凝土路面板厚度检测数据如表 3-43 所示。保证率为 95%，设计厚度 $h_d = 25$ cm，代表值允许偏差 $\Delta h = -5$ mm，合格值允许偏差 $\Delta h' = -10$ mm，极值允许偏差 $\Delta h'' = -15$ mm。试对该路段的板厚进行评价。

表 3-43　水泥混凝土路面板厚度检测结果　　cm

序号	1	2	3	4	5	6	7	8	9	10	11	12	13	14	15
厚度 h_i	25.1	24.8	25.1	24.6	24.7	25.4	25.2	25.3	24.7	24.9	24.9	24.8	25.3	25.3	25.2
序号	16	17	18	19	20	21	22	23	24	25	26	27	28	29	30
厚度 h_i	25.0	25.1	24.8	25.0	25.1	24.7	24.9	25.0	25.4	25.2	25.1	25.0	25.0	25.5	25.4

解：经计算得：$\overline{h} = 25.1\,\text{cm}$，$S = 0.24$ cm。

根据 $n = 30$，$\alpha = 95\%$，查表得：$t_a / \sqrt{n} = 0.310$。

厚度代表值 $h_1 = \overline{h} - S \cdot t_a / \sqrt{n} = 25.1 - 0.310 \times 0.24 = 25.0\,\text{cm}$。

因为 $h_1 > h_d - \Delta h = 24.5\,\text{cm}$，所以该路段的板厚整体满足要求。

又因为该路段极值允许偏差为 – 15 mm，最小实测厚度 24.6 cm>25 – 1.5 = 23.5 cm，规范要求的高速公路水泥混凝土面层合格值为 – 10 mm，最小实测厚度 24.6 cm > 25 – 1=24（cm）。

所以该路段板厚合格率为 100 %。

任务 3.7　路面抗滑性能检测

一、概　述

路面的表面具有足够的抗滑能力的路面表面是保证车辆正常、安全行驶的必要条件。若路面抗滑能力不足，汽车启动会发生空转打滑现象；汽车在弯道上行驶时，会产生侧滑滑移；汽车紧急制动时，所需的制动距离会增长。这些现象都容易引发交通事故。因此，抗滑性能是路面的一项非常重要的安全质量评定指标。

通常抗滑性能被看作是路面的表面特性，并用轮胎与路面间的摩阻系数来表示。表面特性包括路表面微观构造（通常用石料磨光值 *PSV* 表示）和宏观构造（用构造深度表示）。影响抗滑性能的因素有路面表面特性、路面潮湿程度和行车速度。

抗滑性能测试方法有：构造深度测试法（手工铺砂法、电动铺砂法、激光构造深度仪法）、摆式仪法、横向力系数测试法等。各方法的特点和测试指标如表 3-44。

表 3-44　路面抗滑性能测试方法比较

测试方法	测试指标	原　理	特点及适用范围
制动距离法	摩阻系数 *f*	以一定速度在潮湿路面上行驶的 4 轮小客车或轻货车，当 4 个车轮被制动时，测试出车辆减速滑移到停止的距离，运用动力学原理，算出摩阻系数	测试速度快，但必须中断交通
摆式仪法	摩阻摆值 *BPN*	摆式仪的摆锤底面装一橡胶滑块，当摆锤从一定高度自由下摆时，滑块面同试验表面接触。由于两者间的摩擦而损耗部分能量，使摆锤只能回摆到一定高度。表面摩擦阻力越大，回摆高度越小（即摆值越大）	定点测量，原理简单，不仅可以用于室内，而且可用于野外测试沥青路面及无刻槽水泥混凝土路面的抗滑性能
手工铺砂法 电动铺砂法	构造深度 *TD*/mm	将已知体积的砂摊铺在所要测试路表的测点上，量取摊平覆盖的面积。砂的体积与所覆盖平均面积的比值，即为构造深度	定点测量，原理简单，便于携带，结果直观。适用于测试沥青路面及无刻槽水泥混凝土路面表面构造深度，用以评定路面表面的宏观粗糙度，排水性能及抗滑性能
激光构造深度测试法	构造深度 *TD*/mm	中子源发射的许多束光线，照射到路表面的不同深度处，用 200 多个二极管接收返回的光束，利用二极管被点亮的时间差算出所测路面的构造深度	测试速度快，适用于测试沥青路面干燥表面的构造深度，用以评价路面抗滑及排水能力，但不适用于许多坑槽、显著不平整或裂缝过多的路段
摩阻系数测试车测试路面横向系数	横向力系数 *SFC*	测试车安装有两只标准试验轮胎，它们对车辆行驶方向偏转一定的角度。汽车以一定速度在潮湿路面上行驶时，试验轮胎受到侧向摩阻作用。此摩阻力除以试验轮胎上的载重，即为横向力系数	测试速度快，用于标准的摩阻系数测试车测试沥青或水泥混凝土路面的横向力系数，结果作为竣工验收或使用期评定路面抗滑能力的依据

本任务主要介绍几种常见的测试方法。

二、路面构造深度检测

路面的宏观构造深度是指一定面积的路表面凹凸不平的开口孔隙的平均深度。它是影响抗滑性能的重要因素之一。本方法适用于测定沥青路面及无刻槽水泥混凝土路面表面构造深度，用以评定路面的宏观粗糙度、路面表面的排水性能及抗滑性能。

（一）手工铺砂法测试路面构造深度

1. 检测器具与材料

（1）手工铺砂仪：由量砂筒、推平板组成。

① 量砂筒：形状尺寸如图 3-31。一端是封闭的，容积为（25 ± 0.15）mL，可通过称量砂筒中水的质量以确定其容积 V，并调整其高度，使其容积符合规定。带一专门的刮尺，可将筒口量砂刮平。

② 推平板：形状如图 3-32。推平板应为木制或铝制，直径 50 mm，底面粘一层厚 1.5 mm 的橡胶片，上面有一圆柱把手。

（2）量砂：足够数量的干燥洁净的匀质砂，粒径（0.15 ~ 0.30）mm。

（3）量尺：钢板尺或采用构造深度尺。

（4）其他：装砂容器（小铲）、扫帚或毛刷、挡风板等。

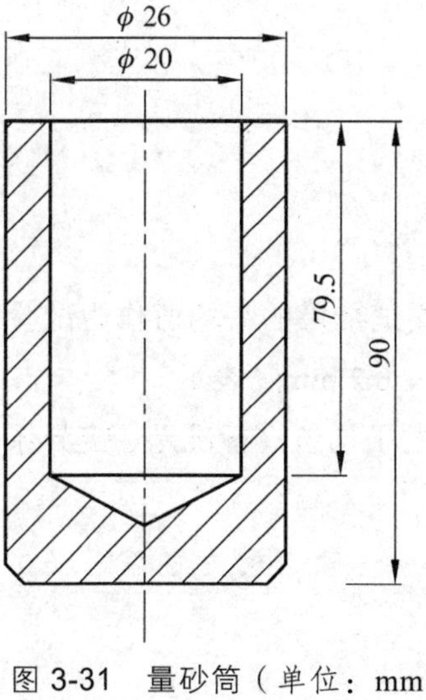

图 3-31　量砂筒（单位：mm）

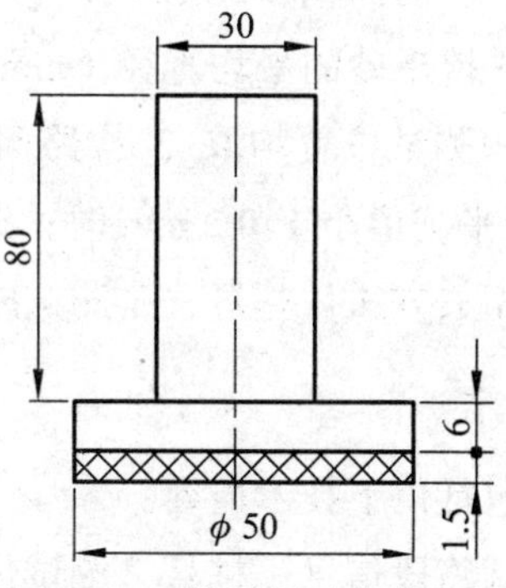

图 3-32　推平板（单位：mm）

2. 方法与步骤

（1）准备工作。

① 量砂准备：将洁净的细砂，晾干过筛，取（0.15 ~ 0.30）mm 的砂置适当的容器中备用。试验时，量砂只能在路面上一次性使用，不得重复使用。

② 确定测点：按照任务 3.1 的方法选取路段测点横断面位置，同时测点应选在行车道的轮迹带位置，且距路面边缘不得小于 1 m。

（2）测试步骤。

① 用扫帚或毛刷将测点附近的路面清扫干净，面积不少于 30 cm × 30 cm。

② 用小铲向圆筒中缓慢注入准备好的量砂至高出量筒成尖顶状，手提圆筒上部，用钢尺轻轻叩打圆筒中部 3 次，并用钢尺沿筒口一次刮平。注意，不可直接用量砂筒装量砂，以免影响量砂密度的均匀性。

③ 将砂倒在路面上，用推平板由里向外重复作摊铺运动，稍稍用力将砂向外均匀摊开，使砂填入路表面的空隙中，尽可能将砂摊成圆形，并不得在表面上留有浮动余砂。注意摊铺时不可用力过大或向外推挤。

④ 用钢板尺测量所构成圆的两个垂直方向的直径，取其平均值，准确至 1 mm，也可用专用尺直接测量其构造深度。

⑤ 按上述方法，同一处平行测试不少于 3 次，3 个测点均位于轮迹带上，测点间距（3 ~ 5）m。对同一处测试应该由同一个试验员进行测试。该处的测试位置以中间测点的位置表示。

3. 计　算

（1）路面表面构造深度测试点结果按式（3-50）计算：

$$TD = \frac{1\,000V}{\pi D^2/4} = \frac{31\,831}{D^2} \qquad (3\text{-}50)$$

式中：TD —— 路面构造深度（mm）；

V —— 砂的体积（25 cm^3）；

D —— 摊平砂的平均直径（mm）。

（2）每一测试位置均取 3 次路面构造深度的测试结果的平均值作为试验结果，准确至 0.01 mm。当平均值小于 0.2 mm 时，试验结果以“< 0.2 mm”表示。

（3）按相关方法计算每一个测试路段构造深度的平均值、标准差、变异系数。

4. 报　告

报告应包括以下技术内容：

（1）测试路段信息（桩号、测试位置等）。

（2）构造深度。

（3）测试路段的构造深度的平均值、标准差及变异系数。

试验记录格式见表 3-45。

表 3-45　路面构造深度试验检测记录（手工铺砂法）

检测单位名称：　　　　　　　　　　　　　　　　　　　　　　　　　　　　记录编号：

工程名称				任务编号		
工程部位/用途				样品编号		
样品信息						
试验检测日期				试验条件		
检测依据				判定依据		
主要仪器设备名称及编号						
结构层次			路面类型			
桩号	横距/m	摊铺直径/mm			构造深度/mm	
		1	2	平均值	单值	平均
测点数		平均值/mm		变异系数/%		标准差/mm
附加声明：						

检测：　　　　　　　记录：　　　　　　　复核：　　　　　　　日期：　　年　　月　　日

（二）电动铺砂仪测试路面构造深度

本方法适用于测试沥青路面及无刻槽水泥混凝土路面表面构造深度，用以评定路面表面抗滑性能。

1. 检测器具及材料

（1）电动铺砂仪。利用可充电的直流电源将量砂通过砂漏铺设成宽度 5 cm，厚度均匀一致的器具，如图 3-33 所示。

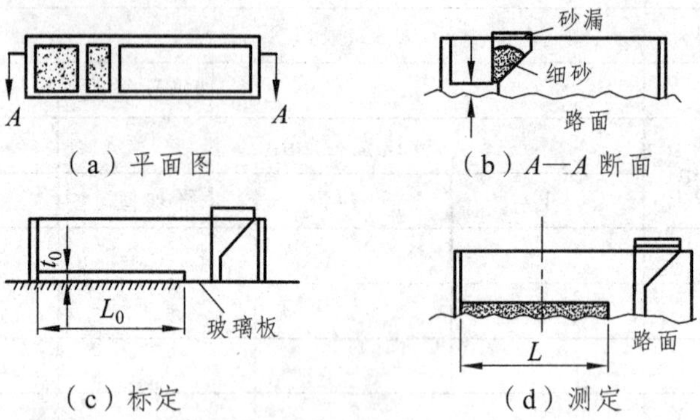

图 3-33　电动铺砂仪示意

（2）量砂：足够数量的干燥洁净的匀质砂，粒径为 0.15 ~ 0.30 mm。

（3）标准量筒：容积 50 mL。

（4）玻璃板：面积大于铺砂器，板厚不小于 5 mm。

（5）其他：直尺、灌砂漏斗、扫帚、毛刷等。

2. 方法与步骤

（1）准备工作。

① 量砂准备：取洁净的细砂，晾干过筛。取 0.15 ~ 0.30 mm 的砂置适当的容器中备用。试验时，量砂只能一次性使用，不得重复使用。

② 确定测点：按任务 3.1 规定的方法选取路段测点横断面位置。同时测点应选在车道的轮迹带位置，且距路边缘不得小于 1 m。

（2）电动铺砂仪标定

① 将铺砂仪平放在玻璃板上，将砂漏移至铺砂器起始端部。

② 将灌砂漏斗口和量筒口大致齐平。通过漏斗向量筒中缓缓注入准备好的量砂至高出量筒成尖顶状，用直尺沿筒口一次刮平，其容积为 50 mL。

③ 使漏斗口与铺砂器砂漏斗上口大致齐平。将砂通过漏斗均匀倒入砂漏，倒入过程中漏斗前后移动，使砂的表面大致齐平，但不得用任何其他工具刮动砂。

④ 启动开关，使砂漏向另一端缓缓运动，量砂沿砂漏底部铺成图 3-34 所示的宽 50 mm 的带状，待砂全部漏完后停止。

⑤ 按图 3-34，依式（3-51），由 L_1 及 L_2 的平均值决定量砂的摊铺长度 L_0，准确至 1 mm。

$$L_0 = \frac{L_1 + L_2}{2} \tag{3-51}$$

式中：L_0——玻璃板上 50 mL 量砂摊铺的长度（mm）；

L_1、L_2——按图 3-34 的方法量取的摊铺长度（mm）。

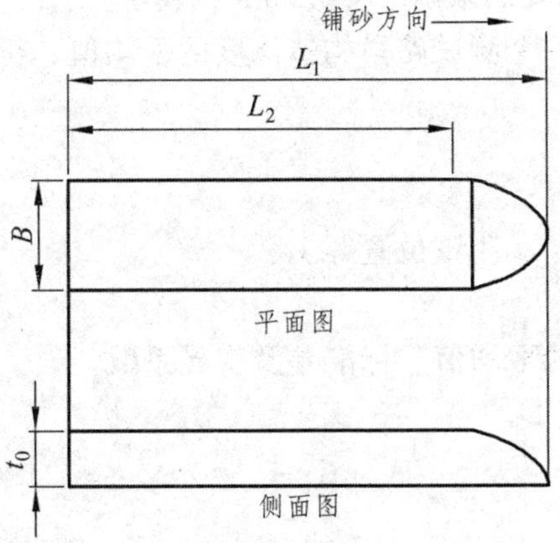

图 3-34　决定 L_0 及 L 的方法

⑥ 重复标定 3 次，取平均值决定 L_0，准确至 1 mm。标定应在每次测试前进行，用同一种量砂，由同一测试人员进行。

（2）测试步骤。

① 将测试地点用毛刷刷净，面积大于铺砂仪。

② 将铺砂仪沿道路纵向平稳地放在路面上，将砂漏移至端部。

③ 按电动铺砂仪标定步骤 2（1）②~⑤相同步骤，在测试地点摊铺 50 mL 量砂，按图 3-34 方法量取摊铺长度 L_1 及 L_2，由式（3-52）计算 L，准确至 1 mm。

$$L = (L_1 + L_2)/2 \tag{3-52}$$

④ 按以上方法，同一处平行测试不少于 3 次，3 个测点均位于轮迹带上，测点间距为（3 ~ 5）m。该处的测试位置以中间测点的位置表示。

3. 计　算

（1）铺砂仪在玻璃板上摊铺的量砂厚度 t_0（mm）为：

$$t_0 = \frac{V}{B \times L_0} \times 1\,000 = \frac{1\,000}{L_0} \tag{3-53}$$

式中：t_0——量砂在玻璃板上摊铺的标定厚度（mm）；

V—— 量砂体积，50 mL；

B—— 铺砂仪铺砂宽度，50 mm。

（2）路面构造深度按式（3-54）计算：

$$TD = \frac{L_0 - L}{L} \times t_0 = \frac{L_0 - L}{L \times L_0} \times 1000 \tag{3-54}$$

式中：TD—— 路面的构造深度（mm）。

（3）每一处均取 3 次路面构造深度的测试结果的平均值作为试验结果，准确至 0.1 mm。当平均值小于 0.2 mm 时，试验结果以“< 0.2 mm”表示。

（3）按相关方法计算每一个测试路段构造深度的平均值、标准差、变异系数。

4. 报　告

报告应包括以下技术内容：

（1）测试路段信息（桩号、测试位置等）。

（2）构造深度。

（3）测试路段构造深度的平均值、标准差及变异系数。

试验记录格式见表 3-46。

表 3-46 路面构造深度试验检测记录（电动铺砂仪法）

试验室名称：　　　　　　　　　　　　　　　　　　　　　　　　　记录编号：

工程名称			任务编号	
工程部位/用途			样品编号	
样品信息				
试验检测日期			试验条件	
检测依据			判定依据	
主要仪器设备名称及编号				
结构层次		路面类型		

电动铺砂器标定	L_1/mm	L_2/mm	平均/mm	量砂摊铺长度 L_0/mm

桩号	横距/m	摊铺直径/mm			构造深度/mm	
		1	2	平均值	单值	平均

测点数		平均值/mm		变异系数/%		标准差/mm	

附加声明：

检测：　　　　　　记录：　　　　　　复核：　　　　　　日期：　　年　　月　　日

（三）车载式激光构造深度仪测试路面构造深度

车载式激光构造深度仪是智能化仪器，适用于在新建、改建路面工程质量验收和无严重破损病害及无积水、积雪、泥浆等正常行车条件下连续采集路面构造深度，但不适用于带有沟槽构造的水泥混凝土路面。

1. 检测器具与材料

测试系统由承载车、距离传感器、激光传感器和主控制单元组成，配备的专用软件应自动控制进行数据采集、传输、记录和数据处理。其主要技术要求如下：

（1）最大测试速度：≥50 km/h。

（2）采样间隔：≤5 mm。

（3）传感器垂直测距示值误差：≤0.1 mm。

（4）距离标定误差：< 0.1%。

2. 方法与步骤

（1）准备工作。

① 设备安装到承载车上以后应按本方法第 4 条的规定进行相关性试验。

② 对测试系统各传感器进行自标定。

③ 现场安装距离测量装置时，应确保机械紧固装置安装牢固。

④ 打开测试系统电源，启动控制程序，检查各部分的工作状态，并预热测试系统。

（2）测试步骤。

① 承载车停在测试起点前（50 ~ 100）m 处，启动测试系统程序，按照测试路段的现场技术要求设置完毕所需的测试状态。

② 驾驶员应按照规定的测试速度范围驾驶承载车，避免急加速和急减速，急弯路段应放慢车速，沿正常行车轨迹驶入测试路段。

③ 进入测试路段后，测试人员启动控制单元的采集和记录程序，在测试过程中必须及时准确地将测试路段的起终点和其他需要特殊标记的位置输入测试数据记录中。

④当承载车驶出测试路段后，测试人员停止数据采集和记录，并恢复仪器各部分至初始状态。

⑤ 检查测试数据文件应完整，内容应正常，否则需要重新测试。

⑥ 关闭测试系统电源，结束测试。

3. 数据处理

按相关方法计算每一个测试路段构造深度的平均值、标准差、变异系数。

4. 激光构造深度仪测值与手工铺砂法构造深度值相关性试验

（1）选择构造深度分别在 0 ~ 0.3、0.3 ~ 0.55、0.55 ~ 0.8、0.8 ~ 1.2 范围的 4 段长度分别为 100 m 的试验路段。试验前将路面清扫干净，并在起终点作上标记。

（2）在每个试验路段上沿一侧行车轮迹用铺砂法测试至少 10 点的构造深度值，并计算平均值。

（3）驾驶承载车以 30 ~ 50 km/h 速度驶过试验路段，并且保证激光构造深度仪的激光传感器探头沿铺砂法所测构造深度的行车轮迹运行，计算试验路段的构造深度平均值。

（4）建立两种方法的相关关系式，要求相关系数 R 不小于 0.97。

5. 报　告

报告应包括以下技术内容：

（1）测试路段信息（桩号、测试位置等）。

（2）测试路段构造深度的平均值、标准差及变异系数。

（3）若进行相关性试验，还应报告相关性关系式及相关系数。

三、路面摩擦系数测试

（一）指针式摆式仪测试路面摩擦系数

摆式仪法的测试指标是摆值，以 *BPN* 表示。路面的抗滑摆值是指标准的手提式摆式摩阻系数测试仪（摆式仪）测试路面在潮湿条件下对摆的摩擦阻力的一个指标。

摆式仪属于轻便型测量仪器，它具有结构简单、操作方便、数据稳定的优点，如图 3-35 所示。但它毕竟是一种比照试验法，其试验条件与路面实际行车条件没有直接关系，故有一定的局限性。摆式仪法适用于测试沥青路面或无刻槽水泥路面的摆式摩擦系数值 *BPN*，用以评定路面在潮湿状态下的抗滑能力。

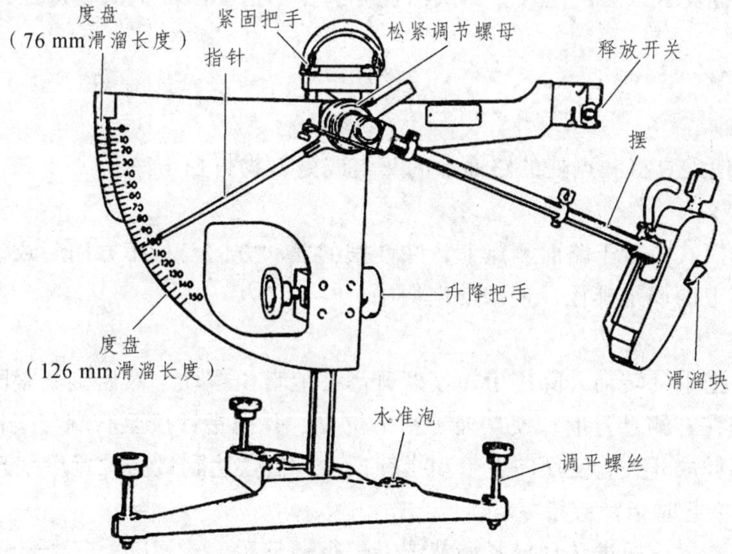

图 3-35　指针式摆式仪结构示意

1. 检测器具及材料

（1）指针式摆式仪：形状及结构见图 3-35 所示。测试时由人工通过指针在度盘上直接读值，摆值最小刻度为 2。

（2）橡胶片：尺寸为 6.35 mm × 25.4 mm × 76.2 mm。橡胶质量应符合表 3-47 的要求。当橡胶片使用后，端部在长度方向上磨耗超过 1.6 mm 或边缘在宽度方向上磨耗超过 3.2 mn，或有油类污染时，即应更换新橡胶片。新橡胶片应先在干燥路面上测试 10 次后再用于测试。橡胶片的有效使用期从出厂日期起算为 12 个月。

（3）滑动长度量尺：长度 126 mm。

（4）喷水壶。

（5）路面温度计：分度不大于 1 °C。

（6）其他：毛刷或扫帚、记录表格等。

表 3-47　橡胶物理性质技术要求

性质指标	温度/ °C				
	0	10	20	30	40
回弹值/%	43 ~ 49	58 ~ 65	66 ~ 73	71 ~ 77	74 ~ 79
硬度/HD	55 ± 5				

2. 方法与步骤

（1）准备工作。

① 检查指针式摆式仪的调零灵敏情况，并定期进行滑块压力的标定。

② 按任务 3.1 的方法选择测试位置，每个测试位置布设了 3 个测点，测点间距为 3 ~ 5 m，以中心测点的位置表示该测试位置。测试位置应选在车道横断面上的轮迹处，距路面边缘不应小于 1 m。

（2）测试步骤。

① 清洁路面。

用扫帚或其他工具将测点处的路面上的灰尘或附着物打扫干净。

② 仪器调平。

a. 将指针式摆式仪置于路面测点上，并使摆的摆动方向与行车方向一致。

b. 转动底座上的调平螺栓，使水准泡居中。

③ 指针调零。

a. 放松紧固把手，转动升降把手，使摆升高并能自由摆动，然后旋紧紧固把手。

b. 将摆固定在右侧悬臂上，使摆处于水平位置，并把指针拨至右端与摆杆贴紧。

c. 右手按下释放开关，使摆向左带动指针摆动。当摆达到最高位置后刚开始下落时，用左手将摆杆接住，此时指针应指零。

d. 指针若不指零，通过转动松紧调节螺母进行调整后，重复以上三个步骤，直至指针指零，调零允许误差为 ± 1 。

④ 校核滑动长度

a. 让摆处于自然下垂状态，松开固定把手，转动升降把手使摆下降，并提起举升柄使摆向左侧移动，然后放下举升柄使橡胶片下缘轻轻触地，在边侧紧靠橡胶片摆放滑动长度量尺，使量尺左端对准橡胶片下缘；再提起举升柄使摆向右侧移动，然后放下举升柄使橡胶片下缘轻轻触地，检查橡胶片下缘应与滑动长度量尺的右端齐平。若齐平，则说明橡胶片两次触地的距离（滑动长度）符合（126 ± 1）mm 的要求。左右两次橡胶片长边边缘应以刚刚接触路面为准，不可借摆的力量向前滑动，以免标定的滑动长度与实际不符。

b. 橡胶片两次触地与量尺两端若不齐平，通过升高或降低摆或仪器底座的高度进行微调。微调时，也可用旋转仪器底座上的调平螺丝调整仪器底座的高度的方法，但需注意保持水准泡居中。

c. 重复 a ~ b 的步骤，直至滑动长度符合（126 ± 1）mm 的要求。

⑤ 将摆固定在右侧悬臂上，使摆处于水平位置，并把指针拨至右端靠紧摆杆。

⑥ 用喷水壶浇洒测点处路面，使之处于湿润状态。

⑦ 按下右侧悬臂上的释放开关，使摆在路面滑过，当摆杆回落时，用手接住摆杆并读数，但不作记录。

⑧ 重复⑤ ~ ⑦的规定，重复操作 5 次，读记每次测试的摆值。5 个摆值中最大值与最小值的差值不得大于 3。如差值大于 3 时，应重复上述各项操作，至符合规定为止。

⑨ 在测点处用温度计测记潮湿路表温度，准确至 1 °C。

⑩ 重复① ~ ⑨，完成一个测试位置 3 个测点的摆值测试。

3. 数据处理

（1）计算每个测点 5 个摆值的平均值作为该测点的摆值 BPN_t，取整数。

（2）摆值的温度修正

当路面温度为 t（°C）时，测得的摆值 BPN_t 应按式（3-55）换算成标准温度 20 °C 的摆值 BPN_{20}。

$$BPN_{20} = BPN_t + \Delta BPN \tag{3-55}$$

式中：BPN_{20}—— 换算成标准温度 20 °C 的摆值；

BPN_t—— 路面温度 t 时测得的摆值；

ΔBPN —— 温度修正值，按表 3-48 采用。

表 3-48　温度修正值

温度/ °C	0	5	10	15	20	25	30	35	40
温度修正值	− 6	− 4	− 3	− 1	0	+ 2	+ 3	+ 5	+ 7

（3）计算每个测试位置 3 个测点摆值的平均值为该测试位置的摆值，取整数。

（4）按相关方法，计算一个测试路段摆值的平均值、标准值、变异系数。

5. 报　告

报告应包括以下技术内容：

（1）测试路段信息（桩号、测试位置等）。

（2）每个测试位置的摆值（3 个测点的平均值）。

（3）测试路段摆值的平均值、标准差及变异系数。

试验记录格式见表 3-49。

表 3-49　路面摩擦系数试验检测记录（摆式仪法）

检测单位名称：　　　　　　　　　　　　　　　　　　　　　　　　　　记录编号：

工程名称							任务编号			
工程部位/用途							样品编号			
样品信息										
试验检测日期							试验条件			
检测依据							判定依据			
主要仪器设备名称及编号										
天气情况							结构部位			
桩号	摆值 *FBT*（*BPN*）						抗滑均值 $\overline{BPN}$	路面温度（°C）	修正值 ΔBPN	修正后 BPN_{20}
	1	2	3	4	5	平均				
平均值 $\overline{BPN}$			标准差 S				变异系数/%			
附加声明：										

检测：　　　　　　　记录：　　　　　　　复核：　　　　　　　日期：　　年　　月　　日

（二）数字式摆式仪测试路面摩擦系数

数字式摆式仪测试路面摩擦系数的方法适用于测试沥青路面和无刻槽水泥路面的摆式摩擦系数值 *BPN*。

1. 检测器具及材料

（1）数字式摆式仪：形状及结构如图 3-36 所示。数字式摆式仪主机可输入测点编号，自动测量、存储和显示摆值及温度修正后的结果。

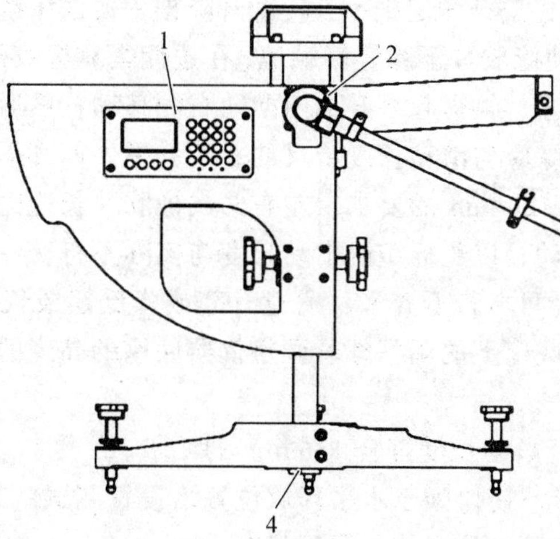

1—主机；2—角度传感器；3—摆；4—温度传感器

图 3-36 数字式摆式仪结构示意

（2）橡胶片：各项要求与（一）相同。

（3）滑动长度量尺：长度 126 mm。

（4）喷水壶。

（5）路面温度计：分度不大于 1 °C。

（6）其他：毛刷或扫帚、记录表格等。

2. 方法与步骤

（1）准备工作。

① 检查数字式摆式仪的调零灵敏情况，并定期进行滑块压力的标定。

② 按任务 3.1 的方法，选择测试位置，每个测试位置布设了 3 个测点，测点间距为（3 ~ 5）m，以中心测点的位置表示该测试位置。测试位置应选在车道横断面上的轮迹处，且距路面边缘不应小于 1 m。

（2）测试步骤。

① 清洁路面。

用扫帚或其他工具将测点处的路面上的浮尘或附着物打扫干净。

② 仪器调平。

a. 将数字式摆式仪置于路面测点上，并使摆的摆动方向与行车方向一致。

b. 转动底座上的调平螺栓，使水准泡居中。

③ 零位标定。

a. 放松紧固把手，转动升降把手，使摆升高并能自由摆动，然后旋紧紧固把手。

b. 将摆固定在右侧悬臂上，使摆处于水平位置。

c. 打开数字式摆式仪主机电源，设置测试状态为“标定”，按下释放开关，使摆向左摆动，当摆达到最高位置后下落时，用手将摆杆接住，此时数字化摆式仪将自动记录空摆时的初始角度，保存此初始角度，完成零位标定。

④ 校核滑动长度

a. 让摆处于自然下垂状态，松开固定把手，转动升降把手使摆下降，并提起举升柄使摆向左侧移动，然后放下举升柄使橡胶片下缘轻轻触地，在边侧紧靠橡胶片摆放滑动长度量尺，使量尺左端对准橡胶片触地下缘；再提起举升柄使摆向右侧移动，然后放下举升柄使橡胶片下缘轻轻触地，检查橡胶片下缘应与滑动长度量尺的右端齐平。若齐平，则说明橡胶片两次触地的距离（滑动长度）符合 126 mm 的要求。左右两次橡胶片长边边缘应以刚刚接触路面为准，不可借摆的力量向前滑动，以免标定的滑动长度与实际不符。

b. 橡胶片两次触地与量尺两端若不齐平，通过升高或降低摆或仪器底座的高度进行微调。微调时，也可用旋转仪器底座上的调平螺丝调整仪器底座的高度的方法，但需注意保持水准泡居中。

c. 重复 a ~ b 的步骤，直至滑动长度符合 126 mm 的要求。

⑤ 将摆固定在右侧悬臂上，使摆处于水平释放位置，设置测试状态为“就绪”。

⑥ 用喷水壶浇洒测点处路面，使之处于湿润状态。

⑦ 按下右侧悬臂上的释放开关，使摆在路面滑过，当摆杆回落时，用手接住摆杆并读数，但不做记录。然后使摆杆重新置于水平释放位置。

⑧ 按照⑤ ~ ⑦的规定，重复操作 5 次，读记每次测试的摆值。5 个摆值中最大值与最小值的差值不得大于 3。如差值大于 3 时，应检查产生的原因，并再次重复上述各项操作，至符合规定为止。

⑨ 在测点处用温度计测记潮湿路表温度，准确至 1 °C。

⑩ 重复① ~ ⑨，完成一个测试位置 3 个测点的摆值测试。

3. 数据处理

（1）计算每个测点 5 个摆值的平均值作为该测点的摆值 BPN_t，取整数。

（2）每个测点的摆值按照（一）的规定进行温度修正。

（3）计算每个测试位置 3 个测点摆值的平均值为该测试位置的摆值，取整数。

（4）按相关方法，计算一个测试路段摆值的平均值、标准值、变异系数。

4. 报　告

报告应包括以下技术内容：

（1）测试路段信息（桩号、测试位置等）。

（2）每个测试位置的摆值（3 个测点的平均值）。

（3）测试路段摆值的平均值、标准差及变异系数。

（三）单轮式横向力系数测试系统测试路面摩擦系数

路面横向力系数是指当测试轮与行车方向成 20°偏角且以一定速度行驶时，专用轮胎与潮湿路面之间的测试轮轴向摩擦阻力与垂直荷载的比值，代号为 *SFC*，无量纲。本方法适用于单轮式横向力系数测试系统在新建、改建路面工程质量验收和无严重坑槽、车辙等病害的正常行车条件下连续采集路面的横向力系数。

1. 检测器具与材料

横向力系数测试系统由承载车、距离测试装置、横向力测试装置、供水装置和主控制单元组成，如图 3-37。主控制单元除实施对测试装置和供水装置的操作控制外，同时还控制数据的传输、记录与计算等环节。其主要技术要求如下：

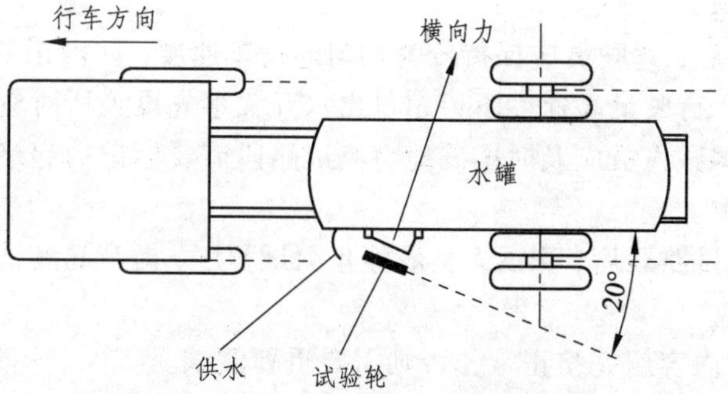

图 3-37　单轮式横向力系数测试系统构造示意

（1）承载车应能够固定和安装测试、储供水、控制和记录等系统的载重车底盘，具有在水罐满载状态下最高车速大于 100 km/h 的性能。

（2）测试轮胎类型：光面天然橡胶充气轮胎。

（3）测试轮胎规格：3.00-20-4PR。

（4）测试轮胎标准气压：（3.5 ± 0.2）kg/cm^2。

（5）测试轮偏置角：19.5° ~ 21°。

（6）测试轮静态垂直标准荷载：（$2\,000 \pm 20$）N。

（7）拉力传感器非线性误差：< 0.05%。

（8）拉力传感器有效量程：0 ~ 2 000 N。

（9）距离标定误差：< 2%。

2. 方法与步骤

（1）准备工作。

① 每个测试项目开始前或连续测试超过 1 000 km 后必须按照规定的方法进行测试系统应力传感器的标定，记录下标定数据并存档。

② 检查测试车轮胎气压，应达到车辆轮胎规定的标准气压。

③ 检查测试轮胎磨损情况，当其直径比新轮胎减小达 6 mm（也即胎面磨损 3 mm）以上或有明显磨损或裂口时，必须更换新轮胎。更换的新轮胎在正式测试前应试测约 2 km。

④ 检查测试轮气压，应达到（3.5 ± 0.2）kg/cm^2 的要求。

⑤ 检查测试轮固定螺栓必须拧紧。将测试轮放到正常测试时的位置，检查其应能够沿两侧滑柱上下自由升降。

⑥ 根据测试里程的需要向水罐加注足够用量的清洁测试用水。

⑦ 当出水控制为固定式开关时，需将开关设置在对应的测试速度位置，放下测试轮并检查洒水口出水情况和洒水位置；洒水位置应在测试轮触地面中点沿行驶方向前方（400 ± 50）mm处，洒水宽度应为中心线两侧各不小于约 75 mm。

⑧ 启动控制单元，检查各项功能和技术参数选择状态均应正常。

（2）测试步骤

① 正式开始测试前，首先应按规定的时间要求启动控制单元进行通电预热。

② 进入测试路段前，测试人员设置所需的系统技术参数，并将测试轮胎至少提前 500 米降至路面上进行预跑。

③ 进入测试路段后，驾驶员应保持较为均匀的行车速度，并沿正常行车轨迹行驶。当为固定出水控制方式时，行驶最高速度不得超过出水开关事先设置所对应的速度。

④ 测试过程中，测试人员应及时准确地将测试路段需要标记的起终点和其他特殊点的位置输入测试数据记录中。

⑤ 承载车驶出测试路段后，测试人员应停止测试程序，提升起测试轮并恢复仪器各部分至初始状态。

⑥ 检查数据文件内容应完整正常，否则需要重新测试。

⑦ 关闭测试系统电源，结束测试。

3. 数据处理

（1）*SFC* 值的速度修正

以测试结果使用时所需的速度作为标准测试速度，其他测试速度条件下测试的 *SFC* 值应通过式（3-56）转换至标准速度下的等效 *SFC* 值。

$$SFC_{标} = SFC_{测} - 0.22(v_{标} - v_{测}) \tag{3-56}$$

式中：$SFC_{标}$——标准测试速度下的等效 *SFC* 值；

$SFC_{测}$——现场实际测试速度条件下的 *SFC* 测试值；

$v_{标}$——标准测试速度，km/h；

$v_{测}$——现场实际测试速度。

（2）*SFC* 值的温度修正

测试系统的标准现场测试地面温度范围为（20 ± 5）°C，其他地面温度条件下测试的 *SFC* 值必须通过表 3-50 转换至标准温度下的等效 *SFC* 值。系统测试要求控制在 8 ~ 60 °C 的地面温度范围内。

表 3-50　*SFC* 值温度修正　　°C

温度	10	15	20	25	30	35	40	45	50	55	60
修正	− 3	− 1	0	+1	+3	+4	+6	+7	+8	+9	+10

（3）按照相关方法，计算一个测试路段 *SFC* 值的平均值、标准值、变异系数。

4. 不同类型摩擦系数测试设备间相关性试验

（1）基本要求。

当制动式摩擦系数测试设备或其他类型横向力式测试设备需换算成 SFC 使用时，应进行相关性试验，建立其他类型测试结果与 *SFC* 值的相关性关系。

（2）试验条件

① 按 *SFC* 值 0 ~ 30、30 ~ 50、50 ~ 70、70 ~ 100 的范围选择 4 段不同摩擦系数的路段，路段长度可为（100 ~ 300）m。

② 试验路段地面应清洁干燥，地面温度应在（10 ~ 30）°C 范围内，天气条件选择在晴天无风条件。

（3）试验步骤

① 测试系统和需要进行相关性试验的其他类型设备分别按 2（1）的方法准备就绪。

② 两套设备分别以 40 km/h、50 km/h、60 km/h、70 km/h、80 km/h 的速度在所选择的 4 种试验路段上各测试 3 次，3 次测试的平均值的绝对差值不得大于 5，否则重测。

③ 两种试验设备设置的采样频率差值不应超过一倍，每个试验路段的采样数据量不应少于 10 个。

（4）试验数据处理

① 分别计算出每种速度下各路段 3 次测试结果的总平均值和标准差，超过 3 倍标准差的值应予以舍弃。

② 用数理统计的回归分析方法建立试验设备测值与速度的相关关系式，相关系数 *R* 不得小于 0.95。

③ 建立不同速度下试验设备测值 *SFC* 的相关性关系式，相关系数 *R* 不得小于 0.95。

5. 报　告

报告应包括以下技术内容：

（1）测试路段信息（桩号、测试位置等）。

（2）测试速度、温度。

（3）测试路段横向力系数 *SFC* 的平均值、标准差、代表值。

（4）若进行相关性试验，还应报告相关性关系式及相关系数。

6. 路面横向力系数评定

横向力摩擦系数使用代表值进行工程质量评定，按路面 *SFC* 的设计或验收标准值评定路面抗滑性合格与否。

SFC 代表值为 *SFC* 算术平均值的下置信界限值，即

$$SFC_\gamma = \overline{SFC} - \frac{t_\alpha}{\sqrt{n}} \cdot S \tag{3-57}$$

式中：SFC_γ——*SFC* 代表值；

$\overline{SFC}$——*SFC* 算术平均值；

S——标准差；

n——采集数据样本数量；

t_α——t 分布中随测点数和保证率（或置信度 α）而变的系数。可查表。采用的保证率：高速公路、一级公路为 95%；其他公路为 90%。

当 *SFC* 代表值不小于设计值或验收标准时，应以所有单个 *SFC* 值计算合格率；当 *SFC* 代表值小于设计或验收标准值时，该路段应为不合格。

任务 3.8　沥青路面渗水系数检测

一、概　述

大气降水（雨、雪）通过路面孔隙或裂缝渗入沥青路面结构中，会导致基层承载力下降、沥青面层开裂、松散等病害。在多雨地区，应特别重视路面结构层的水稳定性和面层的透水性问题。路面渗水系数是指在规定的条件下，单位时间内渗入路面结构中水的体积，用 C_w 表示，单位为 mL/min。

二、检测器具与材料

（1）路面渗水仪：形状及尺寸如图 3-38 所示。上部盛水量筒由透明有机玻璃制成，容积 600 mL，上有刻度，在 100 mL 及 500 mL 处有粗标线，下方通过 ϕ10 mm 的细管与底座相接，中间有一开关。量筒通过支架连接，底座下方开口内径 ϕ150 mm，外径 ϕ220 mm，仪器附不锈钢圈压重两个，每个质量约 5 kg，内径 ϕ160 mm。

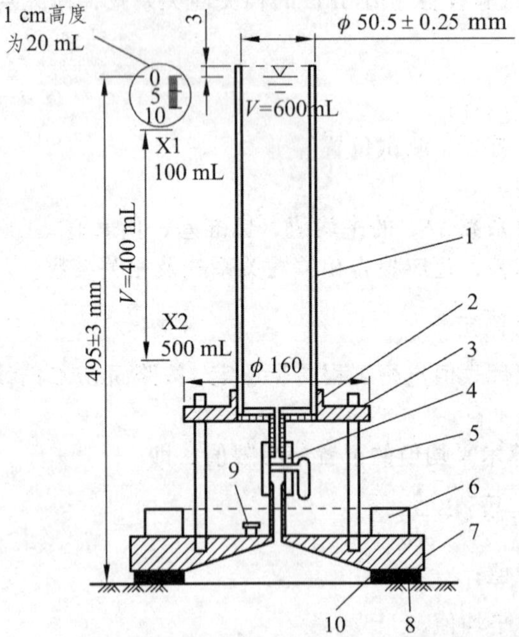

1—盛水量筒；2—螺纹连接；3—顶板；4—阀；5—立柱支架；6—压重铁圈；7—底座；8—密封材料；9—排气孔；10—套环

图 3-38　渗水仪结构（单位：mm）

（2）套环：金属圆环，宽度 5 mm，内径 145 mm，主要防止密封材料被挤压进入测试路面而导致渗水面积不一致。

（3）水筒及大漏斗。

（4）秒表。

（5）密封材料：防水腻子、油灰或橡皮泥。

（6）其他：水、粉笔、塑料圈、刮刀、扫帚等。

三、方法与步骤

1. 准备工作

（1）每个测试位置按任务 3.1 规定的方法，随机选择 3 个测点，并用粉笔画上测试标记。

（2）试验前，首先用扫帚清扫表面，并用毛刷将路面表面的杂物刷去。

（3）新建沥青路面的渗水试验宜在沥青路面碾压成型后 12 h 内完成。

2. 测试步骤

（1）将塑料圈置于路面表面的测点上，用粉笔分别沿塑料圈的内侧和外侧画上圈，在外环和内环之间的部分就是需要用密封材料进行密封的区域。

（2）用密封材料对环状密封区域进行密封处理，注意不要使密封材料进入内圈。如果密封材料不小心进入内圈，必须用刮刀将其刮走。然后再将搓成拇指粗细的条状密封材料摞在环状密封区域的中央，并且摞成一圈。

（3）将套环放在路面表面的测点上，注意使套环的中心尽量和圆环中心重合，然后略微使劲将套环压在条状密封材料表面；采用同样的方法将渗水仪放在套环上、对中，施加压力将渗水仪压在套环上，再将配重加上，以防压力水从底座与路面间流出。

（4）将开关及排气孔关闭，向量筒中注水超过 100 mL 刻度，然后打开开关和排气孔，使量筒中的水下流排出渗水仪底部内的空气，当量筒中水面下降速度变慢时，用双手轻压渗水仪使渗水仪底部的气泡全部排出，当水自排气孔顺畅排出时，关闭开关和排气孔，并再次向量筒中注水至 100 mL 刻度。

（5）将开关打开，待水面下降至 100 mL 刻度时，立即开动秒表开始计时，计时 3 min 后立即记录水量，结束试验；当计时不到 3 min 水面已下降到 500 mL 时，立即记录水面下降至 500 mL 时的时间，结束试验；当开关打开后 3 min 时间内水面无法下降至 500 mL 刻度时，则开动秒表计时测试 3 min 内渗水量即可结束试验。

（6）测试过程中，如水从底座与密封材料间渗出，则底座与路面间密封不好，此试验结果为无效。关闭开关，采用密封材料补充密封，重新按（4）~（5）测试。如果仍然有水渗出，应在同一纵向位置沿宽度方向就近选择位置，重新按照（1）~（5）测试。

（7）测试过程中，如水从外环圈以外路面中渗出，可以人工将密封材料在外环圈之外 5cm 宽度范围内再次进行密封处理，重新按（4）~（5）测试，只要密封范围内无水渗出，则认为试验结果为有效。

（8）重复（1）~（7）的步骤，测试3个测点的渗水系数。

四、计　算

（1）沥青路面的渗水系数按式（3-58）计算，计算时以水面从100 mL下降至500 mL所需要的时间为标准，若渗水时间过长，也可采用3 min通过的水量计算：

$$C_w = \frac{V_2 - V_1}{t_2 - t_1} \times 60 \tag{3-58}$$

式中：C_w——路面渗水系数（mL/min）；

V_1——第一次计时时的水量（mL）；

V_2——第二次计时时的水量（mL）；

t_1——第一次计时的时间（s）；

t_2——第二次计时的时间（s）。

（2）以3个测点渗水系数的平均值作为该测试位置的结果，准确至1 mL/min。

五、报　告

报告应包括以下技术内容：

（1）测试路段信息（桩号、路面类型等）。

（2）测试位置的渗水系数（3个测点的平均值）。

记录格式见表3-51。

表 3-51　路面渗水系数试验检测记录

检测单位名称：　　　　　　　　　　　　　　　　　　　　　　　　记录编号：

工程名称					任务编号	
工程部位/用途					样品编号	
样品信息						
试验检测日期					试验条件	
检测依据					判定依据	
主要仪器设备名称及编号						
结构层类型						
桩号	第一次计时		第二次计时		渗水系数/（mL/min）	渗水系数平均值/（mL/min）
	时间/s	水量/mL	时间/s	水量/mL		
附加声明：						

检测：　　　　　　　记录：　　　　　　　复核：　　　　　　　日期：　　　年　　月　　日

任务 3.9　路面外观检测

一、路面错台检测

路面在人工构造物端部接头、水泥混凝土路面和桥梁的伸缩缝以及沥青路面裂缝两侧由于沉降所造成的错台（台阶）病害，会影响行车的舒适性。通过错台检测，用以评价路面行车舒适性能（跳车情况），并作为计算维修工作量的依据。

（一）检测器具与材料

1. 基准尺：3 米直尺或 2 米直尺。
2. 量尺。
（1）深度尺：分辨率不大于 0.5 mm。
（2）钢直尺：量程不小于 200 mm。
（3）钢卷尺：量程不小于 5 m。
（4）塞尺：分度值不大于 0.5 mm。
3. 水准仪或全站仪
（1）水准仪：精度 DS_3。
（2）全站仪：测角精度 2″，测距精度 ±[2 mm+$2\times10^{-6}s$（s 为测距）]。

（二）方法与步骤

1. 准备工作

测试前，应对测试位置进行清理，保证无浮砂、污泥等影响测试结果的污染物。

2. 测试步骤

选择需要测试的断面，记录位置、桩号，描述错台的情况。路面错台的测试位置应选在接缝高差最大处，根据需要也可选择其他有代表性的位置。根据实际情况选择以下测试方法：

（1）基准尺法。

将基准尺垂直跨越接缝并平放于高出的一侧，用塞尺或钢直尺量测接缝处基准尺下基准面与位置较低板块的高差，即为该处的错台高度 D，准确至 1 mm。

（2）深度尺法

将深度尺垂直置于高出的一侧，将测头顶出至与沉降面接触为止，稳定后并读数，即为该处的错台高度 D，准确至 1 mm。测点的选择应避开水泥混凝土板块崩边的位置。

（3）水准仪（全站仪）法

将水准仪（全站仪）架设于路面平顺处调平，沿接缝在选定测点的两侧分别量测相对高程，准确至 1 mm。塔尺（棱镜）应放置在平整处，避开路面凸起和凹陷的位置。

3. 数据处理

（1）基准尺法和深度尺法的测试结果直接作为错台高度 D，准确至 1 mm。

（2）水准仪（全站仪）法需计算接缝间的相对高程、差值的绝对值作为错台高度 D，准确至 1 mm。

4. 报　告

本方法应报告以下技术内容：

（1）测试位置信息（桩号、路面及构造物概况等）。

（2）错台高度 D。

二、沥青路面车辙检测

车辙是路面在车轮荷载重复作用下，沿行车轨迹上产生的纵向带状凹陷，也常伴有以纵向为主的裂缝。车辙深度以 mm 计，车辙面积以 m^2 计。车辙是沥青路面的主要破坏形式之一。

（一）检测器具与材料

1. 路面激光车辙仪的技术要求，具体如下

（1）纵向距离测量误差：≤0.1%。

（2）纵向采样间距：≤200 mm。

（3）有效测试宽度≥3.5 m，测点不少于13点，测试精度0.1 mm，横向采样间距≤300 mm。

（4）车辙深度测量范围：0 ~ 50 mm。

2. 横断面尺：如图 3-39 所示，金属制直尺，刻度间距 50 mm，长度不小于一个车道宽度。顶面平直，最大弯曲不大于 1 mm，两端有把手及高度为 100 ~ 200 mm 的支脚，两支脚的高度相同，作为基准尺使用。

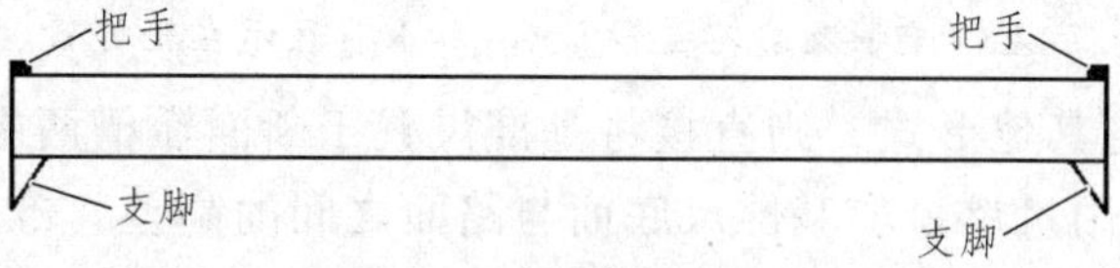

图 3-39　路面横断面尺

3. 基准尺：金属制，长度不小于一个车道宽度，最大弯曲不超过 1 mm，表面平直。

4. 量尺

（1）钢直尺：量程不小于 300 mm，分度值为 1 mm。

（2）钢卷尺：量程不小于 3000 mm，分度值为 1 mm。

（3）塞尺：分度值不大于 0.5 mm。

（二）方法与步骤

1. 车辙测试的基准测量宽度的规定

（1）对高速公路及一级公路，以发生车辙的一个车道两侧标线宽度中点到中点的距离为基准测量宽度。

（2）对二级及二级以下公路，有车道区划线时，以发生车辙的一个车道两侧标线宽度中点到中点的距离为基准测量宽度；无车道区划线时，以形成车辙部位的一个设计车道作为基准测量宽度。

2. 横断面尺测试方法

（1）准备工作

确定测试路段，按任务 3.1 规定的方法选取测试断面，并作好标记。

（2）测试步骤

① 选择需测试车辙的断面，将横断面尺置于该测试断面上，方向与道路中心线垂直，两端支脚置于测试车道两侧。

② 沿横断面尺每隔 200 mm 一点，将钢直尺垂直立于路面上，读取横断面尺底面与路面之间的高差，准确至 1 mm，如断面的最高处或最低处明显不在测试点上，应加密测点。

③ 记录测试断面的桩号、位置及不同断面处的高差。

3. 基准尺测试方法

当不需要测试横断面，仅需要测试最大车辙时，可采用本方法。

（1）准备工作。

确定测试路段，按任务 3.1 规定的方法选取测试断面，并作好标记。

（2）测试步骤。

① 选择需测试车辙的断面，将基准尺置于该测试断面上，方向与道路中心线垂直。

② 若车辙形状为图 3-40 中（a）（b）（c）形式，则需分别量测左、右轮迹带的车辙深度，将基准尺分别置于左、右轮迹带辙槽两端最高位置，目测确定左、右轮迹带最大车辙位置，用量尺量取基准尺底面与路面之间的高差，准确至 1 mm，记录车辙深度 R_{U1} 和 R_{U2}。

注：LWP、RWP 表示左轮迹带及右轮迹带，R_{U1} 和 R_{U2} 表示左轮迹带、右轮迹带车辙深度

③ 若车辙形状为其他形式，则直接将基准尺置于断面辙槽两端最高位置，目测确定断面最大车辙位置，用量尺量取基准尺底面与路面之间的高差，准确至 1 mm，记录车辙深度 R_U。

④ 记录测试断面的桩号、位置及断面处车辙深度。

4. 激光车辙仪测试方法

（1）准备工作。

① 确定测试路段，要求测试路段无积水、无冰雪、无污染。

② 将测试设备所有轮胎气压调整为设备所要求的标准气压，检查车辆和测试设备是否工作正常。

③ 查看天气预报，当风速大于 6 级时不宜进行测试。

（2）测试步骤。

① 将测试车辆就位于测试区间起点前一定距离，以保证到达测试区域时能够达到测试要求的稳定车速，启动测试设备并将其调整至工作状态。

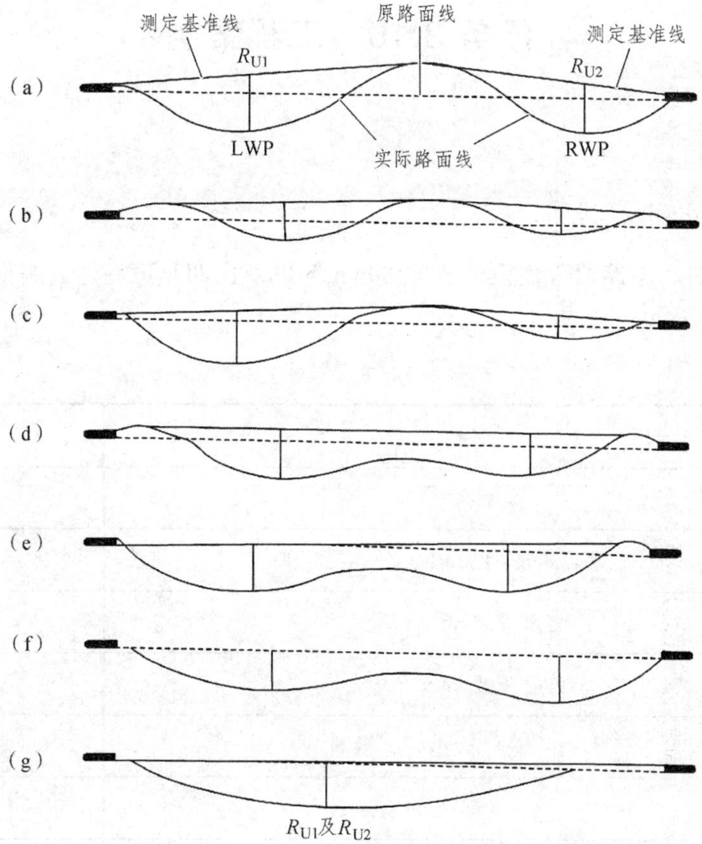

图 3-40　不同形状、不同程度的路面车辙示意

② 设定测试系统参数，输入路线名称、路段桩号、测试车道和测试方向等信息。

③ 根据交通量、路面状况等实际情况确定测试速度。

④ 测试时应分车道测试，保持测试车中心线与车道中心线重合，测试系统自动记录被测试车道的路面车辙数据。

⑤ 测试结束，保存数据。

（3）数据处理。

（1）应按照图 3-40 规定的模式计算车辙深度 R_U，根据测试数据按图 3-40 的方法画出横断面图及顶面基准线。

（2）在横断面图上确定车辙深度 R_{U1} 和 R_{U2}，精确至 1 mm。以其中最大值作为断面的最大车辙深度 R_U。

（3）计算测试路段各测试断面最大车辙深度的平均值作为该测试路段的平均车辙深度。

5. 报　告

报告应包括以下技术内容：

（1）测试位置信息（桩号等）。

（2）每个断面的车辙深度值 R_U。

（3）测试路段的平均车辙深度。

任务 3.10　工程案例

一、工程概况

（一）设计技术标准

根据设计文件，本路段采用设计速度 80 km/h 的双向四车道高速公路标准，具体技术标准见表 3-52。

表 3-52 主要技术指标

项　目		标　准
公路等级		高速
设计速度/（km/h）		80
路基宽度/m		24.5
路面宽度/m		19.0
桥面全宽/m	小桥、涵洞	与路基同宽
桥涵设计荷载	小桥、涵洞	公路-I 级
路面设计荷载（标准轴载）/kN		BZZ-100
路拱横坡		2.0%
设计洪水频率	小桥、涵洞及路基设计洪水频率	1/100

（二）路线起讫点及工程概况

本路线起点位于××，终点位置在××出口处。本路段位于路线 K0+000 ~ K40+000 处，全部为直线路段，高程为假定高程。两水准点间误差不大于 20 mm 要求。平面主要由直线和曲线构成，并合理进行布置。

（三）路基路面设计

1. 路基横断面布置

路基标准宽度为 24.5 m，主要尺寸：2.50（中间带）+2×0.75（路缘带）+4×3.75（行车道）+2×2.0（硬路肩）+2×0.75（土路肩），行车道横坡为 2.0%，路肩横坡为 2.0%。

2. 路基设计

（1）填方路基的基底处理。

路基设计时对旱田和林地填方路段考虑平均清除 0.2 m 厚的地表腐殖土，并清除路基范围内的树根、灌木和草皮，清表后应在填筑前进行压实，填前压实厚度设计中平均按 0.1 m计，由此引起的土方增量已在路基土石方数量表中计列，施工时若基底松散土层厚度大于0.3 m时，应翻挖再回填分层压实。冲沟路段的覆盖层以按照挖出后分层回填处理。

设计对地表横坡大于 1∶5 的斜坡地段，在路基填筑前要求原地面开挖成内倾坡度 3%和宽度不小于 2 m 的台阶。对于有台阶地的填方路段，应先将台阶挖出后再开挖台阶。

路基施工过程中，若路堤基底范围内地表水或地下水影响路基稳定时，应采取拦截、引排等措施，或在路堤底部填筑不易风化的片石、碎石或砂砾等透水性材料。

（2）路基填方边坡。

路基填方边坡坡率根据路基填料种类、边坡高度和基底工程地质条件确定，经水文地质及工程地质勘查，本路段路基基底地质条件相对较好，无大面积软弱地基等不良地质现象。一般路堤边坡坡率为 1∶1。

（3）挖方路基边坡。

路基挖方边坡坡率设计综合考虑地质与路线走向关系、岩体风化程度、力学性质和开挖高度，并兼顾地貌等因素确定，本段边坡坡率控制在 1∶1。

土质挖方边坡采用流线型边坡，取消挖方边坡坡脚和坡顶的折角，采用贴切自然的圆弧过渡。挖方路段边坡形式不采用单坡，放缓低边坡，逐渐过渡到最大高度的边坡坡率，形成纵向连续的弧形坡面，平面投影呈喇叭形，放缓最上一级边坡，修整成弧形坡面，使挖方路段两侧形成相对独立的馒头形岗丘，从而与周围山坡相协调，减少人工痕迹。

3. 路基填料要求

填方路基宜选用级配较好的粗粒土作为填料，砾类土、砂类土应优先选作路床填料，细粒土可填于路堤底部。用不同填料填筑路基时，应分层填筑，每一水平层均应采用同类填料。

路堤填料必须进行野外试验，不得使用淤泥、沼泽土、有机土、含草皮土、生活垃圾、树根和腐殖土。液限大于 50、塑性指数大于 26 的土，以及含水率超过规定的土，不得直接作为路基填料。浸水部分的路堤不应直接采用粉质土填筑，强风化岩石及浸水后容易崩解的岩石不应作为浸水部分路堤填料。

桥涵台背和挡墙墙背填料，应选用内摩擦角值较大的砾（角砾）类土、砂类土填筑。易风化岩石及软质岩石用作填料时，应按土质路堤填筑。采用粗粒土填料的最大粒径应小于150 mm。

4. 路基压实标准与压实度

填方路基应分层铺筑并均匀压实。压实度以交通部部颁《公路土工试验规程》（JTG 3430—2020）重型击实试验法为准。根据《公路路基设计规范》（JTG D30—2015），土质路堤（含土石路堤）及填方路基与构造物衔接时压实度应不低于表 3-53 的标准。

填方路基土方中需考虑清除表土、路基填前碾压增加的土方数量。

表 3-53　路基压实度要求

<table>
<tr><th colspan="3" rowspan="3">路床顶面下深度/cm</th><th colspan="3">压实规定值或允许偏差/%</th></tr>
<tr><th rowspan="2">高速公路
一级公路</th><th colspan="2">其他公路</th></tr>
<tr><th>二级公路</th><th>三、四级公路</th></tr>
<tr><td colspan="2">上路床</td><td>0 ~ 30</td><td>≥96</td><td>≥95</td><td>≥94</td></tr>
<tr><td rowspan="2">下路床</td><td>轻、中及重交通荷载等级</td><td>30 ~ 80</td><td>≥96</td><td>≥95</td><td>≥94</td></tr>
<tr><td>特种、极重交通荷载等级</td><td>30 ~ 120</td><td>≥96</td><td>≥95</td><td>—</td></tr>
<tr><td rowspan="2">上路堤</td><td>轻、中及重交通荷载等级</td><td>80 ~ 150</td><td>≥94</td><td>≥94</td><td>≥93</td></tr>
<tr><td>特种、极重交通荷载等级</td><td>120 ~ 190</td><td>≥94</td><td>≥94</td><td>—</td></tr>
<tr><td rowspan="2">下路堤</td><td>轻、中及重交通荷载等级</td><td>>150</td><td rowspan="2">≥93</td><td rowspan="2">≥92</td><td rowspan="2">≥90</td></tr>
<tr><td>特种、极重交通荷载等级</td><td>>190</td></tr>
</table>

5. 路基、路面排水系统及其防护工程设计

（1）设计原则。

在满足公路排水要求以及利于养护的前提下，路基排水工程应做到宽、浅、隐、绿，外形美观流畅，提高行车安全和景观效果，注意各种排水设施与排水构造物之间的联系，全线形成完善的排水系统，并与当地排灌系统相协调，防止公路汇水冲毁沿线农田及水利设施，重视环境保护，防止水土流失和当地水资源的污染。

排水设计方案应根据沿线地形、地质、水文、气象等条件，结合本段桥涵和路面横坡设置情况综合考虑后确定。采取地表、地下排水相结合的方法，使路基边坡、路肩及边坡坡脚、坡顶等排水设施形成综合公路排水系统，确保公路排水畅通、路基稳定、路面行车安全。

（2）路基排水。

地表排水设施包括边沟、排水沟、截水沟、急流槽等设施。路基地表排水设施的概率流量计算采用 15 年重现期内计算汇流历时的最大暴雨强度。各类地表排水沟沟顶高出设计水位 0.2 m 以上。

由于该地区雨量不大，挖方路段采用土质梯形边沟形式。一般情况下，挖方边沟纵坡与路线一致。

6. 取土、弃土设计方案，环保及节约用地措施

路基开挖土石方可用作路基填料，可根据实际情况设计取土场进行取土，土石方调配采用就近移挖作填。根据沿线土质情况，并考虑环境保护，经试验其 *CBR* 值满足规范要求，施工过程中严格取土，同时充分考虑农田水利建设，保护林地及环境等因素，本着合理利用土地，保护自然环境的原则。

7. 路面结构设计，材料要求、混合料要求、级配组成及施工要求

根据本项目使用功能及沿线气候、水文、土质等自然条件，同时结合已建公路的成功路面设计经验和国内路面设计新理念，综合进行路面结构设计，遵循因地制宜、合理选材、方便施工、利于养护、节约投资等原则，对路面设计方案进行技术经济比较，确定技术先进、经济合理、安全可靠、有利于机械化、工厂化施工的路面结构方案。

沥青混凝土路面设计采用 100 kN 的单轴双轮组荷载作为标准轴载，设计使用年限为 15 年。路面结构为 4 cm 中粒式沥青混凝土+6 cm 粗粒式沥青混凝土+8 cm 热拌沥青碎石+25 cm 水泥稳定砂砾基层+15 cm 天然砂砾防水垫层。路面设计弯沉为 22.6（0.01 mm）。

（四）沿线地形、地质、地震、气候、水文等自然地理特征

1. 地形、地貌

本线地势平坦开阔，处于平原微丘区，海拔高度在 170 ~ 250 m，路线两侧植被以旱田、林地为主。

2. 地质概况

路线沿线土质为粉土质砂。天然地基良好，无不良地质地段，对构造物的设置及其他工程都比较有利。

3. 地　震

根据部颁《公路工程抗震设计规范》（JTG B02—2013）的要求，本项目构造物简易设防。路线所经地区历史上未发生较强地震记载。

4. 气象、水文

本线主要特点是冬季雨雪少，寒冷时间长；春季升温快，冷暖变化大；夏季气温高，降水较集中；秋季降温快，初霜来临早。根据中华人民共和国公路自然区划图，本线属于 V_1 区。根据当地气象资料记载，年平均气温 – 0.3 ~ 14.8 °C。

（五）沿线筑路材料、水、电等建设条件及与公路建设的关系

1. 筑路材料

水泥由甘草水泥厂购入

中粗砂由 × × 厂购入

碎石、块石、片石由 × × 石场购入

石灰由 × × 白灰厂购入

粉煤灰由 × × 电厂购入

钢筋由 × × 购入

砂砾由 × × 购入

沥青由 × × 购入

2. 工程及生活用水用电

沿线工程用水及生活用水以地下水为主，施工场地照明、动力及生活用电以农电为主。

（六）与周围环境和自然景观相协调情况

沿线植被以旱田、林地为主，布线时遵照保护自然生态环境，合理使用土地的原则，尽量利用旧路以节约用地和减少对原地貌植被的破坏。合理利用土地的原则，少占农田。并充分考虑对社会环境的影响，尽量少拆迁电力、电信以及其他附属设施，不影响居民的生产和生活，并对取土场的位置、取土的数量进行了严格的控制，防止由于取土不当对环境造成破坏。

二、路　基

（一）土石方工程

1. 一般规定

（1）土方路基和石方路基的实测项目技术指标的规定值或允许偏差按高速公路、一级公路和其他公路（指二级及以下公路）两档设定，其中土方路基压实度按高速公路和一级公路、二级公路和三四级公路三档设定。

（2）本项目规定的实测项目的检查频率，如果检查路段以延米计时，则为双车道公路每一检查段内的最低检查频率；多车道公路必须按车道数与双车道之比，相应增加检查数量。

（3）路基压实度须分层检测，并符合《评定标准》附录 B 规定。路基其他检查项目均在路基顶面进行检查测试。

（4）服务区停车场、收费广场的土方工程压实标准可按土方路基要求进行监控。

2. 土方路基

（1）基本要求。

① 在路基用地和取土坑范围内，应清除地表植被、杂物、积水、淤泥和表土，处理坑塘，并按规范和设计要求对基底进行压实。表土应充分利用。

② 填方路基应分层填筑压实，每层表面平整，路拱合适，排水良好，不得有碾压轮迹，不得亏坡。

③ 应设置施工临时排水系统，避免冲刷边坡，路床顶面不得积水。

④ 在设定取土区内合理取土，不得滥开滥挖。完工后应按要求对取土坑和弃土场进行修整。

（2）实测项目见表 3-54，表中附录指《评定标准》。

表 3-54　土方路基实测项目

项次	检查项目				压实规定值或允许偏差			检查方法和频率
					高速公路一级公路	其他公路		
						二级公路	三、四级公路	
1△	压实度/%	上路床/cm		0～30	≥96	≥95	≥94	按《评定标准》附录 B 检查；密度法：每 200 m 每压实层测 2 处
		下路床/cm	轻、中及重交通荷载等级	30～80	≥96	≥95	≥94	
			特种、极重交通荷载等级	30～120	≥96	≥95	—	
		上路堤/cm	轻、中及重交通荷载等级	80～150	≥94	≥94	≥93	
			特种、极重交通荷载等级	120～190	≥94	≥94	—	
			轻、中及重交通荷载等级	>150	≥93	≥92	≥90	
			特种、极重交通荷载等级	>190				
2△	弯沉（0.01 mm）				不大于设计验收弯沉值			按《评定标准》附录 J 检查
3	纵断高程/mm				+10，－15	+10，－20		水准仪：中线位置每 200 m 测 2 点
4	中线偏位/mm				50	100		全站仪：每 200 m 测 2 点，弯道加 *HY*、*YH* 两点
5	宽度/mm				满足设计要求			尺量：每 200 m 测 4 点
6	平整度/mm				≤15	≤20		3 m 直尺：每 200 m 测 2 处×5 尺
7	横坡/%				±0.3	±0.5		水准仪：每 200 m 测 2 个断面
8	边坡				满足设计要求			尺量：每 200 m 测 4 点

注：① 表列压实度以重型击实试验法为准，评定路段内的压实度平均值下置信界限不得小于规定标准，单个测试值不得小于极值（表列规定值减 5 个百分点）。小于表列规定值 2 个百分点的测点，按其数量占总检查点的百分率计算合格率。
② 特殊干旱、特殊潮湿地区或过湿土路基，可按路基设计、施工规范所规定的压实度标准进行评定。
③ 三、四级公路修筑沥青混凝土或水泥混凝土路面时，其路基压实度应采用二级公路标准。

（3）外观质量。

① 路基边线与边坡不应出现单项累计长度超过 50 m 的弯折。

② 路基边坡、护坡道、碎落台不得有滑坡、塌方或深度超过 100 mm 的冲沟。

3. 石方路基

（1）基本要求。

① 填石路基应分层填筑压实，每层表面平整，路拱合适，排水良好，上路床不得有碾压轮迹，不得亏坡。

② 修筑填石路基时应进行地表清理，填筑层厚度应符合规定并满足设计要求，填石空隙用石渣、石屑嵌压稳定。

③ 填石路基应通过试验路确定沉降差控制标准。

（2）实测项目见表 3-55，表中附录指《评定标准》中的附录。

（3）外观质量。

① 路基边线与边坡不应出现单项累计长度超过 50 m 的弯折。

② 上边坡不得有危石。

表 3-55　石方路基实测项目

项次	检查项目		规定值或允许偏差		检查方法和频率
			高速公路一级公路	其他公路	
1△	压实度①		孔隙率满足设计要求		密度法：每 200 m 每压实层测 1 处
			沉降差≤试验路确定的沉降差		精密水准仪：每 50 m 测 1 个断面，每个断面测 5 点
2△	弯沉（0.01 mm）		不大于设计值		按《评定标准》附录 J 检查
3	纵断高程/mm		+10，－20	+10，－30	水准仪：中线位置每 200 m 测 2 点
4	中线偏位/mm		≤50	≤100	全站仪：每 200 m 测 2 点，弯道加 *HY*、*YH* 两点
5	宽度/mm		满足设计要求		尺量：每 200 m 测 4 处
6	平整度/mm		≤20	≤30	3 m 直尺：每 200 m 测 2 处×5 尺
7	横坡/%		±0.3	±0.5	水准仪：每 200 m 测 2 断面
8	边坡	坡度	满足设计要求		尺量：每 200 m 测 4 点
		平顺度	满足设计要求		

注：上下路床填土时压实度检验标准同土方路基。

（二）实测项目

具体内容见记录表（表 3-56～表 3-58）。

JGLP01003a

表 3-56　路基路面压实度试验检测记录（灌砂法）

检测单位名称：××检测科技有限公司××公路总承包部工地试验室　　　　记录编号：JL-XCJ-2022-YSG-0001

工程名称	G××线××至××公路工程	任务编号	RW-2022-XCJ-0001
工程部位/用途	土方路基工程	样品编号	—
样品信息	路基表面平整无松散		
试验检测日期	2022 年 05 月 20 日—2022 年 05 月 21 日	试验条件	—
检测依据	JTG 3450—2019（T0921—2019）	判定依据	JTG F80/1—2017
主要仪器设备名称及编号	灌砂筒（GL01140003-0X）、电子天平（GL01020003-0X）、电热恒温干燥箱（GL01010006-0X）、电子天平（GL01070022-0X）		

填料种类		黄土				要求压实度/%				96		量砂密度/（g/cm^3）				1.41	
桩号		K0+020 左		+040 右		+060 左		+100 中		+140 左		+160 左		+180 右		K1+220 中	
层次		1		1		1		1		1		1		1		1	
标定前砂＋容器质量/g		—		—		—		—		—		—		—		—	
标定后砂＋容器质量/g		—		—		—		—		—		—		—		—	
锥体内和底板下砂质量/g		—		—		—		—		—		—		—		—	
试坑深度（厚度）/mm		150		150		150		150		150		150		150		150	
灌砂前砂＋容器质量/g		9 000		9 000		9 000		9 000		9 000		9 000		9 000		9 000	
灌砂后砂＋容器质量/g		4 571		4 531		4 591		4 559		4 507		4 555		4 512		4 566	
锥体内砂质量/g		780		780		780		780		780		780		780		780	
试坑灌入量砂的质量/g		3 649		3 689		3 629		3 661		3 713		3 665		3 708		3 654	
试坑体积/cm^3		2 588		2 616		2 574		2 596		2 633		2 599		2 630		2 591	
试坑中挖出湿料质量/g		5 005		5 000		5 005		5 000		5 010		5 000		5 108		4 995	
试样湿密度/（g/cm^3）		1.93		1.91		1.94		1.93		1.90		1.92		1.94		1.93	
含水率	盒号（#）	1	2	1	2	1	2	1	2	2	1	1	2	2	1	3	1
	盒质量/g	25.1	25.5	25.1	25.5	25.1	25.5	25.1	25.5	25.5	25.1	25.1	25.5	25.5	25.1	26.0	25.1
	盒＋湿料质量/g	120.8	125.4	120.1	135.0	120.1	135.0	120.1	135.4	109.4	123.4	120.1	135.0	125.4	129.4	129.1	122.4
	盒＋干料质量/g	114.2	119.1	115.2	129.1	115.2	129.1	115.2	129.1	105.5	118.8	115.2	129.1	119.1	122.1	123.0	117.1
	水质量/g	6.6	6.3	4.9	5.9	4.9	5.9	4.9	6.3	3.9	4.6	4.9	5.9	6.3	7.3	6.1	5.3
	干料质量/g	89.1	93.6	90.1	103.6	90.1	103.6	90.1	103.6	80.0	93.7	90.1	103.6	93.6	97.0	97.0	92.0
	含水率/%	7.4	6.7	5.4	5.7	5.4	5.7	5.4	6.1	4.9	4.9	5.4	5.7	6.7	7.5	6.3	5.8
	平均含水率/%	7.0		5.6		5.6		5.8		4.9		5.6		7.1		6.0	
干密度/（g/cm^3）		1.81		1.81		1.84		1.82		1.82		1.82		1.78		1.82	
含石量/%		0		0		0		0		0		0		0		0	
最大干密度/（g/cm^3）		1.88		1.88		1.88		1.88		1.88		1.88		1.88		1.88	
压实度/%		96.3		96.2		97.9		96.8		96.8		96.8		96.4		96.8	
附加声明：																	

检测　　　　　　　记录：　　　　　　　复核：　　　　　　　日期：　　年　　月　　日

续表 路基路面压实度试验检测记录表（灌砂法）

检测单位名称：× × 检测科技有限公司 × × 公路总承包部工地试验室　　　　记录编号：JL-XCJ-2022-YSG-0001

工程名称	G× × 线 × × 至 × × 公路工程	任务编号	RW-2022-XCJ-0001
工程部位/用途	土方路基工程	样品编号	—
样品信息	路基表面平整无松散		
试验检测日期	2022 年 05 月 20 日—2022 年 05 月 21 日	试验条件	—
检测依据	JTG 3450—2019（T0921—2019）	判定依据	JTG F80/1—2017
主要仪器设备名称及编号	灌砂筒（GL01140003-0X）、电子天平（GL01020003-0X）、电热恒温干燥箱（GL01010006-0X）、电子天平（GL01070022-0X）		
填料种类	黄土	要求压实度/% 96	量砂密度/（g/cm^3） 1.41

桩号		+260 左		+300 右		—		—		—		—		—		—	
层次		1		1		—		—		—		—		—		—	
标定前砂 + 容器质量/g		—		—		—		—		—		—		—		—	
标定后砂 + 容器质量/g		—		—		—		—		—		—		—		—	
锥体内和底板下砂质量/g		—		—		—		—		—		—		—		—	
试坑深度（厚度）/mm		150		150		—		—		—		—		—		—	
灌砂前砂 + 容器质量/g		9 000		9 000		—		—		—		—		—		—	
灌砂后砂 + 容器质量/g		4 561		4 591		—		—		—		—		—		—	
锥体内砂质量/g		780		780		—		—		—		—		—		—	
试坑灌入量砂的质量/g		3 659		3 629		—		—		—		—		—		—	
试坑体积/cm^3		2 595		2 574		—		—		—		—		—		—	
试坑中挖出湿料质量/g		4 990		5 005		—		—		—		—		—		—	
试样湿密度/（g/cm^3）		1.92		1.94		—		—		—		—		—		—	
含水率	盒号（#）	1	2	1	2	—	—	—	—	—	—	—	—	—	—	—	—
	盒质量/g	25.1	25.5	25.1	25.5	—	—	—	—	—	—	—	—	—	—	—	—
	盒 + 湿料质量/g	120.8	125.4	120.1	135.4	—	—	—	—	—	—	—	—	—	—	—	—
	盒 + 干料质量/g	114.2	119.1	115.2	129.1	—	—	—	—	—	—	—	—	—	—	—	—
	水质量/g	6.6	6.3	4.9	6.3	—	—	—	—	—	—	—	—	—	—	—	—
	干料质量/g	89.1	93.6	90.1	103.6	—	—	—	—	—	—	—	—	—	—	—	—
	含水率/%	7.4	6.7	5.4	6.1	—	—	—	—	—	—	—	—	—	—	—	—
	平均含水率/%	7.0		5.8		—		—		—		—		—		—	
干密度/（g/cm^3）		1.80		1.84		—		—		—		—		—		—	
含石量/%		0		0		—		—		—		—		—		—	
最大干密度/g/cm^3		1.88		1.88		—		—		—		—		—		—	
压实度/%		95.7		97.9		—		—		—		—		—		—	

附加声明：

检测：　　　　记录：　　　　复核：　　　　日期：　　年　　月　　日

表 3-57　路基路面弯沉试验检测记录（贝克曼梁法）

检测单位名称：××检测科技有限公司××公路总承包部工地试验室　　　　记录编号：JL-XCJ-2022-WC-0001

工程名称	G××线××至××公路工程	任务编号	RW-2022-XCJ-0001
工程部位/用途	土方路基工程	样品编号	—
样品信息	路基表面干燥、无污染		
试验检测日期	2022 年 05 月 20 日	试验条件	—
检测依据	JTG 3450—2019（T0951—2008）	判定依据	JTG F80/1—2017
主要仪器设备名称及编号	贝克曼梁（GL01140008）、秒表（GL01140008-X）		

测试车类型	标准车	轮胎气压/MPa	0.7	后轴重/kN	100
前 5 天平均气温/°C	20	结构类型	土方路基	厚度/mm	—
弯沉仪类型	5.4M	公路等级	高速公路	季节	春季
设计弯沉值（0.01 mm）	110	保证率系数	95%	剔除系数	—
季节影响系数	1.0	路面温度/°C	—	支点变形修正初读数：	终读数：

桩号	路表温度/°C	左车轮读数（0.01 mm）		左车轮弯沉（0.01 mm）		右车轮读数（0.01 mm）		右车轮弯沉（0.01 mm）	
		初读数	终读数	修正前	修正后	初读数	终读数	修正前	修正后
K0+020	20.5	0	41	—	82	2	41	—	78
K0+040	20.5	11	49	—	76	3	42	—	78
K0+080	20.5	9	50	—	82	2	42	—	80
K0+100	20.5	2	41	—	78	3	44	—	82
K0+120	20.5	3	42	—	78	4	41	—	74
K0+140	20.5	2	42	—	80	12	51	—	78
K0+150	20.5	3	44	—	82	12	50	—	76
K0+160	20.5	4	41	—	74	11	50	—	78
K0+180	20.5	12	51	—	78	7	48	—	82
K0+200	20.5	12	50	—	76	3	40	—	74
K0+220	20.5	11	50	—	78	23	62	—	78
K0+250	20.5	7	48	—	82	1	40	—	78
K0+280	20.5	3	40	—	74			—	
K0+300	20.5	23	62	—	78	12	52	—	80
K0+320	20.5	1	40	—	78	10	49	—	78
K0+340	20.5	3	39	—	72	7	45	—	76
K0+360	20.5	12	52	—	80	3	41	—	76
K0+380	20.5	10	49	—	78	23	61	—	76
K0+400	20.5	7	45	—	76	0	42	—	84
K0+420	20.5	3	41	—	76	11	50	—	78
K0+450	20.5	23	61	—	76	9	52	—	86

弯沉平均值（0.01 mm）	标准差（0.01 mm）	变异系数/%	弯沉代表值（0.01 mm）
78	2.91	37.3	82.8

附加声明：

检测：　　　　记录：　　　　复核：　　　　日期：　　年　　月　　日

表 3-58　路基路面平整度试验检测记录（3 米直尺法）

检测单位名称：××检测科技有限公司××公路总承包部工地试验室　　　　记录编号：JL-XCJ-2022-PZD-0001

工程名称	G××线××至××公路工程	任务编号	RW-2022-XCJ-0001
工程部位/用途	土方路基工程	样品编号	—
样品信息	路基表面干燥、无污染		
试验检测日期	2022 年 05 月 20 日	试验条件	—
检测依据	JTG 3450—2019（T0931—2008）	判定依据	JTG F80/1—2017
主要仪器设备名称及编号	3 米直尺（GL01140027）		
允许最大间隙/mm	15	结构层次	路基

桩号	单杆测值/mm										平均值/mm	不合格尺数	合格率/%
	1	2	3	4	5	6	7	8	9	10			
K0+020	10	5	8	12	8	8	7	8	8	6	8.0	0	100
K0+100	14	6	12	10	12	12	18	13	12	13	12.2	1	80
K0+200	15	8	11	13	12	11	12	11	11	8	11.2	0	100
K0+320	9	18	10	14	11	10	8	11	12	5	10.8	1	80
K0+420	5	11	12	12	11	11	12	11	11	16	11.2	1	80
K0+500	11	14	11	10	11	11	5	11	12	16	11.2	1	80
K0+620	6	12	10	9	11	11	8	10	10	17	10.4	1	80
K0+720	15	7	11	6	12	10	8	10	11	18	10.8	1	80
K0+820	7	5	11	14	11	12	11	11	11	19	11.2	1	80
K0+920	13	15	13	9	14	15	13	14	14	20	14.0	1	80
—	—	—	—	—	—	—	—	—	—	—	—	—	—
—	—	—	—	—	—	—	—	—	—	—	—	—	—
—	—	—	—	—	—	—	—	—	—	—	—	—	—
—	—	—	—	—	—	—	—	—	—	—	—	—	—
—	—	—	—	—	—	—	—	—	—	—	—	—	—
—	—	—	—	—	—	—	—	—	—	—	—	—	—
—	—	—	—	—	—	—	—	—	—	—	—	—	—
—	—	—	—	—	—	—	—	—	—	—	—	—	—
—	—	—	—	—	—	—	—	—	—	—	—	—	—
—	—	—	—	—	—	—	—	—	—	—	—	—	—
—	—	—	—	—	—	—	—	—	—	—	—	—	—
—	—	—	—	—	—	—	—	—	—	—	—	—	—

附加声明：

检测：　　　　　　记录：　　　　　　复核：　　　　　　日期：　　年　　月　　日

三、路面工程

（一）一般规定

（1）路面工程的实测项目规定值或允许偏差按高速公路、一级公路和其他公路（指二级及以下公路）两档设定。对于在设计和合同文件中提高了技术要求的二级公路，其工程质量检验评定按设计和合同文件的要求进行，但不应高于高速公路、一级公路的检验评定标准。

（2）路面工程实测项目规定的检查频率为双车道公路每一检查段内的检查频率（按 m^2 或 m^3 或工作班设定的检查频率除外），多车道公路的路面各结构层均须按其车道数与双车道之比，相应增加检查数量。

（3）各类基层和底基层压实度代表值（平均值的下置信界限）不得小于规定代表值，单点不得小于规定极值。小于规定代表值 2 个百分点的测点，应按其占总检查点数的百分率计算合格率。

（4）垫层的质量要求同相同材料的其他公路的底基层；联结层的质量要求同相应的基层或面层；中级路面的质量要求同相同材料的其他公路的基层。

（5）路面表层平整度规定值是指交工验收时应达到的平整度要求，其检查测试以自动或半自动的平整度仪为主，全线每车道连续测试按每 100 m 输出结果计算合格率。采用三米直尺测试路面各结构层平整度时，以最大间隙作为指标，按尺数计算合格率。

（6）路面表层渗水系数宜在路面成型后立即测试。

（7）路面各结构层厚度按代表值和单点合格值设定允许偏差。当代表值偏差超过规定值时，该分项工程评为不合格；当代表值偏差满足要求时，按单个检查值的偏差不超过单点合格值的测点数计算合格率。

（8） 材料要求和配比控制列入各节基本要求，可通过检查施工单位、工程监理单位的资料进行评定。

（9）水泥混凝土上加铺沥青面层的复合式路面，两种结构均需进行检查评定。其中，水泥混凝土路面结构不检查抗滑构造，平整度可按相应等级公路的标准；沥青面层不检查弯沉。

（10）路面基层完工后应及时浇洒透层油或铺筑下封层，透层油透入深度不小于 5 mm，不得使用透水能力差的材料作透层油。对封层、透层、粘层油的浇洒要求同沥青表面处治层中基本规定。

（二）水泥混凝土面层

1. 基本要求

（1）基层质量应符合规范规定并满足设计要求，表面清洁、无浮土。

（2）接缝填缝料应符合规范规定并满足设计要求。

（3）接缝的位置、规格、尺寸及传力杆、拉力杆的设置应满足设计要求。

（4）混凝土路面铺筑后按施工规范要求养护。

（5）应对干缩、温缩产生的裂缝进行处理。

2. 实测项目

见表 3-59，表中附录指《评定标准》中的附录。

表 3-59　水泥混凝土面层实测项目

项次	检查项目		规定值或允许偏差		检查方法和频率
			高速公路 一级公路	其他公路	
1△	弯拉强度/MPa		在合格标准之内		按《评定标准》附录 C 检查
2△	板厚度/mm	代表值	−5		按《评定标准》附录 H 检查：200 m 测 2 点
		合格值	−10		
		极值	−15		
3	平整度[①]	σ/mm	≤1.32	≤2.0	平整度仪：全线每车道连续检测，每 100 m 计算 σ、*IRI*
		IRI/（m/km）	≤2.2	≤3.3	
		最大间隙 δ_m/mm	3	5	3 m 直尺：每半幅车道每 200 m 测 2 处×5 尺
4	抗滑构造深度/mm	一般路段	0.7～1.1	0.5～1.0	铺砂法：每 200 m 测 1 处
		特殊路段[②]	0.8～1.2	0.6～1.1	
5	横向力系数 *SFC*	一般路段	≥50	—	按《评定标准》附录 L 检查：每 20 m 测 1 点
		特殊路段[②]	≥55	≥50	
6	相邻板高差/mm		≤2	≤3	尺量：每条胀缝 2 点；每 200 m 抽纵、横缝各 2 条，每条 2 点
7	纵、横缝顺直度/mm		≤10		纵缝 20 m 拉线，每 200 m 测 4 处；横缝沿板宽拉线，每 200 m 测 4 条
8	中线平面偏位/mm		20		全站仪：每 200 m 测 2 点
9	路面宽度/mm		±20		尺量：每 200 m 测 4 点
10	纵断高程/mm		±10	±15	水准仪：每 200 m 测 2 断面
11	横坡/%		±0.15	±0.25	水准仪：每 200 m 测 2 断面
12	断板率[③]		≤0.2	≤0.4	目测：全部检查，数断板面板块数占总块数比例

注：① 表中 σ 为平整度仪测试的标准差；*IRI* 为国际平整度指数；δ_m 为 3 m 直尺与面层的最大间隙。

② 特殊路段：高速公路、一级公路特殊路段包括立体交叉匝道、平面交叉口、弯道、变速车道、组合坡度不小于 3%坡度段、桥面、隧道路面及收费站广场等处；其他公路特殊路段包括设超高路段、组合坡度大于或等于 4%坡度段、交叉口路段、桥面及其上下坡段、隧道路面及集镇附近路段等处。

③ 断板率中包含断角率，应统计行车道与超车道面板，不计硬路肩板，不计入修复后的面板。

3. 外观质量

（1）不应出现《评定标准》中附录 P 中板的外观限制缺陷。
（2）面板不应有坑穴、鼓包和掉角。
（3）接缝填注不得漏填、松脱，不应污染路面。
（4）路面应无积水。

（三）沥青混凝土面层和沥青碎（砾）石面层

1. 基本要求

（1）基层质量应符合规范规定并满足设计要求，表面应干燥、清洁、无浮土。
（2）应严格控制沥青混合料拌和的加热温度。拌合后的沥青混合料应均匀、无花白、无粗细料分离和结团成块现象。
（3）应按规定要求控制碾压工艺，严格控制摊铺和碾压温度。

2. 实测项目

见表 3-60，表中附录指《评定标准》中的附录。

3. 外观质量

（1）表面裂缝、松散、推挤、碾压轮迹、油丁、泛油、离析的累计长度不得超过 50 m。
（2）搭接处烫缝应无枯焦。
（3）路面应无积水。

（四）实测项目

实测项目记录如表 3-61 ~ 表 3-64。

表 3-60　沥青混凝土面层和沥青碎（砾）石面层实测项目

项次	检查项目		规定值或允许偏差		检查方法和频率
			高速公路 一级公路	其他公路	
1△	压实度[①]/%		≥试验室标准密度的 96%（*98%）； ≥最大理论密度的 92%（*94%）； ≥试验段密度的 98%（*99%）		按《评定标准》附录 B 检查，每 200 m 测 1 点，核子（无核）密度仪每 200 m 测 1 处，每处 5 点。
2	平整度	σ/mm	≤1.2	≤2.5	平整度仪：全线每车道连续检测，按每 100 m 计算 *IRI* 或 σ
		IRI/（m/km）	≤2.0	≤4.2	
		最大间隙 δ_m /mm	—	≤5	3 m 直尺：每 200 m 测 2 处×5 尺
3	弯沉值/（0.01 mm）		不大于设计验收弯沉值		按《评定标准》附录 J 检查
4	渗水系数/（mL/min）	SMA 路面	≤120	—	渗水试验仪：每 200 m 测 1 处
		其他沥青混凝土路面	≤200		
5	摩擦系数		满足设计要求	—	摆式仪：每 200 m 测 1 处；横向力系数测定车：全线连续检测，按《评定标准》附录 L 评定
6	构造深度		满足设计要求	—	铺砂法：每 200 m 测 1 处
7△	厚度/mm	代表值	总厚度：－5%*H* 上面层：－10%*h*	－8%*H*	按《评定标准》附录 H 检查，每 200 m 测 1 点
		合格值	总厚度：－10%*H* 上面层：－20%*h*	－15%*H*	
8	中线平面偏位/mm		20	30	全站仪：每 200 m 测 2 点
9	纵断高程/mm		±15	±20	水准仪：每 200 m 测 2 断面
10	宽度/mm	有侧石	±20	±30	尺量：每 200 m 测 4 断面
		无侧石	不小于设计值		
11	横坡/%		±0.3	±0.5	水准仪：每 200 m 测 2 个断面
12△	矿料级配		满足生产配合比要求		T0725，每台班 1 次
13△	沥青含量		满足生产配合比要求		T0722、T0721、T0735，每台班 1 次
14	马歇尔稳定度		满足生产配合比要求		T0709，每台班 1 次

注：① 表内压实度，高速公路、一级公路应选用 2 个标准评定，以合格率低的作为评定结果；其他公路选用 1 个标准进行评定。带*号者是指 SMA 路面。

② 表列厚度仅规定负允许偏差。*H* 为沥青层总厚度，*h* 为沥青上面层厚度；其他公路的厚度代表值和合格值允许偏差按总厚度计，当 $H \leqslant 60$ mm 时，允许偏差分别为 －5 mm 和 －10 mm；当 $H > 60$ mm 时，允许偏差分别为 －8%*H* 和 －15%H。

JGLP01006a

表 3-61　路面摩擦系数试验检测记录（摆式仪法）

检测单位名称：××检测科技有限公司××公路总承包部工地试验室　　　　记录编号：JL-XCJ-2022-KHJ-0001

工程名称	G××线××至××公路工程	任务编号	RW-2022-XCJ-0001
工程部位/用途	路面工程	样品编号	—
样品信息	路面干燥、清洁、无污染		
试验检测日期	2022 年 10 月 10 日	试验条件	—
检测依据	JTG 3450—2019（T0964—2008）	判定依据	JTG F80/1—2017
主要仪器设备名称及编号	摆式仪（GL01140017）		

天气情况	晴朗，无风						结构部位	上面层		
桩号	摆值 *FBT*（BPN）						抗滑均值（BPN）	路面温度/°C	修正值 ΔF（BPN）	修正后 FB20（BPN）
	1	2	3	4	5	平均				
K0+080	53	53	54	53	52	53	53	20	0	53
	54	55	53	54	54	54				
	53	52	52	51	52	52				
K0+280	61	60	60	59	60	60	60	20	0	60
	59	59	60	58	59	59				
	61	60	61	62	61	61				
K0+460	56	56	54	54	55	55	55	20	0	55
	55	55	56	57	57	56				
	53	54	54	55	54	54				
K0+680	56	56	57	58	58	57	57	20	0	57
	58	58	57	57	56	57				
	57	56	57	57	58	57				
K0+800	65	65	64	64	63	64	64	20	0	64
	64	63	64	64	64	64				
	64	65	63	64	64	64				
—	—	—	—	—	—	—	—	—	—	
	—	—	—	—	—					
	—	—	—	—	—					
—	—	—	—	—	—	—	—	—	—	
	—	—	—	—	—					
	—	—	—	—	—					
—	—	—	—	—	—	—	—	—	—	
平均值（BPN）	58		标准差（BPN）				4.33	变异系数/%		7.46
附加声明：										

检测：　　　　　　记录：　　　　　　复核：　　　　　　日期：　　　年　　月　　日

表 3-62 路面构造深度试验检测记录（铺砂法）

检测单位名称：××检测科技有限公司××公路总承包部工地试验室　　　　记录编号：JL-XCJ-2022-KHJ-0001

工程名称		G××线××至××公路工程			任务编号	RW-2022-XCJ-0001	
工程部位/用途		路面工程			样品编号	—	
样品信息		路面干燥、清洁、无污染					
试验检测日期		2022 年 10 月 10 日			试验条件	—	
检测依据		JTG 3450—2019（T0961—1995）			判定依据	JTG F80/1—2017	
主要仪器设备名称及编号		路面构造深度仪（GL01140013）					
结构层次		路面类型					
		L_1/mm	L_2/mm	平均/mm	量砂摊铺长度 L_0/mm		
电动铺砂器标定		—	—	—	—		
		—	—	—			
		—	—	—			
桩号	横距/m	摊铺直径/mm			构造深度/mm		
		1	2	平均值	单值	平均	
K0+120	左 1.2	237	236	236	0.57	0.56	
	左 1.8	239	237	238	0.56		
	左 2.5	241	239	240	0.55		
K0+300	右 1.5	234	235	234	0.58	0.58	
	右 2.0	239	237	238	0.56		
	右 2.5	234	232	233	0.59		
K0+520	右 1.5	236	235	236	0.57	0.56	
	右 1.0	237	237	237	0.57		
	右 0.5	242	240	241	0.54		
K0+840	左 1.0	244	245	244	0.53	0.53	
	左 1.5	243	245	244	0.53		
	左 2.0	246	247	246	0.53		
K0+950	左 0.5	232	228	230	0.60	0.60	
	左 1.0	235	232	234	0.58		
	左 1.5	229	227	228	0.61		
—	—	—	—	—	—	—	
	—	—	—	—	—		
	—	—	—	—	—		
测点数	5	平均值/mm	0.57	变异系数/%	4.56	标准差/mm	0.026
附加声明：							

检测：　　　　记录：　　　　复核：　　　　日期：　　年　　月　　日

表 3-63　路面渗水系数试验检测记录

检测单位名称：××检测科技有限公司××公路总承包部工地试验室　　　　记录编号：JL-XCJ-2022-SS-0001

工程名称	G××线××至××公路工程	任务编号	RW-2022-XCJ-0001
工程部位/用途	路面工程	样品编号	—
样品信息	路面干燥、清洁、无污染		
试验检测日期	2022 年 10 月 10 日	试验条件	—
检测依据	JTG 3450—2019（T0971—2019）	判定依据	JTG F80/1—2017
主要仪器设备名称及编号	渗水仪（GL01140018）		
结构层类型	上面层		

桩号	第一次计时		第二次计时		渗水系数/（mL/min）	渗水系数平均值/（mL/min）	评定路段渗水系数/（mL/min）
	时间/s	水量/mL	时间/s	水量/mL			
K0+240	0	100	138	500	174	169	147
	0	100	144	500	167		
	0	100	144	500	167		
K0+400	0	100	144	500	167	162	
	0	100	144	500	167		
	0	100	156	500	153		
K0+540	0	100	156	500	153	149	
	0	100	162	500	147		
	0	100	162	500	147		
K0+600	0	100	162	500	147	131	
	0	100	180	478	126		
	0	100	180	460	120		
K0+840	0	100	180	478	126	123	
	0	100	180	466	122		
	0	100	180	460	120		
—	—	—	—	—	—	—	
	—	—	—	—	—		
	—	—	—	—	—		
—	—	—	—	—	—	—	
	—	—	—	—	—		
	—	—	—	—	—		
—	—	—	—	—	—	—	
	—	—	—	—	—		
	—	—	—	—	—		
—	—	—	—	—	—	—	
	—	—	—	—	—		
	—	—	—	—	—		

附加声明：

检测：　　　　记录：　　　　复核：　　　　日期：　　年　　月　　日

共 1 页 第 1 页

JGLP01004a

表 3-64 平整度检测记录（连续式平整度仪法）

检测单位名称：××检测科技有限公司××公路总承包部工地试验室　　记录编号：JL-XCJ-2022-PZD-0001

测试区间桩号	序号	标准差/mm	平均值/mm	标准差/mm	变异系数/%	合格区间数/个	合格率/%
K0+100	1	1.0	1.0	0.173	17.3	8	80
K0+200	2	1.0					
K0+300	3	1.3					
K0+400	4	0.9					
K0+500	5	0.9					
K0+600	6	1.4（桥头伸缩缝）					
K0+700	7	0.8					
K0+800	8	1.3					
K0+850	9	0.9					
K0+880	10	1.0（路面污染）					
K0+920	11	0.9					
K1+000	12	0.9					
附加声明：							

检测：　　记录：　　复核：　　日期：　　年　　月　　日

四、分项工程

分项工程评价表见表 3-65 ~ 表 3-68。

表 3-65　路基工程分项工程质量检验评定

分项工程名称：K0+000~K1+000 土方路基　　工程部位：路基工程　　所属建设项目：G××线××至××公路工程

所属分部工程名称：K0+000~K1+000 路基土石方工程　　所属单位工程：K0~K10 路基工程

施工单位：×××路桥建筑工程有限公司　　分项工程编号：FX-LJTF-0001

基本要求	① 在路基用地和取土坑范围内，应清除地表植被、杂物、积水、淤泥和表土，处理坑塘并按规范和设计要求对基底进行压实。表土应充分利用。 ② 填方路基应分层填筑压实，每层表面平整，路拱合适，排水良好，不得有碾压轮迹，不得亏坡。 ③ 应设置施工临时排水系统，避免冲刷边坡，路床顶面不得积水。 ④ 在设定取土区内合理取土，不得滥开滥挖。完工后应按要求对取土坑和弃土场进行修整														
实测项目	项次	检查项目	规定值或允许偏差	实测值或实测偏差值										质量评定		
				1	2	3	4	5	6	7	8	9	10	平均、代表值	合格率/%	合格判定
	1△	压实度/%	96	见附表											100	合格
	2△	弯沉（0.01 mm）	不大于设计要求值	见路基弯沉检测记录表										78、82.8	100	合格
	3	纵断面高程/mm	+10，−15	见附表										—	90	合格
	4	中线偏位/mm	50	见附表										38.5	90	合格
	5	宽度/mm	满足设计要求	见附表										25.8	100	合格
	6	平整度/mm	≤15	见三米直尺测试路基平整度检测表										11.6	85	合格
	7	横坡度/%	±0.3	见附表										—	90	合格
	8	边坡	满足设计要求	见附表										1:1.2	100	合格
外观质量	表面平整，边线顺直，边坡平顺、稳定			质量保证资料									资料真实、齐全			
工程质量等级评定	合格															

检测：　　记录：　　复核：　　日期：　年　月　日

表 3-66　路基工程分项工程质量检验评定（附表）

分项工程名称：K0+000～K1+000 土方路基　　工程部位：路基工程　　所属建设项目：G××线××至××公路工程

所属分部工程名称：K0+000～K1+000 路基土石方工程　　所属单位工程：K0～K10 路基工程

施工单位：×××路桥建筑工程有限公司　　分项工程编号：FX-LJTF-0001

基本要求	① 在路基用地和取土坑范围内，应清除地表植被、杂物、积水、淤泥和表土，处理坑塘，并按规范和设计要求对基底进行压实。表土应充分利用。 ② 填方路基应分层填筑压实，每层表面平整，路拱合适，排水良好，不得有碾压轮迹，不得亏坡。 ③ 应设置施工临时排水系统，避免冲刷边坡，路床顶面不得积水。 ④ 在设定取土区内合理取土，不得滥开滥挖。完工后应按要求对取土坑和弃土场进行修整														
实测项目	项次	检查项目	规定值或允许偏差	实测值或实测偏差值										质量评定	
				1	2	3	4	5	6	7	8	9	10	平均、代表值	合格率/%
	1	压实度/%	≥96	96.3	96.2	97.9	96.8	96.8	96.8	96.4	96.8	95.7	97.9	96.8、96.4	100
	3	纵断面高程/mm	+10，−15	+4	−1	+2	+3	+6	−3	−6	−7	−16	+8	—	90
				+7	0	−12	+4	+3	+11	+5	+7	+4	+7		
	4	中线偏位/mm	50	25	33	36	31	32	43	31	43	34	38	38.5	90
				51	42	44	40	51	41	32	41	39	42		
	5	宽度/mm	符合设计要求	20	30	25	26	25	30	31	33	25	20	25.8	100
				15	20	25	20	26	25	30	25	31	33		
	7	横坡度/%	±0.3	−0.25	0.21	0.11	0.21	0.22	0.01	0.20	0.15	−0.13	−0.20	—	90
				−0.10	−0.30	0.25	0.31	0.25	0.31	0.25	0.20	0.11	−0.11		
	8	边坡	符合设计要求	1∶1.1	1∶1.0	1∶1.2	1∶1.1	1∶1.1	1∶1.2	1∶1.3	1∶1.3	1∶1.2	1∶1.2	1:1.2	100
				1∶1.1	1∶1.3	1∶1.3	1∶1.2	1∶1.3	1∶1.2	1∶1.3	1∶1.1	1∶1.2	1∶1.1		

检测负责人：　　检测：　　记录：　　复核：　　年　月　日

表 3-67 路面工程分项工程质量检验评定

分项工程名称：K0+000~K1+000 路面面层　　工程部位：路面　　所属建设项目：G××线××至××公路工程

所属分部工程名称：K0+000~K1+000 路面工程　　所属单位工程：K0~K10 路面工程

施工单位：×××路桥建筑工程有限公司　　分项工程编号：FX-LMMC-0001

基本要求	① 基层质量应符合规范规定并满足设计要求，表面应干燥、清洁、无浮土。 ② 应严格控制沥青混合料拌和的加热温度。拌和后的沥青混合料应均匀、无花白、无粗细料分离和结团成块现象。 ③ 应按规定要求控制碾压工艺，严格控制摊铺和碾压温度														
实测项目：项次	检查项目	规定值或允许偏差	实测值或实测偏差值										质量评定		
			1	2	3	4	5	6	7	8	9	10	平均、代表值	合格率/%	合格判定
1△	压实度/%	试验室标准密度的 96%	97.8	97.6	97.6	97.7	97.7	—	—	—	—	—	97.7、97.6	100	合格
2	平整度 σ/mm	1.2	1.0	1.0	1.3	0.9	0.9	0.8	1.3	0.9	0.9	0.9	1.0	80	合格
3	弯沉值（0.01mm）	符合设计要求	见附表										21.5、22.1	100	合格
4	渗水系数	300 mL/min	见附表										214	100	合格
5	摩擦系数	满足设计要求	见附表										58	80	合格
6	构造深度	满足设计要求	见附表										0.57	80	
7△	厚度/mm 代表值	− 5%*H*	3.87	3.85	3.85	3.86	3.86	—	—	—	—	—	3.86、3.85	100	合格
	厚度/mm 合格值	− 10%*H*													
8	中线平面偏位/mm	20	见附表										16.1	85	合格
9	纵断高程/mm	±15	见附表										—	85	合格
10	宽度/mm 有侧石	±20	见附表										—	90	合格
	宽度/mm 无侧石	不小于设计	—	—	—	—	—	—	—	—	—	—	—		
11	横　坡/%	±0.3	见附表										—	85	合格
12△	矿料级配	满足生产配合比要求	满足										—	100	合格
13△	沥青含量	满足生产配合比要求	满足										—	100	合格
14	马歇尔稳定度	满足生产配合比要求	满足										—	100	合格
外观质量	表面清洁、无浮土						质量保证资料						资料真实、齐全		
工程质量等级评定	合格														

检测负责人：　　检测：　　记录：　　复核：　　年　月　日

表 3-68 路面工程分项工程质量检验评定（附表）

分项工程名称：K0+000~K1+000 路面面层　　工程部位：路面　　所属建设项目：G××线××至××公路工程

所属分部工程名称：K0+000~K1+000 路面工程　　所属单位工程：K0~K10 路面工程

施工单位：×××路桥建筑工程有限公司　　分项工程编号：FX-LMMC-0001

基本要求	① 基层质量应符合规范规定并满足设计要求，表面应干燥、清洁、无浮土。 ② 应严格控制沥青混合料拌和的加热温度。拌和后的沥青混合料应均匀、无花白、无粗细料分离和结团成块现象。 ③ 应按规定要求控制碾压工艺，严格控制摊铺和碾压温度													
实测项目	项次	检查项目	规定值或允许偏差	实测值或实测偏差值										质量评定	
				1	2	3	4	5	6	7	8	9	10	平均、代表值	合格率/%
	3	弯沉值（0.01mm）	符合设计要求	20	21	21	21	21	22	21	21	21	21	21、22	100
				21	21	21	22	21	20	21	22	21	21		
				21	21	21	22	22	21	20	21	22	21		
				21	20	21	21	21	21	22	21	21	21		
				21	21	21	21	22	21	21	21	21	20		
				21	20	20	20	21	21	21	22	21	21		
				21	21	21	21	21	21	21	22	21	21		
				21	21	22	21	21	20	21	20	21	20		
	4	渗水系数	200 mL/min	168	149	123	139	131	—	—	—	—	—	142	100
	5	摩擦系数	满足设计要求	53	60	55	57	64	—	—	—	—	—	58	80
	6	构造深度	满足设计要求	0.56	0.58	0.56	0.53	0.60	—	—	—	—	—	0.57	80
	8	中线平面偏位/mm	20	19	21	15	14	15	16	17	16	14	13	16.1	85
				15	15	14	17	14	18	22	13	10	22		

检测负责人：　　检测：　　记录：　　复核：　　年　月　日

续表　路基工程分项工程质量检验评定（附表）

分项工程名称：K0+000~K1+000 路面面层　　工程部位：路面　　所属建设项目：G××线××至××公路工程

所属分部工程名称：K0+000~K1+000 路面工程　　所属单位工程：K0~K10 路面工程

施工单位：×××路桥建筑工程有限公司　　分项工程编号：FX-LMMC-0001

基本要求	① 基层质量应符合规范规定并满足设计要求，表面应干燥、清洁、无浮土。 ② 应严格控制沥青混合料拌和的加热温度。拌和后的沥青混合料应均匀、无花白、无粗细料分离和结团成块现象。 ③ 应按规定要求控制碾压工艺，严格控制摊铺和碾压温度														
实测项目	项次	检查项目	规定值或允许偏差	实测值或实测偏差值										质量评定	
				1	2	3	4	5	6	7	8	9	10	平均、代表值	合格率/%
	9	纵断高程/mm	±15	+11	−16	+13	−14	−17	−13	−12	−10	+8	+9	—	85
				−6	−7	−12	−9	−10	+11	−9	+11	+12	+17	—	
	10	宽度/mm	±20	+11	−20	+23	−16	−15	−14	−12	−20	+18	+9	—	90
				−16	+7	+12	+9	−10	+11	−19	+13	+12	+21	—	
	11	横坡/%	±0.3	−0.25	+0.31	−0.22	−0.23	−0.20	+0.31	+0.21	−0.20	+0.19	−0.17	—	85
				−0.22	+0.25	−0.28	+0.25	−0.17	+0.23	−0.27	+0.31	+0.21	−0.20	—	
	—	—	—	—	—	—	—	—	—	—	—	—	—	—	—
	—	—	—	—	—	—	—	—	—	—	—	—	—	—	—
	—	—	—	—	—	—	—	—	—	—	—	—	—	—	—
	—	—	—	—	—	—	—	—	—	—	—	—	—	—	—
	—	—	—	—	—	—	—	—	—	—	—	—	—	—	—
	—	—	—	—	—	—	—	—	—	—	—	—	—	—	—
	—	—	—	—	—	—	—	—	—	—	—	—	—	—	—

检测负责人：　　检测：　　记录：　　复核：　　年　月　日

五、分部工程

分部工程评价表见表 3-69 和表 3-70。

表 3-69　路基工程分部工程质量检验评定

分部工程名称：K0+000～K1+000 路基土石方工程　　　　工程部位：路基
所属单位工程：K0+000～K10+000 路基工程　　　　所属建设项目：G××线××至××公路工程
施工单位：×××路桥建筑工程有限公司　　　　分部工程编号：FB-LJTSF-0001

分项工程			备注
分项工程编号	分项工程名称	质量评定	
FX-LJTF-0001	K0+000～K1+000 土方路基	合格	
FX-LJSF-0001	K0+000～K1+000 石方路基	合格	
外观质量	表面密实、无浮土		
评定资料	完整齐全		
质量等级	合格		
评定意见	该分部工程满足《公路工程质量检验评定标准》（JTG F80/1—2017）的要求		

检测负责人：　　　　记录：　　　　复核：　　　　年　月　日

表 3-70　路面工程分部工程质量检验评定

分部工程名称：路面工程　　工程部位：路面

所属单位工程：K0+000 ~ K1+000 路面工程　　所属建设项目：G× ×线× ×至× ×公路工程

施工单位：× × ×路桥建筑工程有限公司　　分部工程编号：FB-LM-0001

分项工程			备注
分项工程编号	分项工程名称	质量评定	
FX-LMMC-0001	K0+000 ~ K1+000 沥青混凝土面层	合　格	
FX-LMJC-0001	K0+000 ~ K1+000 水稳基层	合　格	
FX-LMDJC-0001	K0+000 ~ K1+000 水稳底基层	合　格	
FX-LJ-0001	K0+000 ~ K1+000 路肩	合　格	
外观质量	表面清洁、无污染		
评定资料	完整齐全		
质量等级	合　格		
评定意见	该分部工程满足《公路工程质量检验评定标准（JTG F80/1—2017）》的要求		

检测负责人：　　记录：　　复核：　　年　　月　　日

六、单位工程

单位工程评价表见表 3-71 和表 3-72。

表 3-71　路基工程单位工程质量检验评定

单位工程名称：K0+000 ~ K10+000 路基工程　　工程部位：路基　　所属建设项目：G××线××至××公路工程

施工单位：×××路桥建筑工程有限公司　　单位工程编号：DW-LJ-0001

分部工程			备注
分部工程编号	分部工程名称	质量评定	
FB-LJTSF-0001	K0+000 ~ K1+000 路基土石方工程	合格	
FB-LJTSF-0002	K1+000 ~ K4+000 路基土石方工程	合格	
FB-LJTSF-0003	K4+000 ~ K7+000 路基土石方工程	合格	
FB-LJTSF-0004	K7+000 ~ K10+000 路基土石方工程	合格	
FB-PS-0001	K0+000 ~ K1+000 排水工程	合格	
FB-PS-0002	K1+000 ~ K4+000 排水工程	合格	
FB-PS-0002	K4+000 ~ K7+000 排水工程	合格	
FB-PS-0002	K7+000 ~ K10+000 排水工程	合格	
外观质量	表面清洁、无浮土		
评定资料	完整齐全		
质量等级	合格		
评定意见	该单位工程满足《公路工程质量检验评定标准》（JTG F80/1—2017）的要求		

检测负责人：　　记录：　　复核：　　年　月　日

表 3-72　路面工程单位工程质量检验评定

单位工程名称：K0+000 ~ K10+000 路面工程　　工程部位：路面　　所属建设项目：G××线××至××公路工程

施工单位：×××路桥建筑工程有限公司　　单位工程编号：DW-LM-0001

分部工程			备注
分部工程编号	分部工程名称	质量评定	
FB-LM-0001	K0+000 ~ K1+000 路面工程	合格	
FB-LM-0002	K1+000 ~ K4+000 路面工程	合格	
FB-LM-0003	K4+000 ~ K7+000 路面工程	合格	
FB-LM-0004	K7+000 ~ K10+000 路面工程	合格	
外观质量	表面清洁、无污染		
评定资料	完整齐全		
质量等级	合格		
评定意见	该单位工程满足《公路工程质量检验评定标准》（JTG F80/1—2017）的要求		

检测负责人：　　记录：　　复核：　　年　月　日

七、建设项目

建设项目评价表见表 3-73。

表 3-73 建设项目检验评定

建设项目：G××线××至××公路工程

分部工程			备注
单位工程编号	单位工程名称	质量评定	
DW-LJ-0001	K0+000～K10+000 路基工程	合格	
DW-LJ-0002	K10+000～K20+000 路基工程	合格	
DW-LJ-0003	K20+000～K30+000 路基工程	合格	
DW-LJ-0004	K30+000～K40+000 路基工程	合格	
DW-LM-0001	K0+000～K10+000 路面工程	合格	
DW-LM-0002	K10+000～K20+000 路面工程	合格	
DW-LM-0003	K20+000-～K30+000 路面工程	合格	
DW-LM-0004	K30+000～K40+000 路面工程	合格	
DW-QL-0001	K0+000～K40+000 桥梁工程	合格	
DW-LH-0001	K0+000～K40+000 绿化工程	合格	
DW-JA-0001	K0+000～K40+000 交通安全工程	合格	
外观质量	表面清洁、无浮土、无污染		
评定资料	完整齐全		
质量等级	合格		
评定意见	该建设项目满足《公路工程质量检验评定标准》（JTG F80/1—2017）的要求		

检验负责人：　　　　记录：　　　　复核：　　　　年　月　日

【复习考核题】

1．拟从 K14+000～K15+000 的检测路段中选择 8 个点检测压实度和结构层厚度，试确定测点的位置（随机抽样编号为 2，路面宽为 10 m）。

2. 何谓压实度？路基路面压实度有哪些常用的检测方法？在什么情况下选择这些方法？

3．简述灌砂法检测现场压实度的要点。

4．简述环刀法测试压实度的步骤。

5. 某高速公路路基压实施工中，用灌砂法测试压实度，测得灌砂筒内量砂质量为 6 082 g，填满标定罐所需砂的质量为 3 718 g，测试砂锥的质量为 702 g，标定罐的体积 2 655 cm^3，灌砂后称灌砂筒内剩余砂质量为 1 314 g，试坑挖出湿土重为 5 867 g，烘干土重为 5 432 g，室内击实试验得最大干密度为 1.93 g/cm^3，试求该测点压实度和含水率。

6．简述用核子密度湿度仪测试压实度的步骤。

7. 新建某二级公路路基施工中，对其中某一路段上路床压实质量进行检查，压实度检测结果分别为 98.6、95.4、93.0、99.2、96.2、92.8、95.9、96.8、96.3、95.9、92.6、95.6、99.2、95.8、94.6、99.5（%）。请按保证率 90%计算该路段的代表压实度，并进行分析评定。

8. 路基路面工程通常需要对哪些几何项目进行检测？

9．何谓弯沉？常用哪几种方法进行检测？各检测方法有何特点？

10．常用哪几种方法对路基、路面的回弹模量进行检测？

11．什么叫 CBR？简述土基现场 CBR 值测试要点。

12．某二级公路路基施工质量检测中，共测得 10 个弯沉值，其数据如下：104、97、101、100、105、104、104、100、110、95（0.01 mm），该路段的弯沉值是否满足要求？已知：K_1=0.90，K_3=1，目标可靠度为 85%，设计弯沉值 L_d 为 108（0.01 mm）。

13．常见测试路基路面平整度的方法有哪几种？各有何特点？

14．简述三米直尺测试平整度的主要步骤。

15．试述连续平整度仪测试路面平整度的方法。

16．某高速公路，用连续平整度仪对其沥青混凝土面层做了测试，测得该路段的平整度标准差为：0.48、0.46、0.51、0.50、0.65、1.67（桥头伸缩缝）、1.00（桥头伸缩缝）、0.71、0.50、0.54、0.57、0.91（mm）。试判断路面面层平整度合格与否。平整度要求值为[σ]=1.2 mm。

17．通常用什么方法来检测基层、砂石路面、沥青面层及水泥混凝土路面板的厚度？

18．简述地质雷达检测公路路面面层厚度的基本原理。

19．某一级公路水泥稳定砂砾基层压实厚度检测值分别为 21.5、22.6、20.3、19.7、18.2、20.6、21.3、21.8、22.0、20.3、23.1、22.4、19.0、19.2、17.6、22.6（cm），请按保证率 99%计算其厚度的代表值，并进行评定。（h_s=20 cm，代表值允许偏差为－8 mm，单值允许偏差为－15 mm，已知：$t_{0.95}/4 = 0.438$，$t_{0.99}/4 = 0.651$）

20．测试路面抗滑性能的常用方法有哪几种？各方法的测试指标、测试原理、特点及适用范围是什么？

21．如何采用摆式仪、铺砂仪检测路面抗滑性能？

22．试述摆式仪测试路面抗滑值中，滑动长度对结果的影响。为什么？

23. 用摆式摩擦仪测试高速公路沥青路面的摩擦摆值（路面温度为 30 °C），其测定结果如表 3-74，试计算该处路面的摩擦摆值，并评定该路面抗滑性是否符合要求。

表 3-74　摩擦摆值检测结果

测点桩号	测试平行值 *BPN*				
	1	2	3	4	5
K2+315	52	51	53	52	51
K2+320	53	54	55	53	54
K2+325	52	54	53	55	54

24. 简述路面渗水系数检测的步骤。

25. 何谓路面错台？如何样检测路面错台？

26. 沥青路面车辙检测通常采用哪些器具？如何用这些器具来检测沥青路面车辙深度？

项目 4　桥梁工程技术性能检测

【学习目标】

（1）能够运用规范确定地基容许承载力。

（2）能够运用浅层和深层荷载板试验检测承载板压力主要影响范围内的承载力和变形模量。

（3）能够利用动力触探法确定地基基本承载力。

（4）能够对基桩成孔质量及桩身完整性进行检测。

（5）能描述混凝土与钢筋混凝土结构检测项目、检测原理及检测要点。

（6）能描述预应力钢绞线锚具、夹具、连接器及张拉设备的检测项目及检测要点。

（7）能描述板式橡胶支座力学性能检测程序与计算方法。

（8）能描述伸缩装置的检测项目、检验原则。

（9）熟悉桥梁荷载试验方法。

任务 4.1　地基与基础试验检测

一、地基承载力检测

（一）概　述

天然地基上的浅基础，由于埋入地层深度较浅，施工一般采用敞开挖基坑修筑基础的方法。基坑挖至基底设计高程，或已按设计要求加固、处理完毕后，须经过基底检验，才可以进行基础施工。

地基承载力特征值是由载荷试验测定的地基土压力—变形曲线性变形段内规定变形所对应的压力值。

地基承载力特征值的确定要考虑两方面的要求，即作用于基底的压应力不超过地基的极限承载力和保证地基有足够的安全度。

1. 地基承载力的确定

地基承载力可根据地质勘测、原位测试、野外载荷试验以及邻近建（构）筑物调查经验和理论公式计算综合分析确定。

地基承载力通常由下列几种途径来确定：

（1）由现场载荷试验或原位测试确定。

（2）按地基承载力理论公式计算。

（3）按现行规范提供的经验公式计算。

（4）在土质基本相同的条件下，参照邻近结构物地基承载力特征值。

2.《公路桥涵地基与基础设计规范》（JTG 3363—2019）有关地基承载力的规定

（1）桥涵地基承载力的验算应以修正后的地基承载力特征值 f_a 乘以地基承载力抗力系数 γ_R 控制，并应符合下列要求：

① 修正后的地基承载力特征值 f_a 应基于地基承载力特征值 f_{a0}，根据基础基底埋深、宽度及地基土的类别按第（4）的规定修正确定。

② 软土地基承载力特征值可按第（5）的规定确定。

③ 地基承载力抗力系数 γ_R 可按本规范第 3.0.7 条规定确定。

④ 其他特殊性岩土地基的承载力特征值及抗力系数应根据各地区经验或标准规范确定。

（2）地基承载力特征值 f_{a0} 宜由载荷试验或其他原位测试方法实测取得，其值不应大于地基极限承载力的 1/2。对中小桥、涵洞，当受现场条件限制或开展载荷试验和其他原位测试确有困难时，也可按第（3）有关规定确定。

（3）根据岩土类别、状态、物理力学特性指标及工程经验确定地基承载力特征值 f_{a0} 时，可按表 4-1 ~ 表 4-7 的规定进行：

① 一般岩石地基可根据强度等级、节理发育情况按表 4-1 确定承载力特征值 f_{a0}。对于复杂的岩层（如溶洞、断层、软弱夹层、易溶岩石、软化岩石等）应按各项因素综合确定。

表 4-1　岩石地基承载力特征值 f_{a0}　　kPa

坚硬程度	节理发育程度		
	节理不发育	节理发育	节理很发育
坚硬岩、较硬岩	> 3 000	3 000 ~ 2 000	2 000 ~ 1 500
较软岩	3 000 ~ 1 500	1 500 ~ 1 000	1 000 ~ 800
软岩	1 200 ~ 1 000	1 000 ~ 800	800 ~ 500
极软岩	500 ~ 400	400 ~ 300	300 ~ 200

② 碎石土地基可根据其类别和密实程度按表 4-2 确定承载力特征值 f_{a0}。

表 4-2　碎石土地基承载力特征值 f_{a0}　　kPa

土名	密实度			
	密实	中密	稍密	松散
卵石	1200 ~ 1 000	1 000 ~ 650	650 ~ 500	500 ~ 300
碎石	1 000 ~ 800	800 ~ 550	550 ~ 400	400 ~ 200
圆砾	800 ~ 600	600 ~ 400	400 ~ 300	300 ~ 200
角砾	700 ~ 500	500 ~ 400	400 ~ 300	300 ~ 200

注：① 由硬质岩组成，填充砂土者取其高值；由软质岩组成，填充黏性土者取其低值。
② 半胶结的碎石土，可按密实的同类土提高 10% ~ 30%。
③ 松散的碎石土在天然河床中很少遇见，需要特别注意鉴定。
④ 漂石、块石参照卵石、碎石适当提高。

③ 砂土地基可根据土的密实程度和水位情况按表 4-3 确定承载力特征值 f_{a0}。

表 4-3 砂土地基承载力特征值 f_{a0} kPa

土名、水位情况		密实度			
		密实	中密	稍密	松散
砂砾、粗砂	与湿度无关	550	430	370	200
中砂	与湿度无关	450	370	330	150
细砂	水上	350	270	230	100
	水下	300	210	190	—
粉砂	水上	300	210	190	—
	水下	200	110	90	—

④ 粉土地基可根据土天然孔隙比 e 和天然含水率 w（%），按表 4-4 确定承载力特征值 f_{a0}。

表 4-4 粉土地基承载力特征值 f_{a0} kPa

e	w/%					
	10	15	20	25	30	35
0.5	400	380	355	—	—	—
0.6	300	290	280	270	—	—
0.7	250	235	225	215	205	—
0.8	200	190	180	170	165	—
0.9	160	150	145	140	130	125

⑤ 老黏性土的地基可根据压缩模量 E_s，按表 4-5 确定地基承载力特征值 f_{a0}。

表 4-5 老黏性土地基承载力特征值 f_{a0} kPa

E_s /MPa	10	15	20	25	30	35	40
f_{a0} /kPa	380	430	470	510	550	580	620

注：当老黏性土 $E_s < 10$ MPa 时，地基承载力特征值 f_{a0} 按一般黏性土（表 4-6）确定。

⑥ 一般黏性土可根据液性指数 I_L 和天然孔隙比 e，按表 4-6 确定地基承载力特征值 f_{a0}。

表 4-6　一般黏性土地基承载力特征值 f_{a0}　　　　kPa

e	I_L /kPa												
	0	0.1	0.2	0.3	0.4	0.5	0.6	0.7	0.8	0.9	1.0	1.1	1.2
0.5	450	440	430	420	400	380	350	310	270	240	220	—	—
0.6	420	410	400	380	360	340	310	280	250	220	200	180	—
0.7	400	370	350	330	310	290	270	240	220	190	170	160	150
0.8	380	330	300	280	260	240	230	210	180	160	150	140	130
0.9	320	280	260	240	220	210	190	180	160	140	130	120	100
1.0	250	230	220	210	190	170	160	150	140	120	110	—	—
1.1	—	—	160	150	140	130	120	110	100	90	—	—	—

注：① 土中含有粒径大于 2 mm 的颗粒质量超过总质量 30%以上者，f_{a0} 可适当提高。

② 当 $e<0.5$ 时，取 $e=0.5$；当 $I_L<0$，取 $I_L=0$。此外，超过列表范围的一般黏性土，$f_{a0}=57.22E_s^{0.57}$。

③ 一般黏性土地基承载力特征值 f_{a0} 取值大于 300 kPa 时，应有原位测试数据作依据。

⑦ 新近沉积黏性土地基可根据液性指数 I_L 和天然孔隙比 e，按表 4-7 确定地基承载力特征值 f_{a0}。

表 4-7　新近沉积黏性土地基承载力特征值 f_{a0}　　　　kPa

e	I_L		
	≤0.25	0.75	1.25
≤0.8	140	120	100
0.9	130	110	90
1.0	120	100	80
1.1	110	90	—

（4）修正后的地基承载力特征值 f_a 按式（4-1）确定。当地基基础位于水中不透水地层上时，f_a 可按平均常水位至一般冲刷线的水深按 10 kPa/m 提高。

$$f_a = f_{a0} + k_1\gamma_1(b-2) + k_2\gamma_2(h-3) \tag{4-1}$$

式中：f_a——修正后的地基承载力特征值（kPa）。

b——基础底面的最小边宽（m），当 $b<2$ m 时，取 b=2 m；当 $b>10$ m 时，取 b=10 m。

h——基底埋置深度（m），自天然地面算起，有水流冲刷时自一般冲刷线算起；当 $h<3$ m 时，取 h=3 m；当 $h/b>4$ 时，取 $h=4b$。

k_1、k_2——基底宽度、深度修正系数，根据基底持力层土的类别确定按表 4-8 确定。

γ_1——基底持力层土的天然重度（kN/m^3）。若持力层在水面以下且为透水者，应取浮重度。

γ_2——基底以上土层的加权平均重度（kN/m^3）；换算时若持力层在水面以下，且不透水时，不论基底以上土的透水性质如何，一律取饱和重度；当透水时水中部分土层则应取浮重度。

表 4-8　地基土承载力宽度、深度修正系数 k_1、k_2

系数	土类																
	黏性土				粉土	砂土								碎石土			
	老黏性土	一般黏性土		新近沉积黏性土	—	粉砂		细砂		中砂		砾砂粗砂		碎石、圆砾、角砾		卵石	
		$I_L \geq 0.5$	$I_L < 0.5$		—	中密	密实	中密	密实	中密	密实	中密	密实	中密	密实	中密	密实
k_1	0	0	0	0	0	1.0	1.2	1.5	2.0	2.0	3.0	3.0	4.0	3.0	4.0	3.0	4.0
k_2	2.5	1.5	2.5	1.0	1.5	2.0	2.5	3.0	4.0	4.0	5.5	5.0	6.0	5.0	6.0	6.0	10.0

注：① 对于稍密和松散状态的砂、碎石土，k_1、k_2 值可采用表列中密值的 50%。

② 强风化和全风化的岩石，可参照所风化成的相应土类取值，其他状态下的岩石不修正。

（5）软土地基承载力应按下列规定确定：

① 软土地基承载力特征值 f_{a0} 应由载荷试验或其他原位测试取得。载荷试验和原位测试确有困难时，对中小桥、涵洞基底未经处理的软土地基修正后的地基承载力特征值 f_a 可采用下列两种方法确定：

a. 根据原状土的天然含水率，按表 4-9 确定软土地基承载力特征值 f_{a0}，然后按式（4-2）计算修正后的地基承载力特征值 f_a：

$$f_a = f_{a0} + \gamma_2 h \tag{4-2}$$

式中：γ_2、h 的意义同式（4-1）。

表 4-9　软土地基承载力特征值 f_{a0}

天然含水率 w/%	36	40	45	50	55	65	75
f_{a0}/kPa	100	90	80	70	60	50	40

b. 根据原状土强度指标确定软土地基修正后的地基承载力特征值 f_a。

$$f_a = \frac{5.14}{m} k_p C_u + \gamma_2 h \tag{4-3}$$

$$k_p = \left(1 + 0.2\frac{b}{l}\right)\left(1 - \frac{0.4H}{blC_u}\right) \tag{4-4}$$

式中：m——抗力修正系数，可视软土灵敏度及基础长宽比等因素选用，一般取 1.5~2.5；

C_u——地基土不排水抗剪强度标准值（kPa）；

k_p——系数；

H——由作用（标准值）引起的水平力（kN）；

b——基础宽度（m），有偏心作用时，取 $b-2e_b$；

l——垂直于 b 边的基础长度（m），有偏心作用时，取 $l-2e_1$；

e_1、e_2——偏心作用在宽度和长度方向的偏心距；

② 经排水固结方法处理的软土地基，其承载力特征值 f_{a0} 应通过载荷试验或其他原位测试方法确定；经复合地基方法处理的软土地基，其承载力特征值应通过载荷试验确定；然后按式（4-2）计算修正后的软土地基地基承载力特征值 f_a。

（二）平板载荷试验

1. 浅层平板载荷试验

（1）试验方法原理。

浅层平板载荷试验适用于确定浅部地基土层（深度小于 3 m）承压板下压力主要影响范围内的承载力和变形模量。图 4-1 为荷载—沉降关系曲线。

平板载荷试验是在试验土层表面放置一定规格的方形或圆形刚性承压板，在其上逐级施加荷载，每级荷载增量持续时间按规范规定进行观测，测记每级荷载作用下荷载板沉降量的稳定值，加载至总沉降量为 25 mm，或达到加载设备的最大容量为止；然后卸载，其持续时间应不小于一级荷载增量的持续时间，并记录土的回弹值。根据试验记录绘制荷载-沉降（P-S）关系曲线，见图 4-1。然后分析地基土的强度与变形特性，求得地基土承载力特征值与变形模量等力学参数。

地基在荷载作用下达到破坏状态的过程，可分为三个阶段，见图 4-2。

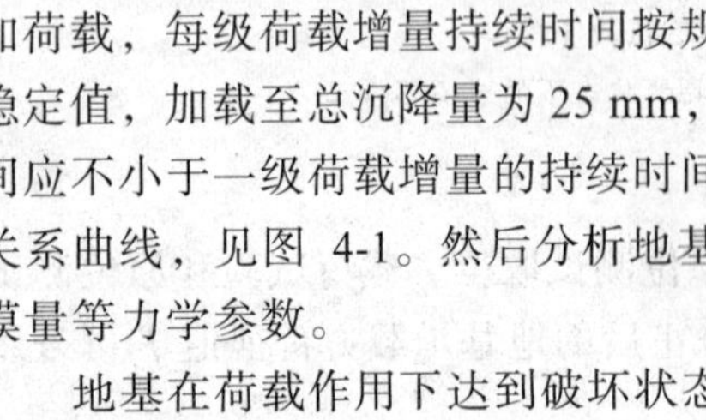

图 4-1　荷载—沉降关系曲线

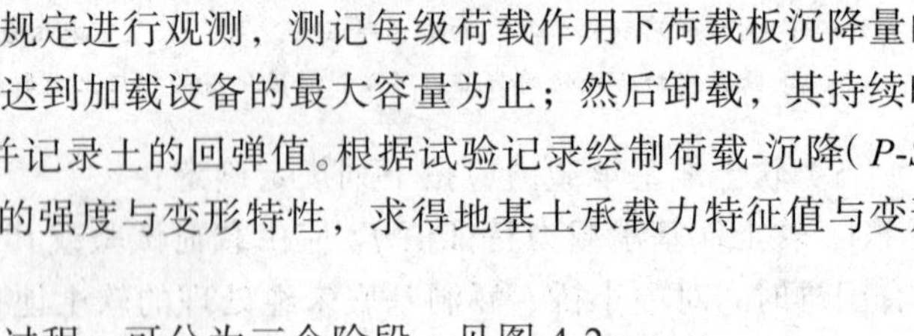

图 4-2　地基破坏过程的三个阶段

① 压密阶段。相当于 P-S 曲线上的 oa 直线段，这时土中各点的剪应力均小于土的抗剪强度，土体压力与变形呈线性关系，土体处于弹性平衡状态。该阶段荷载板沉降主要是由土中孔隙的减少引起，土颗粒主要是竖向变位，且随时间增长将土体压密，所以也称压密阶段。与 a 点相应的荷载 P 为比例界限。

② 剪切阶段。相当于 P-S 曲线上的 ab 段，这时 P-S 曲线的土体荷载与变形不再呈线性关系，其沉降的增长率随荷载的增大而增大。除土体压密外，在承压板边缘局部的土体剪应

力达到或超过土的抗剪强度，土体开始发生塑性变形。土的变形是由于土中空隙压缩和土颗粒的剪切移动引起的，土颗粒同时发生竖向和侧向变位，且随时间不易稳定，故称为局部剪切变形阶段。随着荷载的继续增大，土体中的塑性区范围也逐步扩大，直到土体中形成连续的滑动面，土在荷载板两侧挤出而破坏。因此，剪切阶段是地基中塑性区的发生和发展阶段，与在 *P-S* 曲线上 *b* 点相应的荷载 *P* 为极限荷载。

③ 破坏阶段。相当于 *P-S* 曲线上的 *bc* 段。当荷载超过极限荷载后，即使荷载不再增加，沉降也不能稳定，荷载板急剧下沉，土中产生连续的滑动面，土从承压板下挤出，土体隆起呈环状或放射状裂隙，故称为破坏阶段。这时土体的变形主要由土的剪切变位引起，土体的侧向移动使地基土失稳而破坏。

（2）试验设备。

载荷试验设备由稳压加荷装置、反力装置和沉降观测装置三部分组成。

现以半自动稳压油压荷载试验设备为例，说明如下。该设备适用于承压板面积不小于 $0.25\ m^2$，对于软土地基不小于 $0.50\ m^2$。利用高压油泵，通过稳压器及反力锚定装置，将压力稳定地传递到承压板。它由下列三部分组成：

① 加荷及稳压系统。由承压板、加荷千斤顶、立柱、稳压器和支撑稳压器的三脚架组成。加荷千斤顶、稳压器、储油箱和高压油泵分别用高压油管连接，构成一个油路系统。

② 反力锚碇系统。包括桁架和反力锚碇两部分，桁架由中心柱套管、深度调节丝杆、斜撑管、主钢丝绳、三向接头等组成。

③ 观测系统。用百分表或其他自动观测装置进行观测。

目前，常用的载荷板试验时加载方式如图 4-3 所示。根据现场情况，也可采用地锚代替荷重的方式，也可二者兼用。总的要求是加荷、卸荷要既简便，又安全，并对试验的沉降量观测不产生影响。荷载板为刚性的方形或圆钢板。

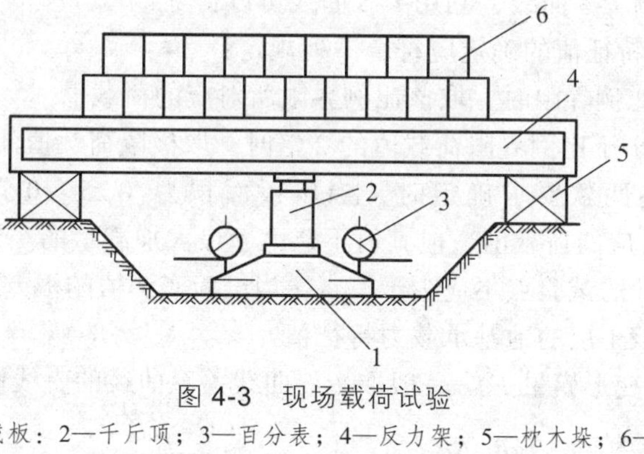

图 4-3　现场载荷试验

1—荷载板；2—千斤顶；3—百分表；4—反力架；5—枕木垛；6—荷重

用油压千斤顶加荷、卸荷虽然方便，但要注意设备是否变形、千斤顶是否漏油及荷载板是否下沉等，要防止千斤顶压力不稳定。注意随时调节，保持压力恒定。

（3）现场测试。

① 基坑宽度不应小于承压板宽度 *b* 或直径 *d* 的 3 倍。

② 承压板面积是 50 cm × 50 cm 或 70.7 cm × 70.7 cm 的方板。

③ 试验土层：应保持土层在原有位置上，保持土的原状结构、天然湿度。试坑开挖时，

在试验点位置周围预留一定厚度的土层，在安装承压板前再清理至试验高程。

④ 承压板与土层接触处，应铺设约 20 mm 厚的中砂或粗砂找平，以保证承压板与土层水平、均匀接触。

⑤ 试验加荷分级不应少 8 级，第一级荷载包括设备重力。每级荷载增量为地基土层预估极限承载力的 1/10 ~ 1/8。最大加载量不应小于设计要求的 2 倍或接近试验土层的极限荷载。

⑥ 试验精度不应低于最大荷载的 1%，承压板的沉降采用百分表或电测位移计量测，其精度不应低于 0.01 mm。

⑦ 加荷稳定标准：每级加载后，按间隔 10 min、10 min、10 min、15 min，15 min，以后为每隔半小时测读一次沉降量。当在连续两小时内，每小时的沉降量小于 0.1 mm 时，则认为已趋稳定，可加下一级荷载。

⑧ 当试验出现下列情况之一时，可终止加载：

a. 承压板周围的土体有明显侧向挤出或发生裂纹。

b. 在某一级荷载下，24 h 内沉降速率不能达到稳定标准。

c. 沉降量急剧增大，*P-S* 曲线出现陡降段。

d. 沉降量与承压板宽度或直径之比等于或大于 0.06。

满足前三种情况之一，其相对应的前一级荷载定为极限荷载。

⑨ 回弹观测：分级卸荷，观测回弹值。分级卸荷量为分级加荷量的 2 倍，15 min 观测一次，一小时后再卸下一级荷载。荷载完全卸除后，应继续观测三小时。

⑩ 试验完后，试验点附近应有取土孔提供土工试验指标或其他原位测试资料。试验后，应在沉压板中心向下开挖取土试样，并描述 2 倍承压板直径（或宽度）范围内土层的结构变化。

（4）试验数据处理。

根据试验数据绘制 *P-S* 曲线，利用 *P-S* 曲线可以得到：

① 地基土承载力特征值的确定应符合下列规定：

a. 当 P-S 曲线有比例界限时，取该比例界限所对应的荷载值。

b. 当极限荷载值小于比例界限荷载值的 2 倍时，取极限荷载值的一半。

c. 若不能按上述两款要求确定时，当压板面积为 0.25 ~ 0.50 m^2 时，可取 S/d 或 $S/d = 0.01 \sim 0.015$ 所对应的荷载值，但其值不应大于最大加载量的一半。

同一土层参加统计的试验点不应少于三点。当试验实测值的极差不超过其平均值的 30% 时，取其平均值作为该土层的地基承载力特征值。

② 计算地基土的变形模量 E_0。一般取 *P-S* 曲线关系曲线的直线段，用式（4-5）计算：

$$E_0 = (1-\mu^2)\frac{\pi B}{4}\cdot\frac{\Delta P}{\Delta S} \tag{4-5}$$

式中：B——承压板直径（m），当为方形板时，$B=\sqrt{\dfrac{A}{\pi}}$，A 为方形板面积（m^2）；

$\dfrac{\Delta P}{\Delta S}$——*P-S* 关系曲线直线段斜率（kPa/m）；

μ——地基土的泊松比，对于砂土和粉土，$\mu = 0.33$；对于可塑—硬塑黏性土，$\mu = 0.38$；

对于软塑—流塑黏性土和淤泥质黏性土，$\mu = 0.41$。

当 $P\text{-}S$ 曲线的直线段不明显时，可用上述确定地基土承载力的方法所确定地基承力的基本值与相应的沉降量代入式（4-5）计算，但此时应与其他原位测试资料比较，综合考虑确定 E_0 值。

利用 $P\text{-}S$ 曲线还可以估算地基土的不排水抗剪强度和地基土基床反力系数等。

2. 深层平板载荷试验

（1）深层平板载荷试验用于确定深部地基及大直径桩桩端在承压板压力主要影响范围内土层的承载力及变形模量。该法适用于埋深等于或大于 3.0 m 和地下水位以上的地基土。承压板的直径为 0.8 m 的刚性板，如采用厚约 300 mm 的现浇混凝土板，紧靠承压板周围外侧的土层高度不应小于 0.8 m。

加载反力装置有压重平台反力装置、地锚反力装置、锚桩横梁反力装置、地锚压重联合反力装置等。

（2）加荷分级可按预估极限承载力的 1/15 ~ 1/10 分级施加。每级加载后，第一个小时内按间隔 10 min，10 min、10 min、15 min，15 min，以后为每隔半小时测读一次沉降量。当在连续两小时内，每小时的沉降量小于 0.1 mm 时，则认为已趋稳定，可加下一级荷载.

（3）当试验出现下列情况之一时，即可终止加载：

① 沉降量急剧增大，$P\text{-}S$ 曲线上有可判定极限承载力的陡降段，且沉降量超过 $0.04d$（d 为承压板直径）。

② 在某一级荷载下，24 h 内沉降速率不能达到稳定。

③ 本级沉降量大于前一级沉降量的 5 倍。

④ 当持力层土层坚硬、沉降量很小时，最大加载量不小于设计要求的 2 倍。

（4）地基土承载力特征值的确定应符合下列规定：

① 当 $P\text{-}S$ 关系曲线有比例界限时，取该比例界限所对应的荷载值。

② 当极限荷载值小于比例界限荷载值的 2 倍时，取极限荷载值的一半。

③ 若不能按上述两款要求确定时，当压板面积为 0.25 ~ 0.50 m^2 时，可取 $S/d = 0.01 \sim 0.015$ 所对应的荷载值，但其值应不大于最大加载量的一半。

（5）计算变形模量。深层平板载荷试验的变形模量 E_0 按式（4-6）计算：

$$E_0 = w\frac{Pd}{S} \tag{4-6}$$

式中：w——试验深度和土类有关的系数；

P——$P\text{-}S$ 曲线上线性段的压力（kPa）；

S——与 P 对应的沉降（mm）；

d——承压板的直径（m）。

3. 平板载荷试验的局限性

（1）平板载荷试验受荷面积小，加荷影响深度不超过 2 倍的承压板边长或直径，且加荷时间较短，因此不能通过载荷板试验提供建筑物的长期沉降资料。

（2）在沿海软黏土部分地区，地表往往有层“硬壳层”，当为小尺寸承压板时，对其下软弱土层还未受影响，而实际建筑物基础大，下部软弱土层对建筑物沉降起主要影响。因此，载荷试验有一定的局限性。

（3）当地基压缩层范围内土层单一、均匀时，可直接在基础埋置高程处进行载荷试验。如地基压缩层范围内是成层变化的或不均匀时，则要进行不同尺寸承压板或不同深度的载荷试验。此时，可以采用其他原位测试和室内土工试验来确定荷载板试验影响不到的土层的工程力学性质。

（4）如果地基土层起伏变化很大，还应在不同地点做载荷试验。

（三）圆锥动力触探试验

圆锥动力触探试验（DPT）是利用一定质量的落锤，以一定高度的自由落距将标准规格的锥形探头打入土层中，根据探头贯入的难易程度判定土层的物理力学性质。这是公路桥涵工程勘察中的原位测试方法之一。

1. 圆锥动力触探试验类型、规格及适用范围

（1）圆锥动力触探类型及规格。

圆锥动力触探试验的类型分为轻型、重型和超重型三种，各种试验的类型和规格见表4-10。

表 4-10　圆锥动力触探类型及规格

类型		轻型	重型	超重型
落锤	锤的质量/kg	10	63.5	120
	落距/cm	50	76	100
探头	直径/mm	40	74	64
	锥角/（°）	60	60	60
探杆直径/mm		25	42	50 ~ 60
指标		贯入 30 cm 的锤击数 N_{10}	贯入 30 cm 的锤击数 $N_{63.5}$	贯入 30 cm 的锤击数 N_{120}

（2）圆锥动力触探试验的适用范围。

轻型圆锥动力触探试验一般用于贯入深度小于 4 m 的黏性土、黏性土组成的素填土和粉土。可用于施工验槽、地基检验和地基处理效果的检测。

重型圆锥动力触探试验一般适用于砂土、中密以下的碎石土和极软岩。

超重型圆锥动力触探试验一般适用于较密实的碎石土、极软岩和软岩。

2. 试验设备和方法

圆锥动力触探试验设备主要由圆锥触探头、触探杆、穿心锤三部分组成，见图 4-4 和图 4-5。

（1）试验设备安装。

试验前和试验过程中，应认真检查机具设备是否完好。安装过程中各部件连接紧固，触探架安装平稳，保持触探孔垂直。

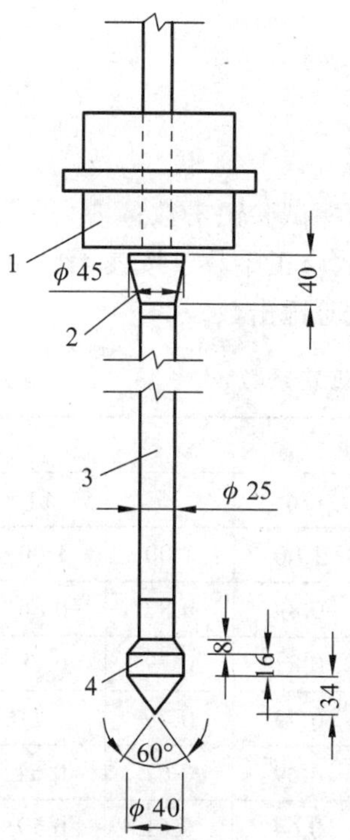

图 4-4　轻型圆锥动力触探试验设备(单位:mm)

1—穿心锤；2—锤垫；3—触探杆；4—探头

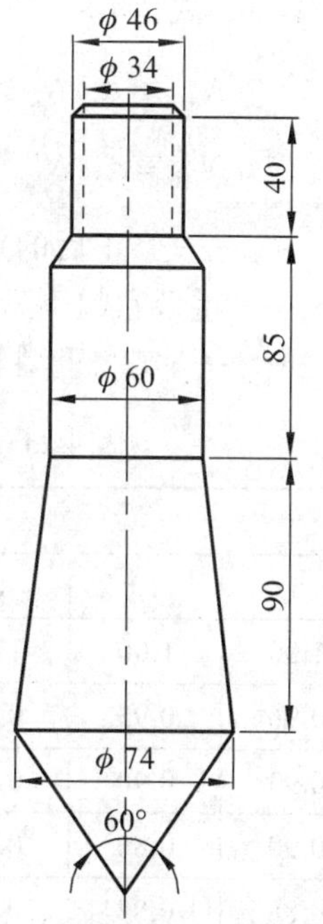

图 4-5　重型、超重型圆锥动力触探试验探头（单位：mm）

（2）试验方法。

触探架与触探头对准孔位，作业过程中始终保持与触探孔垂直。以重型圆锥动力触探为例，试验采用质量为 63.5 kg 的穿心锤自动脱钩，以 76 cm 的落距自由下落，对土层连续进行触探，将标准试验触探头打入土中 10 cm，记录其锤击数。

（3）重型和超重型圆锥动力触探试验试验要点：

① 贯入时，穿心锤应自动脱钩，自由落下。

② 地面上触探杆的高度不宜超过 1.5 m，以免倾斜和摆动过大。

③ 贯入过程应尽量连续贯入。锤击速率宜为每分钟 15 ~ 30 击。

④ 每贯入 10 cm，记录其相应的锤击数 $N'_{63.5}$，N'_{120}。

3. 试验成果整理

（1）触探指标。

① 实测触探锤击数。

各种类型的圆锥动力触探试验是以贯入一定深度的锤击数（如 N_{10}、$N'_{63.5}$、N'_{120}）作为触探指标，通过与其他室内试验和原位测试指标建立相关关系获得地基土的物理力学性质指标，从而评价地基土的性质。

② 修正后的触探杆锤击数。

a. 探杆长度的修正。当采用重型和超重型圆锥动力触探试验确定碎石土的密实度时，锤击数应按式（4-7）、式（4-8）进行修正。

$$N_{63.5} = \alpha_1 \cdot N'_{63.5} \tag{4-7}$$

$$N_{120} = \alpha_2 \cdot N'_{120} \tag{4-8}$$

式中：$N_{63.5}$、N_{120}——修正后的重型和超重型圆锥动力触探试验锤击数；

α_1、α_2——重型和超重型圆锥动力触探试验锤击数修正系数，按表 4-11 和表 4-12；

$N'_{63.5}$、N'_{120}——实测重型和超重型圆锥动力触探试验锤击数。

表 4-11　重型圆锥动力触探锤击数修正系数 α_1

杆长/m	$N'_{63.5}$								
	5	10	15	20	25	30	35	40	≥50
2	1.00	1.00	1.00	1.00	1.00	1.00	1.00	1.00	—
4	0.96	0.95	0.93	0.92	0.90	0.89	0.87	0.86	0.84
6	0.93	0.90	0.88	0.85	0.83	0.81	0.79	0.78	0.75
8	0.90	0.86	0.83	0.80	0.77	0.75	0.73	0.71	0.67
10	0.88	0.83	0.79	0.75	0.72	0.69	0.67	0.64	0.61
12	0.85	0.79	0.75	0.70	0.67	0.64	0.61	0.59	0.55
14	0.82	0.76	0.71	0.66	0.62	0.58	0.56	0.53	0.50
16	0.79	0.73	0.67	0.62	0.57	0.54	0.51	0.48	0.45
18	0.77	0.70	0.63	0.57	0.53	0.49	0.46	0.43	0.40
20	0.75	0.67	0.59	0.53	0.48	0.44	0.41	0.39	0.36

表 4-12　超重型圆锥动力触探锤击数修正系数 α_2

杆长/m	N'_{120}											
	1	3	5	7	9	10	15	20	25	30	35	40
1	1.00	1.00	1.00	1.00	1.00	1.00	1.00	1.00	1.00	1.00	1.00	1.00
2	0.96	0.92	0.91	0.90	0.90	0.90	0.90	0.89	0.89	0.88	0.88	0.88
3	0.94	0.88	0.86	0.85	0.84	0.84	0.84	0.83	0.82	0.82	0.81	0.81
5	0.92	0.82	0.79	0.78	0.77	0.77	0.76	0.75	0.74	0.73	0.72	0.72
7	0.90	0.78	0.75	0.74	0.73	0.72	0.71	0.70	0.68	0.68	0.67	0.66
9	0.88	0.75	0.72	0.70	0.69	0.68	0.67	0.66	0.64	0.63	0.62	0.62
11	0.87	0.73	0.69	0.67	0.66	0.66	0.64	0.62	0.61	0.60	0.59	0.58
13	0.86	0.71	0.67	0.65	0.64	0.63	0.61	0.60	0.58	0.57	0.56	0.55
15	0.86	0.69	0.65	0.63	0.62	0.61	0.59	0.58	0.56	0.55	0.54	0.53
17	0.85	0.68	0.63	0.61	0.60	0.60	0.57	0.56	0.54	0.53	0.52	0.50
19	0.84	0.66	0.62	0.60	0.58	0.58	0.56	0.54	0.52	0.51	0.50	0.48

b. 侧壁摩擦影响的修正。对于砂土和松散—中密的圆砾、卵石，触探深度在 1 ~ 15 m 范围内时，一般不考虑侧壁摩擦的影响。

c. 地下水影响的修正。对于地下水位以下的中砂、粗砂、砂砾和圆砾、卵石，锤击数按（4-9）进行修正。

$$N_{63.5} = 1.1 \times N'_{63.5} + 1.0 \tag{4-9}$$

（2）动贯入阻力。

荷兰公式是目前国内外应用最广泛的动贯入阻力计算公式，国家标准《岩土工程勘察规范》（GB 50021—2001）和行业标准《土工试验规程》（YS/T 5225—2016）的条文说明都推荐该公式。

$$q_{\mathrm{d}} = \frac{M}{M+m} \cdot \frac{MgH}{Ae} \tag{4-10}$$

式中：q_{d}——动贯入阻力（MPa）；

M——落锤质量（kg）；

m——圆锥探头及杆件系统（包括探头、导向杆等）的质量（kg）；

g——重力加速度；

H——落锤高度（m）；

A——圆锥探头截面面积（cm^2）；

e——每击贯入度。

公式（4-10）是建立在古典牛顿碰撞理论基础上的，且假定为绝对非弹性碰撞，不考虑弹性变形能量的消耗。

（3）触探曲线。

对于圆锥动力触探试验所获得的锤击数值（或动贯入阻力），应在剖面图上或柱状图上绘制随深度变化的关系曲线（$N_{63.5}-h$、$N_{120}-h$ 曲线或 $q_{\mathrm{d}}-h$ 曲线）。根据触探曲线的形态，结合钻探资料，进行地层的力学分层。

4. 试验成果应用

（1）利用触探曲线进行力学分层。

（2）评价地基的密实度。

（3）评价地基承载力。

① 用轻型动力触探锤击数 N_{10} 确定地基土的承载力。

② 用重型圆锥动力触探锤击数 $N_{63.5}$ 确定地基土的承载力。

③ 用超重型圆锥动力触探锤击数 N_{120} 确定地基土的承载力。

（4）确定地基土的变形模量。

（5）确定单桩承载力。

（6）确定抗剪强度、地基检验和确定地基持力层。

（7）评价地基均匀性和确定地基持力层。

二、基桩成孔质量检测

钻（挖）孔灌注桩的检验，主要包括三个方面：一是施工前的检验（原材料检验、配合比检验、施工机具检验），二是施工过程检验，三是桩完整性、承载力检验。原材料与配合比检验在《道路建筑材料》书中讲述，此处重点介绍施工过程的一些检测项目与方法及桩完整性检测。

（一）泥浆性能指标检测

1. 相对密度

泥浆的相对密度是泥浆与 4 °C 时同体积水的质量之比。相对密度用泥浆相对密度计测试。将要量测的泥浆装满泥浆杯，加盖，并洗净从小孔溢出的泥浆，然后置于支架上，移动游码，使杠杆呈水平状态（水平泡位于中央），读出游码左侧所示刻度，即为泥浆的相对密度 γ_X。

如工地无以上仪器，可用一个口杯先称其质量，设为 m_1，再装满清水称其质量为 m_2，再倒去清水，装满泥浆并擦去杯周溢出的泥浆，称其质量为 m_3，则：$\gamma_X=(m_3-m_1)/(m_2-m_1)$。

2. 黏度 η

黏度是液体或混合液体运动时各分子或颗粒之间产生的内摩阻力。工地用标准漏斗黏度计测试，黏度计如图 4-6（a）中所示。用两端开口量杯分别量取 200 mL 和 500 mL 泥浆，通过滤网滤去大砂砾后，将泥浆 700 mL 均注入漏斗，然后使泥浆从漏斗流出，流满 500 mL 量杯所需时间（s），即为所测泥浆的黏度。

校正方法：漏斗中注入 700 mL 清水，流出 500 mL，所需时间应是 15 s，其偏差如超过 ±1 s，测量泥浆黏度时应校正。

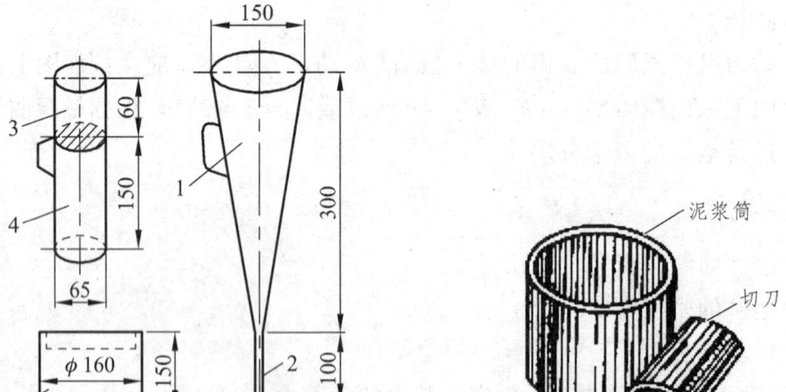

（a）黏度计　　　　（b）浮筒切力计

1—漏斗；2—管子；3—量杯 200 mL；4—量杯 200 mL 部分；5—筛网及杯。

图 4-6　黏度计和浮筒切力计（单位：mm）

3. 静切力 θ

工地可用浮筒切力计［图 4-6（b）］测试。测量泥浆静切力时，可用式（4-11）表示：

$$\theta=\frac{G-\pi d\delta h\gamma}{2\pi dh-\pi d\delta} \tag{4-11}$$

式中：G——铝制浮筒质量（g）；

d——浮筒的平均直径（cm）；

h——浮筒的沉没深度（cm）；

γ——泥浆密度（g/cm^3）；

δ——浮筒壁厚（cm）。

量测时，先将约 500 mL 泥浆搅匀后，立即倒入切力计中，将切力筒沿刻度尺垂直向下移至与泥浆接触时，轻轻放下，当它自由下降到静止不动时，即静切力与浮筒重力平衡时，读出浮筒上泥浆面所对应的刻度［刻度是按式（4-11）计算值刻划的］，即为泥浆的初切力。取出切力筒，按净黏着的泥浆，用棒搅动筒内泥浆后，静置 10 min，用上述方法量测，所得即为泥浆的终切力。它们的单位均为 Pa，切力计可自制。

4. 含砂率

含砂率是泥浆内所含的砂和黏土颗粒的体积百分比。工地用含砂率计（如图 4-7 所示）测试。量测时，把调制好的泥浆 50 mL 倒进含砂率计，然后再倒 450 mL 清水，将仪器口塞紧，摇动 1 min，使泥浆与水混合均匀。再将仪器垂直静放 3 min，仪器下端沉淀物的体积（由仪器刻度上读出）乘以 2 即为含砂率（%）。另有一种大型的含砂率计，容积为 1000 mL，从刻度读出的数不乘 2，即为含砂率。

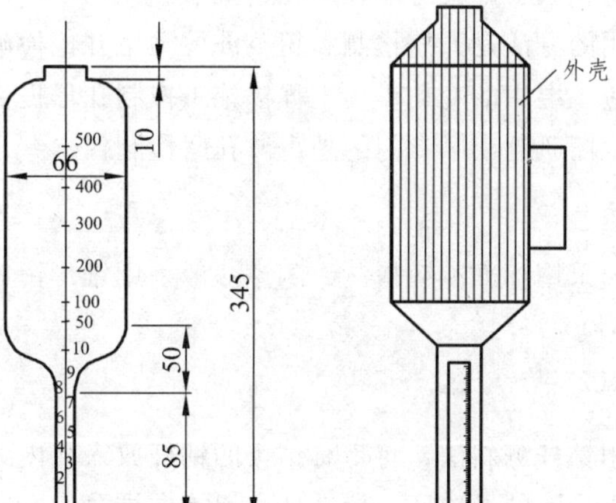

图 4-7　含砂率计（单位：mm）

5. 胶体率

胶体率也称稳定率，它是泥浆中土粒保持悬浮状态的性能。测试方法：可将 100 mL 泥浆倒入干净量杯中，用玻璃片盖上，静置 24 h 后，量杯上部泥浆可能澄清为透明的水，量杯底部可能有沉淀物，以 100 –（水 + 沉淀物）体积即等于胶体率。

6. 失水量（mL/30 min）和泥皮厚（mm）

用一张 120 mm × 120 mm 的滤纸，置于水平玻璃板上，中央画一直径 3 cm 的圆，将 2 mL

的泥浆滴入圆圈中心，30 min 后，量算湿润圆圈的平均半径减去泥浆推平成为泥饼的平均半径（mm），即为失水量，单位为 mL/30 min。在滤纸上量出泥浆皮的厚度（mm），即为泥皮厚。泥皮愈平坦、愈薄，则泥浆质量愈高，一般不宜厚于 2 ~ 3 mm。

7. 酸碱度

酸碱度，即酸和碱的强度简称，也有简称为酸碱值的。pH 是常用的酸碱标度之一。pH 等于溶液中氢离子浓度的负对数值，即 $pH = -\lg[H^+] = \lg(1/[H^+])$。pH 等于 7 时为中性，大于 7 时为碱性，小于 7 时为酸性。工地测量 pH 方法，可取一条 pH 试纸放在泥浆面上，0.5 s 后拿出来与标准颜色相比，即可读出 pH。

（二）成孔质量检测及质量标准

钻、挖孔在终孔和清孔后，应进行孔位、孔深、孔径、孔形和倾斜度等项目检查。

1. 孔径与孔形检测

孔径检测是在桩孔成孔后、下钢筋笼前进行的，是根据设计桩径制作笼式井径器入孔检测。笼式井径器是用 $\phi 8 \sim 12$ 的钢筋制作，其外径等于钻孔的设计孔径，长度等于孔径的 3 ~ 4 倍（如正、反循环回转钻成孔法）或 4 ~ 6 倍（如冲击钻成孔法）。检测时，将井径器吊起，使笼的中心、孔的中心与起吊钢绳保持一致，慢慢放入孔内，上下通畅无阻表明孔径大于给定的笼径；遇阻则有可能在遇阻部位有缩径或孔斜现象。

孔形检测目前常采用的方法是开挖检测和超声波检测。开挖检测一般在工程试桩结束，直接观察桩身形状在相应土层中的变化，为工程桩施工控制孔形提供直观依据。超声波检测是近年来采用的新方法，已研制出了专门的超声波孔壁检测仪。

2. 孔深和孔底沉渣检测

孔深和孔底沉渣普遍采用标准测锤检测，测锤一般采用锥形锤，锤底直径 13 ~ 15 cm，高 20 ~ 22 cm，质量 4~6 kg。

3. 桩孔倾斜度检测

倾斜度检测方法常用钻杆测斜法，将带有钻头的钻杆放入孔内到底，在孔口处的钻杆上装一个与孔径或护筒内径一致的导向环，使钻杆柱保持在桩孔中心线位置上。然后将带有扶正圈的钻孔测斜仪下入钻杆内，分点测斜，并将各点数值在坐标纸上描点作图，检查桩孔偏斜情况。也可以用圆球检测法和电子水平仪测斜法。

4. 桩位检测

复测桩位时，桩位测点选在新鲜桩头面的中心点，然后测量该点偏移设计桩位的距离，并按坐标位置，分别标明在桩位复测平面图上。测量仪器选用全站仪或红外测距仪。

（三）桩身混凝土质量检测

（1）桩身混凝土抗压强度应符合设计规定；每根桩取混凝土抗压强度试件组数为 2 ~ 4

组，检验结果应满足混凝土质量检验要求。

（2）检验方法和数量应符合设计要求。

三、桩身完整性检测

1. 检测方法

钻孔灌注桩桩身完整性检测方法有低应变反射波法、声波透射法和钻探取芯法三种。低应变反射波法具有仪器轻便、检测速度快、成本低等特点，可根据检测桩身缺陷及位置，判定桩身完整性类别，但受低应变锤击能量影响检测深度受到限制。声波透射法同样具备仪器轻便、检测速度快等特点，通过预埋声测管，可检测灌注桩混凝土缺陷位置，判定桩身完整性类别。钻芯法设备笨重、检测时间长、成本高，但检验成果直观可靠。除判定桩身完整性类别外，它可以检测桩长、桩身混凝土强度、桩底沉渣厚度，鉴别桩底岩土性状等。实际检测过程中，可将上述三种方法有机结合，综合针对桩身完整性类别做出可靠的评价。

2. 完整性检测基本要求

（1）检测仪器与设备。

基桩检测所用仪器设备的主要技术性能和工作环境条件，应符合《基桩动测仪》（JG/T 518—2017）中的规定，并具有良好的波形现场显示、记录和储存功能。

检测仪器设备必须有法定计量单位定期进行标定和年检，合格后方能使用。

所有仪器设备在检测前后必须进行自检，确认仪器正常工作。

（2）检测前的准备。

被检工程应进行现场调查，搜索其工程地质资料、基桩设计图纸和施工记录、监理日志等，了解施工工艺及施工过程中出现的异常情况。

检测方法和制定检测方案应根据调查结果和检测目的合理选用。

检测时间应满足拟用检测方法对混凝土强度（或龄期）和地基土休止期的规定。

（3）检测报告及桩身完整性类别评定。

检测报告应用词规范，结论明确。其内容应包括工程概况、岩土工程勘察、检测技术及方法、桩位平面布置图、测试曲线、检测结果汇总表、结论及评价等。

检测报告格式应符合《公路工程基桩动测技术规范》（JTG/T 3512—2020）附录 A 的规定。

桩身完整性类别应按表 4-13 划分。

表 4-13　桩身完整性类别划分

桩身完整性类别	特征
Ⅰ类桩	桩身完整，可正常使用
Ⅱ类桩	桩身基本完整，有轻度缺陷，不影响正常使用
Ⅲ类桩	桩身有明显缺陷，对桩身结构承载力有影响
Ⅳ类桩	桩身有严重缺陷，对桩身结构承载力有严重影响

3. 桩身质量评定实测项目

钻、挖孔灌注桩质量评定实测项目与评分见表 4-14 与表 4-15。

表 4-14 钻孔灌注桩实测项目

项次	检查项目		规定值或允许偏差	检查方法和频率
1△	混凝土强度/MPa		在合格标准内	按附录 D 检查
2△	桩位/mm	群 桩	≤100	全站仪：每桩测中心坐标
		排架桩	≤50	
3△	孔深/m		≥设计值	测绳量：每桩测量
4	孔径/mm		≥设计值	探孔器或超声波法成孔检测仪：每桩测量
5	钻孔倾斜度/mm		≤1%S，且≤500	钻杆垂线法或超声波法成孔检测仪：每桩测量
6	沉淀厚度/mm		满足设计要求	沉淀盒或测渣仪：每桩测量
7△	桩身完整性		每桩均满足设计要求；设计未要求时，每桩不低于Ⅱ类	满足设计要求；设计未要求时，采用低应变反射波法或超声波透射法：每桩检测

注：S 为桩长，计算规定值或允许偏差时以 mm 计。

表 4-15 挖孔灌注桩实测项目

项次	检查项目		规定值或允许偏差	检查方法和频率
1△	混凝土强度/MPa		在合格标准内	按附录 D 检查
2△	桩位/mm	群桩	≤100	全站仪：每桩测中心坐标
		排架桩	≤50	
3△	孔深/m		≥设计值	测绳量：每桩测量
4	孔径或边长/mm		≥设计值	井深仪：每桩测量
5	孔的倾斜度/mm		≤0.5%S，且≤200	铅锤法：每桩检查
6△	桩身完整性		每桩均满足设计要求；设计未要求时，每桩不低于Ⅱ类	满足设计要求；设计未要求时，采用低应变反射波法或超声波透射法：每桩检测

注：S 为桩长，计算规定值或允许偏差时以 mm 计。

四、基桩承载力检测

现有确定基桩承载力的检测方法有两种：静载试验和动测方法。静载试验是确定单桩承载力最原始、最基本的方法，也是最可靠的方法，而各种桩的动测方法则要在与桩静载试验结果大量对比的基础上，找出对比系数，才能推广应用。因此，国内规范一致规定，凡属重要工程都应通过静载荷试验确定单桩承载力。基桩静载荷试验通常可分为静压试验、静拔试验和水平静推试验三种。

（一）概　述

1. 试验目的

（1）静压试验通常用来确定单桩承载力和荷载与位移的关系，并校核动力公式的准确程度；静拔试验确定单桩竖向抗拔承载力；静推试验确定单桩水平承载力。

（2）当在桩身埋设有测量应力、应变、桩底反力传感器或位移杆时，可以测试桩周土层侧摩阻力和桩端土阻力或桩身截面的位移量。测试桩身应力变化，求出桩身弯矩分布。

2. 试桩的位置应符合设计规定

设计未规定时，宜选择在有代表性地质的地方，并尽量靠近地质钻孔或静力触探孔，其间距宜为 1 ~ 5 m。试桩的桩径、桩长和测试内容应符合设计要求。

3. 试桩前应进行下列准备工作

（1）试桩的桩顶如有破损或强度不足，应将破损和强度不足段凿除后，修补平整。

（2）做静推试验的桩，如系空心桩，则应在直接受力部位填充混凝土。

（3）做静压、静拔的试桩，当在原地面处施加荷载时，对承台底面以上部分或局部冲刷线以上部分设计不能考虑的摩擦力应予扣除。

（4）做静压、静拔的试桩，对桩身需通过尚未固结新近沉积的土层或湿陷性黄土、软土等土层对桩侧产生向上的负摩擦力部分，应在桩表面涂设涂层，或用设置套管等方法予以消除。

（5）在冰冻季节试桩时，应将桩周围的冻土全部融化，其融化范围：静压、静拔试验时，离试桩周围应不小于 1 m；静推试验时，应不小于 2 m。融化状态应保持到试验结束。在结冰的水域做试验时，桩与冰层间应保持不小于 100 m 的间隙。

（二）静压试验

1. 静压试验设备

（1）试验加载装置：可采用油压千斤顶加载。千斤顶的反力装置可根据现场的实际条件选用下列三种形式之一：

① 锚桩承载梁反力装置：锚桩承载梁反力装置能提供的反力，应不小于预估最大试验荷载的 1.3 ~ 1.5 倍。锚桩宜采用 4 根，入土较浅或土质松软时可增至 6 根。锚桩与试桩的中心间距，当试直径（或边长）小于或等于 800 mm 时，可为试桩直径（或边长）的 5 倍；当试桩直径（或边长）大于 800 m 时，上述距离不得小于 4 m。如图 4-8 所示。

② 压重平台反力装置：利用平台上压重作为对桩静压试验的反力装置。压重不得小于预估最大试验荷载的 1.3 倍，压重应在试验开始前一次加上。试桩中心至压重平台支承边缘的距离与上述试桩中心至锚桩中心距离相同。如图 4-9 所示。

③ 锚桩压重联合反力装置：当试桩最大加载量超过锚桩的抗拔能力时，可在承载梁上放置或悬挂一定重物，由锚桩和重物共同承受千斤顶反力。

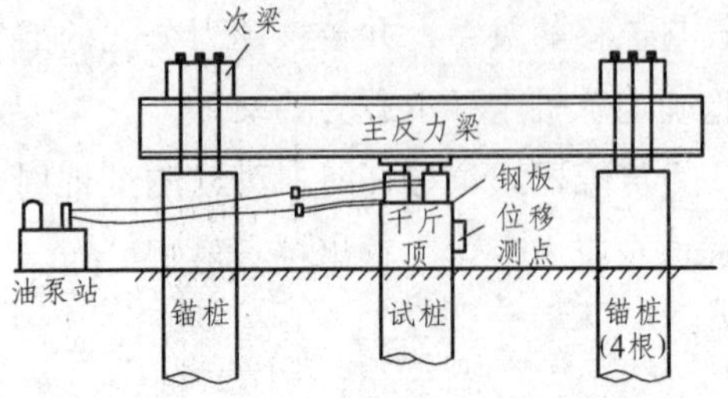

图 4-8　锚桩承载梁反力装置示意

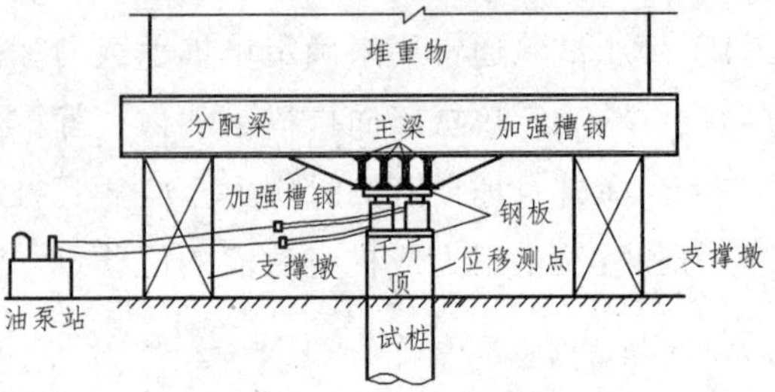

图 4-9　压重平台反力装置示意

（2）位移测量装置。测量仪表必须精确，一般使用 120 mm 光学仪器或力学仪表，如水平仪、挠度仪、偏仪计等。

2. 试验方法

（1）加载方式

《公路桥涵施工技术规范》（JTG/T 3650—2020）采用慢速维持荷载法逐级加荷，《建筑基桩检测技术规范》（JGJ 106—2014）给出慢速维持荷载法和快速维持荷载法，以适用不同的试验要求。本任务列出《公路桥涵施工技术规范》（JTG/T 3650—2020）采用慢速维持荷载法的相关要求。快速维持荷载法可参考《建筑基桩检测技术规范》（JGJ 106—2014）。

（2）加载方法应符合下列规定：

① 加载重心应与试桩轴线相一致。加载时应分级进行，使荷载传递均匀，无冲击。加载过程中，不应使荷载超过每级的规定值。

② 加载分级时，每级加载量宜为预估最大荷载的 1/10 ~ 1/15。当桩的下端埋入巨粒土、粗粒土以及坚硬的黏质土中时，第一级可按 2 倍的分级荷载加载。

③ 预估最大荷载：对施工检验性试验，可采用设计荷载的 2.0 倍。

（3）沉降观测应符合下列规定：

① 下沉未达稳定时不得进行下一级加载。

② 每级加载后，每隔 15 min 观测一次；累计 1 h 后，每隔 30 min 观测一次。

（4）稳定标准：每级加载下沉量，在下列时间内如不大于 0.1 mm 时，即可认为稳定。

① 桩端下为巨粒土、砂类土、坚硬黏质土，最后 30 min。

② 桩端下为半坚硬和细粒土，最后 1 h。

（5）《公路桥涵施工技术规范》（JTG/T 3650—2020）规定，加载终止及极限荷载取值应符合下列规定：

① 总位移量大于或等于 0.05D（D 为桩的直径），本级荷载的下沉量大于或等于前一级荷载的下沉量的 5 倍时，加载即可终止。取此终止时荷载小一级的荷载为极限荷载。

② 总位移量大于或等于 0.05D，本级荷载加上后 24 h 未达稳定，加载即可终止。取此终止时荷载小一级的荷载为极限荷载。

③ 巨粒土、密实砂类以及坚硬的黏质土中，总下沉量小于 0.05D，但荷载已大于或等于设计荷载乘以设计规定的安全系数，加载即可终止。取此时的荷载为极限荷载。

④ 施工过程中的检验性试验，一般加载应继续到桩的 2 倍设计荷载为止。如果桩的总沉降量不超过 $0.05D$，且最后一级加载引起的沉降不超过前一级加载引起的沉降的 5 倍，则该桩可予以检验。

⑤ 极限荷载的确定困难时，应绘制荷载—沉降曲线（P-s 曲线）、沉降—时间曲线（s-t 曲线）确定，必要时还应绘制 s-*lgt* 曲线、s-*lgt* 曲线（单对数法）、s-[1-P/P_{max}]曲线（百分率法）等进行综合比较，确定比较合理的极限荷载取值。

（6）桩的卸荷与回弹量观测：

① 卸载应分级进行，每级卸载量为两个加载级的荷载量。每级荷载卸载后，应观测桩顶的回弹量，观测办法与沉降相同。直到回弹稳定后，再卸下一级荷载。回弹稳定标准与下沉稳定标准相同。

② 卸载到零后，至少 2 h 内每 30 min 观测一次。如果桩尖下为砂类土，则开始 30 min 内，每 15 min 观测一次；如果桩尖下为黏质土，则第 1 h 内，每隔 15 min 观测一次。

（7）试验记录：所有试验数据应填写记录，绘制曲线图，并编写试验报告。

（三）静拔试验

（1）试验目的。

在个别桩基中设计承受拉力时，用以确定单桩抗拔容许承载力。

（2）仪器设备。

加载装置：可采用油压千斤顶加载。千斤顶的反力装置一般由两根锚桩和承载梁组成，试桩和承载梁用拉杆连接，将千斤顶置于两根锚桩之上，顶推承载梁，引起试桩上拔。试桩与锚桩间的距离可按静压试验中的有关规定确定。图 4-10 为静拔试验检测示意图。

（3）加载方法。

可采用慢速维持荷载法进行。施加的静拔力必须作用于桩的中轴线。加载应均匀、无冲击。每级加载量不大于预计最大荷载的 1/15 ~ 1/10。

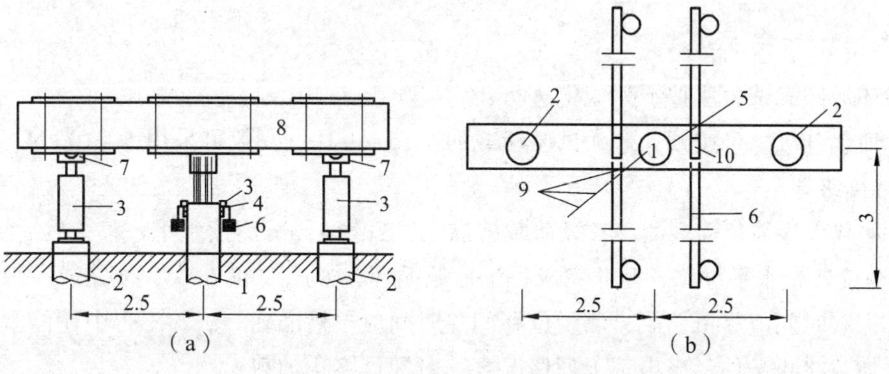

1—试桩；2—锚桩；3—液压千斤顶；4—表座；5—测微计；6—基准梁；7—球铰；8—反力梁；9—地面变形测点；10—10 cm×10 cm 薄钢板。

图 4-10　静拔试验检测示意（单位：m）

（4）位移观测。

下沉未达稳定时不得进行下一级加载；每级加载后，每隔 15 min 观测一次；累计 1 h 后，每隔 30 min 观测一次。

（5）稳定标准。

位移量小于或等于 0.1 mm/h，即可认为稳定。

（6）加载终止。

勘测设计阶段，总位移大于或等于 25 mm，加载即可终止；施工阶段，加载应不大于设计容许抗拔荷载。

（7）试验记录：所有试验数据应填写记录，绘制曲线图，并编写试验报告。

（四）静推试验

1. 试验目的

主要是确定桩的水平承载力、桩侧地基土水平抗力系数的比例系数。

2. 试验方法

对于承受反复水平荷载的基桩，采用单向多循环加卸载方法；对于承受长期水平荷载的基桩，采用单循环加载方法。

3. 装　置

（1）加载装置。可采用两根单桩通过千斤顶相互顶推加载；或在两根锚桩间平放一根横梁，采用千斤顶向试桩加载；有条件时可利用墩台或专设反力座以千斤顶向试桩加载。在千斤顶与试桩接触处宜安设一球形铰座，以保证千斤顶作用力能水平通过桩身轴线。

（2）反力装置。加载反力结构的承载能力应为预估最大试验荷载的 1.3 ~ 1.5 倍，其作用方向的刚度不应小于试桩。反力结构与试桩之间净距按设计要求确定。

（3）量测装置。固定百分表的基准桩宜设在桩侧面靠水平位移的反方向，与试桩净距不小于试桩直径的 1 倍。

4. 多循环加载试验法

多循环加卸载试验法按下列规定进行：

（1）加载分级。可按预计最大试验荷载的 1/15 ~ 1/10，一般可采用 5 ~ 10 kN，过软的土可采用 2 kN 级差。

（2）加载程序与位移观测。各级荷载施加后，恒载 4 min 测读水平位移，然后卸载至零，2 min 后测读残余水平位移，至此完成一个加载循环，如此循环 5 次，便完成一级荷载的试验检测。加载时间应尽量缩短，测量位移间隔时间应严格准确，试验不得中途停歇。

（3）加载终止条件。当出现下列情况之一时即可终止加载：

① 桩顶水平位移超过 20 ~ 30 mm（软土取 40 mm）。

② 桩身已经断裂。

③ 桩侧地表有明显裂纹或隆起。

5. 资料整理

由试验记录绘制水平荷载-时间-桩顶位移关系曲线（H-t-x 曲线）（图 4-11）、水平荷载—位移梯度关系曲线（H-$\Delta x/\Delta H$ 曲线）（图 4-12）。

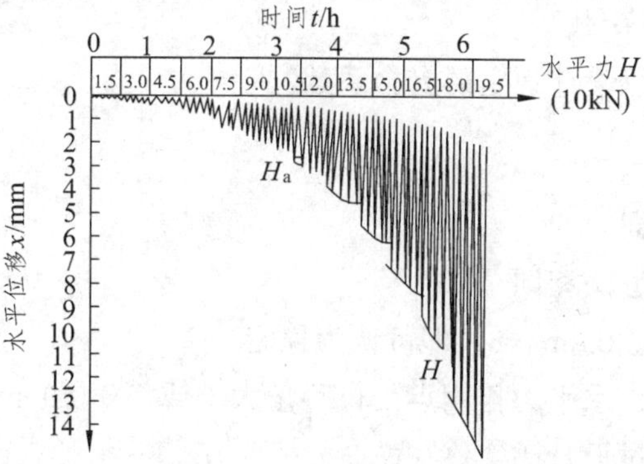

图 4-11　H-t-x 曲线

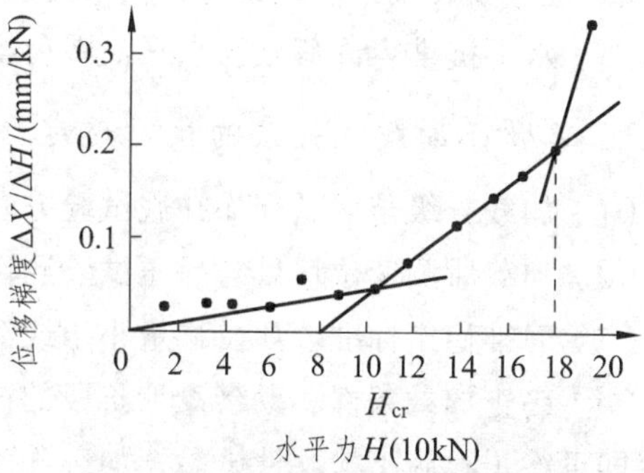

图 4-12　H-$\Delta x/\Delta H$ 曲线 H_{cr}-极限承载力

当桩身具有应力量测资料时，尚应绘制应力沿桩身分布和水平力—最大弯矩截面钢筋应力关系曲线（H-σ_g 曲线），见图 4-13。

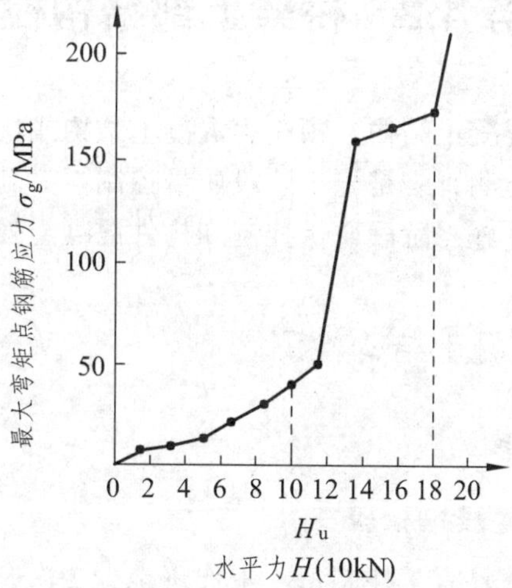

图 4-13　H-σ_g 曲线

6. 多循环加卸载临界荷载（H_{cr}）、极限荷载（H_u）及水平抗推容许承载力确定

（1）临界荷载（H_{cr}）：相当于桩身开裂，受拉混凝土不参加工作时的顶水平力，其数值可按下列方法综合确定：

① 取 H-t-x 曲线出现突变点的前一级荷载值。

② 取 H-$\Delta x/\Delta H$ 曲线的第一直线段终点所对应的荷载。

③ 取 H-σ_g 曲线第一突变点对应的荷载。

（2）极限荷载（H_u）可按下列方法综合确定：

① 取 $H\text{-}t\text{-}x$ 曲线明显陡降的前一级荷载值。

② 取 $H\text{-}\Delta x/\Delta H$ 曲线各级荷载水平位移包络线向下凹曲的前一级荷载。

③ 取 $H\text{-}\sigma_g$ 曲线第二直线终点所对应的荷载。

④ 桩身断裂或钢筋应力达到流限的前一级荷载。

（3）水平抗推容许荷载为水平极限荷载除以设计规定的安全系数。

7. 单循环加载试验法的执行规定

（1）加载分级与多循环加卸载试验方法相同。

（2）加载后测读位移量与静压试验测读的方法相同。

（3）静推稳定标准。如位移量小于或等于 0.05 mm/h，即可认为稳定。

（4）终止加载条件。勘察设计阶段的试验，水平力作用点处位移量大于或等于 50 mm，加载即可终止；施工检验性试验，加载不应超过设计的容许荷载。

（5）试验记录。所有试验观测数据应填写记录，并绘制曲线图。将水平位移量改为横坐标，荷载改为纵坐标。

任务 4.2　桥梁上部结构检测

桥涵混凝土结构、钢筋混凝土结构、预应力混凝土结构或构件的检测，主要包括以下内容：一是原材料与配合比的检测，二是施工阶段质量控制，三是外观质量检测，四是构件混凝土强度评定。本任务只讲述施工阶段质量控制和构件混凝土强度检测。

一、混凝土与钢筋混凝土结构检测

（一）检测项目与频率

1. 拌制和浇注混凝土过程中检验

（1）混凝土及组成材料的外观，拌制每一工作班至少 2 次，必要时随时抽样试验。

（2）混凝土的和易性（坍落度）每工作班至少 2 次。

（3）砂石材料的含水率，每日开工前 1 次，气候或含水率变化较大时随时检测调整。

（4）钢筋、模板、支架等的稳固性和安装位置。

（5）混凝土的运输、浇注方法和质量。

（6）外加剂的使用效果。

（7）制取混凝土试件。

2. 浇注混凝土后的检验

（1）养护情况。

（2）混凝土强度、拆模时间。

（3）混凝土外露面及装饰质量。

（4）变形和沉降。

3. 混凝土强度检测频率

（1）不同强度及不同配合比的混凝土应分别制取试件，试件应在浇注地点或拌和地点随机制取。

（2）浇注一般体积的结构物（如基础、墩台）时，每一单元结构物应制取2组。

（3）连续浇注大体积结构物混凝土时，每80～200 m^3或每一工作班应制取2组。

（4）每片梁长16 m以下应制取1组，16～30 m制取2组，31～50 m制取3组，50 m以上者不少于5组。

（5）就地浇注混凝土小桥涵，每一座或每一工作班制取不少于2组；原材料和配合比相同，并由同一个拌和站拌制时，可几座合并制取2组。

如施工需要，可制取与结构物同条件养护的试件作为考核结构混凝土在拆模、出池、吊装、预加应力、承受荷载等阶段强度的依据。

混凝土抗压强度质量评定见任务2.2。

（二）结构外形尺寸与位置的检测项目及评定

混凝土、钢筋混凝土部分结构构件的外形尺寸、位置的检测项目与评定见表4-16～表4-19。

表4-16　就地浇筑梁、板实测项目

<table>
<tr><th>项次</th><th colspan="2">检查项目</th><th>规定值或允许偏差</th><th>检查方法和频率</th></tr>
<tr><td>1△</td><td colspan="2">混凝土强度/MPa</td><td>在合格标准内</td><td>按《评定标准》附录D检查</td></tr>
<tr><td>2</td><td colspan="2">轴线偏位/mm</td><td>≤10</td><td>全站仪：跨测5处</td></tr>
<tr><td>3</td><td colspan="2">梁、板顶面高程/mm</td><td>±10</td><td>水准仪：每跨测5处，跨中、桥墩（台）处应布置测点</td></tr>
<tr><td rowspan="4">4△</td><td rowspan="4">断面尺寸/mm</td><td>高度</td><td>+5，−10</td><td rowspan="4">尺量：每跨测3个断面</td></tr>
<tr><td>顶宽</td><td>±30</td></tr>
<tr><td>箱梁底宽</td><td>±20</td></tr>
<tr><td>顶、底、腹板或梁肋厚</td><td>±10，0</td></tr>
<tr><td>5</td><td colspan="2">长度/mm</td><td>+5，−10</td><td>尺量：每梁（板）测顶面中线处</td></tr>
<tr><td>6</td><td colspan="2">与相邻梁段间错台/mm</td><td>≤5</td><td>尺量：测底面、侧面</td></tr>
<tr><td>7</td><td colspan="2">横坡/%</td><td>±0.15</td><td>水准仪：跨测3处</td></tr>
<tr><td>8</td><td colspan="2">平整度/mm</td><td>≤8</td><td>2 m直尺：沿梁长方向每侧面每10 m梁长测1处×2尺</td></tr>
</table>

表 4-17 梁、板或梁段预制实测项目

项次	检查项目				规定值或允许偏差	检查方法和频率
1△	混凝土强度/MPa				在合格标准内	按《评定标准》附录 D 检查
2	梁（板）长度/mm			总长度	+5，−10	尺量：每梁顶面中线、底面两侧
				梁段长度	0，−2	
3△	断面尺寸/mm	宽度	箱梁	顶宽	±20（±5）①	尺量：每梁测 3 个断面，板和梁段测 2 个断面
				底宽	±10（+5，0）①	
			其他梁、板	干接缝(梁翼缘、板)	±10（±3）②	
				湿接缝(梁翼缘、板)	±20	
		高度	箱梁		0，−5	
			其他梁、板		±5	
		顶板、底板、腹板或梁肋厚			+5，0	
4	平整度/mm				≤5	2 m 直尺：沿梁长方向每侧面每 10 m 梁长测 1 处×2 尺
5	横系梁及预埋件位置/mm				≤5	尺量：每件
6	横坡/%				±0.15	水准仪：每梁测 3 个断面，板和梁段测 2 个断面
7	斜拉索锚面③	锚点坐标/mm			±5	全站仪、钢尺：检查每锚垫板，测水平及相互垂直的锚孔中心线与锚垫板边线交点坐标推算
		锚面角度/（°）			0.5	角度仪：检查每锚垫板与水平面、立面的夹角，各测 3 处

注：① 项次 3 箱梁宽度括号中的数字适用于节段拼装梁段的预制。
② 项次 3 对应干接缝的其他梁、板宽度括号中的数字适用于组合梁面板的预制。
③ 项次 7 仅适用于斜拉桥预制梁段。

表 4-18 梁、板安装实测项目

项次	检查项目		规定值或允许偏差	检查方法和频率
1	支承中心偏位/mm	梁	≤5	尺量：每跨测 6 个支承处，不足 6 个时全测
		板	≤10	
2	梁、板顶面高程/mm		±10	水准仪：每跨测 5 处，跨中、桥墩（台）处应布置测点
3	相邻梁、板顶面高差/mm	L≤40 m	≤10	尺量：每相邻梁、板高差最大处
		L>40 m	≤15	

表 4-19　钢筋安装实测项目

项次	检查项目			规定值或允许偏差	检查方法和频率
1△	受力钢筋间距/mm	两排以上排距		±5	尺量：长度≤20 m 时，每构件检查 2 个断面；长度>20 m 时，每构件检查 3 个断面
		同排	梁、板、拱肋及拱上建筑	±10（±5）	
			基础、锚碇、墩台身、墩柱	±20	
2	箍筋、构造钢筋、螺旋筋间距/mm			±10	尺量：每构件测 10 个间距
3	钢筋骨架尺寸/mm	长		±10	尺量：按骨架总数 30%抽测
		宽、高和直径		±5	
4	弯起钢筋位置/mm			±20	尺量：每骨架抽查 30%
5△	保护层厚度/mm	梁、板、拱肋及拱上建筑		±5	尺量：每构件各立模板面每 3 m^2 检查 1 处，且每侧面不少于 5 处
		基础、锚碇、墩台身、墩柱		±10	

（三）焊接钢筋的质量检测

钢筋的连接方式有焊接与绑扎接头，轴心受拉和小偏心受拉构件中的钢筋接头，不宜绑扎，普通混凝土中直径大于 25 mm 的钢筋，宜采用焊接。

1. 钢筋闪光对焊接头

（1）闪光对焊接头的质量检验，应分批进行外观检查和力学性能检验，按下列规定作为一个检验批：

① 在同一台班内，由同一个焊工完成的 300 个同牌号、同直径钢筋焊接接头作为一批；当同一台班内焊接的接头数量较少，可在一周之内累计计算；累计仍不足 300 个接头时，应按一批计算。

② 力学性能检验时，应从每批接头中随机切取 6 个接头，其中 3 个做拉伸试验，3 个做弯曲试验。

③ 异径接头可只做拉伸试验。

（2）外观检查要求如下：

① 接头处不得有横向裂缝。

② 与电极接触处的钢筋表面不得有明显烧伤。

③ 接头处的弯折角度不得大于 3°。

④ 接头处的钢筋轴线偏移不得大于钢筋直径的 0.1 倍，且不得大于 2 mm。

当有一个接头不符合要求时，应对全部接头进行检查，剔出不合格品。不合格接头切除重焊后，可再次提交验收。

2. 钢筋电弧焊接头

（1）电弧焊焊接头的质量检验，应分批进行外观检查和力学性能检验，按下列规定作为一个检验批：

① 批量规定。以 300 个同牌号钢筋、同形式接头作为 1 批，不足 300 个时仍作为 1 批。每批随机切取 3 个接头，做拉伸试验。

② 在装配式结构中，可按生产条件制作模拟试件，每批 3 个，做拉伸试验。

③ 钢筋与钢板电弧搭接焊接头可只进行外观检查。

注：在同一批中若有几种不同直径的钢筋焊接接头，应在最大直径钢筋接头和最小直径钢筋接头中分别切取 3 个试件进行拉伸试验。

（2）电弧焊接头外观检查结果，应符合下列要求：

① 焊缝表面应平整，不得有凹陷或焊瘤；

② 焊接接头区域不得有肉眼可见的裂纹；

③ 咬边深度、气孔、夹渣等缺陷允许值及接头尺寸的允许偏差，应符合表 4-20 的规定；

④ 坡口焊、熔槽帮条焊和窄间隙焊接头的焊缝余高应为 2 ~ 4 mm

表 4-20　钢筋电弧焊接头尺寸偏差及缺陷允许值

名称		接头形式		
		帮条焊	搭接焊	坡口焊及熔槽帮条焊
帮条沿接头中心线的纵向偏移/mm		0.3*d*		
接头处弯折角度/（°）		3	3	3
接头处钢筋轴线的偏移/mm		0.1*d*	0.1*d*	0.1*d*
焊缝宽度/mm		+0.1*d*	+0.1*d*	—
焊缝长度/mm		− 0.3*d*	− 0.3*d*	—
横向咬边深度/mm		0.5	0.5	0.5
在长 2*d* 焊缝表面气孔	数量/个	2	2	—
	夹渣面积/mm^2	6	6	—
在全部焊缝表面气孔	数量/个	—	—	2
	夹渣面积/mm^2	—	—	6

注：*d* 为钢筋直径（mm）。

（3）拉伸试验结果评定如下：

① 符合下列条件之一，评定为合格。

a. 3 个试件均断于钢筋母材，延性断裂，抗拉强度大于等于钢筋母材抗拉强度标准值。

b. 2 个试件断于钢筋母材，延性断裂，抗拉强度大于等于钢筋母材抗拉强度标准值；1 个试件断于焊缝，或热影响区，脆性断裂，或延性断裂，抗拉强度大于等于钢筋母材抗拉强度标准值。

② 符合下列条件之一，评定为复验。

a. 2 个试件断于钢筋母材，延性断裂，抗拉强度大于等于钢筋母材抗拉强度标准值：1 个试件断于焊缝，或热影响区，呈脆性断裂，或延性断裂，抗拉强度小于钢筋母材抗拉强度标准值。

b. 1 个试件断于钢筋母材，延性断裂，抗拉强度大于等于钢筋母材抗拉强度标准值；2 个试件断于焊缝，或热影响区，呈脆性断裂，抗拉强度大于等于钢筋母材抗拉强度标准值。

c. 3 个试件全部断于焊缝，或热影响区，呈脆性断裂，抗拉强度均大于等于钢筋母材抗拉强度标准值。

③ 复验时，应再切取 6 个试件。复验结果，当仍有 1 个试件的抗拉强度小于钢筋母材的抗拉强度标准值；或有 3 个试件断于焊缝或热影响区，呈脆性断裂，均应判定该批接头为不合格品。

④ 凡不符合上述复验条件的检验批接头，均评为不合格品。

⑤ 当拉伸试验中，有试件断于钢筋母材，却呈脆性断裂：或者断于热影响区，呈延性断裂，其抗拉强度却小于钢筋母材抗拉强度标准值。以上两种情况均属异常现象，应视该项试验无效，并检查钢筋的材质性能。

（4）弯曲试验时，焊缝应处于弯曲中心点，弯心直径和弯曲角度应符合表 4-21 的规定。

表 4-21　接头弯曲试验指标

钢筋牌号	弯曲直径	弯曲角度/（°）
HPB235、HPB300	2 *d*	90
HRB335、HRBF335	4 *d*	90
HRB400、HRBF400、RRB400	5 *d*	90
HRB500、HRBF500	7 *d*	90

注：① *d* 为钢筋直径（mm）；

② 直径大于 25 mm 的钢筋焊接接头，弯心直径应增加 1 倍钢筋直径。

当试验结果，弯至 90°，有 2 个或 3 个试件外侧（含焊缝和热影响区）未发生破裂，应评定该批接头弯曲试验合格。

有 2 个试件发生破裂，应进行复验。

有 3 个试件发生破裂，则一次判定该批接头为不合格品。

复验时，应再加取 6 个试件。复验结果，当仅有 1 ~ 2 个试件发生破裂时，应评定该批接头为合格品。

注：当试件外侧横向裂纹宽度达到 0.5 mm 时，应认定已经破裂。

（四）结构混凝土强度检测

混凝土测试强度的技术按其对混凝土结构的影响程度分为破损检测、半破损检测和无损检测。常用的方法有取芯法、回弹法、回弹结合取芯法、超声回弹综合法等。原则上对结构不采取破损检测，但在其他方法不能准确评定结构（构件）或承重构件主要受力部位的混凝土强度时，应采用取芯法或取芯法结合其他方法综合评定。在结构上钻、截取试件时，应尽量选择承重构件的次要部位或次要承重构件，并应采取有效措施，确保结构安全。钻、截取试件后，应及时进行修复或加固处理。

各种测试方法的测定内容、适用范围及优缺点见表 4-22。本任务只介绍回弹法。

表 4-22　结构混凝土质量检测方法的比较

种类	测试内容	使用范围	特　点	缺　点
钻芯法	从混凝土中钻取一定尺寸的芯样	混凝土抗压强度，抗劈强度、内部缺陷	对混凝土有一定损伤，检测后续进行修补	设备笨重，成本较高，对混凝土有损伤，需修补
回弹法	测试混凝土表面硬度	混凝土抗压强度、均质性	测试简单、快速、被测物的形状尺寸一般不受限制	测试部位仅限于混凝土表面，同一处不能再次使用
超声法	超声波传播速度、波幅和频率	混凝土抗压强度及内部缺陷	被测构件形状与尺寸不限，同一处可反复测试	探头频率较高时，声波衰减大，测试精度较差
超声回弹法	混凝土表面硬度值和超声波传播速度	混凝土抗压强度	测试比较简单，精度较高	数据处理复杂
拔出法	预埋或后装于混凝土中锚固件，测试拔出力	混凝土抗压强度	测强精度较高	对混凝土有一定损伤，检测后需进行修补

回弹法是用弹簧驱动重锤，通过弹击杆弹击混凝土表面，并测出重锤被反弹回来的距离，以回弹值（反弹距离与弹簧初始长度之比）作为与强度相关的指标，来推定混凝土强度的一种方法。由于测量在混凝土表面进行，所以应属于表面硬度法的一种。

1. 主要检测器具及技术要求

（1）主要检测器具。

① 回弹仪。指针直读式的混凝土回弹仪，构造和主要零件见图 4-14，也可采用数字显示仪或自动记录式的回弹仪。常见回弹仪有：重型（HT3000 型），用于检测大体积混凝土构件；中型（HT225 型），用于检测一般建筑物；轻型（HT100 型），用于检测薄壁构件；特轻型（HT28 型），用于检测砂浆强度；以中型应用最广泛。

② 酚酞酒精溶液，浓度为 1%。

③ 钢砧。

④ 手提式砂轮。

⑤ 其他：卷尺、钢尺、凿子、锤、毛刷等。

（2）对中型回弹仪的技术要求。

① 水平弹击时，弹击锤脱钩的瞬间，中型回弹仪的标称动能应为 2.207 J。

② 弹击锤与弹击杆碰撞的瞬间，弹击拉簧应处于自由状态，此时弹击锤起跳点应相应于指针指示刻度尺上“0”处。

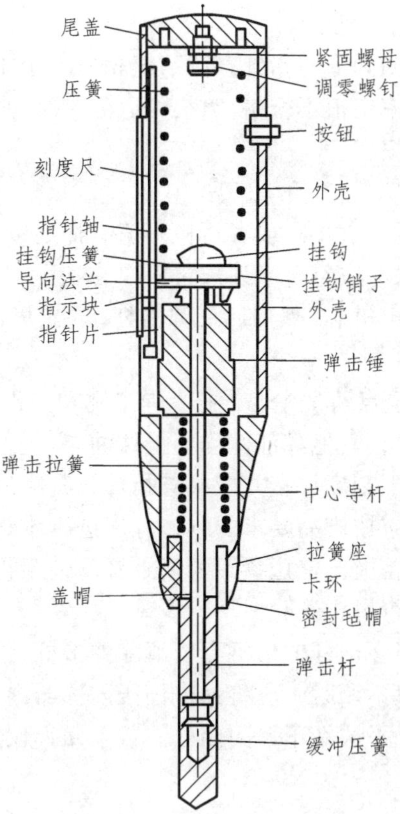

图 4-14 回弹仪的构造

③ 在洛氏硬度 HRC 为 60 ± 2 的钢砧上，回弹仪的率定值应为 80 ± 2。

④ 数字式回弹仪应带有指针直读示值系统,数字显示的回弹值与指针直读示值相差应不超过 1。

⑤ 回弹仪使用时的环境温度应为 – 4 ~ 40 °C。

2. 回弹仪的率定、检定及保养方法

（1）回弹仪的率定。

回弹仪在工程检测前后，应在钢砧上做率定试验，并应符合下述要求：

① 率定试验室温应为（5 ~ 35）°C 的条件下进行。

② 钢砧表面应干燥、清洁，并应稳固地平放在刚度大的物体上。

③ 回弹值应取连续向下弹击三次稳定回弹结果的平均值。

④ 率定试验应分四个方向进行，且每个方向弹击前，弹击杆应旋转 90° ，每个方向的回弹平均值均应 80 ± 2。

⑤ 回弹仪率定试验所用的钢砧应每 2 年送授权计量检定机构检定或校准。

（2）回弹仪的检定。

回弹仪检定周期为半年。当回弹仪具有下列情况之一时，应由法定部门按照国家现行标准《回弹仪》（JJG 817—2011）对回弹仪进行检定。

① 新回弹仪启用前。

② 超过检定有效期限。

③ 数字式回弹仪显示的回弹值与指针直读示值相差大于 1。

④ 经保养后，在钢砧上率定值不合格。

⑤ 遭受严重撞击或其他损害。

（3）回弹仪的保养。

当回弹仪的弹击次数超过 2 000 次或者对检测值有怀疑以及在钢砧上的率定值不合格，应对回弹仪进行保养。常规保养应符合下列规定：

① 先将弹击锤脱钩后取出机芯，然后卸下弹击杆，取出里面的缓冲压簧，并取出弹击锤、弹击拉簧和拉簧座。

② 清洗机芯各零部件，重点清洗中心导杆、弹击锤和弹击杆的内孔和冲击面，清洗后应在中心导杆上薄薄涂抹钟表油，其他零部件均不得抹油。

③ 应清理机壳内壁，卸下刻度尺，并应检查指针，其摩擦力应为 0.5 ~ 0.8 N。

④ 对数字式回弹仪，还应按产品要求的维护程序进行维护。

⑤ 保养时，不得旋转尾盖上已定位紧固的调零螺丝，不得自制或更换零部件。

⑥ 保养后应对回弹仪进行率定试验。

回弹仪使用完毕后，应使弹击杆伸出机壳，清除弹击杆、杆前端球面以及刻度尺表面和外壳上的污垢、尘土。回弹仪不用时，应将弹击杆压入仪器内，经弹击后方可按下按钮锁住机芯，将回弹仪装入仪器箱，平放在干燥阴凉处。数字回弹仪长期不用时，应取出电池。

3. 检测方法

其一般检测步骤如下：

（1）收集基本技术资料，包括：

① 工程名称及设计、施工、监理（或监督）和建设单位名称。

② 结构或构件名称、外形尺寸、数量及混凝土强度等级。

③ 水泥品种、强度等级、安定性、厂名；砂石种类、粒径；外加剂或掺和料品种、掺量；混凝土配合比等。

④ 施工时材料计量情况，模板、浇筑、养护情况及成型日期等。

⑤ 必要的设计图纸和施工记录。

⑥ 检测原因。

（2）确定抽样数量及适用范围

结构或构件混凝土强度检测可采用下列两种方式，其适用范围及结构或构件数量应符合下列规定。

① 单个检测：适用于单个结构或构件的检测。单个构件检测应符合下列规定：

a. 对一般构件，测区数不宜少于 10 个，当受检构件数量大于 30 个且不需提供单个构件推定强度，或构件某一方向尺寸不大于 4.5 m，且另一方向尺寸不大于 0.3 m 时，其测区数量可适当减少，但不应少于 5 个。

b. 相邻两测区的间距不应大于 2 m，测区离构件端部或施工缝边缘的距离不宜大于 0.5 m，且不宜小于 0.2 m。

c. 测区宜选在能使回弹仪处于水平方向检测的混凝土浇筑侧面。当不能满足这一要求时，也可选在能使回弹仪处于非水平方向检测的混凝土构件的浇筑表面或底面。

d. 测区宜选在构件的两个对称可测面上，当不能布置在对称可测面上时，也可布置在一个可测面上，且应均匀分布。在构件的重要部位及薄弱部位应布置测区，并应避开预埋件。

e. 测区的面积不宜大于 0.04 m^2。

f. 检测面应为原状混凝土原浆面，并应清洁、平整，不应有疏松层、浮浆、油垢、涂层以及蜂窝、麻面。

g. 对弹击时产生颤动的薄壁、小型构件应进行固定，使之有足够的约束力。否则会使检测结果偏小。

② 批量检测：适用于在相同的生产工艺条件下，混凝土强度等级相同、原材料、配合比、成型工艺、养护条件基本一致且龄期相近的同类结构或构件的检测。按批进行检测的构件，抽检数量不得少于同批构件总数的 30%，且构件数量不得少于 10 件。抽检构件时，应随机抽取并使所选构件具有代表性。当检验批构件数量大于 30 个时，抽样构件数量可适当调整，并不得少于国家现行有关标准规定的最少抽样数量。

（3）结构或构件的测区应标有清晰的编号，并宜在记录纸上描绘测区布置示意图和描述外观质量情况。

（4）回弹值测量。

① 回弹仪的操作：仪器工作时，随着对回弹仪施压，弹击杆徐徐向机壳内推进，弹击拉簧被拉伸，使联结弹击拉簧的弹击锤获得恒定的冲击能量（图 4-15）。当挂钩与调零螺钉互相挤压时，使弹击锤脱钩（图 4-16），弹击的冲击面与弹击杆的后端平面相碰撞。此时，弹击锤释放出来的能量借助弹击杆传递给混凝土构件，混凝土弹性反应的能量再通过弹击杆传递给弹击锤，使弹击锤获得回弹的能量向后弹回，计算弹击锤回弹的距离之比，即得回弹值，由仪器外壳上的刻度尺示出。使用时，将弹击杆顶住混凝土的表面，轻压仪器，松开按钮，弹击杆徐徐伸出，使仪器对混凝土表面缓慢均匀施压，待弹击锤脱钩冲击弹杆后即回弹，带动指针向后移动并停留在某一位置上，即为回弹值（如图 4-17）。继续顶住混凝土表面并在读取和记录回弹值后，逐渐对仪器减压，使弹击杆自仪器内伸出，改变测点重复上述操作，即可测得被测构件或结构的若干回弹值。操作中注意仪器的轴线应始终垂直于混凝土构件的检测面，缓慢试压，准确读数，快速复位。

② 测点宜在测区范围内均匀分布，相邻两测点的净距不宜小于 20 mm；测点距外露钢筋、预埋件的距离不宜小于 30 mm。测点不应在气孔或外露石子上，同一测点只应弹击一次。每一测区应记取 16 个回弹值，每一测点的回弹值读数应精确至 1。

（5）碳化深度值测量。

① 回弹值测量完毕后，应在有代表性的位置上测量碳化深度值，测点数不应少于构件测区数的 30%，取其平均值为该构件每测区的碳化深度值。当碳化深度值极差大于 2.0 mm 时，应在每一测区分别测量碳化深度值。

② 碳化深度值测量方法：采用适当的工具在测区表面形成直径约 15 mm 的孔洞，其深度应大于混凝土的预估碳化深度。孔洞中的粉末和碎屑应除净，并不得用水擦洗。同时，采用浓度为 1% ~ 2%的酚酞酒精溶液滴在孔洞内壁的边缘处，当已碳化与未碳化界线清楚时，再用深度测量工具测量已碳化与未碳化混凝土交界面到混凝土表面的垂直距离，测量 3 次，读数精确至 0.25 mm，取其平均值作为检测结果，精确至 0.5 mm。

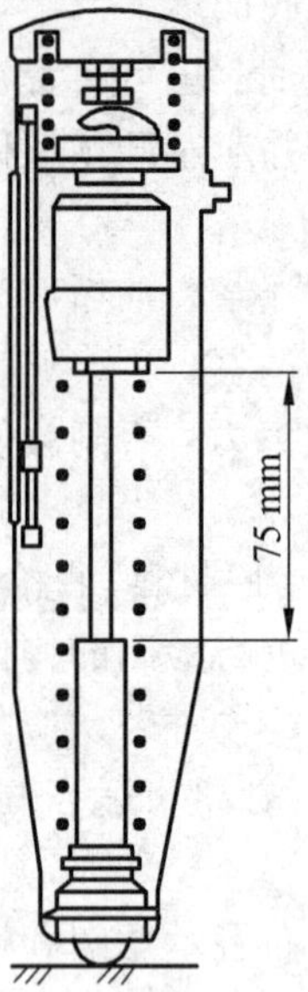

图 4-15　弹击锤脱钩前的状态

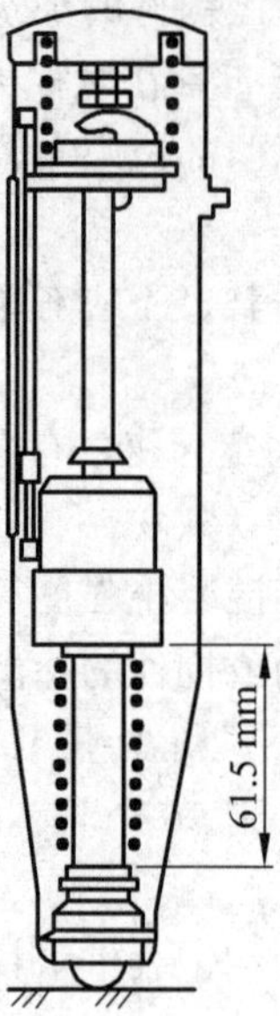

图 4-16　弹击锤脱钩后的状态

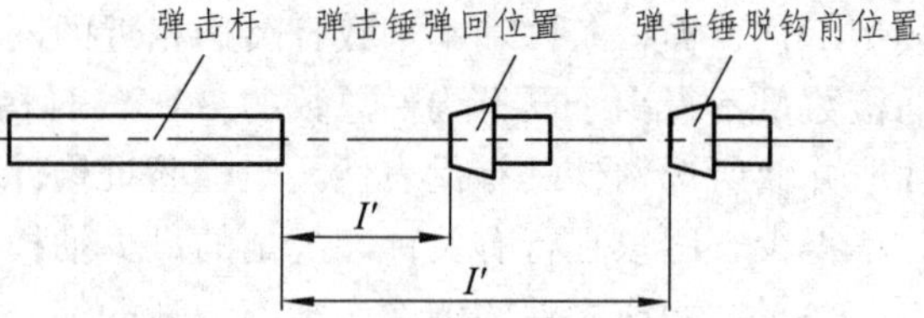

图 4-17　回弹仪位置示意

③ 碳化深度计算。

每一测区的平均碳化深度值，按式（4-12）计算：

$$\overline{L}=\frac{\sum_{i=1}^{n}L_i}{n} \tag{4-12}$$

式中：$\overline{L}$——测区的平均碳化深度值，计算至 0.5 mm；

L_i——第 i 次测量的碳化深度值（mm）；

n——测区的碳化深度值测点数。

（6）泵送混凝土检测。

检测泵送混凝土强度时，测区应选在混凝土浇筑侧面。

4. 回弹值计算和测区混凝土强度的确定

（1）测区回弹值的计算。

当回弹仪水平方向测试混凝土浇筑侧面时，应从每一测区的 16 个回弹值中剔除其中 3 个最大值和 3 个最小值，余下的 10 个回弹值的平均值作为该测区的平均回弹值，取一位小数。其计算公式为

$$\overline{N}_{\mathrm{S}}=\frac{\sum_{i=1}^{10}N_i}{10} \tag{4-13}$$

式中：$\overline{N}_{\mathrm{S}}$——测区平均回弹值，精确至 0.1；

N_i—— 第 i 个测点的回弹值。

（2）测试角度修正。

当回弹仪非水平方向测试混凝土浇筑侧面时，应将测得数据按式（4-14）进行修正，计算非水平方向测定的修正回弹值。

$$\bar{N} = \bar{N}_S + \Delta N \tag{4-14}$$

式中：$\bar{N}$——非水平测定修正的测区平均回弹值；

$\bar{N}_S$——回弹仪实测的测区平均回弹值，精确到 0.1；

ΔN——由表 4-23 查出的不同测试角度的回弹值修正值。

表 4-23　非水平状态检测时回弹值的修正

$\bar{N}_S$	与水平方向所成的角度							
	向上				向下			
	90°	60°	45°	30°	−30°	−45°	−60°	−90°
20	−6.0	−5.0	−4.0	−3.0	+2.5	+3.0	+3.5	+4.0
21	−5.9	−4.9	−4.0	−3.0	+2.5	+3.0	+3.5	+4.0
22	−5.8	−4.8	−3.9	−2.9	+2.4	+2.9	+3.4	+3.9
23	−5.7	−4.7	−3.9	−2.9	+2.4	+2.9	+3.4	+3.9
24	−5.6	−4.6	−3.8	−2.8	+2.3	+2.8	+3.3	+3.8
25	−5.5	−4.5	−3.8	−2.8	+2.3	+2.8	+3.3	+3.8
26	−5.4	−4.4	−3.7	−2.7	+2.2	+2.7	+3.2	+3.7
27	−5.3	−4.3	−3.7	−2.7	+2.2	+2.7	+3.2	+3.7
28	−5.2	−4.2	−3.6	−2.6	+2.1	+2.6	+3.1	+3.6
29	−5.1	−4.1	−3.6	−2.6	+2.1	+2.6	+3.1	+3.6
30	−5.0	−4.0	−3.5	−2.5	+2.0	+2.5	+3.0	+3.5
31	−4.9	−4.0	−3.5	−2.5	+2.0	+2.5	+3.0	+3.5
32	−4.8	−3.9	−3.4	−2.4	+1.9	+2.4	+2.9	+3.4
33	−4.7	−3.9	−3.4	−2.4	+1.9	+2.4	+2.9	+3.4
34	−4.6	−3.8	−3.3	−2.3	+1.8	+2.3	+2.8	+3.3
35	−4.5	−3.8	−3.3	−2.3	+1.8	+2.3	+2.8	+3.3
36	−4.4	−3.7	−3.2	−2.2	+1.7	+2.2	+2.7	+3.2
37	−4.3	−3.7	−3.2	−2.2	+1.7	+2.2	+2.7	+3.2
38	−4.2	−3.6	−3.1	−2.1	+1.6	+2.1	+2.6	+3.1
39	−4.1	−3.6	−3.1	−2.1	+1.6	+2.1	+2.6	+3.1
40	−4.0	−3.5	−3.0	−2.0	+1.5	+2.0	+2.5	+3.0
41	−4.0	−3.5	−3.0	−2.0	+1.5	+2.0	+2.5	+3.0
42	−3.9	−3.4	−2.9	−1.9	+1.4	+1.9	+2.4	+2.9
43	−3.9	−3.4	−2.9	−1.9	+1.4	+1.9	+2.4	+2.9
44	−3.8	−3.3	−2.8	−1.8	+1.3	+1.8	+2.3	+2.8
45	−3.8	−3.3	−2.8	−1.8	+1.3	+1.8	+2.3	+2.8
46	−3.7	−3.2	−2.7	−1.7	+1.2	+1.7	+2.2	+2.7
47	−3.7	−3.2	−2.7	−1.7	+1.2	+1.7	+2.2	+2.7
48	−3.6	−3.1	−2.6	−1.6	+1.1	+1.6	+2.1	+2.6
49	−3.6	−3.1	−2.6	−1.6	+1.1	+1.6	+2.1	+2.6
50	−3.5	−3.0	−2.5	−1.5	+1.0	+1.5	+2.0	+2.5

注：① $\bar{N}_S$ 小于 20 或大于 50 时，均分别按 20 或 50 查表。

② 表中未列入的相应于 $\bar{N}_S$ 的修正值 ΔN，可用内插法求得，精确到 0.1。

（3）测试面修正。

当回弹仪水平方向检测混凝土浇筑表面或底面时，应将测得数据参照公式（4-13）求出测区平均回弹值 $\bar{N}_S$ 后，按式（4-15）进行修正：

$$\bar{N}=\bar{N}_{\mathrm{S}}+\Delta N' \tag{4-15}$$

式中：$\bar{N}_{\mathrm{S}}$——回弹仪测混凝土浇筑表面或底面时测区的平均回弹值；

$\Delta N'$——按表 4-24 查出的不同浇筑面的回弹修正值。

表 4-24　不同浇筑面的回弹值修正值

$\bar{N}_S$	$\Delta N'$		$\bar{N}_S$	$\Delta N'$	
	表面	底面		表面	底面
20	+2.5	−3.0	36	+0.9	−1.4
21	+2.4	−2.9	37	+0.8	−1.3
22	+2.3	−2.8	38	+0.7	−1.2
23	+2.2	−2.7	39	+0.6	−1.1
24	+2.1	−2.6	40	+0.5	−1.0
25	+2.0	−2.5	41	+0.4	−0.9
26	+1.9	−2.4	42	+0.3	−0.8
27	+1.8	−2.3	43	+0.2	−0.7
28	+1.7	−2.2	44	+0.1	−0.6
29	+1.6	−2.1	45	0	−0.5
30	+1.5	−2.0	46	0	−0.4
31	+1.4	−1.9	47	0	−0.3
32	+1.3	−1.8	48	0	−0.2
33	+1.2	−1.7	49	0	−0.1
34	+1.1	−1.6	50	0	0
35	+1.0	−1.5			

注：① $\bar{N}_{\mathrm{S}}$ 小于 20 或大于 50 时，均分别按 20 或 50 查表。

② 表中有关混凝土浇筑表面的修正系数，是指一般原浆抹面的修正值。

③ 表中有关混凝土浇筑底面的修正系数，是指构件底面与侧面采用同一类模板在正常浇筑情况下的修正值。

④ 表中未列入的相应于 $\bar{N}_S$ 的修正值 $\Delta N'$，可用内插法求得，精确到 0.1。

当检测时回弹仪为非水平方向且测试面为非混凝土浇筑侧面时，应对回弹值先进行角度修正，再对修正后的值进行浇筑面修正。

5. 混凝土强度推算

当需要将回弹值换算为混凝土强度时，宜采用下列方法：

（1）有试验条件时，宜通过试验建立实际的测强曲线，但测强曲线仅适用于材料质量、成型、养护和龄期等条件基本相同的混凝土。混凝土标准试块为 150 mm × 150 mm × 150 mm，采用 1.5、1.75、2.0、2.25、2.50 五个灰水比，以便得到不少于 30 对数据。试件与被测对象有相同的养护条件，到达龄期后，将试块用压力机加压至 30 ~ 50 kN 稳住，用回弹仪在两侧面分别测定 8 个测点，按式（4-13）计算平均回弹值，然后进行抗压强度试验，建立二者关系的推定式，推定式可为直线式或其他适当的形式，但相关系数不得小于 0.90。然后根据测区平均回弹值，利用测强曲线推定混凝土抗压强度。

（2）当无足够的试验数据或相关关系的推定式不够满意时，可按式（4-16）推算混凝土抗压强度：

$$R_n = 0.025\bar{N}^2 \tag{4-16}$$

式中：R_n——构件混凝土强度推定值（MPa），精确至 0.1 MPa；

$\bar{N}$——测区混凝土平均回弹值。

（3）在没有条件通过试验建立实际的测强曲线时，每个测区混凝土的抗压强度 R_i 可按平均回弹值 $\bar{N}$ 及平均碳化深度 $\bar{L}$ 由表 4-25 查出。

6. 结构（或构件）混凝土强度的评定

用回弹法检测的混凝土结构（或构件），多属于重要结构，应用数理统计法进行评定。

结构或构件的混凝土强度推定值 R_n 应按下列公式确定：

（1）当该结构或构件的测区数 $n < 10$ 时：

$$R_n = (R_{ni})_{\min} \tag{4-17}$$

式中：$(R_{ni})_{\min}$——构件中最小的测区混凝土强度值。

（2）当该结构或构件的测区强度值中出现小于 10.0 MPa 时：

$$R_n < 10.0\ \text{MPa} \tag{4-18}$$

（3）当该结构或构件测区数 $n \geqslant 10$ 或按批量检测时，应按式（4-19）计算：

$$R_n = \bar{R}_n - 1.645 S_n \tag{4-19}$$

（4）对按批量检测的构件，当该批构件混凝土强度标准差出现下列情况之一时，则该批构件应全部按单个构件检测：

① 当该批构件混凝土强度平均值小于 25 MPa、$S > 4.5$ MPa 时；

② 当该批构件混凝土强度平均值大于或等于 25 MPa 且不大于 60 MPa、$S > 5.5$ MPa 时。

7. 检测报告

检测报告应包括：测区混凝土平均回弹值，测强曲线、回弹值与抗压强度的相关性关系式、相关系数，各测区的抗压强度推定结果，推定的混凝土抗压强度平均值、标准差、变异系数。

表 4-25 测区混凝土抗压强度值换算

平均回弹值 $\overline{N}$	测区混凝土抗压强度值 R_i/MPa												
	平均碳化深度值 $\overline{L}$/mm												
	0.0	0.5	1.0	1.5	2.0	2.5	3.0	3.5	4.0	4.5	5.0	5.5	6.0
20	10.3	10.1											
21	11.4	11.2	10.8	10.5	10.0								
22	12.5	12.2	11.9	11.5	11.0	10.6	10.2						
23	13.7	13.4	13.0	12.6	12.1	11.6	11.2	10.8	10.5	10.1			
24	14.9	14.6	14.2	13.7	13.1	12.7	12.2	11.8	11.5	11.0	10.7	10.4	10.1
25	16.2	15.9	15.4	14.9	14.3	13.8	13.3	12.8	12.5	12.0	11.7	11.3	16.9
26	17.5	17.2	16.6	16.1	15.4	14.9	14.4	13.8	13.5	13.0	12.6	12.2	11.6
27	18.9	18.5	18.0	17.4	16.6	16.1	15.5	14.8	14.6	14.0	13.6	13.1	12.4
28	20.3	19.7	19.2	18.4	17.6	17.0	16.5	15.8	15.4	14.8	14.4	13.9	13.2
29	21.8	21.1	20.5	19.6	18.7	18.1	17.5	16.8	16.4	15.8	15.4	14.6	13.9
30	23.3	22.6	21.9	21.0	20.0	19.3	18.6	17.9	17.4	16.8	16.4	15.4	14.7
31	24.9	24.2	23.4	22.4	21.4	20.7	19.9	19.2	18.4	17.9	17.4	16.4	15.5
32	26.5	25.7	24.9	23.9	22.8	22.0	21.2	20.4	19.6	19.1	18.4	17.5	16.4
33	28.2	27.4	26.5	25.4	24.3	23.4	22.6	21.7	20.9	20.3	19.4	18.5	17.4
34	30.0	29.1	28.0	26.8	25.6	24.6	23.7	23.0	22.1	21.3	20.4	19.5	18.3
35	31.8	30.8	29.6	28.0	26.7	25.8	24.8	24.0	23.2	22.3	21.4	20.4	19.2
36	33.6	32.6	31.2	29.6	28.2	27.2	26.2	25.2	24.5	23.5	22.4	21.4	20.2
37	35.5	34.4	33.0	31.2	29.8	28.8	27.7	26.6	25.9	24.8	23.4	22.6	21.3
38	37.5	36.4	34.9	33.0	31.5	30.3	29.2	28.1	27.4	26.2	24.8	23.6	22.5
39	39.5	38.2	36.7	34.7	33.0	31.8	30.6	29.6	28.8	27.4	26.0	24.8	23.7
40	41.6	39.9	38.3	36.2	34.5	33.3	31.7	30.8	30.0	28.4	27.0	25.8	25.0
41	43.7	42.0	40.2	38.0	36.0	34.8	33.2	32.3	31.5	29.7	28.4	27.1	26.2
42	45.9	44.1	42.2	39.9	37.6	36.3	34.9	34.0	33.0	31.2	29.8	28.5	27.5
43	48.1	46.2	44.2	41.8	39.4	38.0	36.6	35.6	34.6	32.7	31.3	29.8	28.9
44	50.4	48.4	46.4	43.8	41.3	39.8	38.3	37.3	36.3	34.3	32.8	31.2	30.2

续表

平均回弹值 $\overline{N}$	测区混凝土抗压强度值 R_i/MPa												
	平均碳化深度值 $\overline{L}$/mm												
	0.0	0.5	1.0	1.5	2.0	2.5	3.0	3.5	4.0	4.5	5.0	5.5	6.0
45	52.7	50.6	48.5	45.8	43.2	41.6	40.1	39.0	37.9	35.8	34.3	32.7	31.6
46	55.0	52.8	50.6	47.9	45.2	43.5	41.9	40.8	39.7	37.5	35.8	34.2	33.1
47	57.5	55.2	52.9	50.0	47.2	45.2	43.7	42.6	41.4	39.1	37.4	35.6	34.5
48	60.0	57.6	55.2	52.2	49.2	47.4	45.6	44.4	43.2	40.8	39.0	37.2	36.0
49		60.0	57.5	54.4	51.3	49.4	47.5	46.2	45.0	42.5	40.6	38.8	37.5
50			59.9	56.7	53.4	51.4	49.5	48.2	46.9	44.3	42.3	40.4	39.1
51				59.0	55.6	53.5	51.5	50.1	48.4	46.1	44.1	42.0	40.7
52					57.8	55.7	53.6	52.1	50.7	47.9	45.8	43.7	42.3
53					60.0	57.8	55.6	54.2	52.7	49.8	47.6	45.4	43.9
54							57.8	56.3	54.7	51.7	49.4	47.1	45.6
55							59.9	58.4	56.8	53.6	51.3	48.9	47.3
56									58.9	55.6	53.2	50.7	49.1
57										57.6	55.1	52.5	50.8
58										59.7	57.0	54.4	52.7
59											59.0	56.3	54.5
60												58.3	56.4

二、预应力混凝土结构构件检测

本任务只介绍预应力混凝土结构构件中锚具、夹具和连接器、张拉设备的检测。

（一）预应力用锚具、夹具和连接器检测

1. 产品分类

交通运输行业标准《公路桥梁预应力钢绞线用锚具、夹具和连接器》（JT/T 329—2010）将锚具、夹具和连接器按其结构形式分为张拉端锚具和固定端锚具两类，国家标准《预应力筋用锚具、夹具和连接器》（GB/T 14370—2015）将锚具、夹具和连接器按锚固方式不同分为夹片式、支撑式、锥塞式和握裹式四种基本类型。

2. 检验项目与技术要求

锚具和连接器应具有可靠的锚固性能和足够的承载能力，以保证充分发挥预应力筋的强度。预应力筋用锚具、夹具、连接器的力学性能要求见表 4-26。

表 4-26 锚具、夹具、连接器的力学性能要求

标准号	检测项目		力学性能要求
JT/T 329—2010	锚具、连接器	静载锚固性能	同时满足：① 效率系数 $\eta_a \geqslant 0.95$； ② 实测极限拉力时的总应变 $\varepsilon_{apu} \geqslant 2.0\%$
		疲劳荷载性能	① 试样经过 200 万次循环荷载后，锚具零件不应发生疲劳破坏； ② 钢绞线因锚具夹持作用发生疲劳破坏的面积不应大于原试样总面积的 5%
		周期荷载性能	试样经过 50 次周期荷载试验后，钢绞线在锚具夹持区域不应发生破断、滑移和夹片松脱现象
		钢绞线内缩量	张拉端钢绞线内缩量应不大于 5 mm
		锚口摩阻损失率	锚口（含锚下垫板）摩阻损失率合计不大于 6%
	夹具	静载锚固性能	效率系数 $\eta_g \geqslant 0.92$
GB/T 14370—2015	锚具	静载锚固性能	同时满足：① 效率系数 $\eta_a \geqslant 0.95$； ② 实测极限拉力时预应力筋受力长度的总伸长率 $\varepsilon_{apu} \geqslant 2.0\%$
		疲劳荷载性能	① 试样经过 200 万次循环荷载后，锚具零件不应发生疲劳破坏； ② 预应力筋因锚具夹持作用发生疲劳破坏的截面面积不应大于原试样总截面积的 5%
		锚固区传力性能	实测破坏荷载 $F_u \geqslant 1.1 f_{ptk} \times \dfrac{f_{cm,e}}{f_{cm,0}}$
		锚板强度	静载锚固性能试验合格，同时，卸载之后的锚板表面直径中心的残余挠度不应大于配套锚垫板上口直径 D 的 1/600
		低温锚固区传力性能	实测极限抗拉力 $F_{Tu} \geqslant 0.95 n F_{pm}$
	夹具	静载锚固性能	① 效率系数≥0.95； ② 组装件破坏应是预应力筋的破断，而不应是夹具的失效导致试验终止
	连接器		① 永久留在混凝土结构或构件中的连接器力学性能要求与锚具的相同； ② 张拉后还需放张和拆卸的连接器力学性能要求与夹具的相同

3. 试验方法

（1）试验准备。

预应力-锚具、夹具、连接器组装件试验前必须进行单根预应力钢绞线（母材）的力学性能试验。

母材试样不应少于 6 根，力学性能试验结果符合 GB/T 5224—2014 标准后方可使用。

（2）试验用设备。

静载试验、疲劳荷载试验用设备，一般由加载千斤顶、荷载传感器、承力台座（架）、液压油泵源及控制系统组成。

测力系统必须经过法定的计量检测机构标定，并在有效期内使用。

（3）静载锚固性能试验。

夹具、连接器与锚具试验方法基本相同，以下介绍的试验方法均以锚具为例。

① 试样准备。

试样数量：组装件 3 个（6 个锚环及相配套的夹片、钢绞线）。

② 组装。

组装前必须把锚固零件擦拭干净，然后将钢绞线、锚具与试验台组装，如图 4-18 所示。使每根钢绞线受力均匀，初应力为预应力钢材抗拉强度标准值 f_{ptk} 的 5%～10%。总伸长率装置的标距不宜小于 1 m。

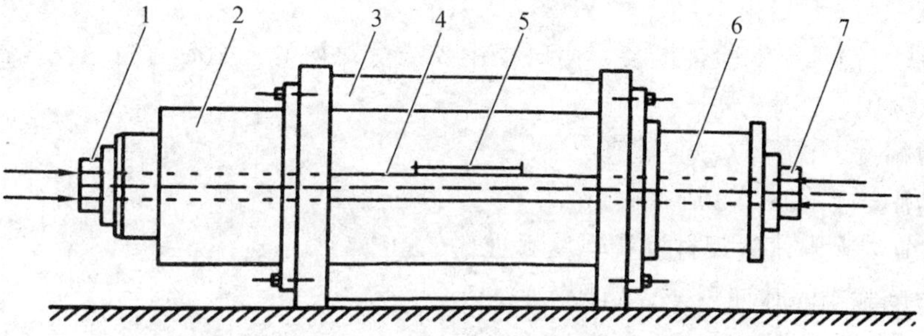

图 4-18　预应力筋-锚具组装件静载试验示意

1—张拉端试验锚具；2—加荷载用千斤顶；3—承力台座；4—预应力筋；
5—测量总应变的装置；6—荷载传感器；7—固定端试验锚具

③ 加载。

a. 加载速率为 100 MPa/min.

b. 以预应力钢绞线抗拉强度标准值的 20%、40%、60%、80%，分 4 级等速加载。

c. 加载到钢绞线抗拉强度标准值的 80%后，持荷 1 h。

d. 持荷 1 h 后缓慢加载至试样破坏。

④ 试验过程中测量项目。

a. 预应力筋受拉段长度。

b. 固定端或张拉端的有代表性的若干根钢绞线（一般取 3～4 根，下同）相对位移初始值 Δa。

c. 荷载为 0.1 f_{ptk} 时总伸长率的标距 L_1。

d. 按施加荷载的前 4 级（20%、40%、60%、80%），逐级测量钢绞线相对位移 Δa。

e. 在预应力筋达到 0.8 f_{ptk} 时，持荷 30 min。缓慢加载至破坏后，测量标距为增量 ΔL_1。

⑤ 试验过程中观察项目。

观察锚具的变形。判断：在静载锚固性能满足后，夹片允许出现微裂和纵向断裂，不允许横向、斜向断裂及碎断；预应力筋达到极限破断时，锚板及其锥形锚孔不允许出现过大塑性变形，锚板中心残余变形不应出现明显挠度。

⑥ 记录项目。

记录试样的破坏部位与形式。组装件的破坏部位与形式应符合：夹片式锚具、夹具或连接器的夹片加载到最高一级荷载时不允许出现裂纹或断裂；在满足效率系数和总伸长率后允许出现微裂和纵向断裂，不允许出现横向、斜向断裂及碎断。

⑦ 静载试验结果计算。

静载试验应连续进行 3 个组装件的试验，试验结束后需按相关规范规定计算锚具效率系数和实测极限拉力时组装件受力长度的总应变。

⑧ 试验结果。

每个组装件的试验结果均应满足力学性能要求，不得进行平均。

（4）疲劳荷载试验。

① 试样准备。

试样数量：组装件 3 个（6 个锚环及相配套的夹片、钢绞线）。

② 组装。

将钢绞线、锚具与试验台组装，使每根钢绞线受力均匀，初应力为钢绞线抗拉强度标准值的 5%～10%。

③ 应力幅度、试验应力上限值。

a. 应力幅度应不小于 80 MPa。

b. 试验应力上限值为钢材抗拉强度标准值 f_{ptk} 的 65%。

④ 疲劳试验机的脉冲频率、循环次数.

a. 疲劳试验机的脉冲频率不应超过 500 次/min。

b. 循环次数为 200 万次。

⑤ 加载。

根据所使用的试验机，以约 100 MPa/min 的速度加载至试验应力上限值，再调节应力幅度达到规定值后，开始记录循环次数。

⑥ 试验结果。

描述试样经受 200 万次循环荷载后，锚具零件是否发生疲劳破坏。

描述预应力筋在锚具夹持区域发生疲劳破坏的截面面积大小。

（5）硬度检测。

① 检测设备。

硬度检测按产品零件设计图样规定的硬度值种类（洛氏硬度或布氏硬度），选用相应的硬度测量仪（洛氏硬度计或布氏硬度计）进行检测。

② 温度条件。

硬度检测一般在 10～35 °C 室温下进行，对于温度要求严格的试验，温度为（23 ± 5）°C 使用洛氏硬度计时，应在较小的温度变化范围内进行。

③ 试样放置。

将试样稳固地放置于硬度计试验台上，并使压头轴线与试样表面垂直。

试验过程中硬度计应避免受到影响试验结果的冲击和振动。

④ 洛氏硬度检测。

a. 使压头与试样表面平稳接触，施加初试验力 F_0， F_0 保持时间不超过 3 s。

b. 将测量装置调整至基准位置，从初试验力 F_0 施加至总试验力 F 的时间应在 1 ~ 8 s。

c. 总试验力保持时间为（4 ± 2）s。

d. 卸除主试验力 F_1，保持初试验力 F_0，经短时间稳定后，读出硬度值。

e. 相邻两压痕中心间距离至少应为压痕平均直径的 4 倍，并且不应小于 2 mm。任一压痕中心距试样边缘距离至少应为压痕平均直径的 2.5 倍，并且不应小于 1 mm。

f. 每个试样检测 3 点。

⑤ 布氏硬度检测。

a. 使压头与试样表面平稳接触，施加试验力直至达到规定试验力值。

b. 从施加力开始到全部试验力施加完毕的加载时间为 2 ~ 8 s。

c. 试验力保持时间为 10 ~ 15 s。

d. 任一压痕中心距试样边缘距离至少应为压痕平均直径的 2.5 倍，相邻两压痕中心间距离至少应为压痕平均直径的 3 倍。

e. 在两相互垂直方向测量压痕直径，用两个读数的平均值计算布氏硬度，或按国家标准 GB/T 231.4—2009 中的硬度值表查得布氏硬度。

f. 每个试样检测 3 点。

（6）外观、尺寸检测。

① 外观。

产品外观用目测法检测；裂缝可用有刻度或无刻度放大镜检测。锚板和连接器应按国家标准 GB/T 15822.1—2005 的规定进行表面磁粉探伤检验。

② 产品外形尺寸检测。

测量器具为钢直尺、游标卡尺、螺旋千分尺或塞环规。

锚具外形尺寸检测项目及检测方法见表 4-27。

表 4-27　锚具外形尺寸检测项目及检测方法

检测项目	检测方法	检测结果
锚环（锚板）直径 D/mm	① 距锥孔大端平面约 15 mm 处取直径平面 A，在 A 直径面两个互相垂直的方向上测量，取平均值； ② 距锥孔小端平面约 15 mm 处取直径平面 B，在 B 直径面两个互相垂直的方向上测量，取平均值	A、B 两个直径平面的平均值应分别满足技术图纸要求，不进行平均
锚环（锚板）高度 H/mm	① 每件锚环（锚板）在相互垂直的两个方向取 4 个测量点，取平均值； ② 锚固锥孔大端面为平面时，可沿锚环外圆测量	4 个测量点的平均值应满足技术图纸要求
夹片高度 h/mm	每件夹片在经小端且平行于轴线，取 2 个测量点，取平均值	平均值应满足技术图纸要求

（7）注意事项。

① 组批与抽样（GB/T 14370—2015）。

a. 同一种产品、同一批原材料、同一种工艺、一次投料生产的产品为一组批。

b. 每个抽检组批不得超过 2000（套）。

c. 尺寸、外观抽样数量不应少于 5%且不少于 10 件（套）；硬度抽样数量应不少于 3%且不少于 6 件（套）；静载锚固性能、疲劳荷载性能各抽取 3 个组装件。

d. 常规检测项目为硬度和静载锚固性能试验。

② 在锚具静载试验过程中，若试验值未满足锚具效率系数$\eta_a \geqslant 0.95$、总应变$\varepsilon_{apu} \geqslant 2.0\%$，而钢绞线锚具、夹具或连接器以外非夹持部位发生破断的，应更换钢绞线重新取样做试验。

③ 在锚具静载试验过程中，若试验值虽然锚具效率系数$\eta_a \geqslant 0.95$、总应变$\varepsilon_{apu} \geqslant 2.0\%$，而锚具破坏、断裂、失效（滑丝、零件断裂、严重变形等）时，则试验结果判定为锚具不合格。

4. 试验检测结果的判定

（1）外观及尺寸检测。

外观检验如表面无裂缝，尺寸符合设计要求，判为合格；如有一套表面有裂缝或超过允许偏差，则应逐套检查，合格者方可使用。

（2）硬度和尺寸。

当硬度值符合设计要求的范围判为合格，如有一个零件不合格，则应另取双倍数量的零件重做试验，如仍有一个零件不合格，则应逐个检验，符合要求者判定零件该性能合格。

（3）静载锚固性能。

3 个组装件中有 2 个组装件不符合要求，则判断该批产品为不合格品；如有一个组装件不符合要求，应取双倍数量的样品重新试验；如仍有不符合要求者，判断该批产品为不合格品。

注：疲劳荷载性能不合格直接判定型式检验不合格。内缩量、锚口摩阻损失、张拉锚固工艺不做合格性判断［检测方法见（JT/T 329—2010）］。

（二）张拉设备校验

桥梁工程中常采用液压拉伸机，由液压千斤顶和配套的高压油泵、压力表及外接油管等组成。液压拉伸机的千斤顶按其构造可分为台座式（普通油压千斤顶）、空心式、锥锚式和拉杆式。预应力张拉机具应与锚具配套使用，并在进场前进行检查和校验。

油压千斤顶的作用力一般用油压表测定和控制。油压表上的指示读数为油缸内的单位油压，在理论上将其乘以活塞面积即为千斤顶的作用力。但由于油缸与活塞之间有一定的摩阻力，此项摩阻力抵消一部分作用力，因此实际作用力要比理论值小。为正确控制张拉力，一般均用校验标定的方法测定油压千斤顶的实际作用力与油压读数的关系。检验仪器可采用压力试验机、标准测力计或传感器等，一般采用长柱压力试验机。

三、桥梁支座检测

桥梁工程常用的支座有以下几种：

（1）油毛毡或平板支座（石棉板或铅板支座）：一般用于低等级公路中标准跨径 10 m 以内简支梁（板）桥。

（2）板式橡胶支座：一般用于中、小跨径（L_0<40 m）梁（板）桥。

（3）盆式橡胶支座：常用于大跨径、大吨位的箱梁桥、斜拉桥和悬索桥。

（4）球型支座：常用于大跨径、大吨位的箱梁桥，特别适用于曲线桥、宽桥和坡道上斜桥。

（5）钢支座：适用于标准跨径等于或大于 25 m 的梁桥。现已基本被板式橡胶支座取代，目前多用于钢结构桥梁上。

此外，还有钢筋混凝土摆式支座等。

橡胶支座构造简单，成本低，目前已实现了产品的标准化、系列化。本节主要介绍板式橡支座的检验方法。

桥梁支座设置在梁板式体系中主梁与墩台之间，其主要功能是将上部结构的各种荷载传给墩台，并能适应上部结构的荷载、温度变化、混凝土收缩等各种因素所产生的变形（水平位移及转角），使上部结构的实际受力情况符合设计计算图式。

桥梁支座按其材料可划分为小桥涵上使用的简易垫层支座、大中桥上使用的钢板支座、钢混凝土支座以及目前使用极为广泛的橡胶支座等。

（一）板式橡胶支座构造特性

板式橡胶支座通常由若干层橡胶片与以薄钢板为刚性的加劲物组合而成，各层胶与上下钢板经加压硫化牢固地黏结成为一体。支座在竖向荷载作用下，具有足够的刚度，是由嵌入橡胶片之间的钢板限制橡胶的侧向膨胀。在水平力作用下，支座的水平位移取决于橡胶片的净厚度。在运营期间为防止嵌入钢板的锈蚀，支座的上下面及四边都有橡胶保护层。

（二）板式橡胶支座的技术要求

交通运输部行业标准《公路桥梁板式橡胶支座》（JT/T 4—2019）规定的桥梁板式橡胶支座力学性能指标见表 4-28。

表 4-28　支座的力学性能指标

项　目		指　标
实测极限抗压强度 R_u/MPa		≥70
实测抗压弹性模量 E_1/MPa		$E \pm E \times 20\%$
实测抗剪弹性模量 G_1/MPa		$G \pm G \times 15\%$
实测老化后抗剪弹性模量 G_2/MPa		$G_1 \pm G_1 \times 15\%$
抗剪黏结性能（$\tau = 2$ MPa 时）		无橡胶开黏裂脱胶现象
实测转角剪切值 $\tan\theta$	混凝土桥	≥1/300
	钢桥	≥1/500
实测四氟板与不锈钢板表面摩擦系数 μ_f（加硅脂时）		≤0.03

注：表中 E 为板式支座抗压弹性模量，G 为板式支座抗剪弹性模量 。

（三）板式橡胶支座检验方法

板式橡胶支座检验分为进厂原材料检验、出厂检验和型式检验。

进厂原材料检验是指板式橡胶支座加工用原材料及外加工件进厂时，应进行的验收检验。

支座出厂检验为每批产品交货前应进行的检验。出厂检验应由工厂质检部门进行，确认合格后方可出厂，出厂时应附有产品质量合格证明文件，并附有支座的规格、胶种、单层橡胶和钢板厚度、钢板的平面尺寸、钢板层数、橡胶总厚度，以便使用单位验收和抽检。

有下列情况之一时，应进行型式检验：

（1）新产品或老产品转厂生产的试制定型鉴定。

（2）正常生产后，胶料配方、工艺、材料有较大改变，可能影响产品性能时。

（3）产品停产一年以上，恢复生产时。

（4）重要桥梁工程或用量较大的桥梁工程用户提出要求时。

（5）国家质量监督机构要求或颁发产品生产许可证时。

进厂原材料检验项目为：橡胶、钢板、聚四氟乙烯板、不锈钢板、硅脂油、黏结剂。对应的检验内容为：物理机械性能；机械性能与外观；物理机械性能、储油槽尺寸和厚度；机械性能、厚度、光洁度；物理性能；与钢板、橡胶、四氟板黏结剥离强度。

支座出厂检验项目为外形尺寸、外观质量、内在品质与力学性能；对应的检验内容为：平面尺寸、厚度、外观缺陷、内部缺陷、抗压、抗剪弹性模量、极限抗压强度、抗剪黏结性与抗剪老化交叉检验。每项检验都应符合规定的要求。

1. 抗压弹性模量试验

试验方法为通过中心受压试验，得出橡胶支座的应力—应变曲线，并据此求出支座的抗压弹性模量，实测出使用应力下支座的最大压缩量，并观察支座在受压情况下的工作状态。

大量的试验研究表明，橡胶支座在受压荷载作用下，在压应力不大时，支座的应力应变是非线性关系，即σ-ε关系开始有一曲线段；其后随着荷载的逐步加大，压缩变形几乎成正比例增加，则σ-ε曲线呈线性关系，卸载后变形基本上可完全恢复原位。橡胶支座抗压弹性模量就是根据上述曲线中的直线确定的。

每一块试样的抗压弹性模量E_1为三次加载过程所得的三个实测结果的算术平均值。但单项结果和算术平均值之间的偏差不应大于算术平均值的 3%，否则应对该试样重新复核试验一次；如果仍超过 3%，应由试验机生产厂专业人员对试验机进行检修和检定，合格后再重新进行试验。

2. 抗剪弹性模量试验

由于梁体受温度、收缩徐变以及车辆制动力等环境条件的影响产生的水平位移将使支座产生剪切变形，而橡胶支座水平位移量的大小主要取决于橡胶片的净厚度，也就是说支座的剪切位移是靠胶层的变形产生的。橡胶支座的剪切模量检验方法如图 4-19 所示。

橡胶支座抗剪弹性模量试验是以正压力为容许压应力，并在抗剪过程中保持不变的情况下，采用两块支座用中间钢拉板推或拉组成双剪装置，橡胶支座的顶面或底面必须与实桥设计（钢筋混凝土梁、钢梁）图纸一致，而且中间钢拉板的对称轴应和加压设备中轴处在同一垂直面上。剪切变形量一般采用两个大标距的位移传感器或百分表量测，正压力和剪切力一般采用力传感器进行量测控制。正式试验前应进行预载，以控制偏差和消除初应力。正式加载时，自 τ =0.1 MPa 开始，分级加载至剪应力 τ =1.0 MPa 为止，每级加载剪应力增加 0.1 MPa 持荷 1 min，连续均匀地将剪应力 τ =1.0 MPa 卸载至剪应力 τ =0.1 MPa，持荷 10 min。正式加载连续进行 3 次。

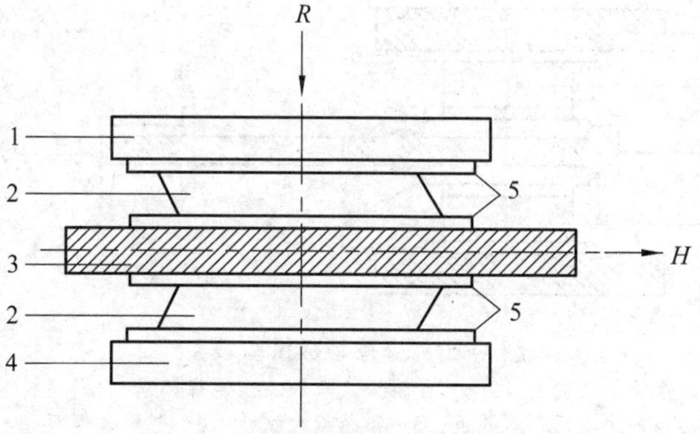

图 4-19　橡胶支座剪切试验示意

1—上承载板；2—板式支座试件；3—中间钢拉板；4—下承载板；5—防滑摩擦板

每对检验支座所组成试样的综合抗剪弹性模量 G_1，为该对试件三次加载所得到的三个结果的算术平均值。但各单项结果与算术平均值之间的偏差应不大于算术平均值的 3%，否则应对该试样重新复核试验一次。如果仍超过 3%，应请试验机生产厂专业人员对试验机进行检修和检定，合格后再重新进行试验。

3. 抗剪黏结性能试验

整体支座抗剪黏结性能试验方法与抗剪弹性模量试验方法相同。将压应力以 0.03 ~ 0.04 MPa/s 速率连续地增至平均压应力 σ，并在整个试验过程中保持不变，绘制应力-时间图。然后以 0.002 ~ 0.003 MPa/s 的速率连续施加水平力，当剪应力达到 2 MPa，持荷 5 min 后，然后以连续均匀的速度连续卸载，在加、卸载过程中绘制应力-应变图。试验中随时观察试件受力状态及变化情况，水平力卸载后试样是否完好无损。

4. 抗剪老化试验

将试样置于老化箱内，在（70 ± 2）°C 温度下经 72 h 后取出，将试样在标准温度（23 ± 5）°C 下，停放 48 h，再在标准试验室温度下进行剪切试验，试验与标准抗剪弹性模量试验方法步骤相同。老化后抗剪弹性模量 G_2 的计算方法与标准抗剪弹性模量计算方法相同。

5. 摩擦系数试验

摩擦系数试验，除要求必须对四氟板与不锈钢板进行检验外，对橡胶与混凝土、橡胶与钢板间摩擦系数试验可按用户要求进行检验。摩擦系数试验应按下列步骤进行试验：

（1）将四氟滑板支座与不锈钢板试样按规定摆放，对准试验机承载板中心位置，精度应小于 1%的试件短边尺寸。试验时应将四氟滑板试样的储油槽内注满 5201-2 硅脂油，如图 4-20 所示。

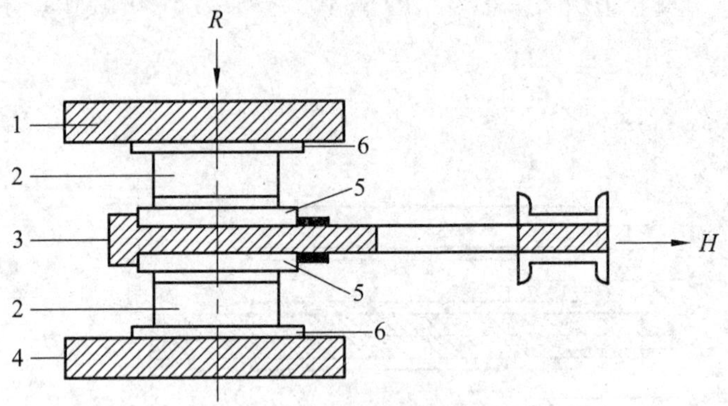

图 4-20　摩擦系数试验设备

1—试验机上承载板；2—四氟滑板式橡胶支座试样；3—中间钢拉板；4—试验机下承载板；5—不锈钢板试样；6—防滑摩擦板

（2）将压应力以 0.03 ~ 0.04 MPa/s 的速率连续地增至平均压应力σ= 10 MPa，并在整个摩擦系数试验过程中保持不变，绘制应力—时间图。其预压时间为 1 h。

（3）以 0.002 ~ 0.003 MPa/s 的速率连续地施加水平力，直至不锈钢板与四氟滑板试样接触面间发生滑动为止，记录此时的水平剪应力作为初始值。试验过程应连续进行三次。

摩擦系数应按下列公式计算：

$$\mu_{\mathrm{f}}=\frac{\tau}{\sigma}=\frac{H}{R} \tag{4-20}$$

式中：μ_{f}——四氟滑板与不锈钢板表面的摩擦系数，精确至 0.01；

H——支座承受的最大水平力（kN）；

R——支座最大承压力（kN）；

每对试样的摩擦系数为三次试验结果的算术平均值。

6. 转角试验

当对试样施加压应力至平均压应力σ，则试样产生垂直压缩变形；用千斤顶对中间工字梁施加一个向上的力 P，工字梁产生转动，上下试样边缘产生压缩及回弹两个相反变形。由转动产生的支座边缘的变形必须小于由垂直荷载和强制转动共同影响下产生的压缩变形。

7. 极限抗压强度试验

极限抗压强度试验应按下列步骤进行：

（1）将试样放置在试验机的承载板上，上下承载板与支座接触面不得有油污，对准中心位置，精度应小于 1%的试件短边尺寸。

（2）以 0.1 MPa/s 的速率连续地加载，至试样极限抗压强度值 R_u 不小于 70 MPa 为止，绘制应力—时间图，并随时观察试样受力状态及变化情况，试样是否完好无损。

8. 判定规则

（1）型式检验时，应全部项目满足要求为合格。若使用单位抽检支座成品力学性能有两项各有一块（一对）支座不合格；颁发产品许可证时，抽检支座有三项各有一块（一对）支座不合格，随机抽取三块（或三对）支座，若有两块（或两对）不能满足要求，则认为该批产品不合格。若有一块（或一对）支座不能满足要求时，则应从该批产品中随机再抽取双倍支座对不合格项目进行复检；若仍有一项不合格，则判定该批产品不合格。

（2）出厂检验时，若有一项不合格，则应从该批产品中随机再取双倍支座，对不合格项目进行复检；若仍有一项不合格，则判定该批产品不合格。

四、桥梁伸缩装置检验

（一）桥梁伸缩装置的作用及分类

桥梁橡胶伸缩装置的主要作用是满足桥梁上部结构变形的需要，并保证车辆通过桥面时平稳。桥梁橡胶伸缩装置按照伸缩体结构不同可划分为四类。

（1）模数式伸缩装置（M）。其伸缩体是由中钢梁和 80 mm 的单元橡胶密封带组合而成的伸缩装置，按橡胶密封带的数量分为单缝（MA）和多缝（MB），适用于伸缩量为 160 ~ 2 000 mm 的公路桥梁工程。

（2）梳齿板式伸缩装置（S）。其伸缩体由钢制梳齿板组合而成的伸缩装置，又按梳齿板受力状况分为悬臂（SC）和简支（SS）。简支梳齿板式伸缩装置分为活动梳齿板的齿板位于伸缩缝一侧的SSA和活动梳齿板的齿板跨越伸缩缝的SSB。一般适用于伸缩量不大于 300 mm 的公路桥梁工程。

（3）橡胶式伸缩装置。橡胶式伸缩装置分板式橡胶伸缩装置和组合式橡胶伸缩装置两种。

① 板式橡胶伸缩装置：伸缩体由橡胶、钢板或角钢硫化为一体的板式橡胶伸缩装置，适用于伸缩量小于 60 mm 的公路桥梁工程。

② 组合式橡胶伸缩装置：伸缩体中橡胶板和钢托板组合而成的组合式伸缩装置，适用于伸缩量不大于 120 mm 的公路桥梁工程.

（4）异型板式伸缩装置。其伸缩体完全是由橡胶密封带组成的伸缩装置。由单缝钢和橡胶密封带组成的单缝式伸缩装置，适用于伸缩量不大于 60 mm 的公路桥梁工程；由边钢梁和橡胶密封带组成的单缝式伸缩装置，适用于伸缩量不大于 80 mm 的公路桥梁工程。

（二）桥梁橡胶伸缩装置技术要求

桥梁橡胶伸缩装置的检测项目有：成品力学性能试验；成品尺寸偏差；外观质量；解剖检验等。各项指标见表 4-29 ~ 表 4-33。

1. 变形性能要求（见表 4-29）

表 4-29　伸缩装置变形性能要求

<table>
<tr><th>装置类型</th><th colspan="3">项　目</th><th>要　求</th></tr>
<tr><td rowspan="9">MB</td><td colspan="3">拉伸、压缩时最大水平摩阻力/（kN/m）</td><td>≤4×n</td></tr>
<tr><td rowspan="4">拉伸、压缩时变形均匀性</td><td colspan="2">每单元最大偏差值/mm</td><td>−2～2</td></tr>
<tr><td rowspan="3">总变形最大偏差值/mm</td><td>$80 \le e \le 400$</td><td>−5～5</td></tr>
<tr><td>$400 \lt e \le 800$</td><td>−10～10</td></tr>
<tr><td>$e \gt 800$</td><td>−15～15</td></tr>
<tr><td colspan="3">拉伸、压缩时每单元最大竖向变形偏差/mm</td><td>≤2</td></tr>
<tr><td colspan="2" rowspan="3">符合水平摩阻力和变形均匀性条件下的错位性能</td><td>纵向错位</td><td>伸缩装置的扇形变位角度≥2.5°</td></tr>
<tr><td>横向错位</td><td>伸缩装置两端偏差角≥20×n（mm）</td></tr>
<tr><td>竖向错位</td><td>顺桥向坡度≥5%</td></tr>
<tr><td>SC</td><td colspan="3">拉伸、压缩时最大竖向变形偏差/mm</td><td>≤1.0</td></tr>
<tr><td rowspan="4">SSA
SSB</td><td colspan="3">拉伸、压缩时最大水平摩阻力/（kN/m）</td><td>≤5.0</td></tr>
<tr><td colspan="2" rowspan="3">拉伸、压缩时最大竖向变形偏差/mm</td><td>$80 \le e \le 720$</td><td>≤1.0</td></tr>
<tr><td>$720 \lt e \le 1\,440$</td><td>≤1.5</td></tr>
<tr><td>$e \gt 1\,440$</td><td>≤2.0</td></tr>
<tr><td>W</td><td colspan="3">拉伸、压缩时每单元最大竖向变形/mm</td><td>≤6.0</td></tr>
</table>

注：① n 为多缝模数式伸缩装置中橡胶密封带的个数。
② 伸缩装置应具有可靠的防水，排水系统防水性能应符合注满水 24 h 无渗漏的要求。

2. 成品尺寸偏差及外观质量检验

（1）橡胶伸缩体的尺寸偏差应满足下列要求：

① 不论伸缩量大小，每延米长度偏差为 − 1.0 ~ 2.0 mm。

② 宽度、厚度偏差应满足表 4-30 要求。

③ 在自然状态下，伸缩装置中使用的单元密封橡胶带尺寸（不包括锚固部分）的偏差应满足表 4-31 要求。

表 4-30　橡胶伸缩体宽度、厚度偏差　　　　单位：mm

宽度范围	偏　差	厚度范围	偏　差
≤80	+2.0 − 1.0	≤80	+1.8 − 1.0
>80 ~ 240	+2.0 − 1.5	>50	+2.3 − 1.5
>240	+2.0 − 2.0		

表 4-31　单元密封橡胶带尺寸偏差范围

<table>
<tr><th>宽度范围</th><th>偏差/mm</th><th>厚度范围</th><th>偏差/mm</th></tr>
<tr><td rowspan="2">a =80</td><td rowspan="2">+3
0</td><td>b</td><td>+1.5
0</td></tr>
<tr><td>b_1</td><td>+1
0</td></tr>
<tr><td rowspan="2">a <80</td><td rowspan="2">+2
0</td><td>b</td><td>+1
0</td></tr>
<tr><td>b_1</td><td>+1
0</td></tr>
</table>

注：宽度范围正偏差用于伸缩体顶面，负偏差用于伸缩体底面。

（2）橡胶伸缩体外观质量应满足表 4-32 的要求。

表 4-32　橡胶伸缩体外观质量标准

<table>
<tr><th>缺陷名称</th><th>质量标准</th><th>缺陷名称</th><th>质量标准</th></tr>
<tr><td>骨架钢板外露</td><td>不允许</td><td rowspan="2">泡、杂质</td><td rowspan="2">不超过成品表面面积的 0.5%，且每处不大于 25 mm²，深度不超过 2 mm</td></tr>
<tr><td>钢板与黏结处开裂或剥离</td><td>不允许</td></tr>
<tr><td>喷霜、发脆、裂纹</td><td>不允许</td><td>螺栓定位孔歪斜及开裂</td><td>不允许</td></tr>
<tr><td>明疤缺胶</td><td>面积不超过 30 mm × 5 mm，深度不超过 2 mm 缺陷，每米不超过 4 处</td><td>连接榫槽开裂、闭合不准</td><td>不允许</td></tr>
</table>

3. 成品解剖检验

板式伸缩装置成品解剖检验，每 200 块或每批任取一块，将其垂直方向锯开，进行规定项目检验，检验结果应符合表 4-33 要求。

表 4-33　板式伸缩装置解剖检验

名　称	解剖检验项目
锯开后钢板、角钢位置	钢板、角钢位置要求准确无误，其平面位置偏差为 ± 3 mm，高度位置偏差应在 − 1 ~ 2 mm
钢板与橡胶黏结	钢板与橡胶黏牢固且无离层现象

4. 使用要求

在车辆轮载作用下，伸缩装置各部件及连接应安全可靠。在正常设计、生产、安装、运营养护条件下，伸缩装置设计使用年限不应低于 15 年。

（三）桥梁橡胶伸缩装置检验原则

（1）桥梁橡胶伸缩装置的检验，除投产鉴定、质量监督机构定期检测和出厂检验外，高等级公路桥梁大修或大中桥往往在施工阶级仍需进行逐个检查外观及几何尺寸，必要时还应进行成品力学性能检验。

（2）成品力学性能试验，原则上要求试验设备能对整体组装后的伸缩装置成品进行力学性能试验，如试验设备所限，可对纯橡胶式、板式和组合式伸缩装置截取 1 m 试样进行力学性能试验。

（3）成品力学性能试验应在专用的试验平台上完成，两边用定位螺栓或其他的有效方法将伸缩装置试样与锚固板联结，然后使试验装置模拟拉伸、压缩与纵向、竖向、横向错位，实测拉、压过程中水平摩阻力、变位均匀性。

（4）对模数式伸缩装置试样按实际荷载测试中梁、横梁及其他重要构件应力、应变值。有条件时，应对试样进行震动冲击试验。

（5）对单组、多组模数式伸缩装置橡胶密封带，应进行防水试验。

（6）所有形式伸缩装置应做零部件安装、更换方便性试验。

（7）伸缩装置的平面、厚度等外形尺寸，应用标定的钢尺、游标卡尺、平整度仪、水准仪测量。每延米纯橡胶式、板式、组合式伸缩装置试样平面尺寸除测量四边长度外，还应测量对角线尺寸。测量厚度时应在四边测量 8 点，取其平均值，其偏差应满足相应的标准规定。模数式伸缩装置偏差除应满足相应的标准规定外，还应每 2 m 长度内取一点，并取其各点的平均值。

（四）判定规则

（1）伸缩装置总体性能试验，全部满足表 4-29 要求为合格。

（2）几何尺寸、外观应满足表 4-30 ~ 表 4-32 的规定。

（3）解剖检验应满足表 4-33 的规定。

（4）黏结剂、聚四氟乙烯材、硅脂应满足《公路桥梁板式橡胶支座》（JT/T 4 – 2019）的有关规定。

（5）使用钢板，型钢、异形钢材、螺栓等钢件和不锈钢板应满足有关材料的技术要求。

（6）型式检验由第三方进行。型式检验项目全部合格，则该批产品为合格。当检验项目中有不合格时，应取双倍试样对不合格项目进行复检；复检后仍有项目不合格，则该批产品为不合格。

（7）出厂检验时，当检验项目中有不合格项，应取双倍试样对不合格项目进行复检，复检后仍有不合格，则该批产品为不合格。

任务 4.3　桥梁荷载试验

桥梁荷载试验分为静载试验和动载试验，是检验桥梁结构工作状态或实际承载能力的一种试验手段。

一、概　述

1. 试验目的

试验的目的、任务和内容通常由实际的生产需要或科研需要所决定。一般桥梁荷载试验的目的有：

（1）检验桥梁设计与施工的质量。

对于一些新建的大、中型桥梁或者具有特殊设计的桥梁，在设计施工过程中必然会遇到许多新问题，为保证桥梁建设质量，施工过程中往往要求做施工监控。在竣工后一般还要求进行荷载试验，以检验桥梁整体受力性能和承载力是否达到设计文件和规范的要求，并把试验结果作为评定工程质量优劣的主要技术资料和依据。

（2）判断桥梁结构的实际承载力。

旧桥由于构件局部发生意外损伤，使用过程中产生明显病害，设计荷载等级偏低等原因，有必要通过荷载试验判定构件损伤程度及承载力、受力性能的下降幅度，确定其运营荷载等级。同时，旧桥荷载试验也是改建、加固设计的重要依据。

（3）验证桥梁结构设计理论和设计方法。

对于桥梁工程中的新结构、新材料和新工艺，应通过荷载试验验证桥梁的计算图式是否正确，材料性能是否与理论相符，施工工艺是否达到预期目的。对相关理论问题的深入研究，往往也需要大量荷载试验的实测数据。

（4）桥梁结构动力特性及动态反应的测试研究。

对一些桥梁在动力荷载作用下的桥梁车致振动问题（包括动态增量和冲击系数），大跨径轻柔结构抗风稳定以及桥梁结构抗震性能等，都要求实测桥梁结构的动力特性和动态反应。

2. 试验仪器

桥梁静动荷载试验仪器按测试对象分类如表 4-34 所示。

表 4-34　桥梁荷载试验仪器分类

测试参数	机械式仪器设备	电（声、光）测仪器
变位	千（百）分表、挠度计、连通管	位移计、水准仪、全站仪
应变	千分表引伸仪	电阻应变计、电阻应变仪、计算机数据采集系统
裂缝	裂缝尺、引伸仪	超声波探测仪、读数显微镜
振动参数	—	测振传感器、放大器、动态信号采集记录分析系统

桥梁试验采用机械式测试仪器已有相当长的历史，机械式测试仪器一般是指各种用于非电量测试的仪表、器具或设备。如百分表（测量支座位移）、引伸计（测试混凝土应变、裂缝开合）这类简单仪器，它们的基本特点是：准确度高，对环境适应性强，读数有一定的灵敏度，工作可靠直观，可重复使用，其性能在许多方面能满足实桥试验检测要求。机械式测试仪器的不足是灵敏度相对较低，不便于远距离操纵，难以自动测量与记录。

现在桥梁荷载试验中使用的仪器设备绝大部分都是电测仪器,或者说与电测技术有关(如许多现代光学仪器设备)。电测仪器的特点是发展更新快，精度比较高，量程也比机械式大得多，所以目前在许多方面基本已取代机械式仪器。

二、桥梁静载试验

（一）试验计算

桥梁静载试验应进行必要的与试验有关的计算，如计算试验控制荷载、静力加载效率、试验荷载作用下主要测试断面的内力或变形控制值等。所有相关计算结果是试验荷载大小、加载等级等的理论依据，也作为试验加载响应的期望值。

1. 试验控制荷载确定

试验控制荷载根据与设计作用（或荷载）等级相应的活载效应控制值或有特殊要求的荷载效应值确定。以使控制截面或断面产生最不利荷载效应（内力和变形最大）荷载作为试验控制荷载。

具体计算时，应选择设计计算活载作用下能够产生最大截面应力和变形的控制截面或位置，某些特殊桥梁还需考虑对关键构件的专项加载计算。

试验控制荷载计算通常根据桥梁设计图纸采用各种通用的有限元程序建立平面或空间有限元模型，简单结构也可以采用手算确定。旧桥控制荷载确定还需结合实际桥梁技术状态评定结果。

2. 试验荷载确定

根据《公路桥梁荷载试验规程》(JTG/T J21-01—2015)，对交、竣工验收荷载试验，静载试验荷载效率系数η_q宜介于0. 85 ~ 1.05之间；其他静载试验，η_q宜介于0.95 ~ 1.05。

静载试验效率按式（4-21）计算：

$$\eta_q = \frac{S_S}{S \times (1+\mu)} \tag{4-21}$$

式中：S_S——静载试验荷载作用下，某一加载试验项目对应的加载控制截面内力或位移的最大计算效应值；

S——控制荷载产生的同一加载控制截面内力或位移的最不利效应计算值；

μ——按规范取用的冲击系数值。

实际工程上，选用车辆荷载进行加载时，要综合试验荷载效率η_q、与设计活荷载的等效性、车辆的机动性等因素。

（二）加载试验

正式加载试验是整个实桥静载试验的核心内容，也是对试验准备工作的考核。

实桥静载试验一般安排在晚上进行，主要是考虑加载时温度变化和环境的干扰。如果这种干扰不大或对试验数据不会产生任何影响（如适逢阴天），不一定非要安排在晚上。

加载试验过程如下：

1. 静载初读数

静载初读数是指试验正式开始时的零荷载读数，不是准备阶段调试仪器的读数。从初读数开始整个测试系统就开始运作，测量、读数记录人员进入状态各司其职。

2. 加　载

《公路桥梁荷载试验规程》（JTG/T J21-01—2015）规定：试验荷载应分级施加，加载级数应根据试验荷载总量和荷载分级增量确定，可分成 3 ~ 5 级。当桥梁的技术资料不全时，应增加分级。重点测试桥梁在荷载作用下的响应规律时，可适当加密加载分级。

加载过程中，应保证非控制截面内力或位移不超过控制荷载作用下的最不利值。

当试验条件限制时，附加控制截面可只进行最不利加载。

加载时间间隔应满足结构反应稳定的时间要求。应在前一荷载阶段内结构反应相对稳定，进行了有效测试及记录后方可进行下一荷载阶段。当进行主要控制截面最大内力（变形）加载试验时，分级加载的稳定时间不应少于 5 min；对尚未投入营运的新桥，首个工况的分级加载稳定时间不宜少于 15 min。

3. 加载控制

《公路桥梁荷载试验规程》（JTG/T J21-01—2015）规定：应根据各工况的加载分级，对各加载过程结构控制点的应变（或变形）、薄弱部位的破损情况等进行观测与分析，并与理论计算值对比。当试验过程中发生下列情况之一时，应停止加载，查清原因，采取措施后再确定是否进行试验：

（1）控制测点应变值已达到或超过计算值。

（2）控制测点变形（或挠度）超过计算值。

（3）结构裂缝的长度、宽度或数量明显增加。

（4）实测变形分布规律异常。

（5）桥体发出异常响声或发生其他异常情况。

（6）斜拉索或吊索（杆）索力增量实测值超过计算值。

4. 卸载读零

一个工况结束，荷载退出桥面。各测点读回零值，同样要有一个稳定过程。

试验加卸载要求稳定后读数，实际要观测结构残余变形或残余应变，当结构变形或应变在卸载后不能正常回复时，反映的可能是结构承载能力不足或其他原因，需要仔细分析。

5. 重复加载要求

试验过程中必须时时关心几个控制点数据的情况，一旦发现问题（数据本身规律差或仪器故障等）要重新加载测试。对一些特大桥的主要加载工况，一般也要求重复加载。

（三）试验数据整理

通过静载试验得到的原始数据、曲线和图像等是最重要的第一手资料，应该特别强调现场试验数据的原始记录的重要性，对每一份现场记录（无论是数据还是信号）都要求完整、清晰和可靠。另一方面，有些原始数据数量庞大，也不直观，不能直接用来进行结构评估，所以必须对数据进行处理分析。

1. 荷　载

整理实际荷载的载重、加载工况等，因为实际布载位置、大小等可能会与方案要求的不一样。整理出来的荷载数据，一方面用以结构分析，另一方面会与试验数据结果直接有关。

（1）列出试验加载效率表，如采取分级加载方法的还要列出分级加载表。

（2）制作实际载重明细表，表中详细列出加载车辆的型号、车号及其试验时的编号、轮轴距、理论质量和实际载重（包括各轴轴重和总重）等。

（3）绘制荷载的纵、横向（包括对称加载和偏心加载）布置图，并标明具体尺寸。

2. 位　移

桥梁位移包括挠度和各种非竖向位移（如拱桥桥轴线的两维变位，斜拉桥索塔的水平变位等）。

实测值和计算值一般都要求画成曲线并放在一起，或列出一张比较表，等等。有的桥梁挠度数据整理时，还应考虑支座位移的影响。

3. 应力和应变

（1）实测应变的修正。

应变测试中，出现应变计灵敏系数 $K\neq 2$，或导线过长或过细使导线电阻不能忽略等情况时，需要对实测应变结果进行修正（一般这类因素对测值的影响小于1%时可不予修正）。在计算机控制的数据采集系统里，灵敏系数等修正都可以事先设定，直接得到 ε。

（2）应力、应变的换算。

应变计测试结果一般为应变值，而人们感兴趣的往往是应力。对钢结构而言，弹性模量稳定，应力和应变关系是常数乘积关系；对钢筋混凝土或预应力混凝土结构来说，不管是混凝土上测得的应变还是钢筋上测得的应变换算成混凝土应力，都有一个实际弹性模量的取值问题。解决这个问题的办法，一是用取芯实测数据（对新建桥梁可采用回弹推算值或试块数据），二是取“桥规”给出的混凝土弹模值。对有些试验（如极限破坏试验），有时直接以应变指标衡量。

弹性模量确定以后，各种应力状态下测点应力均可按材料力学公式进行计算。

（3）实测与计算的比较。

控制断面应力是衡量桥梁结构实际强度的重要指标。具体衡量指标为试验荷载作用下，各主要控制断面测点应力的实测值与计算值的比值。

由于实桥试验往往是按设计基本荷载施加的，故计算截面上各点的应力，对钢结构或预应力混凝土结构一般仍用普通材料力学的弹性阶段方法；对钢筋混凝土结构，可根据断面内力的大小并考虑断面开裂情况采用相应的计算方法。

断面应力的计算值和实测值应列在同一张表内并做成曲线（或图），以便比较。根据需要还可绘制各加载工况下控制截面应变的分布图、截面应变沿高度分布图等。

混凝土结构应力实测值（和变形反映整体不一样）有时会发生局部偏大或偏小问题，当实测值与计算值之间的差别超出正常允许误差范围时应该仔细分析，找出原因。如一些大跨径预应力混凝土桥梁跨中控制断面的应力校验系数有时会超过 1 或远小于 1，原因是合龙段（或附近）混凝土存在（有时肉眼看不见）裂缝，粘在其表面的应变计跨过该裂缝或靠近裂缝就会产生偏大或偏小的读数。

4. 残余位移（或应变）

残余位移（或应变）是一个加卸载周期后结构上残留的位移（或应变）。静载试验数据整理中，要关注各测点实测位移与应变的残余值。

总位移（或应变）：$S_t = S_l - S_i$

弹性位移（或应变）：$S_e = S_l - S_u$

残余位移（或应变）：$S_p = S_t - S_e = S_u - S_i$

式中：S_t——加载前测值；

S_l——加载达到稳定时测值；

S_u——卸载后达到稳定时测值。

用相对残余位移（或应变）来表示：

$$\Delta S_P = \frac{S_P}{S_t} \times 100\% \tag{4-22}$$

式中：ΔS_P——相对残余位移（或应变）。

实际加载试验中产生的相对残余变形（或应变），对预应力混凝土与组合结构一般不允许大于 20%；对钢筋混凝土和圬工结构一般不允许大于 25%。

5. 校验系数 λ

校验系数 λ 应包括应变（或应力）校验系数及挠度校验系数，其值应按（4-23）计算。

$$\lambda = \frac{S_e}{S_s} \tag{4-23}$$

式中：λ——校验系数；

S_e——控制荷载产生的同一加载控制截面内力或位移的最不利效应计算值；

S_s——某一加载试验项目对应的加载控制截面内力或位移的最大计算效应值。

常见桥梁结构试验的应变（或应力）、挠度校验系数应符合表 4-35 的常值范围。

表 4-35　常见桥梁结构校验系数常值

桥梁类型	应变（或应力）校验系数	挠度校验系数
钢筋混凝土板桥	0.20 ~ 0.40	0.20 ~ 0.50
钢筋混凝土梁桥	0.40 ~ 0.80	0.50 ~ 0.90
预应力混凝土桥	0.60 ~ 0.90	0.70 ~ 1.00
圬工拱桥	0.70 ~ 1.00	0.80 ~ 1.00
钢筋混凝土拱桥	0.50 ~ 0.90	0.50 ~ 1.00
钢桥	0.75 ~ 1.00	0.75 ~ 1.00

6. 裂　缝

裂缝图应按试验过程中裂缝的实际开展情况进行测绘，当裂缝数量较少时，可根据试验前后观测情况及裂缝观测表对裂缝状况进行描述。当裂缝发展较多时应选择结构有代表性部位描绘裂缝展开图，图上应注明各加载程序裂缝长度和宽度的发展。

三、桥梁动载试验

桥梁动载试验主要是测定桥梁在车辆荷载等作用下的动力参数（如动应力、动挠度、加速度等），动载试验的数据结果也能做结构动力特性分析。

实桥动载试验一般采用移动车辆荷载进行加载，对应主要测试动荷载作用下结构的动态响应参数及其随时间的变化。动载试验所采用的测试方法和仪器设备均较静力加载试验复杂，测试技术要求相对也要高一些。

（一）动载试验内容

1. 试验荷载

《公路桥梁荷载试验规程》（JTG/T J21-01—2015）用类似于静力试验“加载效率”来定义动载试验“加载效率”。

一般情况下，一辆或几辆载重车（实桥动载试验时，即使是特大型桥梁，也都采用一辆或几辆载重车作为动载试验荷载）很难满足静力试验“加载效率”计算式的加载效率，当然它可能适用于那些一辆或几辆载重车能满足设计控制荷载效应的小桥。所以实桥上（和静载试验不同）将设计控制荷载模拟成（能使结构控制截面产生最大内力或变形的）试验动荷载会有难度。

2. 加载方式

《公路桥梁荷载试验规程》（JTG/T J21-01—2015）规定：实桥动力响应试验工况包括下列主要内容：

（1）无障碍行车（跑车）试验。

宜在 5 ~ 80 km/h 范围内取多个大致均匀分布的车速进行行车试验。车速在桥联（孔）上宜保持恒定，每个车速工况应进行 2 ~ 3 次重复试验。

（2）有障碍行车（跳车）试验。

可设置弓形障碍物模拟桥面坑洼进行行车试验，车速宜取 5 ~ 20 km/h，障碍物宜布置在结构冲击效应显著部位。

（3）制动（刹车）试验。

车速宜取 30 ~ 50 km/h，制动部位应为动态效应较大的位置。《公路桥梁荷载试验规程》（JTG/T J21-01—2015）指出，宜首选无障碍行车试验，有障碍行车和制动试验可根据实际情况选择。

加载车辆可以是单辆，也可以两辆或多辆，两辆或多辆加载时应要求车辆保持同速同步。加载过程中，发现车辆明显偏位或车速明显不对或多辆车不同步等情况，应重新加载。

（二）动载试验过程

动载试验过程如图 4-21 所示。

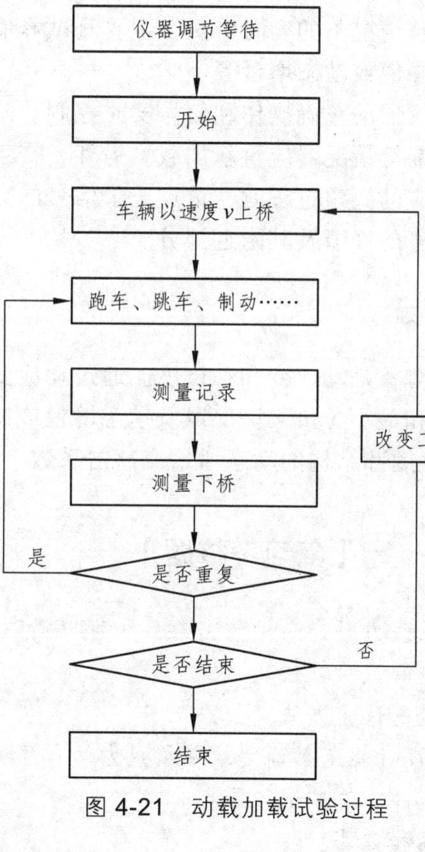

图 4-21　动载加载试验过程

1. 仪器调试

所有仪器设备在准备阶段应已调试完毕，要考虑好记录的具体方法。如使用动态电阻应变仪，必须根据估计应变的大小确定增益、标定值范围等，调整记录速度和记录幅值等。如采用计算机动态数据采集系统直接采样、记存，其增益、标定值等条件设置大同小异，只是更方便而已。

2. 车辆控制

要控制好车辆上下桥车速、位置和时间。要协助驾驶员准确控制好行车速度，注意每次上桥的行车路线，对一些大跨度桥梁，还要确定车辆行驶到各个断面时的位置信息。

3. 测试记录

（1）跑车。

跑车测试的目的是判别不同车行速度下桥梁结构的动态响应（如位移或应力的动态增量和时程曲线），还可以分析出动态响应与车速之间的关系。

（2）跳车。

跳车试验的作用是模拟桥面不平整状况下重车过桥所产生的动态效应。

（3）制动。

车辆以一定速度行进，到规定位置突然紧急制动，记录此制动时的动态响应时程曲线。

（4）实时在线车辆荷载作用。

相当于桥梁日常或特殊运营情况下的实时监测，主要测试峰值交通量或特殊车辆作用下的结构的动态时程曲线、响应峰值或动态增量等。

动载试验中，要特别注意仪器的正确操作和信号实时控制。防止信号中断或幅值超限，发现信号记录明显出错或被遗漏等情况，应重新加载。另外，在各种不同工况中应抓住主要内容，如要求记录结构动态响应的完整过程时，重点记录信号的完整性；而只为确定动态增量时，则要求能记录到响应信号的峰值及其附近部分。

（三）动载试验数据整理

动载试验数据整理的主要对象是动应变和动挠度。通过动应变数据（曲线）可整理出对应结构构件的最大（正）应变和最小（负）应变以及动态增量或冲击系数；通过动挠度数据（曲线）可得到结构的最大动挠度和结构的动态增量或冲击系数。

【复习考核题】

1．按桥涵规范确定地基承载力时，满足什么条件才可以提高承载力特征值？
2．试述浅层平板载荷试验的试验方法。
3．试述深层平板载荷试验的试验方法。
4．《公路桥涵地基与基础设计规范》确定地基承载力的程序有哪些？
5．试述圆锥动力触探试验的方法和试验要点。
6．叙述泥浆性能检测指标和方法。
7．叙述钻（挖）孔灌注桩施工过程检测项目及方法。
8．简述基桩静载荷试验检测的主要内容和方法。
9．简述用回弹法测试结构混凝土强度的方法及强度评定方法。
10．如何测试结构混凝土的碳化深度？
11．预应力锚具、夹具和连接器检测主要有哪些内容？如何判断其合格性？

12．试述板式橡胶支座抗压弹性模量的检测方法。

13．桥梁橡胶伸缩装置按伸缩体结构不同可划分为几类？各自适用范围是什么？

14. 叙述梁橡胶伸缩装置的检验原则及判定规则。

15．桥梁载荷试验的目的是什么？

16．静载试验效率系数η_q的意义是什么？一般情况下的取值是多少？

17．试述静载加载试验的过程。

18．桥梁动载试验的目的是什么？跑车试验的时速一般规定为多少？

项目 5　隧道工程技术性能检测

【学习目标】

（1）能够进行隧道喷射混凝土、锚杆施工质量的检测。

（2）能够进行混凝土衬砌施工质量检测。

（3）能够进行隧道必测项目的检测。

随着公路建设的发展，公路隧道的建设也逐渐增多。由于隧道自身的特点及其他方面的原因，公路隧道易出现质量问题。其中最常见的有隧道渗漏、衬砌开裂、限界受侵、通风与照明不良等。为保证公路隧道的质量，公路隧道的检测工作便尤为重要。

公路隧道检测技术涉及面广，分类方法多，除了运营环境的检测方法对各类隧道都通用外，由于施工方法的不同，山岭隧道、水下沉埋隧道和软土盾构隧道在检测内容与方法上差别很大。考虑到我国目前修建的公路隧道绝大多数为山岭隧道，本项目着重介绍山岭隧道的检测技术。分类体系如图 5-1。

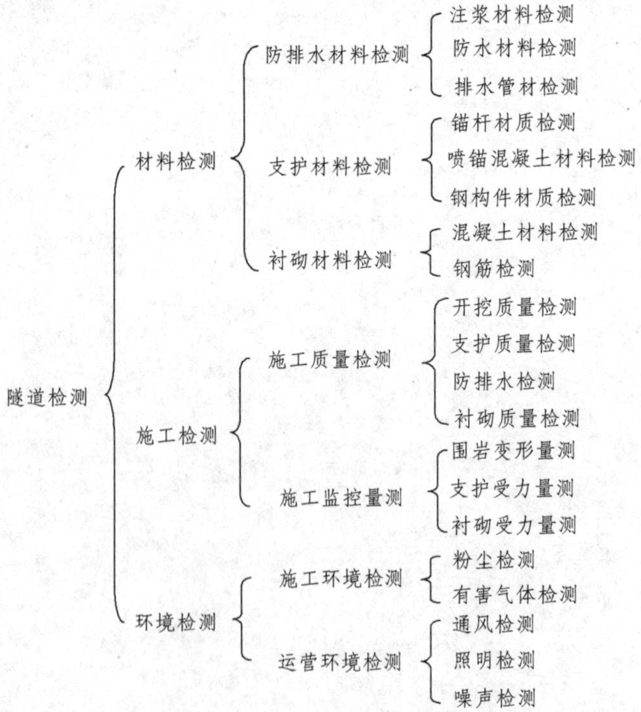

图 5-1　隧道检测分类体系

本项目只介绍施工检测。

任务 5.1　隧道支护施工质量检测

一、喷锚衬砌施工质量检测

（一）锚杆施工质量检测

1. 锚杆支护的质量检验标准

锚杆材质、类型、质量、规格、数量和性能必须符合设计和规范的要求，如图 5-2 所示。锚杆插入孔内的长度不得短于设计长度的 95%。砂浆和注浆锚杆的灌浆强度应不小于设计和规范要求，锚杆孔内灌浆密实饱满。锚脚锁杆（管）的数量、长度、打入角度应满足设计要求。

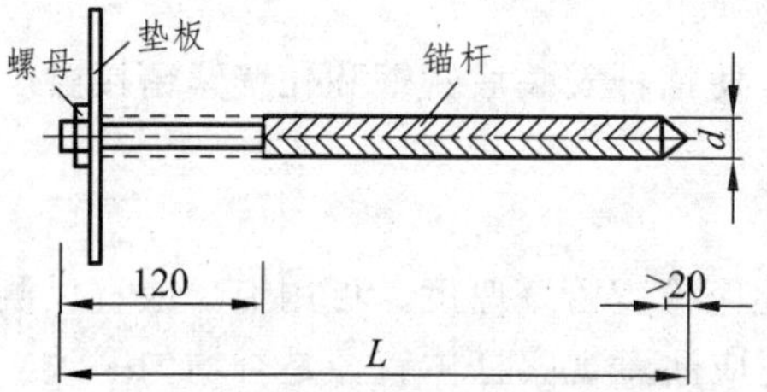

（a）砂浆锚杆、药包锚杆构造

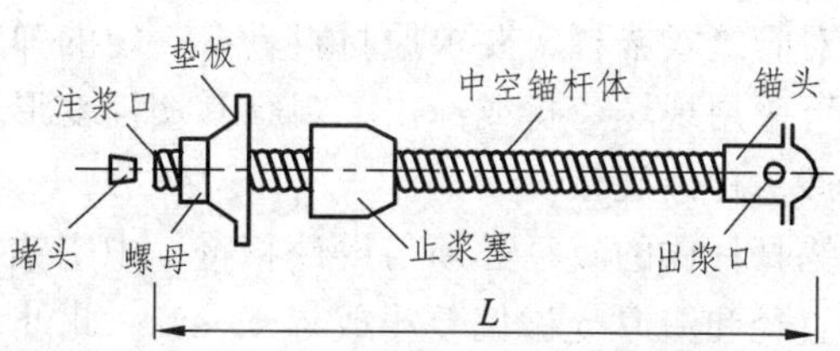

（b）中空注浆锚杆构造

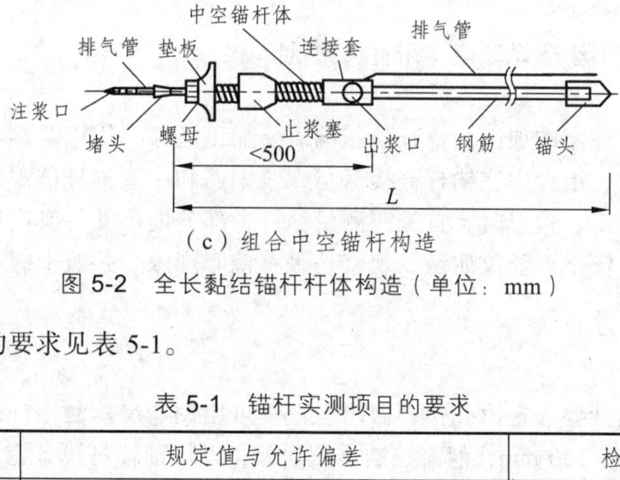

（c）组合中空锚杆构造

图 5-2　全长黏结锚杆杆体构造（单位：mm）

锚杆实测项目的要求见表 5-1。

表 5-1　锚杆实测项目的要求

项次	检查项目	规定值与允许偏差	检查方法与频率
1△	数量/根	不少于设计值	目测：现场逐根清点
2△	锚杆拔力/kN	28 d 拔力平均值≥设计值，最小拔力≥0.9 倍设计值	拉拔仪：抽查 1%，且不小于 3 根
3	孔位/mm	±150	尺量：抽查 10%
4	深度/mm	±50	尺量：抽查 10%
5	孔径/mm	≥锚杆杆体直径+15	尺量：抽查 10%

2. 锚杆加工质量检查

锚杆的种类主要包括：砂浆锚杆、药卷锚杆、中空注浆锚杆、自进式锚杆、组合中空锚杆、树脂锚杆、楔缝式端头锚固式锚杆、管缝式锚杆等。每一种锚杆在使用安装前，都必须对其材质、规格和加工质量进行检查，以免不合格的锚杆材质用于隧道支护。

（1）锚杆杆体材料力学性能检测。

① 抗拉强度。

锚杆在工作时主要承受拉力，检查材质时应首先检测其抗拉强度。方法是：从原材料中或成品锚杆上截取试样，在拉力试验机上做拉伸试验，测试材料抗拉强度和力学特性，确定其是否满足工程要求。

② 延展性。

锚杆是在隧道围岩发生变形后发挥作用，这就要求锚杆材质具有一定的延展性，过脆可能导致锚杆中途断裂失效，所以需对材料的延展性进行试验，对于杆体材料为钢材的锚杆，其断后伸长率 A 不应小于 16%。

③ 弹性。

对管缝式锚杆，要求原材料具有一定的弹性，使锚杆安装后管壁和孔壁紧密接触。检查时，可采用现场弯折或锤击，观察其塑性变形情况。

（2）杆体规格。

锚杆杆体的直径必须与设计相符，中空锚杆还应检查管壁厚度，可用卡尺或直尺测量。杆体直径和壁厚允许偏差小或等于 4%。此外，还应注意观察杆体直径是否均匀一致、有无削弱钢筋面的伤痕，若有发现，则应弃之不用。

（3）锚杆长度。

锚杆杆体长度应不小于设计值，用直尺测量。

（4）加工质量。

锚杆都需要进行一定的加工。锚杆外露端需要加工丝口，用以戴螺母固定垫板；锚杆前端需要加锚头或削尖；组合中空锚杆连接套与螺纹钢筋和中空锚杆体需连接加工；楔缝式端头锚杆固端需特殊加工。检查时，首先应测量锚杆各部分的尺寸，其次检查焊接件的焊接质量。对于攻丝部分，应检查丝纹质量，观察是否有偏心现象，并戴上螺母。

3. 锚杆安装质量检查

（1）锚杆孔位。

钻孔前应根据设计要求定出孔位，做出标记。可用钢卷尺检测锚杆的环向间距和纵向排距，孔位允许偏差为 ± 150 mm，但需控制累积误差，以保证锚杆设计密度。控制方法是，任意 5 ~ 10 m 范围内的锚孔数量不少于设计值。检查频率为锚杆数的 10%。

（2）锚杆方向。

锚杆打设方向应根据围岩情况，尽量与围岩壁面或岩层主要结构面垂直。采用气腿式风动凿岩机钻孔时，边墙锚杆打设方向能满足要求，而拱部锚杆打设方向不易做到与开挖面垂直，容易出现偏差。锚杆打设方向过于偏斜，会使锚杆实际有效锚固深度降低，造成浪费材料，达不到设计效果。锚杆打设方向检查主要采用目测，也可采用地质罗盘检测。

（3）钻孔深度。

锚杆钻孔深度是保证锚杆锚固质量的前提，孔深不足则锚固深度不够。锚杆钻孔深度不小于锚杆设计长度，孔深允许偏差为 ± 50 mm。钻孔深度可用带有刻度的塑料管或木棍等插孔量测，检查频率为锚杆数的 10%。

（4）孔径。

对于以砂浆作为锚固剂的锚杆，孔径过小会减小锚杆杆体包裹砂浆层的厚度，影响锚杆的锚固力及其耐久性，因此，锚杆钻孔直径大于杆体直径 15 mm 才符合要求，如图 5-3。

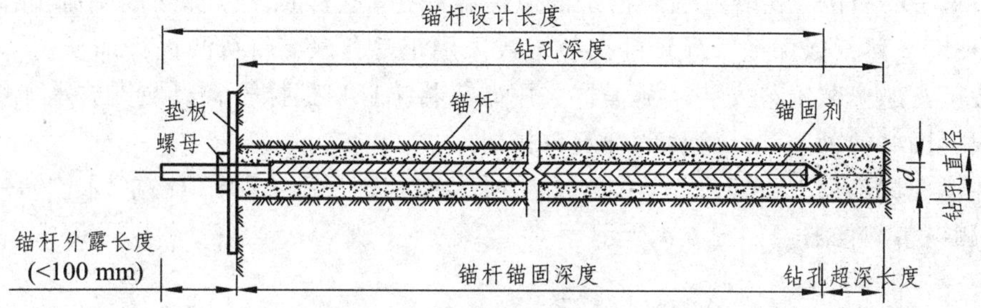

图 5-3　砂浆锚杆锚固端

对于其他形式锚杆，孔内有锚杆连接件、特殊锚头，为便于安装，孔径可以更大一些，以满足安装工艺要求。

孔径检查采用直尺、游标卡尺测量，检查频率为锚杆总数的 10%。

（5）锚杆锚固剂（砂浆）强度检测。

锚固剂（砂浆）强度是锚杆质量的重要保证。砂浆强度检测，首先是在现场取样，每次锚杆安装应至少取一组试件，在标准养护条件下试件 28 d 的抗压强度，不低于设计强度，设计没有特别要求时，砂浆强度等级应不小于 M20。

（6）锚杆垫板。

锚杆垫板对发挥锚杆锚固作用十分重要，锚杆垫板要求与岩面紧贴，不能出现吊空（垫板没有贴到围岩）、翘边、螺母没有压住垫板的现象。垫板长、宽尺寸偏差不小于 5 mm，厚度大于设计值。检查频率为锚杆数的 10%。

（7）锚杆数量。

锚杆数量是锚杆设计参数的重要指标。锚杆安装数量检测，可直接在现场肉眼点数，或通过全息扫描拍照点数。方法是，任意取 5 ~ 10 m 地段，统计该范围内锚杆数量，实际数量不得少于设计。检查频率为锚杆总数的 10%。

（8）锚杆抗拔力。

锚杆抗拔力是指锚杆锚固后能够承受的抗拔能力。它是锚杆材料、加工及锚固质量的综合反映，是锚杆质量检测的一项基本内容，锚杆抗拔力检测标准如下：

① 检测数量为锚杆数的 1%且每次不少于 3 根。

② 同组锚杆抗拔力的平均值应不小于设计值。

③ 单根锚杆的抗拔力不得低于设计值的 90%。

（9）锚杆锚固长度和砂浆注满度检测。

对全长黏结锚杆，还可采用锚杆质量无损检测仪进行锚固长度和密实度检测。

4. 锚杆拉拔力测试

锚杆拉拔力指锚杆能承受的最大拉力，是锚杆质量检验的一项基本内容。

（1）拉拔设备。

锚杆拉拔试验的常用设备为空心千斤顶、手动油压泵、高压油管、压力表、传力板、千分表等。

（2）测试方法。

① 根据试验目的，在隧道围岩指定部位钻锚杆孔。孔深在正常深度的基础上作调整，使锚杆外露长度大些，以保证千斤顶的安装。或采用正常孔深，将待测锚杆加长。

② 按正常的安装工艺安装待测锚杆，用砂浆将锚杆口部抹平，以便支放承压垫板。

③ 根据锚杆的种类和试验目的确定拉拔时间。

④ 在锚杆尾部加上垫板，套上中空千斤顶，将锚杆外端与千斤顶内缸固定在一起，并装设位移量测设备与仪器，如图 5-4 所示。

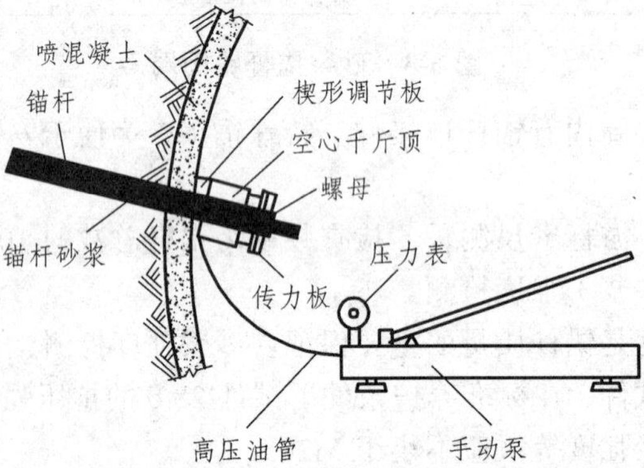

图 5-4　锚杆拉拔测试

⑤ 通过手动油压泵加压，从油压表读取油压，根据活塞面积换算锚杆承受的拉拔力。从千分表读取锚杆尾部的位移，绘制锚杆拉力一位移曲线，供分析研究。

（3）注意事项。

① 砂浆锚杆应在锚固砂浆强度达到 100%后进行。

② 被测试锚杆，应将锚杆垫板取下。

③ 安装拉拔设备时，应使拉力作用线与锚杆同心，避免偏心受拉。

④ 锚杆拉拔力试验应逐级加载，每级应匀速加载，速率一般不大于 10 kN/min，稍做停顿，并观测记录其变形数值和破坏情况。

⑤ 拉拔力到设计要求的抗拉值即可停止加载，一般不做破坏性试验。如有特殊需要，先测取锚杆的最大抗拉力，再进行破坏性试验。

⑥ 锚杆抗拔力测试不应少于同类型锚杆总数的 1%，并不得少于 3 根。

⑦ 千斤顶应固定牢靠，并有必要的安全保护措施。应特别注意的是，试验时操作人员要避开锚杆的轴线延长线方向，应在被测锚杆的侧边，并尽可能远离。读取读数时，应停止加压。

（二）喷射混凝土质量检测

1. 质量检测内容

喷射混凝土的质量检验内容除包括对原材料进行检测外，还包括喷射混凝土强度、喷射混凝土初喷厚度和总厚度、外观及表面平整度、喷混凝土支护背后空洞等。此外，还包括施工过程喷射混凝土的回弹及粉尘检测。

（1）喷射混凝土强度。

喷射混凝土强度是喷射混凝土的主要性能指标。喷射混凝土强度包括抗压强度、抗拉强度、抗剪强度、疲劳强度、黏结强度等。由于这些指标之间存着一定的内在联系，在一般试验检测中，只检测喷射混凝土的抗压强度，并由此推测混凝土的其他强度。

（2）初喷。

隧道开挖暴露后，需立即对开挖面进行初喷，这是保持围岩稳定和施工作业安全很重要的施工环节，应对喷射混凝土初喷环节进行检测。初喷厚度应不小于 40 mm，初喷范围包括开挖轮廓岩面、超挖面、塌方岩面。

（3）喷射混凝土厚度。

喷射混凝土厚度是指混凝土喷层表面与围岩受喷面的距离，是初喷厚度和复喷厚度的总体厚度。喷射混凝土厚度是发挥喷射混凝土支护作用的重要保障。喷射混凝土总体厚度应满足设计要求。

（4）喷射混凝土外观及平整度。

喷射混凝土支护外观上应无漏喷、鼓包、开裂、钢筋网（或金属网）外露等现象，喷射混凝土表面要求整体平整、圆顺，不应出现尖角和明显坑凹。

（5）喷射混凝土背后空洞。

喷射混凝土必须直接喷射到围岩壁面上，与围岩密贴接触形成组合结构，如图 5-5 所示。但实际工程中，在设有钢架支护的地段，由于超挖、掉块和塌方的原因，使隧道实际开挖断面形状与事先加工好的钢架支护形状相差较大，容易出现钢架喷射混凝土层与围岩脱离（图 5-6），形成空洞。喷射混凝土衬砌与围岩之间存在空洞时，喷射混凝土层局部形成孤立的薄壳结构，喷射混凝土层结构承载能力和稳定性大为降低（图 5-5）；同时，由于喷射混凝土衬砌没有形成对围岩的有效约束，围岩也失去了喷射混凝土结构的支护，可能进一步松弛，并可能导致塌方，围岩压力会进一步增大，导致衬砌开裂，影响隧道的使用安全。因此，喷射混凝土背后不允许存在空洞和不密实现象。

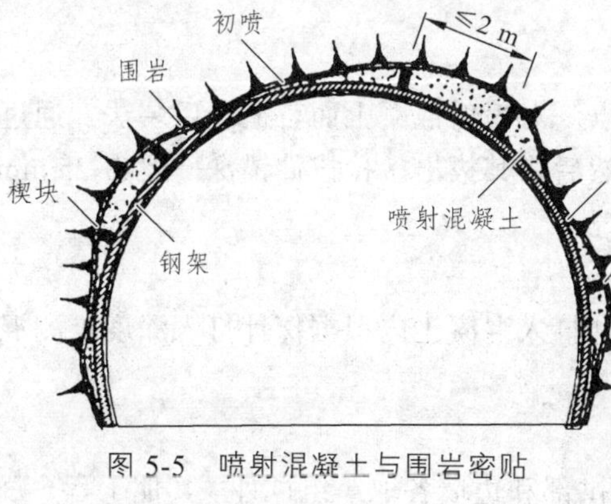

图 5-5 喷射混凝土与围岩密贴

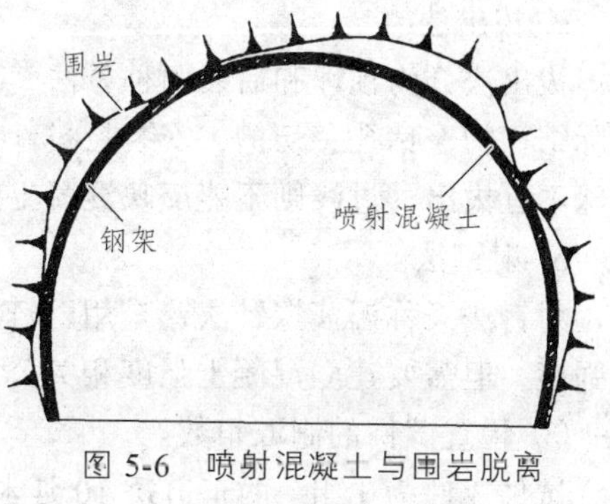

图 5-6 喷射混凝土与围岩脱离

（6）喷射混凝土回弹率。

喷射混凝土施工过程中，部分喷射混凝土混合料由隧道岩壁跌落到底板的现象称为喷射混凝土的回弹，回弹下来的喷射混凝土混合料体积与喷射混凝土总体积之比，称为喷射混凝土的回弹率。

2. 质量检测方法

（1）喷射混凝土抗压强度试验。

检查试件制作方法有喷大板切割法、凿方切割法、喷模法、钻芯法，用于检验喷射混凝土抗压强度的试块，应在喷射现场随机制取。

① 检查试件的制作方法。

a. 喷大板切割法。

在施工的同时，将混凝土喷射在 450 mm × 350 mm × 120 mm（可制成 6 块）或 450 mm × 200 mm × 120 mm（可制成 3 块）的模型内，在现场养护 28 d 后，用切割机切掉周边，加工成 100 mm × 100 mm × 100 mm 的立方体试块，再进行试验。用标准试验方法测得极限抗压强度，并乘以 0.95 的系数。

b. 凿方切割法。

在已经喷好的喷射混凝土结构物上，养护 14 d 后用凿岩机打密排钻孔，取出长约 350 mm、宽约 150 mm 的混凝土块，用切割机切掉周边，加工成 100 mm × 100 mm × 100 mm 的立方体试块。在现场养护 28d 后，进行试验。用标准试验方法测得极限抗压强度，并乘以 0.95 的系数。

c. 喷模法（预留试块法）。

在喷射混凝土施工同时，将 150 mm × 150 mm × 150 mm 标准试模放在施工现场，待喷枪喷射稳定后将混凝土喷入模内，喷满后将试模内混凝土表面抹平，在现场养护 28d 后，在压力机上进行试验（精确到 0.1 MPa）。

d. 钻芯法。

在已经喷好的喷混凝土结构物上，养护 28 d 后，直接钻取直径 50 ~ 150 mm、长径比大于 1.0 的芯样，用切割机加工成两端平行的圆柱体试块，在压力机上进行试验（精确到 0.1 MPa）。

② 现场检测方法。

a. 拔出法。

拔出法分为预埋和后装两种方法，各有优缺点。对喷射混凝土而言适合后装法。通过在实际结构物上钻孔、切槽，安装拉拔件及装置，然后将其拔出。拉拔件锚深一般为 25 mm，过深不宜拔出，过浅则不能反映混凝土的内部情况。

b. 射钉法。

射钉法又称温莎探针法，是用射钉装置将探针打入混凝土内根据探针打入深度推测混凝土强度，但需要建立混凝土强度相关公式。

③ 检查试件的制取组数。

试件 3 件为 1 组。两车道每 10 延米，至少在拱部和边墙各取一组试件。其他工程，每喷射（50 ~ 100）m^3 混合料或小于 50 m^3 混合料的独立工程，不得少于 1 组。材料或配合比变更时，应重新制取试件。

④ 喷射混凝土抗压强度的合格标准。

a. 同批试件组数 $n \geqslant 10$ 时，试件抗压强度平均值不低于设计值，且任一组试件抗压强度不低于 0.85 倍的设计值。

b. 同批试件组数 $n < 10$ 时，试件抗压强度平均值不低于 1.05 倍的设计值，且任一组试件抗压强度不低于 0.9 倍的设计值。

c. 实测项目中，喷射混凝土抗压强度评为不合格时相应分项工程为不合格。检查不合格时，应查明原因并采取措施，可采用补喷增加喷层厚度予以补强，或凿除重喷。

（2）喷射混凝土厚度检测。

① 检查方法和数量。

a. 喷射混凝土厚度可用凿孔法或地质雷达法等方法检查。

凿孔检查时，宜在混凝土喷后 8 h 以内，可用电钻、风钻钻孔检查，发现厚度不够时可及时补喷。如喷射混凝土与围岩黏结紧密，颜色相近而不易分辨时，可用酚酞试液涂抹孔壁，碱性混凝土即呈现红色。

b. 检查断面数量。凿孔检查时，每 10 m 检查一个断面，每个断面从拱顶中线起每隔 3 m 凿孔检查一个点。

② 合格标准。

全部检查点喷射混凝土厚度须同时满足如下 3 个条件方视为合格：

a. 检查点平均厚度≥设计厚度。

b. 检查点厚度 60%≥设计厚度。

c. 检查点最小厚度≥设计厚度 60%。

（3）喷射混凝土表面平整度检测。

① 喷射混凝土表面平整度要求

a. 喷射混凝土基面平整度应满足

$$\frac{D}{L} \leqslant \frac{1}{6} \tag{5-1}$$

式中：L——喷射混凝土相邻两凸面间的距离；

D——喷射混凝土相邻两凸面间下的深度（图 5-7）。

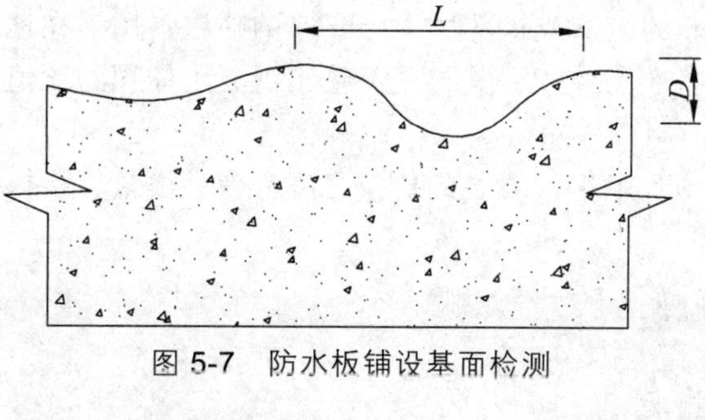

图 5-7　防水板铺设基面检测

b. 隧道断面变化、厚度变化或转折处的阴角 $R \geqslant 5$ cm 的圆弧。

c. 基面不得有钢筋、凸出的构件等尖锐凸出物。

② 喷射混凝土表面平整度检测方法。

平整度用一米直尺检测，肉眼观察明显凹凸位置、直尺靠在凸出顶端。

（4）喷射混凝土与围岩黏结强度试验。

① 试验方法。

a. 成型试验法。

在模型内放置面积为 100 mm × 100 mm × 50 mm 且表面粗糙度近似于实际情况的岩块，用喷射混凝土掩埋。在混凝土达到一定强度后，加工成 100 mm × 100 mm × 100 mm 的立方体试块，在标准条件下养护至 28 d，用劈裂法进行试验。

b. 直接拉拔法。

在围岩表面预先设置带有丝扣和加力板的拉杆，用喷射混凝土将加力板埋入，喷层厚度约 100 mm，试件面积约 300 mm × 300 mm（周围多余的部分应予清除）。经 28 d 养护，进行拉拔试验。

② 黏结强度合格标准。

喷射混凝土与岩石的黏结强度：Ⅰ、Ⅱ级围岩不应低于 0.8 MPa，Ⅲ级围岩不应低于 0.5 MPa。围岩低于 0.5 MPa 的软岩、破碎围岩、土石围岩、黄土围岩等，不做黏结强度检测。

（5）喷射混凝土支护背后空洞检测。

① 检查方法和数量。

a. 目前喷射混凝土支护背后空洞检测最常用和有效的方法是地质雷达法、凿孔检验法。

凿孔检查法直观、可靠。凿孔检查时，在喷射混凝土层凿孔，用手电、内窥镜、直尺伸入凿孔内检查。

b. 检查断面数量。凿孔检查时，每 10 m 检查一个断面，每个断面从拱顶中线起每隔 3 m 凿孔检查一个点。

② 合格标准。

喷射混凝土支护背部应无空洞、无回填杂物。发现空洞和不密实区，即为不合格，必须进行注浆填充密实。

（6）喷射混凝土回弹率检查。

《岩土锚杆与喷射混凝土支护工程技术规范》（GB 50086—2015）规定，回弹率应予以控制，拱部不应大于 25%，边墙不应大于 15%。应尽量采用经过验证的新技术，减少回弹率。回弹物不得重新用作喷射混凝土材料。回弹率的测试方法是：按标准操作喷射 $0.5 \sim 1.0\ m^3$ 的混凝土，在长度 3.0 m 的侧壁或拱部喷 10 cm 厚的喷层，用铺在地面上的彩条塑料布或钢板收集回弹物，称重后换算为体积，其与全部喷出混凝土体积的比值即为回弹率。

（7）其他试验。

当有特殊要求时，应作喷射混凝土的抗拉强度、弹性模量等指标试验。

二、混凝土衬砌施工质量检测

（一）质量检测指标

模筑混凝土衬砌结构是目前隧道衬砌工程中最主要的结构形式，与喷射混凝土的质量检验指标一样，除对原材料进行检测外，主要包括：混凝土强度、混凝土衬砌结构厚度、混凝土密实度、混凝土外观及表面平整度、混凝土衬砌背后空洞。

1. 混凝土强度

混凝土强度包括抗压强度、抗拉强度、抗剪强度、疲劳强度等。由于这些指标之间存着定的内在联系，在一般试验检测中，只检测混凝土的抗压强度，并由此推测混凝土的其他强度。混凝土抗压强度是其物理力学性能及耐久性的一个综合指标，工程中把它作为检测混凝土强度的主要指标。强度指标应满足设计要求。

2. 混凝土衬砌结构厚度

混凝土衬砌结构厚度是发挥混凝土衬砌结构支护作用的重要保障。混凝土衬砌结构厚度检测是控制混凝土施工质量的重要环节。在《评定标准》中，混凝土衬砌厚度检测被列为质量等级评定的基本项目，也是保证工程质量的主要检验项目。衬砌厚度指标须满足设计要求。

3. 混凝土密实度

混凝土密实度是指混凝土固体物质部分的体积占总体积的比例，说明混凝土体积内被固体物质所充填的程度，即反映了混凝土的致密程度。混凝土衬砌结构密实度对混凝土强度和耐久性影响较大。在实际检测中通常以混凝土密实性作定性描述。

4. 混凝土衬砌外观

混凝土衬砌外观检测包括蜂窝麻面、裂缝、平整度和几何轮廓、钢筋外露等，混凝土衬砌表面轮廓线应顺直、规整、光滑、色泽一致。每平方米的面积中，蜂窝、麻面和气泡面积不应超过 0.5%。蜂窝、麻面深度不应超过 5 mm。

5. 混凝土衬砌背后空洞

混凝土衬砌是隧道围岩的支护结构和维护结构，只有与初期支护密贴接触，才能对围岩起到支护作用。但实际工程中，由于超挖、混凝土收缩或混凝土供料不足等原因，使混凝土衬砌与围若脱离，形成空洞。混凝土衬砌与围岩（初期支护）之间存在空洞时，由于空洞处失去对围岩的约束，混凝土衬砌的受力条件与计算假定条件出现偏差，结构承载能力会受到一定影响，同时也影响隧道围岩的稳定。因此，混凝土衬砌结构背后空洞检测是控制混凝土施工质量的重要环节。衬砌背后空洞合格标准与喷射混凝土有所不同，一般情况下需满足下列要求：

（1）衬砌背后应无空洞、无回填杂物，超挖部分按设计要求处理。

（2）《公路工程竣（交）工验收办法实施细则》（交公路发〔2010〕65 号）规定，空洞累计长度不大于隧道总长的 3%，或单个空洞面积不大于 3 m^2。

（二）混凝土抗压强度试验

混凝土抗压强度是隧道衬砌混凝土的主要性能指标，质量检查有以下几种方法。

（1）混凝土抗压强度试验：标准试件法、凿芯法。

（2）现场检测混凝土强度：超声—回弹综合法、回弹法。

标准试件法，在模筑混凝土浇筑现场，取混凝土料将 150 mm × 150 mm × 150 mm 标准试模填满，检查试件的制取组数制作方法按混凝土抗压强度标准试件方法制作，在标准养护条件下养护 28d，按照标准试验方法测得。

凿芯法、超声—回弹综合法，检查试件的制取组数和抗压强度的合格标准与喷射混凝土强度检测方法相同，见本任务第（二）1 部分。

回弹法，见项目 4 混凝土检测章节。

（三）混凝土衬砌结构厚度检测方法

1. 凿芯法和冲击钻打孔量测法

凿芯法和冲击钻打孔量测法检查是现场检测的主要方法，是最直观、最可靠和最准确的检测方法。不足之处在于此方法具有破坏性，需要把衬砌凿穿，容易凿穿防水层。此方法仅针对衬砌厚度个别“点”的测量，实测过程中，隧道衬砌厚度值变化较大时，并不能依靠此方法全面反映厚度情况。

（1）凿芯法。

凿芯法（即钻孔取芯量测法）是通过量测混凝土芯样的长度，便可以准确地获得该处衬砌混凝土的厚度。钻孔取芯的设备与前述钻芯法检测混凝土强度一样，但多选用小直径钻头。

（2）冲击钻打孔量测法对于普查性检测，采用凿芯法成本高，且费时、费力，可选用冲击钻打孔量测法。具体做法是先在待检测部位用普通冲击钻打孔，然后量测孔深。为提高量测精度，可以采用已知长度为 L_0 的带直角钩的高强度铁丝深入钻孔中至孔底，平移铁丝并缓慢向孔壁移动，使直角钩挂在衬砌混凝土外表面。量测铁丝衬砌厚度为

$$L = L_0 - L_i \quad (5\text{-}2)$$

式中：L_0——为铁丝的直段长度；

L_i——量测铁丝外露部分长度。

如果铁丝直钩不能够挂在衬砌混凝土外表面，则表明衬砌背后无孔洞或较大离缝，直接量测铁丝外露部分即可。

2. 激光断面仪检测法

激光断面仪检测法是在同一断面位置，将用隧道激光断面仪检测的喷锚衬砌内轮廓线与二次模筑混凝土衬砌内轮廓线对比，即可得出模筑混凝土衬砌的厚度尺寸。利用该方法必须满足以下条件：

（1）衬砌浇筑前已有初期支护内轮廓线的实测结果。

（2）衬砌背后不存在空洞或间隙。

（3）初期支护内轮廓线的实测结果与二次模筑混凝土衬砌内轮廓线的测试结果在同一坐标系中的同一断面位置。

3. 直接测量法

直接测量法是以二次模筑混凝土衬砌内模为参照物，直接测量。二次衬砌模板台车就位后，在模板台车端头沿台车内模以不大于 2.0 m 的间距布置测点，以内模法线方向用直尺直

接量取模板距初期支护表面的距离，可得到二次模筑混凝土衬砌厚度。

4. 地质雷达法

地质雷达法在混凝土衬砌表面布置纵向连续测线，采用地质雷达设备配合高频天线对衬砌结构进行扫描，得到衬砌结构厚度数据。

（四）混凝土衬砌结构背后空洞检测

1. 钻孔取芯量测法

可在凿芯法检测混凝土衬砌厚度时同时进行，取芯后，在孔内可用直尺量取数据，或用内镜观察空洞情况。

2. 冲击钻打孔量测法

在采用已知长度为 L_0 的用带直角钩的高强度铁丝量测衬砌混凝土厚度同时，将铁丝直接插入底部，量取外露长度 L_i，将测得的衬砌厚度 L 扣除，即为空洞高度（厚度）L_k。即

$$L_k = L_0 - L_i - L \tag{5-3}$$

如果铁丝直钩不能够挂在衬砌混凝土外表面，则表明衬砌背后无孔洞或较大离缝。

3. 地质雷达法

检测方法与衬砌厚度检测相同。

（五）外观缺陷检测

隧道混凝土衬砌外观缺陷检测包括：裂缝、蜂窝麻面、平整度和几何轮廓等。外部缺陷检测可用人眼观察、有刻度的放大镜、塞尺皮尺等量测，并采用手绘记录、拍照记录。近年来逐步采用了红外成像法连续扫描记录，快速、直观，准确。衬砌平整度和内轮廓线检测的基本要求及检测方法前已述及，这里仅介绍采用刻度放大镜或塞尺检测衬砌混凝土裂缝。

1. 刻度放大镜

刻度放大镜也称为裂缝显微镜。操作方法是将物镜对准待观测裂缝，通过旋转显微镜侧面的旋钮可将图像调整清晰，可直接从目镜读出裂缝的宽度数值。

部分裂缝显微镜具有自动测读裂缝宽度的功能，具有很高的分辨率，显微镜连有一个在任何工作条件下都能提供清晰图像的可调光源。如 Wexham 裂缝显微镜是一种性能优越的产品，用来测试混凝土和其他材料中的裂缝宽度：目镜分度镜可以 360° 旋转，以达到与所测裂缝平行。量程为 4 mm，被 0.2 mm 的刻度格分割，0.2 mm 刻度格又被 0.02 mm 的小刻度格分割。

2. 塞　尺

塞尺由标有厚度的数个薄钢片组成，可以量测裂缝的宽度和深度。根据插入裂缝的钢片厚度和深度，得出宽度较大的裂缝的宽度和深度。

3. 合格标准

衬砌混凝土轮廓线顺直、规整，衬砌表面应密实、无裂缝，颜色应均匀一致。混凝土表面每道延米中，蜂窝、麻面和气泡面积不应超过 0.5%，蜂窝、麻面深度不应超过 5 mm。

（六）仰拱及仰拱填充检测

仰拱衬砌及仰拱填充属隐蔽工程，需在施工过程中进行检测。施工完成后检测方法多用钻孔取芯法、地质雷达法检测仰拱混凝土衬砌及仰拱填充混凝土的强度、厚度、深度。采用钻孔取芯法检测仰拱断面形状时，每个检测断面应分别在断面的左、中、右钻孔，钻孔总数应不少于 5 个点。

（七）隧道衬砌整体检测

衬砌混凝土完成后还应对隧道整体情况进行检测，包括隧道中线、路线中线、衬砌偏位、隧道净高、净宽、车道宽度等。主要实测项目及检测控制指标见表 5-2。

表 5-2 隧道总体实测项目及要求

项次	检查项目	规定值或允许偏差	检查方法和频率
1	行车道宽度/mm	±10	尺量或激光断面仪法：曲线每 20 m、直线每 40 m 检查 1 个断面
2	内轮廓宽度/mm	不小于设计值	
3△	内轮廓高度/mm	不小于设计值	激光测距仪或激光断面仪法：曲线每 20 m、直线每 40 m 检查 1 个断面，每个断面测拱顶和两侧拱腰共 3 点
4	隧道偏位/mm	20	全站仪：曲线每 20 m、直线每 40 m 测 1 处
5	边坡或仰坡坡度	不大于设计值	尺量：每洞口检查 10 处

任务 5.2 隧道施工监控量测

隧道现场监控量测，包括隧道施工阶段与营运阶段控制量测和监控量测。控制量测主要检查隧道施工阶段和竣工验收后的隧道中线和净空断面的位置与尺寸是否符合设计要求。监控量测是检测隧道施工阶段和营运阶段围岩变化情况及支护结构的工作状况，及时提供围岩和支护结构的稳定程度，预见事故和险情，以便调整和修改支护结构。本任务只介绍隧道施工阶段和营运阶段的围岩与支护结构的监控量测。

施工监控量测的主要任务是：确保施工安全；预测和确认隧道围岩最终稳定时间，以指导施工顺序和做二次衬砌的时间；根据隧道开挖后所获得的量测信息，进行综合分析，检验和修正施工与设计；积累资料，作为其他工程设计与施工的参考资料。

量测要求：

（1）快速埋设测点。测点一般是开挖后埋设的，为尽早获得开挖初始阶段的变形动态，测点应紧靠工作面快速埋设，尽早量测。一般设置在开挖工作面 2 m 范围内，开挖后 24 h 内、下次爆破前测取初读数。

（2）每一次量测数据时间尽可能短。

（3）测试元件应具有良好的防振、防冲击波能力。

（4）测试数据直观、准确、可靠。

（5）测试元件在埋设后能长期有效工作。

（6）测试元件应有足够的精度。

量测项目与方法：施工监控量测的项目应根据隧道工程地质条件、围岩类别、围岩应力分布情况、隧道跨度、埋深、工程性质、开挖方法、支护类型等因素确定。隧道现场监控量测应根据隧道的工程地质、水文地质、地形条件、支护类型和参数及有关条件制订监控、量测计划。计划的主要内容应包括：现场量测的主要手段、量测仪表和工具及其选用、量测项目及方法；施测部位和测点布置及测量人员组织；测试方案和实施计划的测试；量测数据处理与应用、量测管理等。本任务只介绍隧道现场监控必测量测项目，其他项目的量测可参考相关资料。隧道现场监控必测量测项目及量测方法见表 5-3。

表 5-3　隧道现场监控必测量测项目及量测方法

序号	项目名称	方法及工具	布置	测试精度/mm	量测间隔时间			
					1～15 d	16 d～1 个月	1～3 个月	大于 3 个月
1	洞内外观察	现场观测、地质罗盘	开挖及初期支护后进行		每开挖循环			
2	周边位移	各种收敛计、全站仪	每 5～50 m 一个断面，每断面 2～3 个对测点	0.1	1～2 次/d	1 次/2 d	1～2 次/周	1～3 次/月
3	拱顶下沉	水准测量的方法，水准尺、钢尺、全站仪等	每 5～50 m 一个断面	0.1	1～2 次/d	1 次/2 d	1～2 次/周	1～3 次/月
4	地表下沉	水准测量的方法，水准尺、钢尺、全站仪等	洞口段、浅埋段（$h \leqslant 2B$）	0.5	开挖面距量测断面前后 $< 2B$ 时，1～2 次/d； 开挖面距量测断面前后 $< 5B$ 时，1 次/2～3 d； 开挖面距量测断面前后 $> 5B$ 时，1 次/3～7 d			

一、洞内外观察

1. 观察目的

在隧道勘察设计阶段，地质勘探工作很难提供完全准确的地质资料。因此，特别需要在施工过程中对隧道围岩开挖揭露的地质情况、地下水出露情况、支护工作状态进行观察并描述，同时还需对隧道开挖影响范围的地表及周边地段情况进行观察、观测，了解并预测其变化。

2. 观察内容

洞内掌子面观察，隧道已施工区间的支护状态及施工状态观察，洞外地表及周边建筑变形观察。

（1）掌子面观察。

① 岩性、岩层产状。

② 地层结构面（节理、裂隙）形态、规模、产状及充填物。

③ 不良地质（溶洞、断层、采空区、有害气体等）揭露情况。

④ 地下水类型、涌水量、涌水位置、涌水压力等。

⑤ 开挖工作面的稳定状态、坍塌、掉块、明显变形、挤出等。

（2）支护状态及施工状态观察。

① 开挖方法，台阶长度、高度、宽度。

② 初期支护、二次衬砌、仰拱衬砌施作时机、一次开挖长度、距开挖面的距离。

③ 初期支护、二次衬砌开裂及渗水情况（位置、状态、水量等）。

④ 钢拱架有无悬空及悬空长度、钢拱压曲，歪斜。

⑤ 仰拱衬砌底鼓、开裂、渗水现象。

⑥ 施工中存在的其他缺陷。

（3）洞外观察。

① 地表开裂、滑移、沉陷。

② 边坡仰坡开裂、滑塌、碎落、渗水。

③ 地面植物、树木倾斜和移动。

④ 地表水水流变化。

3. 观察方法

主要为目视调查，并借助地质罗盘、地质锤、手电、放大镜、卷尺、秒表、相机等工具和设备进行，并详细记录和描绘。

4. 观察频率

隧道洞内掌子面一般每开挖循环做一次，下台阶和仰拱每开挖循环检查一次：初期支护、二次衬砌巡查每天一次：洞外观察与地表沉降观测一致，当遇天气变化特别是极端天气情况时应实时观察。

二、周边收敛量测

周边收敛是指隧道两侧壁面测点之间连线的相对位移。

1. 量测仪器

隧道周边收效量测是在隧道两侧壁面对称埋设测桩，用收敛计进行量测，如图 5-8 所示。目前隧道施工中常用的收敛计为弹簧式收敛计和重锤式收效计。

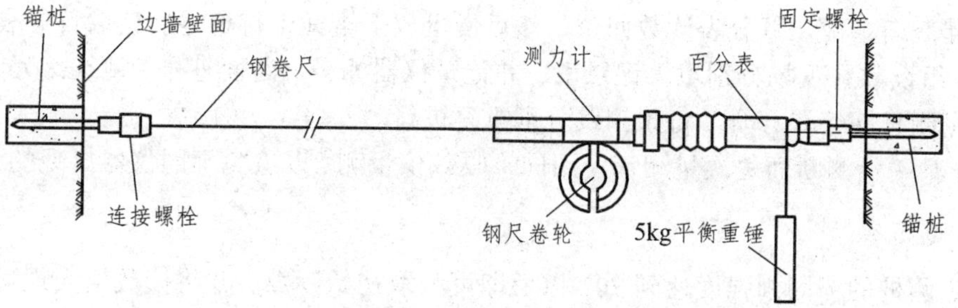

图 5-8　周边收敛量测

2. 测点布置

周边位移量测沿隧道纵向每（5 ~ 50）m 布置一个量测断面。对于洞口段、浅埋地段、软弱地层段、大变形段，断面布置间距一般不大于 2 倍开挖洞径或 20 m。地质条件差或重要工程，应加密布设。周边收敛量测断面和拱顶下沉量测断面应布置在同一断面（桩号）。每个量测断面，一般布置两条水平测线（如图 5-9 所示）。三台阶法开挖时，上台阶 1 条、下台阶 1 条；三台阶法开挖的隧道、单洞四车道隧道，需设 3 条测线，每台阶至少一条测线；侧壁导坑开挖、双侧壁导坑开挖时，在导坑内按同样的方法布设测线。测线应高出开挖底面不小于 1.5 m。

3. 测点埋设

隧道开挖初期数据变化较大，测点要及时埋设，要求在距开挖面 2 m 范围内、开挖后 24 h 内埋设，在下一循环开挖或爆破前能读取初始读数。

隧道开挖初喷后，在测线布置位置钻直径 42 mm、深 300 mm 的孔，埋入测桩，测桩杆长≥300 mm，用锚固剂将测桩锚固在钻孔内（测桩不能焊在钢拱架上），测桩外露头需加保护套（如图 5-10 所示），每条测线两端各一个。喷射混凝土复喷时不要把保护套覆盖，可在喷射混凝土前用易凿除的填充物保护测头，待喷射混凝土复喷完成后，凿除覆盖喷层和保护填充物，漏出测头，并用红色油漆做好标记。记录测点埋设柱号、测点编号和埋设时间。

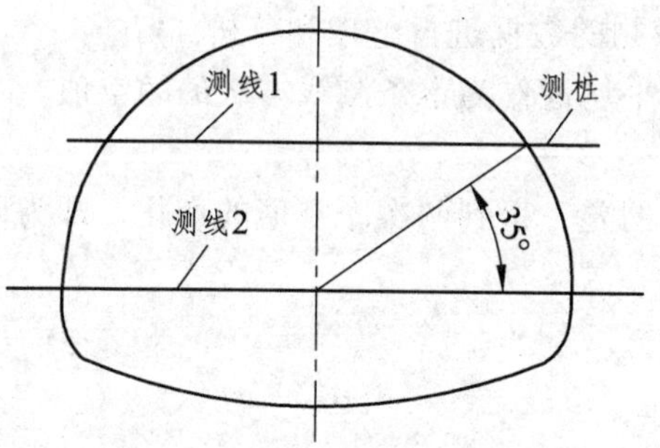

图 5-9　周边收敛测线布置

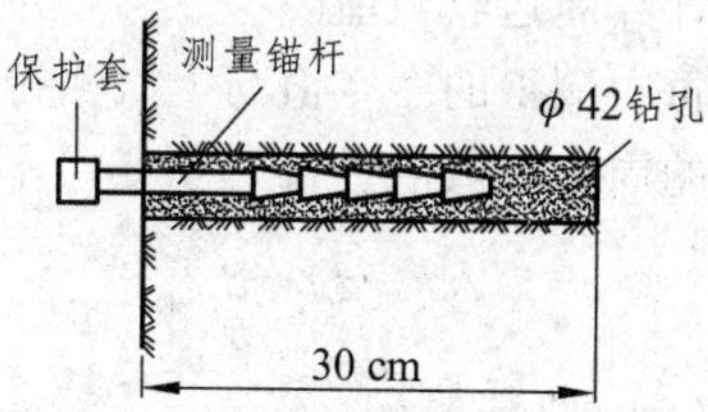

图 5-10　周边收敛测桩埋设

4. 测取读数方法

不同的收敛计有不同的使用方法，下面介绍重锤式收敛计读数测试方法。每次量测时将收敛仪固定在隧道边墙一侧的测桩上，拉出收敛仪上钢卷尺固定在隧道另一侧同一高度的测桩上，安装好收敛仪后，记录钢卷尺读数。挂上平衡重锤慢慢放下，待稳定后读取百分表读数，再抬起平衡重锤让百分表读数回位，然后慢慢放下重锤，待稳定后读取百分表读数，反复3次，3组读数在现场分别填入记录表，并记录仪器编号、断面桩号、测线编号，测量人、记录人、量测日期签署齐全。每条测线分别重复进行。

注意，某一量测断面每次量测都使用同一收敛仪量测，以避免不同仪器出现的量测误差。

5. 量测频率

待固定测桩的锚固剂强度达到70%以后即可测取初始读数，并将读数填入现场量测记录表。此后量测频率除满足表5-3的基本要求外，还应根据围岩位移变化速度和量测断面距开挖面距离按表5-4和表5-5要求进行，并应满足最低量测频率要求。当量测断面施工状况发生变化时（如下台阶开挖、仰拱开挖），应增加量测频率。

表5-4 净空位移和拱顶下沉的量测频率（按位移速度）

位移速度/（mm/d）	量测频率	位移速度/（mm/d）	量测频率
≥5	2～3次/d	0.2～0.5	1次/3d
1～5	1次/d	＜0.2	1次/3d～7d
0.5～1	1次/2～3d		

表5-5 净空位移和拱顶下沉的量测频率（按与开挖面的距离）

量测断面距开挖面距离/m	量测频率	量测断面距开挖面距离/m	量测频率
（0～1）b	2次/d	（2～5）b	1次/2～3d
（1～2）b	1次/d	＞5b	1次/3d～7d

注：b为隧道开挖宽度。

6. 数据整理及计算

（1）每次测量后12 h之内，应室内对所量测的数据进行整理和分析。

（2）每条测线每次测取的3组读数，计算平均值作为本条测线本次的净空值。

（3）计算周边收敛值。

根据每次测得的净空值与上次测得净空值的差，得到两次净空值的变化，即为两次量测时间段内的周边收敛值，按式（5-4）计算：

$$\Delta d = d_{(i)} - d_{(i-1)} \tag{5-4}$$

式中：Δd——收敛值；

$d_{(i)}$——本次测取读数；

$d_{(i-1)}$——上次测取读数。

（4）温度修正。

当隧道内温度变化较大时应对钢尺进行温度修正，按下式计算：

$$\varepsilon_T = \alpha(T_0 - T)L \tag{5-5}$$

式中：ε_T——温度修正值；

α——钢尺线膨胀系数；

T_0——鉴定钢尺的标准温度，$T_0 = 20$ °C，也可是洞内常温下的鉴定钢尺温度；

T——每次量测时的平均气温；

L——钢尺长度。

（5）绘制时间-变形曲线图。

根据计算结果，绘制时间-周边收敛曲线。计算过程可编程用计算机完成，并自动生成时间—周边收敛曲线图。

三、拱顶下沉量测

隧道拱顶下沉量测是了解隧道拱顶下沉变化情况。

1. 量测仪器

精密水准仪、水准尺，量测精度为 ± 0.5 mm。

2. 测点布置

拱顶下沉量测断面布置与周边收敛量测断面布置相同。在每个量测断面的隧道拱顶布设 1 ~ 3 个测点，测点横向间距 2 ~ 3 m，如图 5-11 所示。

3. 测点埋设

和周边收敛量测一样，测点要及时埋设，要求在距开挖面 2 m 范围内、开挖后 24 h 内埋设，在下一循环开挖或爆破前读取初始读数。

隧道围岩开挖初喷后，在测点位置垂直向上钻孔，孔深 300 mm、孔径 42 mm。用锚固剂将带挂钩的测桩锚在钻孔内，挂钩向下外露，如图 5-12 所示。挂钩可用 $\phi 8$ 钢筋，弯成圆形或三角形，并用红色油漆做好标记。记录测点埋设桩号、测点编号和埋设时间。

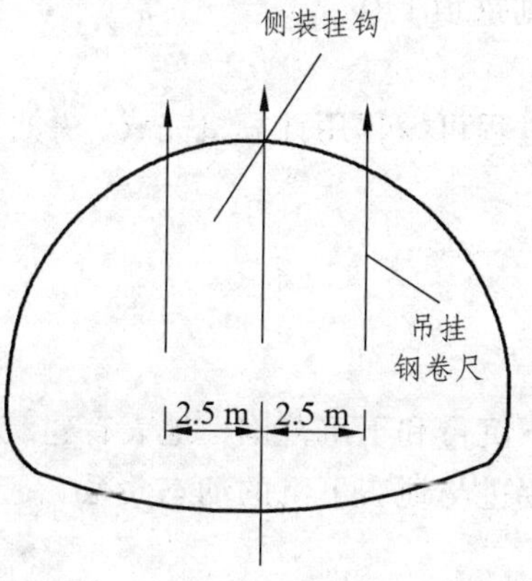

图 5-11　单洞隧道拱顶下沉测线布置

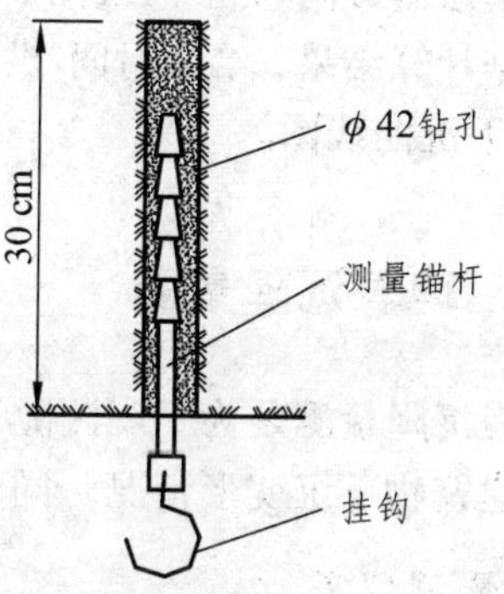

图 5-12　隧道拱顶下沉侧桩埋设

4. 基点埋设

用水准仪量测拱顶下沉时，需另外埋设稳定的观测基点，基点埋设时间应在测点埋设之前完成。基点应选择通视条件好、地基稳定不变形、监测期间不被扰动和破坏的坚硬岩石或构造物上，一般是在距被测断面以外 20 m 远的距离。基点应打孔埋设测桩。孔深 100～200 mm、孔径 ϕ38～42 mm。测桩钢筋直径为 ϕ18～22 mm，竖向埋设，上端露头小于 50 mm，外露头磨圆。记录测点埋设时间。洞内基点可设在已完成的稳定的衬砌边墙或基础上。

5. 测取读数方法

每次量测时在后方基点立水准尺或钢尺，读取基点（后视）读数，再将水准尺或钢尺吊挂在拱顶挂钩上，在钢卷尺或塔尺基本不摆动的状态下通过精密水准仪测取（前视）读数。每次测取读数填入记录表，多个拱顶测点尽可能使用同一基点，并一站完成。

6. 量测频率

拱顶下沉量测频率与周边收敛量测频率相同。

7. 数据整理及计算

（1）每次测量后 12 h 之内，应室内对所量测的数据进行整理和分析。

（2）计算拱顶下沉值

设基点高程为 h_0，前一次后视点（基点）读数为 A_1，前视点（拱顶测点）读数为 B_1，当次后视点读数为 A_2，前视点读数为 B_2。

前一次拱顶高程为

$$h_1 = h_0 + A_1 + B_1 \tag{5-6}$$

当次拱顶高程为

$$h_2 = h_0 + A_2 + B_2 \tag{5-7}$$

拱顶位移值为

$$\Delta h = h_2 - h_1 = (A_2 + B_2) - (A_1 + B_1) \tag{5-8}$$

计算结果：若$\Delta h < 0$，则拱顶下沉；若$\Delta h > 0$，则拱顶上移。

（3）绘制时间-变形曲线图。

根据计算结果，绘制时间-拱顶下沉曲线。计算过程可编程用计算机完成，并自动生成时间-拱顶下沉曲线图。

四、地表沉降量测

地表沉降量测是为了观测隧道通过地段的地表下沉量和下沉范围；地表有建筑物时还包括观测建筑物下沉变形情况，同时了解随隧道开挖掘进与地表下沉的动态关系。

1. 量测仪器

水准仪或精密水准仪、水准尺，量测精度为 ±1 mm。

2. 测点布置

地面观测点布置在隧道上方隧道开挖可能引起地表沉降的区域。量测断面尽可能与隧道轴线垂直，根据地表纵向坡度确定地表量测断面数量，一般不少于 3 个，断面间距 5 ~ 10 m。地表纵向坡度较陡时，断面布置间距小、数量少；地表纵向坡度较缓时，断面布置间距大、数量多。量测断面宜与洞内周边收敛和拱顶下沉量测布置在同一个断面（桩号）。

单洞隧道每个量测断面的测点不少于 5 个，连拱隧道每个量测断面测点不少于 7 个，量测断面测点布置如图 5-13 所示。横向布置间距为 2 ~ 5 m，一般布置 7 ~ 11 个测点，隧道中线附近较密。小净距隧道、四车道大断面隧道，根据情况适当加密。当地表有建筑物时，应在建筑物周围增设地表下沉观测点。

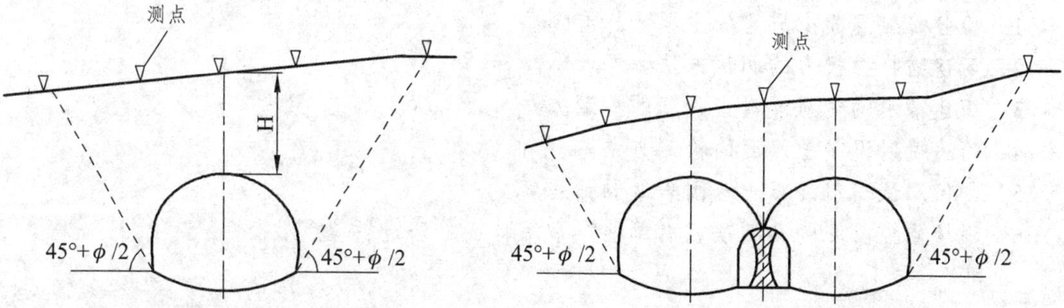

（a）单洞隧道地表测点布置　　（b）连拱隧道地表测点布置

图 5-13　地表下沉测点布置图离点

3. 基点埋设

基点应选择在隧道开挖影响范围以外，通视条件好、基础稳定、抗自然灾害强的位置。基点在整个地表观测期间不移动、不变形、不被破坏。在稳定性好、强度高、不易风化的裸露基岩上埋设基点时，可在基岩上钻孔，孔深 100 ~ 200 mm、孔径 ϕ38 ~ 42 mm。埋入直径为 18 ~ 22 mm 的钢筋，竖向埋设，钢筋露头 50 mm，磨圆，用红油漆作明显标记。在土质区域，应在不被人畜踩踏、水流冲刷的位置设基点，需挖坑（深度不小于 300 mm，直径不小于 400 mm），插入长 500 mm、直径为 22 mm 的钢筋、周边灌注 C20 混凝土，钢筋露头 5 mm，磨圆、用红油漆作明显标记。基点埋设后应记录埋设时间.

4. 测点埋设

测点埋设要求与基点埋设要求相同。基点和测点的埋设时机应在隧道开挖到达量测断面前 1 ~ 3 倍隧道开挖跨度距离前完成，洞口段应在开挖进洞前完成。记录测点埋设柱号、测点编号和埋设时间。

5. 测取读数方法

地表沉降测取读数方法与普通水准仪高程测量方法相同。每次测取读数填入记录表，多个测点尽可能使用同一基点，并尽可能减少仪器转站。

6. 量测频率

地表沉降观察应在固定基点和测点的混凝土或锚固剂强度达到 70%以后测取初始读数，

此后的量测频率按表 5-3 的规定进行，直到该断面隧道衬砌结构封闭，地表下沉稳定 14 ~ 21 d 后方可结束。

7. 数据整理

每次测量后立即（不超过 12 h）在室内对所量测的结果进行整理，录入计算机。每次测得的测点与基点的高差值与前次测得高差值的差，即为测点下沉值。具体计算方法与拱顶下沉计算方法计算相同，计算过程应编程用计算机完成，并自动生成时间—拱顶下沉曲线。

【复习考核题】

1．检验喷射混凝土质量的主要指标有哪些？

2．简述锚杆拉拔力的测试方法。

3．简述常用的喷射混凝土强度的检测方法。

4．简述喷射混凝土厚度的检测方法。

5．如何测试喷射混凝土与围岩的黏结强度？

6．现场监控量测的必测项目有哪些？常用什么方法进行量测？

附表一　一般取样的随机数

栏号 1			栏号 2			栏号 3			栏号 4			栏号 5			栏号 6			栏号 7			栏号 8		
A	*B*	*C*	*A*	*B*	*C*	*A*	*B*	*C*	*A*	*B*	*C*	*A*	*B*	*C*	*A*	*B*	*C*	*A*	*B*	*C*	*A*	*B*	*C*
15	0.033	0.578	05	0.048	0.879	21	0.013	0.220	18	0.089	0.716	17	0.024	0.863	30	0.030	0.901	12	0.029	0.386	09	0.042	0.070
21	0.101	0.300	17	0.074	0.156	30	0.036	0.853	10	0.102	0.330	24	0.060	0.032	21	0.096	0.198	18	0.112	0.284	17	0.141	0.411
23	0.129	0.916	18	0.102	0.191	10	0.052	0.746	14	0.111	0.925	26	0.074	0.639	10	0.100	0.161	20	0.114	0.848	02	0.143	0.221
30	0.158	0.434	06	0.105	0.257	25	0.061	0.954	28	0.127	0.840	07	0.167	0.512	29	0.133	0.388	03	0.121	0.656	05	0.162	0.899
24	0.177	0.397	28	0.179	0.447	29	0.062	0.507	24	0.132	0.271	28	0.194	0.776	24	0.138	0.062	13	0.178	0.640	03	0.285	0.016
11	0.202	0.271	26	0.187	0.844	18	0.087	0.887	19	0.285	0.089	03	0.219	0.166	20	0.168	0.564	22	0.209	0.421	28	0.291	0.034
16	0.204	0.012	04	0.188	0.482	24	0.105	0.849	01	0.326	0.037	29	0.264	0.284	22	0.232	0.953	16	0.221	0.311	08	0.369	0.557
08	0.208	0.418	02	0.208	0.577	07	0.139	0.159	30	0.334	0.938	11	0.282	0.262	14	0.259	0.217	29	0.235	0.356	01	0.436	0.386
19	0.211	0.798	03	0.214	0.402	01	0.175	0.647	22	0.405	0.295	14	0.379	0.994	01	0.275	0.195	28	0.254	0.941	20	0.450	0.289
29	0.233	0.070	07	0.245	0.080	23	0.196	0.873	05	0.421	0.282	13	0.394	0.405	06	0.277	0.475	11	0.287	0.199	18	0.455	0.789
07	0.260	0.073	15	0.248	0.831	26	0.240	0.981	13	0.451	0.212	06	0.410	0.157	02	0.296	0.497	02	0.336	0.992	23	0.488	0.715
17	0.262	0.308	29	0.261	0.037	14	0.255	0.374	02	0.461	0.023	15	0.438	0.700	27	0.311	0.144	15	0.393	0.488	14	0.498	0.276
25	0.271	0.180	30	0.302	0.883	06	0.310	0.043	06	0.487	0.539	22	0.453	0.635	05	0.351	0.141	19	0.437	0.655	15	0.503	0.342
06	0.302	0.672	21	0.318	0.088	11	0.316	0.653	08	0.497	0.396	21	0.472	0.824	17	0.370	0.811	24	0.466	0.773	04	0.515	0.693
01	0.409	0.406	11	0.376	0.936	13	0.324	0.585	25	0.503	0.893	05	0.488	0.118	09	0.388	0.484	14	0.531	0.014	16	0.532	0.112
13	0.507	0.693	14	0.430	0.814	12	0.351	0.275	15	0.594	0.603	01	0.525	0.222	04	0.410	0.073	09	0.562	0.678	22	0.557	0.357
02	0.575	0.654	27	0.438	0.676	20	0.371	0.535	27	0.620	0.894	12	0.561	0.980	25	0.471	0.530	06	0.601	0.675	11	0.559	0.620
18	0.591	0.318	08	0.467	0.205	08	0.409	0.495	21	0.629	0.841	08	0.652	0.508	13	0.486	0.779	10	0.612	0.859	12	0.650	0.216
20	0.610	0.821	09	0.474	0.138	16	0.445	0.740	17	0.691	0.583	18	0.688	0.271	15	0.515	0.867	26	0.673	0.112	21	0.672	0.320
12	0.631	0.597	10	0.492	0.474	03	0.494	0.929	09	0.708	0.689	30	0.736	0.634	23	0.567	0.798	23	0.738	0.770	13	0.709	0.273
27	0.651	0.281	13	0.498	0.892	27	0.543	0.387	07	0.709	0.012	02	0.763	0.253	11	0.618	0.502	21	0.753	0.614	07	0.745	0.687
04	0.661	0.953	19	0.511	0.520	17	0.625	0.171	11	0.714	0.049	23	0.804	0.140	28	0.636	0.148	30	0.758	0.851	30	0.780	0.285
22	0.692	0.089	23	0.591	0.770	02	0.699	0.073	23	0.720	0.695	25	0.828	0.425	26	0.650	0.741	27	0.765	0.563	19	0.845	0.097
05	0.779	0.346	20	0.604	0.730	19	0.702	0.934	03	0.748	0.413	10	0.843	0.627	16	0.711	0.508	07	0.780	0.534	26	0.846	0.366
09	0.787	0.173	24	0.654	0.330	22	0.816	0.802	20	0.781	0.603	16	0.858	0.849	19	0.778	0.812	04	0.818	0.187	29	0.861	0.307
10	0.818	0.837	12	0.728	0.523	04	0.838	0.166	26	0.830	0.384	04	0.903	0.327	07	0.804	0.675	17	0.837	0.353	25	0.906	0.874
14	0.905	0.631	16	0.753	0.344	15	0.904	0.116	04	0.843	0.002	09	0.912	0.382	08	0.806	0.952	05	0.854	0.818	24	0.919	0.809
26	0.912	0.376	01	0.806	0.134	28	0.969	0.742	12	0.884	0.582	27	0.935	0.162	18	0.841	0.414	01	0.867	0.133	10	0.952	0.555
28	0.920	0.163	22	0.878	0.884	09	0.974	0.046	29	0.926	0.700	20	0.970	0.582	12	0.918	0.114	08	0.915	0.538	06	0.961	0.504
03	0.945	0.140	25	0.930	0.162	05	0.977	0.494	16	0.951	0.601	19	0.975	0.327	03	0.992	0.399	25	0.975	0.584	27	0.969	0.811

续表

栏号 9			栏号 10			栏号 11			栏号 12			栏号 13			栏号 14			栏号 15			栏号 16		
A	*B*	*C*	*A*	*B*	*C*	*A*	*B*	*C*	*A*	*B*	*C*	*A*	*B*	*C*	*A*	*B*	*C*	*A*	*B*	*C*	*A*	*B*	*C*
14	0.061	0.935	26	0.038	0.023	27	0.074	0.779	16	0.078	0.987	03	0.033	0.091	26	0.035	0.175	15	0.023	0.979	19	0.062	0.588
02	0.065	0.097	30	0.066	0.371	06	0.084	0.396	23	0.087	0.056	07	0.047	0.391	17	0.089	0.363	11	0.118	0.465	25	0.080	0.218
03	0.094	0.228	27	0.073	0.876	24	0.098	0.524	17	0.096	0.076	28	0.064	0.113	10	0.149	0.681	07	0.134	0.172	09	0.131	0.295
16	0.122	0.945	09	0.095	0.568	10	0.133	0.919	04	0.153	0.163	12	0.066	0.360	28	0.238	0.075	01	0.139	0.230	18	0.136	0.381
18	0.156	0.430	05	0.180	0.741	15	0.187	0.079	10	0.254	0.834	26	0.076	0.552	13	0.244	0.767	16	0.145	0.122	05	0.147	0.864
25	0.193	0.469	12	0.200	0.851	17	0.227	0.767	06	0.284	0.628	30	0.087	0.101	24	0.262	0.366	20	0.165	0.520	12	0.158	0.365
24	0.224	0.672	13	0.259	0.327	20	0.236	0.571	12	0.305	0.616	02	0.127	0.187	08	0.264	0.651	06	0.185	0.481	28	0.214	0.184
10	0.225	0.223	21	0.264	0.681	01	0.245	0.988	25	0.319	0.901	06	0.144	0.068	18	0.285	0.311	09	0.211	0.316	14	0.215	0.757
09	0.233	0.338	17	0.283	0.645	04	0.317	0.291	01	0.320	0.212	25	0.202	0.674	02	0.340	0.131	14	0.248	0.348	13	0.224	0.846
20	0.290	0.120	23	0.363	0.063	29	0.350	0.911	08	0.416	0.372	01	0.247	0.025	29	0.353	0.478	25	0.249	0.890	15	0.227	0.809
01	0.297	0.242	20	0.364	0.366	26	0.380	0.104	13	0.432	0.556	23	0.253	0.323	06	0.359	0.270	13	0.252	0.577	11	0.280	0.898
11	0.337	0.760	16	0.395	0.363	28	0.425	0.864	02	0.489	0.827	24	0.320	0.651	30	0.387	0.248	30	0.273	0.088	01	0.331	0.925
19	0.389	0.064	02	0.423	0.540	22	0.487	0.526	29	0.503	0.787	10	0.328	0.365	14	0.392	0.694	18	0.277	0.689	10	0.399	0.992
13	0.411	0.474	08	0.432	0.736	05	0.552	0.571	15	0.518	0.717	27	0.338	0.412	03	0.408	0.077	22	0.372	0.958	30	0.417	0.787
30	0.447	0.893	10	0.475	0.468	14	0.564	0.357	28	0.524	0.998	13	0.356	0.991	27	0.440	0.280	10	0.461	0.075	08	0.439	0.921
22	0.478	0.321	03	0.508	0.774	11	0.572	0.306	03	0.542	0.352	16	0.401	0.792	22	0.461	0.830	28	0.519	0.536	20	0.472	0.484
29	0.481	0.993	01	0.601	0.417	21	0.594	0.197	19	0.585	0.462	17	0.423	0.117	16	0.527	0.003	17	0.520	0.090	24	0.498	0.712
27	0.562	0.403	22	0.687	0.917	09	0.607	0.524	05	0.695	0.111	21	0.481	0.838	20	0.531	0.486	03	0.523	0.519	04	0.516	0.396
04	0.566	0.179	29	0.697	0.862	19	0.650	0.572	07	0.733	0.838	08	0.560	0.401	25	0.678	0.360	26	0.573	0.502	03	0.548	0.688
08	0.603	0.758	11	0.701	0.605	18	0.664	0.101	11	0.744	0.948	19	0.564	0.190	21	0.725	0.014	19	0.634	0.206	23	0.597	0.508
15	0.632	0.927	07	0.728	0.498	25	0.674	0.428	18	0.793	0.748	05	0.571	0.054	05	0.787	0.595	24	0.635	0.810	21	0.681	0.114
06	0.707	0.107	14	0.745	0.679	02	0.697	0.674	27	0.802	0.967	18	0.587	0.584	15	0.801	0.927	21	0.679	0.841	02	0.739	0.298
28	0.737	0.161	24	0.819	0.444	03	0.767	0.928	21	0.826	0.487	15	0.604	0.145	12	0.836	0.294	27	0.712	0.368	29	0.792	0.038
17	0.846	0.130	15	0.840	0.823	16	0.809	0.529	24	0.835	0.832	11	0.641	0.298	04	0.854	0.982	05	0.780	0.497	22	0.829	0.324
07	0.874	0.491	25	0.863	0.568	30	0.838	0.294	26	0.855	0.142	22	0.672	0.156	11	0.884	0.928	23	0.861	0.106	17	0.834	0.647
05	0.880	0.828	06	0.878	0.215	13	0.845	0.470	14	0.861	0.462	20	0.674	0.887	19	0.886	0.832	12	0.865	0.377	16	0.909	0.608
23	0.931	0.659	18	0.930	0.601	08	0.855	0.524	20	0.874	0.625	14	0.752	0.881	07	0.929	0.932	29	0.882	0.635	06	0.914	0.420
26	0.960	0.365	04	0.954	0.827	07	0.867	0.718	30	0.929	0.056	09	0.774	0.560	09	0.932	0.206	08	0.902	0.020	27	0.958	0.356
21	0.978	0.194	28	0.963	0.004	12	0.881	0.722	09	0.935	0.582	29	0.921	0.752	01	0.970	0.692	04	0.951	0.482	26	0.981	0.976
12	0.982	0.183	19	0.988	0.020	23	0.937	0.872	22	0.947	0.797	04	0.959	0.099	23	0.973	0.082	02	0.977	0.172	07	0.983	0.624

续表

栏号 17			栏号 18			栏号 19			栏号 20			栏号 21			栏号 22			栏号 23			栏号 24		
A	*B*	*C*	*A*	*B*	*C*	*A*	*B*	*C*	*A*	*B*	*C*	*A*	*B*	*C*	*A*	*B*	*C*	*A*	*B*	*C*	*A*	*B*	*C*
13	0.045	0.004	25	0.027	0.290	12	0.052	0.075	20	0.030	0.881	01	0.010	0.946	12	0.051	0.032	26	0.051	0.187	08	0.015	0.521
18	0.086	0.878	06	0.057	0.571	30	0.075	0.493	12	0.034	0.291	10	0.014	0.939	11	0.068	0.980	03	0.530	0.256	16	0.068	0.994
26	0.126	0.990	26	0.059	0.026	28	0.120	0.341	22	0.043	0.893	09	0.032	0.346	17	0.089	0.309	29	0.100	0.159	11	0.118	0.400
12	0.128	0.661	07	0.105	0.176	27	0.145	0.689	28	0.143	0.073	06	0.093	0.180	01	0.091	0.371	13	0.102	0.465	21	0.124	0.565
30	0.146	0.337	18	0.107	0.358	02	0.209	0.957	03	0.150	0.937	15	0.151	0.012	10	0.100	0.709	24	0.110	0.316	18	0.153	0.158
05	0.169	0.470	22	0.128	0.827	26	0.272	0.818	04	0.154	0.867	16	0.185	0.455	30	0.121	0.774	18	0.114	0.300	17	0.190	0.159
21	0.244	0.433	23	0.156	0.440	22	0.299	0.317	19	0.158	0.359	07	0.227	0.227	02	0.166	0.056	11	0.123	0.208	26	0.192	0.676
23	0.270	0.849	15	0.171	0.157	18	0.306	0.475	29	0.304	0.615	02	0.304	0.400	23	0.179	0.529	09	0.138	0.182	01	0.237	0.030
25	0.274	0.407	08	0.220	0.097	20	0.311	0.653	06	0.369	0.633	30	0.316	0.074	21	0.187	0.051	06	0.194	0.115	12	0.283	0.077
10	0.290	0.925	20	0.252	0.066	15	0.348	0.156	18	0.390	0.536	18	0.328	0.799	22	0.205	0.543	22	0.234	0.480	03	0.286	0.318
01	0.323	0.490	04	0.268	0.576	16	0.381	0.710	17	0.403	0.392	20	0.352	0.288	28	0.230	0.688	20	0.274	0.107	10	0.317	0.374
24	0.352	0.291	14	0.275	0.302	01	0.411	0.607	23	0.404	0.182	26	0.371	0.216	19	0.243	0.001	21	0.331	0.292	05	0.337	0.844
15	0.361	0.155	11	0.297	0.589	13	0.417	0.715	01	0.415	0.457	19	0.448	0.754	27	0.267	0.990	08	0.346	0.085	25	0.441	0.336
29	0.374	0.882	01	0.358	0.305	21	0.472	0.484	07	0.437	0.696	13	0.487	0.598	15	0.283	0.440	27	0.382	0.979	27	0.469	0.786
08	0.432	0.139	09	0.412	0.089	04	0.478	0.885	24	0.446	0.546	12	0.546	0.640	16	0.352	0.089	07	0.387	0.865	24	0.473	0.237
04	0.467	0.266	16	0.429	0.834	25	0.479	0.080	26	0.485	0.768	24	0.550	0.038	03	0.377	0.648	28	0.411	0.776	20	0.475	0.761
22	0.508	0.880	10	0.491	0.203	11	0.566	0.104	15	0.511	0.313	03	0.604	0.780	06	0.397	0.769	16	0.444	0.999	06	0.557	0.001
27	0.632	0.191	28	0.542	0.306	10	0.576	0.859	10	0.517	0.290	22	0.621	0.930	09	0.409	0.428	04	0.515	0.993	07	0.610	0.238
16	0.661	0.836	12	0.563	0.091	29	0.665	0.397	30	0.556	0.853	21	0.629	0.154	14	0.465	0.406	17	0.518	0.827	09	0.617	0.041
19	0.675	0.629	02	0.593	0.321	19	0.739	0.298	25	0.561	0.837	11	0.634	0.908	13	0.499	0.651	05	0.539	0.620	13	0.641	0.648
14	0.680	0.890	30	0.692	0.198	14	0.748	0.759	09	0.574	0.699	05	0.696	0.459	04	0.539	0.972	02	0.623	0.271	22	0.664	0.291
28	0.714	0.508	19	0.705	0.445	08	0.758	0.919	13	0.613	0.762	23	0.710	0.078	18	0.560	0.747	30	0.637	0.374	04	0.668	0.856
06	0.719	0.441	24	0.709	0.717	07	0.798	0.183	11	0.698	0.783	29	0.726	0.585	26	0.575	0.892	14	0.714	0.364	19	0.717	0.232
09	0.735	0.040	13	0.820	0.739	23	0.834	0.647	14	0.715	0.179	17	0.749	0.916	29	0.756	0.712	15	0.730	0.107	02	0.776	0.504
17	0.741	0.906	05	0.848	0.866	06	0.837	0.978	16	0.770	0.128	04	0.802	0.186	20	0.760	0.920	19	0.771	0.552	29	0.797	0.548
11	0.747	0.205	27	0.867	0.633	03	0.849	0.964	08	0.815	0.385	14	0.835	0.319	05	0.847	0.925	23	0.780	0.662	14	0.823	0.223
20	0.850	0.047	03	0.883	0.333	24	0.851	0.109	05	0.872	0.490	08	0.870	0.546	25	0.872	0.891	10	0.924	0.888	23	0.848	0.264
02	0.859	0.356	17	0.900	0.443	05	0.859	0.835	21	0.885	0.999	28	0.871	0.539	24	0.874	0.135	12	0.929	0.204	30	0.892	0.817
07	0.870	0.612	21	0.914	0.483	17	0.863	0.220	02	0.958	0.177	25	0.971	0.369	08	0.911	0.215	01	0.937	0.714	28	0.943	0.190
03	0.916	0.463	29	0.950	0.753	09	0.883	0.147	27	0.961	0.980	27	0.984	0.252	07	0.946	0.065	25	0.974	0.398	15	0.975	0.962

续表

栏号 25			栏号 26			栏号 27			栏号 28			栏号 25			栏号 26			栏号 27			栏号 28		
A	*B*	*C*	*A*	*B*	*C*	*A*	*B*	*C*	*A*	*B*	*C*	*A*	*B*	*C*	*A*	*B*	*C*	*A*	*B*	*C*	*A*	*B*	*C*
02	0.039	0.005	16	0.026	0.102	21	0.050	0.952	29	0.042	0.039	05	0.126	0.658	20	0.136	0.576	07	0.197	0.013	03	0.210	0.054
16	0.061	0.599	01	0.033	0.886	17	0.085	0.403	07	0.105	0.293	14	0.161	0.189	05	0.158	0.228	16	0.125	0.363	23	0.234	0.533
26	0.068	0.054	04	0.088	0.686	10	0.141	0.624	25	0.115	0.420	18	0.166	0.040	10	0.216	0.565	08	0.222	0.520	13	0.266	0.799
11	0.073	0.812	22	0.090	0.602	05	0.154	0.157	09	0.126	0.612	28	0.248	0.171	02	0.233	0.610	13	0.269	0.477	20	0.305	0.603
07	0.123	0.649	13	0.114	0.614	06	0.164	0.841	10	0.205	0.144	06	0.255	0.117	07	0.278	0.357	02	0.288	0.012	05	0.372	0.223
15	0.261	0.928	30	0.405	0.273	25	0.333	0.633	26	0.385	0.111	19	0.420	0.557	19	0.510	0.207	27	0.587	0.643	14	0.483	0.095
10	0.301	0.811	06	0.421	0.807	28	0.348	0.710	30	0.422	0.315	21	0.467	0.943	03	0.512	0.329	12	0.603	0.745	12	0.507	0.375
24	0.363	0.025	12	0.426	0.583	20	0.362	0.961	17	0.453	0.783	17	0.494	0.225	15	0.640	0.329	29	0.619	0.895	28	0.509	0.748
22	0.378	0.792	08	0.471	0.708	14	0.511	0.989	02	0.460	0.916	09	0.620	0.081	09	0.665	0.354	23	0.623	0.333	21	0.583	0.804
27	0.389	0.959	18	0.473	0.738	26	0.540	0.903	27	0.467	0.841	30	0.623	0.106	14	0.680	0.884	22	0.629	0.076	22	0.587	0.993
03	0.625	0.777	26	0.703	0.622	18	0.670	0.904	16	0.689	0.339	01	0.841	0.726	21	0.870	0.435	03	0.844	0.511	19	0.896	0.464
08	0.651	0.790	29	0.739	0.394	11	0.711	0.253	06	0.727	0.298	29	0.862	0.009	28	0.906	0.397	30	0.858	0.289	18	0.916	0.384
12	0.715	0.599	25	0.759	0.386	01	0.790	0.392	04	0.731	0.814	25	0.891	0.873	23	0.948	0.367	09	0.929	0.199	01	0.948	0.610
23	0.782	0.093	24	0.803	0.602	04	0.813	0.611	08	0.807	0.983	04	2.917	0.264	11	0.956	0.142	24	0.931	0.263	11	0.976	0.799
20	0.810	0.371	27	0.842	0.491	19	0.843	0.732	15	0.833	0.757	13	0.958	0.990	17	0.993	0.989	15	0.939	0.947	24	0.978	0.636

附表二　t分布概率系数

n	保证率					
	双边置信水平			单边置信水平		
	99%	95%	90%	99%	95%	90%
2	45.012	8.985	4.465	22.501	4.465	2.176
3	5.730	2.484	1.686	4.021	1.686	1.089
4	2.921	1.591	1.177	2.270	1.177	0.819
5	2.059	1.242	0.953	1.676	0.953	0.686
6	1.646	1.049	0.823	1.374	0.823	0.603
7	1.401	0.925	0.734	1.188	0.734	0.544
8	1.237	0.836	0.670	1.060	0.670	0.500
9	1.118	0.769	0.620	0.966	0.620	0.466
10	1.028	0.715	0.580	0.892	0.580	0.437
11	0.955	0.672	0.546	0.833	0.546	0.414
12	0.897	0.635	0.518	0.785	0.518	0.393
13	0.847	0.604	0.494	0.744	0.494	0.376
14	0.805	0.577	0.473	0.708	0.473	0.361
15	0.769	0.554	0.455	0.678	0.455	0.347
16	0.737	0.533	0.438	0.651	0.438	0.335
17	0.708	0.514	0.423	0.626	0.423	0.324
18	0.683	0.497	0.410	0.605	0.410	0.314
19	0.660	0.482	0.398	0.586	0.398	0.305
20	0.640	0.468	0.387	0.568	0.387	0.297
21	0.621	0.455	0.376	0.552	0.376	0.289
22	0.604	0.443	0.367	0.537	0.367	0.282
23	0.588	0.432	0.358	0.523	0.358	0.275
24	0.573	0.422	0.350	0.510	0.350	0.269
25	0.559	0.413	0.342	0.498	0.342	0.264
26	0.547	0.404	0.335	0.487	0.335	0.258
27	0.535	0.396	0.328	0.477	0.328	0.253
28	0.524	0.388	0.322	0.467	0.322	0.248
29	0.513	0.380	0.316	0.458	0.316	0.244
30	0.503	0.373	0.310	0.449	0.310	0.239
40	0.428	0.320	0.266	0.383	0.266	0.206
50	0.380	0.284	0.237	0.340	0.237	0.184
60	0.344	0.258	0.216	0.308	0.216	0.167
70	0.318	0.238	0.199	0.285	0.199	0.155
80	0.297	0.223	0.186	0.266	0.186	0.145
90	0.278	0.209	0.175	0.249	0.175	0.136
100	0.263	0.198	0.166	0.236	0.166	0.129

参考文献

[1] 张美珍. 公路工程检测技术[M]. 北京：人民交通出版社，2021.

[2] 柴彩萍，张松雷. 路基路面检测技术[M]. 北京：人民交通出版社股份有限公司，2020.

[3] 王立军. 道路工程检测[M]. 西安：西北工业大学出版社，2020.

[4] 王愉龙.公路检测技术[M]. 北京：人民交通出版社，2019.

[5] 费月英，任小艳. 公路工程检测技术[M]. 成都：西南交大出版社，2019.

[6] 赵金云，汪洁. 公路工程检测技术[M]. 北京：北京理工大学出版社，2012.

[7] 张超，郑南翔，王建设. 路基路面试验检测技术[M]. 北京：人民交通出版社，2009.

[8] 赵卫平. 路基路面检测技术[M]. 北京：人民交通出版社，2006.

[9] 刘超群. 道路工程试验与检测[M]. 北京：西南交通大学出版社，2009.

[10] 马芹永，张新天.道路工程检测技术[M]. 北京：人民交通出版社，2009.

[11] 沙庆林.公路压实与压实标准[M]. 北京：人民交通出版社，2000.

[12] 何玉珊，程崇国，章关永等. 桥梁隧道工程公路水运工程试验检测专业技术人员职业资格考试用书[M]. 北京：人民交通出版社，2018.

[13] 王建华，孙胜江. 桥涵工程试验检测技术[M]. 北京：人民交通出版社，2004.

[14] 张宇峰，朱晓文. 桥梁工程试验检测技术手册[M]. 北京：人民交通出版社，2009.

[15] 陈建勋，马建秦. 隧道工程试验检测技术[M]. 北京：人民交通出版社，2005.

参考标准

[1] GB/T 8170—2008. 数据修约规则与极限数值的标示和判定.

[2] JTG 3450—2019. 公路路基路面现场测试规程.

[3] JTG F80/1—2017. 公路工程质量检验评定标准.

[4] JTG B01—2014. 公路工程技术标准.

[5] JTG E51—2009. 公路工程无机结合料稳定材料试验规程.

[6] JTG E20—2011. 公路工程沥青及沥青混合料试验规程.

[7] JTG 3420—2020. 公路工程水泥及水泥混凝土试验规程.

[8] JTG/T F20—2015. 公路路面基层施工技术细则.

[9] JTG 3430—2020. 公路土工试验规程.

[10] JTG 5142—2019. 公路沥青路面养护技术规范.

[11] JTG 3363—2019. 公路桥涵地基与基础设计规范.

[12] JGJ 106—2014. 建筑桩基检测技术规范.

[13] GB 50007—2011. 建筑地基基础设计规范.

[14] GB/T 50081—2019. 混凝土物理力学性能试验方法标准.

[15] JGJ 18—2012. 钢筋焊接及验收规程.

[16] GB/T 5224—2014. 预应力混凝土用钢绞线.

[17] GB/T 14370—2015. 预应力筋用锚具、夹具和连接器.

[18] JT/T 329—2010. 公路桥梁预应力筋用锚具、夹具和连接器.

[19] JT/T 327—2016. 公路桥梁伸缩装置通用技术条件.

[20] JT/T 4—2019. 公路桥梁板式橡胶支座.

[21] JGJ/T 23—2011. 回弹法检测混凝土抗压强度技术规程.

[22] JTG/T 3512—2020. 公路工程基桩动测技术规程.

[23] JTG/T J21/01—2015. 公路桥梁荷载试验规程.

[24] JTG/T J21—2011. 公路桥梁承载力检测评定规程.

[25] JTG 3370.1—2018. 公路隧道设计规范.

[26] JTG/T3660—2020. 公路隧道施工技术规范.

[27] JTG/T 3650—2020. 公路桥涵施工技术规范.

[28] GB 50086—2015. 岩土锚杆与喷射混凝土支护工程技术规范.

[29] JGJ/T 182—2009. 锚杆锚固质量无损检测技术规程.

[30] T/CECS 02—2020. 超声回弹综合法检测混凝土强度技术规程.

[31] JGJ/T 384—2016. 钻芯法检测混凝土强度技术规程.

[32] CECS 21—2000. 超声法检测混凝土缺陷技术规程.

[33] GB 50010 - 2010. 混凝土结构设计规范.

[34] JT/T 828—2019.公路水运试验检测数据报告编制导则